Deutschbuch für die Oberstufe

Texte, Themen und Strukturen

Zentralabitur Deutsch 2021
Grund- und Leistungskurs

Handreichungen für den Unterricht

Herausgegeben von
Deborah Mohr und Andrea Wagener

Erarbeitet von
Manuela Meyer-Pfeil, Diana Sackmann,
Frank Schneider, Angelika Thönneßen-Fischer
und Linda Walbergs

Cornelsen

1 Gotthold Ephraim Lessing: „Nathan der Weise“ 4
Konzeption des Kapitels 4
1.1 Vor der Lektüre 8
1.2 Inhaltssicherung 8
1.3 Der Handlungsaufbau 8
1.4 Figuren 9
1.5 Thematische Aspekte 11
1.6 Sprachgestaltung und Form untersuchen 16
1.7 Eine Inszenierung als Deutungsmöglichkeit untersuchen und gestalten 17
1.8 Zur Gattung und zur epochalen Einordnung des Dramas 17
1.9 Lessings „Nathan der Weise“ und Brechts „Der gute Mensch von Sezuan“ – Wirkungsweisen und -absichten zweier Dramen vergleichen 19
1.10 Klausurtraining: Einen Sachtext mit Bezug auf einen literarischen Text erörtern (Aufgabenart III B) 20
Lernerfolgskontrolle/Klausurvorschläge 23

2 Heinrich von Kleist: „Die Marquise von O…“ 33
Konzeption des Kapitels 33
2.1 Vor der Lektüre 36
2.2 Die Handlung 36
2.3 Ort und Zeitgestaltung 37
2.4 Die Hauptfiguren 39
2.5 Thematische Aspekte 42
2.6 Erzählweise, Sprache und Stil 45
2.7 Leben und Werk des Autors 47
Lernerfolgskontrolle/Klausurvorschlag 49

GK 3 Judith Hermann: „Sommerhaus, später“ 54
Konzeption des Kapitels 54
3.1 Vor der Lektüre 57
3.2 Handlung, Zeit, Ort und Fiktionalität 57
3.3 Die Figuren 57
3.4 Den Schluss der Erzählung deuten 61
3.5 Judith Hermann und die zeitgenössische Kurzprosa 61

LK 3 E.T.A Hoffmann: „Der Sandmann“ 63
Konzeption des Kapitels 63
3.1 Vor und während der Lektüre 66
3.2 Figuren und thematische Aspekte 67
3.3 Motive untersuchen und vergleichen 72
Lernerfolgskontrolle/Klausurvorschlag 73

GK 4 Erzähltexte vergleichen: „Sommerhaus, später“ und „Die Marquise von O…“ 79
Konzeption des Kapitels 79
4.1 Die Raumsymbolik 80
4.2 Die Sprachlosigkeit der Figuren 80
4.3 Klausurtraining: Einen Erzähltext analysieren (Aufgabenart I A) 81
Lernerfolgskontrolle/Klausurvorschlag 84

LK 4 Hartmut Lange: „Das Haus in der Dorotheenstraße“ 89
Konzeption des Kapitels 89
4.1 Handlung und Figuren 91
4.2 Thematische Aspekte im Vergleich 93
4.3 Klausurtraining: Einen Erzähltext analysieren (Aufgabenart I A) 96
Lernerfolgskontrolle/Klausurvorschlag 98

GK 5 „unterwegs sein“ – Lyrik von der Romantik bis zur Gegenwart 104
LK 5 „unterwegs sein“ – Lyrik vom Barock bis zur Gegenwart 104
Konzeption des Kapitels 104
5.1 Annäherung an ein Thema der Lyrik 109
LK 5.2 Leben und Vergehen – „Unterwegssein“ in der Lyrik des Barock 110
LK 5.3 Veränderung und Beständigkeit – Von der Aufklärung zur Weimarer Klassik 113
GK 5.2 / LK 5.4 Weltflucht und Heimkehr – Von der Romantik zum Realismus 116
GK 5.3 / LK 5.5 Eine Welt im Umbruch – Lyrik der Moderne und des Expressionismus 119
GK 5.4 / LK 5.6 Brüchigkeit der Heimat – Lyrik des 20. und 21. Jahrhunderts 124
GK 5.5 / LK 5.7 Selbstreflexion als Reise – Lyrik des 21. Jahrhunderts 128
GK 5.6 / LK 5.8 Klausurtraining: Zwei Gedichte analysieren und vergleichen (Aufgabenart I B) 131
Lernerfolgskontrolle/Klausurvorschläge 134

GK 6 Sprachvarietäten und ihre gesellschaftliche Bedeutung – Dialekte und Soziolekte 142
Konzeption des Kapitels 142
6.1 Dialekte und Soziolekte 145
6.2 Merkmale und Verbreitung von Dialekten 146
6.3 Vorteil Dialekt? – Dialekte und ihre Wirkung 147
6.4 Jugendsprache 149
6.5 Fußballsprache und weitere Soziolekte 152
6.6 Klausurtraining: Materialgestütztes Schreiben (Aufgabenart IV) 153
Lernerfolgskontrolle/Klausurvorschläge 156

LK 6 Zur Aktualität der Sapir-Whorf-Hypothese 168
Konzeption des Kapitels 168
6.1 Sprache, Denken, Wirklichkeit – Eine Annäherung 171
6.2 Die Sapir-Whorf-Hypothese 172
6.3 Sapir-Whorf heute – Aktuelle Experimente kennen lernen und bewerten 176
6.4 Klausurtraining: Materialgestütztes Schreiben (Aufgabenart IV) 177
Lernerfolgskontrolle/Klausurvorschläge 180

1 Gotthold Ephraim Lessing: „Nathan der Weise“

Konzeption des Kapitels

GK: Arbeitsheft für den Grundkurs; **LK:** Arbeitsheft für den Leistungskurs;
Texte, Themen und Strukturen: Ausgabe Nordrhein-Westfalen, 978-3-464-68112-1 / 978-3-464-68111-4

Seite	Sequenz/ Materialien	Didaktisch-methodische Hinweise	Anknüpfung an „Texte, Themen und Strukturen“
S. 3	**1.1 Vor der Lektüre** *Fiktive Zeitungsmeldung* Un-glaub-lich? – Familienrätsel zwischen Synagogengesang, Muezzin und Kirchenglocken	Die Auseinandersetzung mit dem Text ermöglicht eine inhaltliche Vorentlastung und Annäherung an zentrale Motive und Themen sowie die produktionsorientierte Gestaltung erster (Lese-)Erwartungen.	
S. 4	**1.2 Inhaltssicherung**	Die Schüler/-innen rekapitulieren den Handlungsverlauf anhand von bekannten Textzitaten, indem sie diese den jeweiligen Figuren zuordnen sowie im Gesamtkontext verorten.	Eine Vertiefungsmöglichkeit zu Fiktionalitätssignalen bietet das Kapitel „Zwischen Fiktion und Wirklichkeit – Modelle literarischer Kommunikation“ (S. 175 ff.).
S. 5	**1.3 Der Handlungsaufbau** Information: Der Handlungsaufbau des klassischen Dramas (nach Gustav Freytag)	Der Überblick über die Handlungsstruktur des Nathan wird auf der Folie des Freytag'schen pyramidalen Aufbauschemas klassischer Dramen erarbeitet. Dabei wird dieses als Werkzeug von Dramenautoren und als Mittel der Erkenntnisgewinnung reflektiert.	Weiterführend kann der Aufbau von Dramen thematisiert werden, z.B. mit Hilfe der Informationskästen „Das klassische Drama“ (S. 221), „Die geschlossene Form“ (S. 222), „Das Drama der offenen Form“ (S. 222).
S. 6 ff. S. 6 S. 7 ff. S. 7 S. 8 S. 8	**1.4 Figuren** **Wer gehört zu wem? Wer hat welche Religion? – Die Figurenkonstellation klären** **Die drei männlichen Hauptfiguren und ihr Verhältnis zur Religion** Zwischen Vernunft und Glaube – Nathan „[...] und e i n e n Gott!“ – Saladin Zwischen religiös bedingtem Vorurteil und Toleranz – Der Tempelherr	Die grafische Darstellung der Figuren in ihren Beziehungen sowie ihrer Religionszugehörigkeiten klärt das komplexe Personentableau und leistet einen ersten Beitrag zur Erarbeitung der Funktion einzelner Figuren, die in den folgenden Teilkapiteln zu den zentralen männlichen und weiblichen Hauptfiguren genauer entfaltet werden: *Nathan* insbesondere mit Blick auf seine Religionsauffassung – *Saladin* unter Fokussierung seiner Haltung gegenüber anderen Religionen – *der Tempelherr* mit Blick auf die Entwicklung seines Charakters und seiner Religionsauffassung, auch unter Einbezug der Schlussszene und in Vorbereitung auf das Teilkapitel 1.10 (Klausurtraining: „Der Tempelherr – in welchem Maße ein ‚mittlerer Charakter?‘“).	Zur Untersuchung einer Figurenkonstellation (hier in epischen Texten) siehe den Informationskasten „Figuren und ihre Konstellation“ (S. 169).

Seite	Sequenz/ Materialien	Didaktisch-methodische Hinweise	Anknüpfung an „Texte, Themen und Strukturen“
S. 9	**Recha und Daja – zentrale Frauenfiguren des „Nathan“** Szenenbilder aus „Nathan to go“, Düsseldorfer Schauspielhaus, 2018 und „Nathan der Weise“, Schauspielhaus Zürich, 2016	Aufführungsbezug: Die Betrachtung der weiblichen Hauptfiguren trägt auch dem Einbezug von Inszenierungsaspekten und der Deutungsdimension theatralischer Realisierung Rechnung.	Hilfreiche Zusatzinformationen bietet in diesem Zusammenhang der Informationskasten „Bühneninszenierungen – Interpretationen im Kontext ihrer Zeit“ (S. 237).
S. 10 ff. S. 10 f. S. 12 ff. S. 15	**1.5 Thematische Aspekte** **Die Ringparabel – Nathans Antwort auf die Frage nach der wahren Religion** Information: Die Überlieferungsgeschichte der Ringparabel Information: Die Parabel als Form des veranschaulichenden Erzählens **Macht und Dominanz – Eine Dramenszene analysieren** **We are family?! – Der Ausgang des Stücks** Szenenbild aus „Nathan der Weise“, Theater für Niedersachsen, 2018	Anknüpfend an die Untersuchung des Handlungsaufbaus und die Beschäftigung mit einzelnen Figuren erfolgen exemplarische textanalytische Zugriffe: Die Ringparabel wird kontextuiert und ihre Handlung unter Rückgriff auf das Freytag'sche pyramidale Aufbauschema (s. Teilkapitel 1.3) rekonstruiert. Außerdem wird das Bewusstsein für die Historizität des Parabelstoffes geweckt sowie durch die Verknüpfung von Bild- und Sachteil die Parabel schließlich gedeutet. Die Untersuchung einer zentralen Dramenszene (IV, 2: Gespräch zwischen dem Tempelherrn und dem Patriarchen) verknüpft Handlungs-, Figuren- und Dialoganalyse mit einer Beurteilung der Funktion der Szene im Gesamtzusammenhang des Dramas. Die erneute Fokussierung der Entwicklung des Tempelherrn (s. Teilkapitel 1.4) entspricht der spiralcurricularen Anlage des Kapitels. Die Auseinandersetzung mit dem Dramenschluss steht unter der Frage „Happy End oder nicht?“ und reflektiert in diesem Zusammenhang mögliche Inszenierungsansätze.	Zur Vertiefung können der Informationskasten „Die Parabel“ (S. 45) sowie die Parabeln zum Motiv der Wahrheit (S. 39 ff.) herangezogen werden. Auch eine Einbeziehung von „Theorien des Verstehens“ (S. 48) wäre denkbar. Weitere mögliche Addita: einen Vergleich zwischen dem Rat des Richters und dem kategorischen Imperativ Kants (S. 401) durchführen; einen Aphorismus Lichtenbergs auf die Ringparabel anwenden (S. 403, Aufgabe 3). Zur Analyse von Dramenszenen siehe auch die entsprechenden Informationskästen auf S. 72 und S. 216 sowie den Abschnitt „Training – eine Dramenszene analysieren“ (S. 83 ff.).
S. 16 S. 17	**1.6 Sprachgestaltung und Form untersuchen** **Die Sprache und ihre Wirkung in Nathans Monolog (III, 6)** **Der Blankvers** Information: Der Blankvers	Die Schüler/-innen kontextuieren den zentralen Monolog Nathans und untersuchen seine sprachlichen Auffälligkeiten in ihrer Wirkung und ihrem Bezug zum Inhalt. Form und Wirkung des Blankverses sowie seine flexible, für dialogische Impulse offene Handhabung in Lessings „Nathan“ werden analysiert.	Zur Wiederholung bzw. Vertiefung siehe: bildhafte Sprache (S. 58 f.); Reim, Metrum, Strophen- und Gedichtformen (S. 197 f.); rhetorische Figuren (S. 200 ff.); Bezüge zwischen Form und Inhalt formulieren (S. 203).

Seite	Sequenz/ Materialien	Didaktisch-methodische Hinweise	Anknüpfung an „Texte, Themen und Strukturen“
S. 18	**1.7 Eine Inszenierung als Deutungsmöglichkeit untersuchen und gestalten** Ein Szenenbild und zwei Pressestimmen zu „Nathan der Weise“, Staatstheater Braunschweig, 2018	Die Schüler/-innen entwickeln auf der Basis ihrer Textlektüre eigene Inszenierungsideen für die Szene IV, 2 (Gespräch zwischen dem Tempelherrn und dem Patriarchen, s. Teilkapitel 1.5), bevor sie sich anhand eines Szenenfotos und zweier Pressestimmen mit einer aktuellen „Nathan“-Inszenierung kritisch auseinandersetzen. Ideal wäre der Besuch einer „Nathan“-Aufführung mit Vorbereitung und anschließender Reflexion, ggf. auch mit Schauspielerinnen und Schauspielern und/oder Theaterpädagoginnen und -pädagogen des jeweiligen Hauses.	Zur Vorbereitung bzw. Vertiefung kann gelesen werden: *Karin Beier:* „Theater berauscht. Theater nervt. Theater wirkt.“ (S. 242 f.) und *Martin Walser:* „Es gibt nur subjektive Interpretation“, (S. 46) – auch zur Sensibilisierung für die zwei Klausurvorschläge auf S. 23 ff. in dieser Handreichung.
S. 19 ff. S. 19 S. 20 S. 20 f.	**1.8 Zur Gattung und zur epochalen Einordnung des Dramas** **„Nathan der Weise“ als dramatisches Gedicht** Information: Dramatisches Gedicht *Gotthold Ephraim Lessing:* „Brief an Friedrich Nicolai“ (November 1756) **„Nathan der Weise“ als Ideendrama** Information: Ideendrama **„Nathan der Weise“ als Drama der Aufklärung** Information: Lessing als Aufklärer *Gotthold Ephraim Lessing:* „Über die Wahrheit“ (1777) *Thomas Mann:* „Zu Lessings Gedächtnis“ (1929)	Die Schüler/-innen wiederholen ihr Epochenwissen sowie ihr Wissen über literarische Gattungen und erkennen die Spezifika des „Nathan“ in Bezug auf seine gattungstheoretische und literaturgeschichtliche Verortung. Die Rückbindung an den konkreten Dramentext steht dabei im Vordergrund: So wird der Begriff des Ideendramas exemplarisch verbunden mit einem weiteren Baustein zur Profilierung der Figur des Tempelherrn. Lessings Reflexion „Über die Wahrheit“, in der er – ganz Aufklärer – den eigenständigen Gebrauch der Erkenntniskräfte über die je einzelne Erkenntnis stellt, wird rückgebunden an die Analyse bestimmter Gesprächsstrategien, mit deren Hilfe Nathan erzieherisch auf andere Figuren des Dramas einzuwirken versucht. Die Auseinandersetzung mit der Wahrnehmung Lessings als epochaler Figur der Aufklärung bei Goethe und Thomas Mann rundet diesen Abschnitt ab und schlägt eine Brücke zur Aktualität aufklärerischen Denkens heute.	Zur Orientierung über die (Literatur-)Geschichte vgl. die inneren Umschlagseiten und die Grafik „Literarische Epochen und Strömungen im Überblick“ (S. 374 f.). Zur Epoche siehe das Teilkapitel „Aufklärung“ (S. 394 ff., hier insbesondere *Immanuel Kants* „Beantwortung der Frage: Was ist Aufklärung?“, S. 395 f.) sowie den Informationskasten „Epochenüberblick – Aufklärung“ (S. 404).

Seite	Sequenz/ Materialien	Didaktisch-methodische Hinweise	Anknüpfung an „Texte, Themen und Strukturen"
S. 22 f.	**1.9 Lessings „Nathan der Weise" und Brechts „Der gute Mensch von Sezuan" – Wirkungsweisen und -absichten zweier Dramen vergleichen** Information: Bertolt Brecht: „Der gute Mensch von Sezuan" *Bertolt Brecht:* „Der gute Mensch von Sezuan" (Epilog)	Ein Vergleich des „Nathan" mit „Der gute Mensch von Sezuan" bietet sich an, da Brechts Drama deutliche strukturelle Unterschiede aufweist, jedoch inhaltliche Vergleiche ermöglicht, z.B. im Hinblick auf das Menschenbild und die Rolle der Religion bzw. der Götter. Die Schüler/-innen erschließen das Menschenbild, das im „Epilog" des Brecht-Stückes ausgeführt wird, und vergleichen es mit ihren Arbeitsergebnissen zu Lessings „Nathan der Weise". Die produktionsorientierte Aufgabe, einen entsprechenden Epilog zum „Nathan" zu verfassen, motiviert zum abschließenden Resümee bezüglich der Wirkungsabsicht Lessings und Brechts.	Zu „Der gute Mensch von Sezuan" siehe: Inhaltsübersicht, S. 218 ff.; Informationen „Drama der offenen Form" (S. 222), „Verfremdungseffekt" (S. 223); *Bertolt Brecht:* „Die dramatische und die epische Form des Theaters" (S. 223). Zur Dramenanalyse bzw. zum Dramenvergleich siehe die Informationskästen „Die vier Analysekategorien der werkimmanenten Ebene" (S. 72) und „Klassisches und episches Theater" (S. 73) sowie das Kapitel „Klassisches und modernes Drama vergleichen" (S. 212 ff.).
S. 24 ff.	**1.10 Klausurtraining: Einen Sachtext mit Bezug auf einen literarischen Text erörtern** *Karl S. Guthke:* „Das bürgerliche Drama des 18. und 19. Jahrhunderts" (1980)	Die verkürzte Analyse des Sachtextes wird verknüpft mit dem erworbenen Deutungswissen zur Figur des Tempelherrn, des gesamten dramatischen Gedichtes sowie Lessings Theaterkonzeption. Zwei weitere Klausurvorschläge (mit Erwartungshorizonten) bietet diese Handreichung (→ S. 23 ff.).	Die fünf Schritte entsprechen dem Vorgehen des Klausurtrainings in „Texte, Themen und Strukturen" (S. 242 ff.). Unterstützen kann auch das Kapitel „Texte planen, schreiben und überarbeiten – Die Schreibkompetenz verbessern" (S. 580 ff.).

Literaturhinweise

Barner, Wilfried / Grimm, Gunter / Kiesel, Helmuth / Kramer, Martin: Lessing: Epoche – Werk – Wirkung. C.H. Beck, München 1975, [6]1998

Göbel, Helmut (Hg.): Lessings „Nathan". Der Autor, der Text, seine Umwelt, seine Folgen. Wagenbach, Berlin 1977, erw. Neuausgabe 2002

Hildebrandt, Dieter: Lessing: Biographie einer Emanzipation. dtv, München 2003

Kröger, Wolfgang: Gotthold Ephraim Lessing „Nathan der Weise". Oldenbourg, München 1991

Pressler, Mirjam: Nathan und seine Kinder. Beltz, Weinheim, Basel 2011

Pütz, Peter: Die Leistung der Form – Lessings Dramen. Suhrkamp, Frankfurt am Main 1986

Steinmetz, Horst (Hg.): Lessing – ein unpoetischer Dichter. Dokumente aus drei Jahrhunderten zur Wirkungsgeschichte Lessings in Deutschland. Athenäum, Frankfurt am Main 1969

von Düffel, Peter (Hg.): G. E. Lessing: Nathan der Weise. Erläuterungen und Dokumente. Reclam, Stuttgart 1972, durchges. und erw. Ausgabe 2009

► S. 3 1.1 Vor der Lektüre

1/2
Der produktionsorientierte Zugriff vor der Lektüre ermöglicht eine inhaltliche Vorentlastung. Bereits die Überschriften deuten die Auseinandersetzung mit zentralen Themen und Motiven des Dramas – Glaube und (Menschheits-)Familie – an. Die Schüler/-innen formulieren ihre (Lese-)Erwartungen anhand eines sprachlich modernisierten Zeitungsberichts (historische Brechung) mit Informationen zu den Geschehnissen, sie formulieren geeignete Fragestellungen zu den genauen Hintergründen und Motiven der Figuren und reflektieren damit zentrale inhaltliche Aspekte, insbesondere mit Blick auf mögliche handlungsleitende Weltanschauungen und religiöse Motive der Figuren Tempelherr und Nathan.

► S. 4 1.2. Inhaltssicherung

1/2
A) V. 151–153 (I/1): Als Nathan von einer Geschäftsreise nach Hause kommt, berichtet ihm **Daja**, dass ein Tempelherr Recha aus dem brennenden Haus Nathans gerettet hat und diese nun an eine Rettung durch einen wundersamen Engel („süße[r] Wahn“) glaubt.
B) V. 1289–1295 (II/5): Nathan will sich beim **Tempelherrn** für die Rettung Rechas bedanken, doch dieser weist ihn schroff zurück und macht seine judenfeindliche Haltung deutlich. In der Kritik am Absolutheitsanspruch der drei Weltreligionen („Nur sein Gott sei der rechte Gott!“) treffen sich jedoch beide.
C) V. 2058–2060 (III/7): Nachdem Nathan seine Ringparabel erzählt hat, erkennt **Saladin** betroffen, dass Nathan ihn durchschaut hat und er nicht der angesprochene „Richter[]“ ist. Von Nathans Plädoyer für eine gottesfürchtige, aber tolerante Lebensführung beeindruckt bittet er um dessen Freundschaft.
D) V. 2538–2541 (IV/2): Weil der Tempelherr sich in seiner Liebe zu Recha von Nathan zurückgewiesen fühlt und er inzwischen von Rechas christlicher Herkunft erfahren hat, wendet er sich Rat suchend an den Patriarchen. Der **Patriarch** urteilt in seiner inhumanen Religiosität schnell: Einem Christenkind die christliche Erziehung vorenthalten zu haben sei ein Verbrechen, die spontane Humanität und Vernunft Nathans mit der Todesstrafe zu ahnden.
E) V. 3366–3372 (V/5): Der **Tempelherr** sucht erneut das Gespräch mit Nathan und gesteht ihm, mit dem Patriarchen über ihn und Recha gesprochen, Nathan aber nicht namentlich denunziert zu haben. Im weiteren Verlauf nimmt Nathan die Entschuldigung des Tempelherrn an.
F) nach V. 3849, **Regieanweisung** (V/Letzter Auftritt): Nathan klärt die Verwandtschaftsverhältnisse auf: Der Tempelherr und Recha sind Geschwister. Nach anfänglichem Zögern vermag sich auch der Tempelherr über die neu gewonnene Familie zu freuen und das Stück endet mit „allseitige[n] Umarmungen“.

► S. 5 1.3 Der Handlungsaufbau

1 a–c **I. Aufzug, 1–6: <u>Exposition</u>** *(Einführung in die Lebenswelt des Protagonisten mit den wichtigsten Figuren und deren Haltungen und Motive):* Nathans Rückkehr nach Jerusalem / Er erfährt, dass Recha bei einem Hausbrand beinahe gestorben wäre und ein Tempelherr, der kurz zuvor durch einen Gnadenakt des Sultans der Todesstrafe entronnen ist, sie aus den Flammen gerettet hat. / Recha glaubt an Rettung durch einen Engel. / Gespräch zwischen Nathan, Daja und Recha über Schwärmerei / Nathans Freund, der Bettelmönch Al-Hafi, macht Karriere als Schatzmeister des Sultans Saladin und bittet in dieser Eigenschaft Nathan erfolglos um einen Kredit. / Der Patriarch trägt über einen Klosterbruder den Auftrag an den Tempelherrn heran, Saladin zu ermorden; der Tempelherr lehnt ab. / Aus Dank für die Rettung Rechas lässt Nathan über Daja den Tempelherrn in sein Haus einladen; dieser weist die Einladung zurück.

II. Aufzug, 1–9: <u>Steigende Handlung mit erregendem Moment</u> *(Die Krisen im Reich des Sultans, erste Vermutungen über die verwandtschaftlichen Zusammenhänge):* Saladin befindet sich in einer finanziellen und politischen Krise. / Sittah entwickelt einen Plan, wie man Nathan dazu bringen kann, Saladin Geld zu leihen. / Erste Begegnung Nathans mit dem vorurteilsbeladenen, judenfeindlichen Tempelherrn: Nach einem Streitgespräch überdenkt der Tempelherr seine Haltung und beide schließen Freundschaft. / Begnadigung des Tempelherrn im Rückblick / Nathan erfährt den Namen des Tempelherrn (Curd von Stauffen) und stellt Ähnlichkeit zu seinem Freund Wolf von Filnek fest. / Al-Hafi gibt seine Stellung als Schatzmeister bei Saladin auf.

III. Aufzug, 1–10: <u>Höhepunkt und Peripetie</u> *(Der Tempelherr verliebt sich in Recha, Erzählung der Ringparabel, Ausgleich von Macht und Weisheit):* Im Gespräch mit Daja distanziert sich Recha von ihrer Schwärmerei. / Der Tempelherr begegnet Recha und verliebt sich in sie. / Saladin äußert gegenüber Sittah sein Unbehagen, Nathan eine Falle zu stellen. / Saladin fragt Nathan nach der wahren Religion: Erzählung der Ringparabel / Von Nathans humanistischen Toleranzgedanken beeindruckt bittet Saladin um dessen Freundschaft. / Der Tempelherr hält bei Nathan um Rechas Hand an und erfährt von ihrer christlichen Herkunft.

IV. Aufzug, 1–8: **Fallende Handlung mit verzögerndem Moment** *(Gefahr des Scheiterns des Toleranzgedankens durch Intervention des Patriarchen):* Da der Tempelherr sich in seiner Liebe zu Recha von Nathan zurückgewiesen fühlt, sucht er Rat beim Patriarchen mit der Frage, ob ein Jude ein christliches Kind erziehen dürfe. / Die inhumane Antwort des Patriarchen (Todesstrafe für den Juden) stößt den Tempelherrn ab. / Saladin entdeckt die Ähnlichkeit zwischen seinem verstorbenen Bruder Assad und dem Tempelherrn und unterstützt dessen Hochzeitspläne. / Rückblick: Ermordung der Familie Nathans, Aufnahme Rechas.

V. Aufzug, 1–8: **Lösung des Konflikts** *(Verwandtschaftsverhältnisse werden geklärt, Idee einer „Menschheitsfamilie" jenseits religiöser Schranken):* Geldnot Saladins wird beendet. / Selbstkritik des Tempelherrn und erneuter Heiratsantrag / Nathan klärt die Verwandtschaftsverhältnisse auf: Der Tempelherr und Recha sind Geschwister, ihr Vater ein Bruder von Saladin und Sittah. / Wechselseitige Umarmungen der Beteiligten.

d Mögliche Lösung: Der pyramidale Aufbau erlaubt den Dramenautoren, die Spannung kontinuierlich aufrechtzuerhalten. Da er den Rezeptionsgewohnheiten des Publikums entspricht, unterstützt er außerdem die Illusionswirkung.

1.4 Figuren

► S. 6

Wer gehört zu wem? Wer hat welche Religion? – Die Figurenkonstellation klären

1 a–c Farbsymbolik des Schaubildes im Arbeitsheft: blau: *Muslime;* grün: Juden; rot: Christen

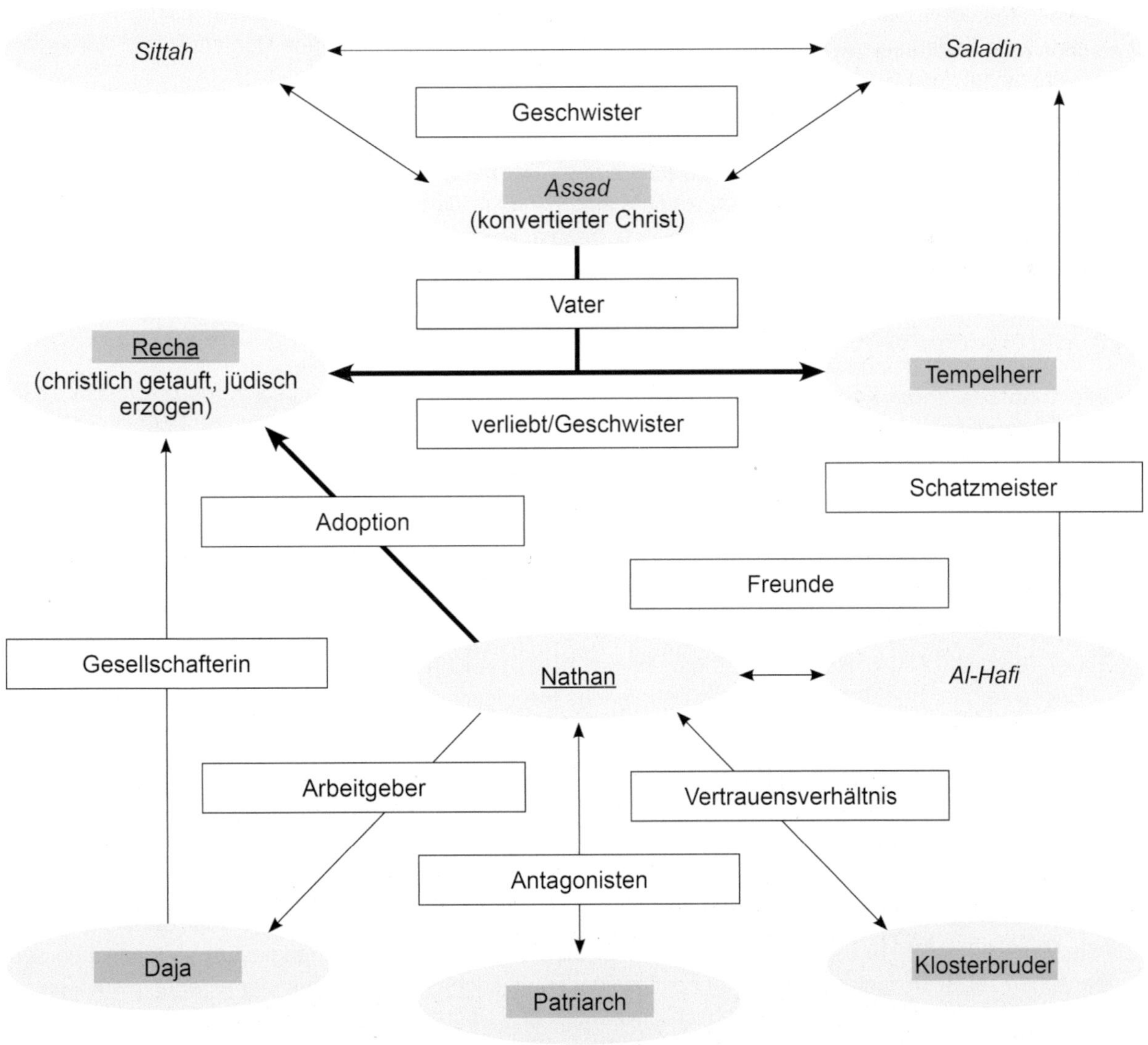

▸ S. 7 **Die drei männlichen Hauptfiguren und ihr Verhältnis zur Religion**

Zwischen Vernunft und Glaube – Nathan

1 b Nathan ist ein gottesfürchtiger (vgl. V. 210 ff.) und zugleich *aufgeklärter* Mann (vgl. V. 2553 ff.). Das sieht man daran, dass er nach der Ermordung seiner Familie zwar mit Gott und seinem Schicksal hadert, *Gottes Willen* aber akzeptiert und seine Rachegedanken gegenüber den Christen zum Wohle der kleinen Recha, die er als Tochter annimmt, überwindet (vgl. V. 3045 ff.). Er pflegt anderen Religionen gegenüber eine tolerante Haltung (vgl. V. 1271 ff.); *Glaube* und *Vernunft* sind für ihn keine Gegensätze (vgl. V. 1561 ff., 2553 ff.). *Religiös* motivierten *Fanatismus* und *Vorurteile* lehnt er ab (vgl. V. 2553 ff.). Daher kann man zusammenfassend sagen, dass Nathan einen *toleranten Humanitätsgedanken* vertritt und sich bemüht, stets *ethisch* und *aufgeklärt* zu handeln (vgl. V. 3066 ff.). Wichtiger als dogmatische *Wahrheitsansprüche* und Religionszugehörigkeit (vgl. V. 1866 ff., 3066 ff.) ist für ihn, als *Mensch unter Menschen* zu leben (vgl. V. 1310 ff.).

▸ S. 8 **„[…] und e i n e n Gott!“ – Saladin**

1 Saladin ist fest im Islam verwurzelt: Der Glaube an seinen „e i n e n Gott“ (V. 990) ist für ihn ebenso selbstverständlich, wie es unabdingbar zu den Insignien seiner Macht als orientalischer Herrscher gehört, „e i n Kleid, e i n Schwert, e i n Pferd“ (ebd.) zu haben. Obwohl er Züge eines absolutistischen Willkürherrschers trägt, legt Saladin doch eine humane und aufgeklärte Grundhaltung an den Tag. Für religiös motivierten Aberglauben und Dogmatismus hat er nur Spott übrig; gleichwohl weiß er zwischen dem Fanatismus der Tempelherren und der gemäßigten Religiosität der Mehrheit der Christen zu unterscheiden (vgl. V. 887 ff.). Er schließt über religiöse Schranken hinweg Freundschaft mit Nathan und dem Tempelherrn (vgl. V. 1991 f.) und beweist dabei eine Toleranz (vgl. V. 1991 f. und V. 2687 f.: „Ich habe n i e verlangt / Dass allen Bäumen e i n e Rinde wachse“), die ihn deutlich als Kontrastfigur zum Patriarchen erscheinen lässt.

Zwischen religiös bedingtem Vorurteil und Toleranz – Der Tempelherr

1 Die Verwandtschaftsverhältnisse im „Nathan“:

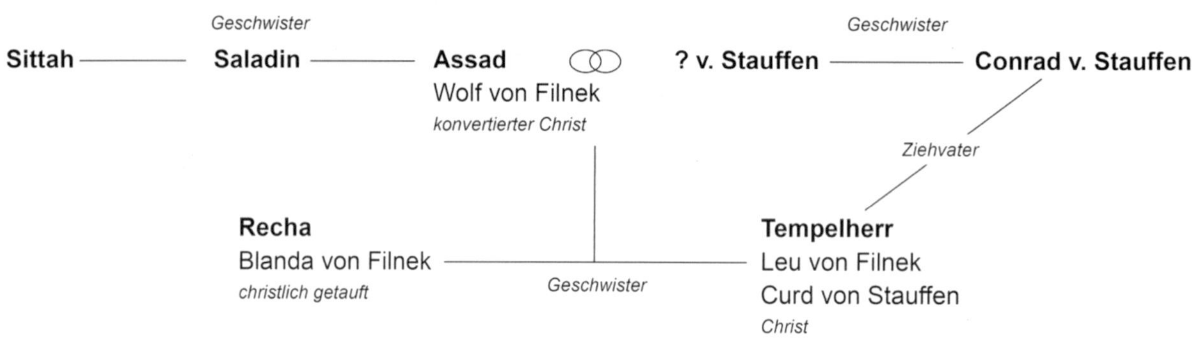

2 Die Entwicklungsphasen in der Religionsauffassung des Tempelherrn:
1. Durch seine Begnadigung verunsichert wirkt der Tempelherr zunächst orientierungslos. Seine bisherigen Glaubenssätze, religiös bedingten Vorurteile und Selbstbilder geraten ins Wanken (vgl. V. 2132 ff.).
2. Nathan hilft dem Tempelherrn im Gespräch seine Vorurteile zu reflektieren und sich schließlich von ihnen zu lösen (vgl. V. 1258 ff.). Beide treffen sich in der Kritik am Absolutheitsanspruch der drei Weltreligionen.
3. Der Tempelherr sucht Rat beim Patriarchen (vgl. IV, 2), weil ihn Nathans Reaktion auf seine Liebe zu Recha verunsichert und in alte, vorurteilsbeladene Handlungsmuster zurückfallen lässt. Die inhumane Antwort des Patriarchen bringt ihn jedoch wieder zur Besinnung.
4. Mit Saladins Hilfe gelingt es dem Tempelherrn, seinen Rückfall in alte religiös bedingte Vorurteile zu reflektieren und sich endgültig von einem christlichen Fanatismus loszusagen (vgl. V. 2765 ff., 3233 ff.). Wenn der Tempelherr am Schluss des Stückes seine Rolle in der neu gewonnenen Familie findet, ist das auch ein Sieg der Werte von Toleranz und Humanität.

3 Die zweite These ist zutreffend: Geleitet durch Nathans Frage „Sind Christ und Jude eher Christ und Jude / Als Mensch?“ (V. 1310 f.) erkennt der Tempelherr hinter der Religionszugehörigkeit eines Menschen den Menschen selbst im humanistischen Sinne. Dies bedeutet jedoch keinen Verlust der eigenen religiösen Identität, sondern Toleranz und Mitmenschlichkeit werden selbst zum Kennzeichen einer religiösen Praxis (vgl. Lösungen zu S. 10 f., Aufg. 1–6).

Recha und Daja – Zentrale Frauenfiguren des „Nathan“

► S. 9

1 a Inszenierung A: Recha wirkt hier eher kindlich verspielt, brav, anhänglich, Schutz suchend; sie wird von Nathan getragen und bildet auch im Hinblick auf die Kleidung eine Einheit mit ihm.
Inszenierung B: Recha wirkt hier aktiver, unabhängiger, selbstbewusster, dynamischer, frecher; sie steht auf eigenen Füßen und ihre Kleidung hebt sich hell von Nathans Kleidung ab, dem sie fröhlich entflieht.
b Individuelle Lösungen

2 a Mit der Formulierung „gute böse Daja“ möchte Recha (im Gespräch mit Sittah) ausdrücken, dass ihre langjährige Gesellschafterin zwar „aus Liebe“ zu ihr handelt, häufig dabei jedoch, weil die Maßstäbe ihres Handelns von christlicher Engstirnigkeit geprägt sind, Ziele verfolgt, in denen sich das Gegenteil von Liebe ausdrückt („aus Liebe quälen“, V. 3586). So möchte Daja in ihrem christlichen Eifer, für den es nur einen „einzig wahren Weg / Nach Gott“ (V. 3588 f.) gibt, Recha unbedingt nach Europa bringen und mit einem Christen verheiratet sehen (V. 1538 ff.); dass Recha dadurch von ihrer Heimat und ihrem Ziehvater getrennt würde, ist ihr egal (vgl. V. 1562 ff.). So fügt Daja Recha die leidvolle Erkenntnis zu, dass der Jude Nathan nicht ihr leiblicher Vater ist, in dem Glauben, ihr dadurch letztlich Gutes zu tun, nämlich dafür zu sorgen, dass Recha nicht um ihre vermeintlich wahre Religion gebracht wird (vgl. V. 3631 ff.).
b

„gute Daja“	„böse Daja“
▪ lange zuverlässige und treue Angestellte für Nathan (vgl. V. 2318 ff.) ▪ Gesellschafterin und Mutterersatz für Recha, um die sie sich liebevoll kümmert, der sie ihre ganze Zuwendung gibt (vgl. V. 3576 ff.)	▪ wird illoyal und verrät dem Tempelherrn die Adoption (vgl. V. 2342 ff.), da sie sich eine Verbindung zwischen ihm und Recha wünscht ▪ intrigiert gegen Nathan, indem sie auch Recha über ihre wahre Herkunft aufklärt (vgl. V. 3139 ff., 3570 ff., 3631 ff.) ▪ beurteilt Menschen nach ihrer Religionszugehörigkeit (vgl. V. 57 f., 2335 ff., 3139 ff.) ▪ ist in ihrem Handeln von christlicher Engstirnigkeit und Intoleranz geprägt (vgl. V. 3579 ff.)

3 Das Zitat zeigt, dass Recha zum einen ihre eigene naive Schwärmerei erkannt und sich weiterentwickelt hat und zum anderen weiß, dass Daja im Gegensatz zu ihr nicht fähig ist, die eigene vorurteilsbehaftete Position kritisch zu reflektieren.

1.5 Thematische Aspekte

► S. 10

Die Ringparabel – Nathans Antwort auf die Frage nach der wahren Religion

1 Saladin bittet Nathan zum Gespräch in der Hoffnung, seine Finanzprobleme durch einen Kredit bei dem reichen Juden lösen zu können. Zu diesem Zweck stellt er – wie mit seiner Schwester Sittah geplant – Nathan eine Falle: Nathan, der in dem Ruf steht, weise zu sein, möge ihm darlegen, welche von den drei Weltreligionen die wahre sei. Nathan, der im Herrschaftsbereich des Sultan lebt, erkennt schnell, dass die vorgelegte Frage eine Falle ist. Sein Dilemma: Entweder muss er die Religion des Sultans herabwürdigen oder seine eigene verleugnen. Die Erzählung der Ringparabel ist sein Versuch, dieses Dilemma zu lösen.

2 Handlung der Ringparabel als ein Drama in fünf Akten:
I. Akt (V. 1911–1928): Ein geheimnisvoller, alter Ring, der stets an den liebsten Sohn als Zeichen seines Herrschertums vererbt wird, macht seinen Träger „vor Gott / Und den Menschen angenehm“.
II. Akt (V. 1929–1955): Da ein Vater seine drei Söhne alle gleichermaßen liebt und einem jeden von ihnen den Ring versprochen hat, lässt er zwei Duplikate des Ringes herstellen. Danach stirbt er.
III. Akt (V. 1959–1963): Die Söhne streiten um den echten Ring. Jeder will „der Fürst / Des Hauses sein“.
IV. Akt (V. 1992–2028): Vor Gericht werden alle drei Brüder des Betrugs bezichtigt. Der Richter kann den Sachverhalt nicht auflösen und so den Streit nicht schlichten.
V. Akt (V. 2029–2054): Der Richter rät den zerstrittenen Brüdern, dass jeder von ihnen an die Kraft des eigenen Ringes glauben und sie durch eine gottesfürchtige, tolerante und humanistische Lebensführung erweisen solle. Dann könne irgendwann später ein „weiserer Richter“ die Frage nach dem richtigen Ring beantworten.

3 Behandlung des Parabelstoffes bei Boccaccio (B) und Lessing (L):

Unterschiede	Gemeinsamkeiten
▪ geiziger Jude Melchisedech (B) / großzügiger Jude Nathan (L) ▪ zusätzliche Option, dass alle Ringe falsch sein könnten (L) ▪ Erweiterung um den künftigen „weiseren Richter“ (L); Konsequenz: Der jeweilige Ring muss mit der Zuversicht getragen werden, es sei der echte; jeder sollte Toleranz und Mitmenschlichkeit praktizieren.	▪ Der Sultan stellt eine Fangfrage. ▪ Wer der rechtmäßige Erbe ist, kann nicht geklärt werden. ▪ Resultat des Gesprächs: Der Sultan erhält finanzielle Unterstützung, Freundschaft

Für Lessings Nathan ist Boccaccios Lösung, dass nicht entschieden werden kann, wer der rechtmäßige Erbe ist, unbrauchbar, da er ja eine Entscheidung herbeiführen muss. Daher gestaltet er eine Version des Parabelstoffes, die ihn aus seinem Dilemma (s. Lösungen zu S. 10, Aufg. 1) rettet: Er rückt die drei Religionen ganz eng zusammen und pointiert das Vernünftige und die Vernunft in den Handlungen ihrer Anhänger – so muss er den Moslem nicht beleidigen und seine eigene Religion nicht verleugnen.

▶ S. 11 4 „[…] Fast so unerweislich als / Uns itzt – der rechte Glaube.“ (V. 1963 f.) – Begründung: Mit diesen zwei Versen wechselt Nathan vom Bild der Parabel in den Zusammenhang der strittigen Frage nach der wahren Religion.

5 Visualisierung der Parabelstruktur:

Welche der drei monotheistischen Weltreligionen ist die wahre?

Bildteil (Gesagtes)		Sachteil (Gemeintes)
Einzelner Ring mit der Kraft, vor Gott und Menschen beliebt zu machen	→	Kraft der Religion, Menschen menschlich und gottgefällig handeln zu lassen
Drei nicht unterscheidbare Ringe, die von einem Vater vererbt werden	→	gemeinsamer Ursprung der drei monotheistischen Weltreligionen und ihre Übereinstimmung in Grundsätzlichem
Drei Söhne, die um den echten Ring streiten	→	Glaubenskriege, dogmatischer Kampf im Namen religiöser Absolutheitsansprüche
Rat des Richters: an die Kraft des eigenen Ringes glauben und durch humanes Handeln dessen Echtheit erweisen	→	ethischer Appell: Prüfstein der Religionen ist eine von Toleranz und Mitmenschlichkeit geprägte Lebenspraxis, nicht der Streit um Glaubenswahrheiten

Toleranzidee

6 Die Botschaft von Nathans Ringparabel ist im Kern ein ethischer Appell: Die Wahrheit einer Religion erweist sich über und durch das Handeln der einzelnen Mitglieder einer Glaubensgemeinschaft und nicht über Lehre, Exegese und Riten. Nicht die Begründung und Legitimation von Religionen, sondern ihre Bewährung in humanem und gottgefälligem Handeln sollte daher im Mittelpunkt menschlichen Strebens stehen. Kann aber in diesem Sinne keine der drei Offenbarungsreligionen – Judentum, Christentum und Islam – die „Wahrheit“ für sich alleine beanspruchen, so muss Toleranz gegenüber den Anhängern anderer Religionen geübt werden. Eine solch praktizierte Toleranz und Mitmenschlichkeit wird geradezu zum Prüfstein einer wahrhaft religiösen Lebensführung.

► S. 12 **Macht und Dominanz – Eine Dramenszene analysieren**

► S. 13 1 Gliederung der Szene in Handlungsschritte:

1. Handlungsschritt (Regieanweisung): Der Patriarch nähert sich in einem prunkvollen Aufzug.
2. Handlungsschritt (V. 2454–2459): Dem Tempelherrn gefällt der pompöse Auftritt des Patriarchen nicht.
3. Handlungsschritt (V. 2459–2475): Der Patriarch spricht den Tempelherrn an, schmeichelt ihm und fragt nach seinem Anliegen. Der Tempelherr eröffnet ihm, dass er um einen Rat bitte, worauf der Patriarch entgegnet, er entspreche der Bitte gerne, erwarte jedoch, dass der Rat auch angenommen werde.
4. Handlungsschritt (V. 2476–2494): Der Einwand des Tempelherrn, dass damit doch kein blinder Gehorsam gemeint sein könne, wird vom Patriarchen relativiert: Vernunft als Mittel der kritischen Analyse habe ihren Platz nicht dort, wo Gott sich durch seine Diener offenbare, schließlich sei Gott der Schöpfer von allem.
5. Handlungsschritt (V. 2494–2509): Der Tempelherr kommt zur Sache und skizziert den Fall, zu dem er Rat erbittet: Ein Jude habe an Kindes statt ein christlich getauftes Mädchen angenommen und mit großer Liebe aufgezogen, die von der Tochter erwidert werde. Die Tochter sei jedoch in jüdischem Umfeld aufgewachsen. Er frage nun nach der Bewertung dieses Falles durch die Kirche.
6. Handlungsschritt (V. 2509–2514): Bevor er antwortet, will der Patriarch wissen, ob der Tempelherr ihm einen realen oder einen ausgedachten Fall präsentiere.
7. Handlungsschritt (V. 2514–2543): Auf die ausweichende Antwort des Tempelherrn entgegnet der Patriarch, dass er zu einer ernsthaften Auseinandersetzung nur bereit sei, wenn es sich um ein tatsächliches Vorkommnis handle. In dem gegebenen Fall sehe das Kirchenrecht eine harte Bestrafung des Juden vor, nämlich den Tod auf dem Scheiterhaufen.
8. Handlungsschritt (V. 2543–2551): Den Einwand des Tempelherrn, der Jude habe durch die Aufnahme des Kindes wohl dessen Leben gerettet, lässt der Patriarch nicht gelten: Der Jude müsse verbrannt werden. Das Leben des Kindes habe in Gottes Hand gelegen und niemand habe das Recht einzugreifen.
9. Handlungsschritt (V. 2552–2566): Auch weitere Einwände, die darauf zielen, das Handeln des Juden in einem milderen Licht zu sehen, wischt der Patriarch weg, woraufhin der Tempelherr sich verabschiedet.

2 In umfassender Weise lässt sich die dritte Aussage („Der Patriarch handelt wie ein autoritärer Machtmensch“) anhand des Textes begründen: Bereits eingangs fordert der Patriarch, dass sein Rat angenommen werden müsse (V. 2475). Er verbittet sich vernunftgeleitetes, kritisches Überprüfen von Aussagen für den Bereich der Kirche und der Theologie. Damit will er seine Macht unangreifbar machen (V. 2479 ff.). Er rechtfertigt die Todesstrafe für den jüdischen Pflegevater eines getauften Kindes damit, dass dieser das Kind zum Abfall vom christlichen Glauben verführe (V. 2535 ff.) Dies zeigt: Die Machtbasis der Kirche steht für ihn über allem anderen. Maßnahmen gegen Kinder verurteilt er entschieden, ausgenommen das, was die Kirche ihnen antut (V. 2542 f.), wodurch wiederum der Kirche eine Sonderstellung über dem Recht zugesprochen wird. Mit seiner mehrmaligen Wiederholung des harten Satzes: „Der Jude wird verbrannt!“ offenbart er, dass es ihm nicht in erster Linie um den Menschen mit seinen jeweiligen Motiven und Haltungen geht (V. 2546, 2553, 2558 f.). Deutlich wird diese Haltung auch, wenn er sagt, er hätte das Mädchen eher sterben sehen wollen als durch einen Juden gerettet (V. 2546 ff.). Diese Aussagen sind zynisch und zeigen, dass der Patriarch als hoher Würdenträger der Kirche deren Interessen und Dogmen über humane Prinzipien stellt.
Auch die Geltung der zweiten Aussage („Es geht dem Patriarchen vor allem um die Verteidigung der christlichen Religion und Kirche“) lässt sich begründen, wofür z. T. ebenfalls die oben angeführten Belege herangezogen werden können. Der Unterschied zwischen beiden Aussagen liegt darin, dass die zweite eine eher neutrale Formulierung ist, die die Vernachlässigung humaner Prinzipien nicht andeutet, und die dritte eine moralische Bewertung des Handelns des Patriarchen einschließt, denn „Machtmensch“ ist negativ konnotiert.

3 Markante, charakterisierende Aussagen:
Patriarch: „Tut nichts! der Jude wird verbrannt!“ (V. 2546, 2553, 2558 f.) – Begründung: Wie keine andere Aussage zeigt diese Sentenz seine unbedingte Härte, seine Missachtung humaner Sichtweisen und seinen autoritären Machtanspruch, mit dem er jeden Einwand des Tempelherrn wegwischt.
Tempelherr: „Doch blindlings nicht?“ (V. 2476) – Begründung: Mit dieser Replik auf die Aufforderung des Patriarchen, den erbetenen Rat unbedingt anzunehmen, offenbart der Tempelherr seine Haltung: Er ist kein Mann des blinden Gehorsams, sondern will sich sein eigenes Urteil bilden.

4 a Flussdiagramm zum Dialoggeschehen:

V. 2461–2494:		V. 2494–2543:		V. 2543–2566:
Kontaktaufnahme – Der Tempelherr fragt um Rat, der Patriarch macht deutlich, dass für ihn die Vernunft in Religionsfragen keine maßgebliche Instanz ist.	⇨	Darstellung des Falls und seine Beurteilung durch den Patriarchen – Der Tempelherr trägt den Fall anonymisiert vor, der Patriarch will konkrete Daten und verkündet, dass die Todesstrafe drohe.	⇨	Zurückweisung der Einwände des Tempelherrn und Abbruch des Dialogs – Der Tempelherr formuliert verschiedene Einwände, die der Patriarch mit autoritärer Geste zurückweist. Der Tempelherr bricht daraufhin das Gespräch ab.

► S. 14 b Standpunkte und Argumente:

Tempelherr		Patriarch
▪ verwahrt sich dagegen, „blindlings“ allem zu vertrauen (V. 2476)	→	▪ verneint Geltung des Vernunftprinzips in religiösen Fragen (V. 2479 ff.)
▪ erbittet Rat und Auskunft: getauftes Christenkind wird von einem Juden liebevoll aufgezogen, ohne seine Herkunft zu kennen; wie urteilt die christliche Kirche? (V. 2494 ff.)	→	▪ Falls tatsächlich so geschehen, sei der Jude mit dem Tode zu bestrafen, da er das Kind zum Abfall vom christlichen Glauben gebracht habe (V. 2531ff.).
▪ Das Kind wäre ohne seinen Ziehvater vielleicht im Elend umgekommen (V. 2543 ff.).	→	▪ Dies ändere nichts: Es wäre besser umgekommen als in einer fremden Religion aufzuwachsen; im Übrigen sei Rettung oder Untergang allein Gottes Wille (V. 2546 ff.).
▪ Gott könne ein Kind auch bei Rettung durch einen Juden zur Seligkeit führen (V. 2552).	→	▪ kein Gegenargument, Wiederholung der Notwendigkeit der Bestrafung (V. 2553)
▪ Der Jude habe das Kind nicht im jüdischen Glauben erzogen, sondern es eher eine vernünftige Lebensbetrachtung gelehrt (V. 2554 ff.).	→	▪ Das verschlimmere die Sache nur, denn die Pflicht des Glaubens müsse unbedingt gelehrt werden (V. 2558 ff.).

c Gesprächsverhalten der Figuren:

Tempelherr: erweist dem Patriarchen den erwarteten Respekt („ehrwürd'ger Herr“, V. 2464), wehrt Schmeicheleien ab (V. 2464 ff.), weicht direkten Nachfragen aus, argumentiert mit kurzen, Skepsis andeutenden Einwürfen, zeigt Emotionen („Das geht / Mir nah'!“, V. 2554 f.), verhält sich fragend (V. 2530, 2534, 2538, 2543 ff.), fällt am Ende dem Patriarchen ins Wort, um die Situation zu verlassen (V. 2565 f.)

Patriarch: verhält sich autoritär („Hier!“, V. 2459) und herablassend („wenn nur fein / Die junge Tapferkeit […]“, V. 2470 f.), verlangt widerspruchslose Annahme seines Rates, setzt den Tempelherrn unter Druck, urteilt sehr schnell, ist an einem ergebnisoffenen Gedankenaustausch nicht interessiert, sondern stellt nur rhetorische Fragen (V. 2478 ff.), formuliert seine Positionen als absolute Wahrheiten.

Die Verteilung der Gesprächsanteile spiegelt die Dominanz des Patriarchen wieder. In dem einzigen längeren Beitrag des Tempelherrn stellt er den in Rede stehenden Fall dar.

d Analyse der sprachlichen Gestaltung:

rhetorisches Mittel	Wirkung
▪ mehrere rhetorische Fragen (V. 2479 f., 2516, 2540 f., 2561 ff.)	→ unterstreichen die eigene Aussage, dienen der Beeinflussung des Hörers, nicht der Informationsgewinnung
▪ Alliteration („dem reifen Rate“, V. 2471)	→ klingt eindringlich
▪ Wiederholungen („Tut nichts! der Jude wird verbrannt!“, V. 2546, 2553, 2558 f.)	→ steigert Nachdruck und Entschiedenheit der Aussage

5 Interpretationsthesen auf der Basis der Analyseergebnisse:
- Der Patriarch zeigt sich in seinem Verhalten als Dogmatiker, der widerstreitenden Argumenten keinen Raum geben will.
- Der Patriarch verlangt Unterordnung vom Tempelherrn, da er vor dem inhaltlichen Gespräch bereits von ihm fordert, seinen Rat auch anzunehmen.
- Der Patriarch verhält sich taktierend, indem er anfangs seinen Rat an die Bedingung knüpft, dass der Tempelherr ihm die Namen der im Kontext anonym geschilderten Personen nennt.
- Der Tempelherr verweigert eine schlichte Unterordnung und sofortige Anerkennung der Position des Patriarchen, stellt Nachfragen, formuliert Gegenargumente und skeptische Einwürfe („So?", V. 2534, 2538).
- Der Tempelherr will sich auf eine weitere Auseinandersetzung mit dem Patriarchen nicht mehr einlassen. Dies wird deutlich daran, dass er ihm ins Wort fällt (V. 2565 f.) und dass er eine Fortsetzung des Gesprächs auf unbestimmte Zeit vertagt.

6 Funktion der Szene im Gesamtzusammenhang des Dramas:
- Diese Szene eröffnet eine Nebenhandlung mit verzögernder Funktion im Sinne Freytags (vgl. die Lösungen zu S. 5, Aufg. 1b). Es wird deutlich, dass Nathan in großer Gefahr schwebt, da der Patriarch nicht ruhen wird, bevor er die ganze Wahrheit ans Licht gebracht hat.
- Für die Figur des Patriarchen ist diese Szene von zentraler Bedeutung: Sein Gesprächsverhalten und die von ihm im Dialog getroffenen Aussagen charakterisieren ihn als einen machtorientierten religiösen Fanatiker, der vernünftige und humane Positionen missachtet. Demgegenüber zeigt der Tempelherr sowohl in seiner Denkweise als auch in seinem Verhalten eine humane Haltung: Das dogmatische Urteil des kirchlichen Würdenträgers, dass die spontane Humanität Nathans mit der Todesstrafe zu ahnden sei, löst bei ihm Betroffenheit und Abscheu aus.
- Auch für die Entwicklung der Figur des Tempelherrn ist diese Szene enorm wichtig: Nachdem die erste Begegnung mit Nathan gezeigt hat, dass der Tempelherr fähig ist, seine religiös bedingten Vorurteile zu überwinden, fällt er schon kurze Zeit später, als er von Rechas christlicher Herkunft erfährt und sich in seiner Liebe zu ihr von Nathan zurückgewiesen fühlt, wieder in alte, antisemitische Verhaltensmuster zurück. Die Begegnung mit dem engstirnigen und inhumanen Eifer des Patriarchen lässt ihn jedoch wieder zur Besinnung kommen; er erkennt, dass ihn mehr mit Nathan verbindet als mit dem christlichen Fanatismus dieses Mannes.

We are family?! – Der Ausgang des Stücks ► S. 15

1 Das Szenenfoto zeigt den Sultan, Recha, den Tempelherrn und Sittha in einer idyllisch anmutenden „allseitige[n] Umarmung[ ]" (Regieanweisung nach V. 3849) vereint. Im Zentrum stehen – nun als Geschwister einander zugewandt – Recha und der Tempelherr; sie mit geschlossenen Augen zufrieden lächelnd, er versonnen in die Ferne blickend. Umrahmt werden beide von ihrem Onkel Saladin und ihrer Tante Sittah, die sich beide beglückt an das Geschwisterpaar in ihrer Mitte anschmiegen: er an Recha, sie an den Rücken des Tempelherrn. Recha und der Tempelherr wirken glücklich und zufrieden, obwohl sie kurz zuvor erfahren haben, dass sie kein Liebespaar mehr sein können. Nathan ist in dieser Inszenierung (Theater für Niedersachsen, 2018) nicht Teil der Schlussumarmungen (vgl. Lösungen zu S. 15, Aufg. 4).

2 Individuelle Lösungen. – Über die Frage, ob es ein Happy End gibt oder nicht, kann man durchaus geteilter Meinung sein: Gegen ein Happy End spricht sicherlich, dass es am Schluss kein glücklich vereintes Liebespaar gibt. Recha und der Tempelherr sind Geschwister, eine Erfüllung ihrer Liebe als Mann und Frau bleibt ihnen daher versagt, was beim Zuschauer ein Gefühl des Unmuts und der Enttäuschung wecken könnte, da er die seinen Sehgewohnheiten und Wünschen entsprechende romantische Auflösung vermisst. Für ein Happy End lässt sich mit dem Hinweis argumentieren, dass die Zusammenführung der Familie ein Sinnbild für eine über alle religiösen Schranken hinweg sich realisierende „Menschheitsfamilie" ist, die einen höheren Stellenwert haben mag als die Erfüllung individuellen Liebesglücks.

3 Während Aufgabe 2 ergebnisoffen eine subjektive Einschätzung zum Schluss des Stücks verlangt (vgl. die obige Lösung), fokussiert Aufgabe 3 von vornherein auf die Beziehung zwischen Recha und dem Tempelherrn. Der These einer potenziellen Enttäuschung und Ratlosigkeit des Zuschauers angesichts des am Ende verweigerten Liebesglücks werden vermutlich die meisten Schülerinnen und Schüler zustimmen. Tatsächlich wirkt ja die Reaktion des Tempelherrn auf die enthüllten Verwandtschaftsverhältnisse befremdlich und aufgesetzt (vgl. V. 3803 ff.).

4 Individuelle Lösungen. – Hilfreich für die Schülerinnen und Schüler dürfte folgende mögliche Differenzierung zum Verständnis von „Familie“ sein: a) Familie = Blutsverwandtschaft; hier bleibt Nathan ausgeschlossen, da er kein leiblicher, natürlicher Vater ist; b) Nathan als Adoptivvater; c) Utopie einer „Menschheitsfamilie“ im christliche Sinne; Nathan als geistiger, spiritueller Vater.

1.6 Sprachgestaltung und Form untersuchen

► S. 16

Die Sprache und ihre Wirkung in Nathans Monolog (III, 6)

1 Einordnung des Monologs in den Handlungsverlauf:
- Nachdem Saladin die Frage nach der wahren Religion formuliert hat, räumt er Nathan eine kurze Bedenkzeit ein; was Nathan in dieser Zeit durch den Kopf geht, ist Inhalt des Monologs.
- vorausgegangene Szenen, die für den Monolg wichtig sind: III, 5: Saladin stellt Nathan die Frage nach dem einleuchtendsten Glauben; III, 4: Saladin geht auf Sittahs listigen Plan (II, 3) einer Fangfrage an Nathan ein; II, 9: Al-Hafi bereitet Nathan darauf vor, dass Saladin von ihm Geld leihen will.
- sich anschließende Szenen, die mit dem Monolog zusammenhängen: III, 7: Nathan löst sich aus der Klemme und gewinnt Saladin zum Freund; V, 1 f.: Saladins Geldnot wird mit dem Eintreffen der Tributzahlungen beendet.

2 Individuelle Lösungen. – Siehe auch die Lösung zur nachfolgenden Aufgabe 3.

► S. 17 3 Systematisierung der Textbeobachtungen (vgl. Lösungen zu S. 16, Aufg. 2):

sprachliche Auffälligkeiten	Wirkung und Bezug zum Inhalt
▪ viele Ausrufe (z.B. V. 1865 ff., 1881 f., 1888 f.) und Ellipsen (z.B. V. 1876, 1884, 1886 ff.)	→ spiegeln Nathans Erregtheit: Er erkennt die Falle und sucht fieberhaft nach einem Ausweg.
▪ ein stockender, mit vielen Wortwiederholungen langsam voranschreitender Satzbau	→ kennzeichnen den Monolog als Selbstgespräch, das aus spontanen Überlegungen entwickelt wird
▪ elf Fragen, oft reduziert auf Kurzfragen (z.B. „Ich oder er?“, V.1876; „Zu klein?“, V.1880, 1881; „Und wie? wie das?“, V. 1884)	→ verleihen der sich allmählich verfertigenden Gedankenfolge Struktur
▪ Konditionalsätze (V. 1868 f., 1883, 1887 f.) und Vergleiche (V. 1874 f.)	→ bringen das Abwägen der Gedanken zum Ausdruck
▪ zwanzig Gedankenstriche (V. 1865 ff., 1876 ff., 1888 ff.)	→ markieren Pausen und geben die allmähliche Fertigung von Nathans Argumentation wieder
Schlüsselwörter:	Wahrheit (7-mal: V. 1867–1878), Münze (3-mal: V. 1869–1871), Geld (2-mal: V. 1867, 1874) und Jude (4-mal: V. 1875, 1885–1887)

4 Nathans Vergleich verknüpft ein Konkretum (Münzgeld) mit einem Abstraktum (Wahrheit) und bietet im Verlauf seiner Gedanken verschiedene Parameter an: alt/neu; echt/falsch; bar, blank/abgegriffen; geprägt / ohne Prägung, ohne Münzbild; zählbar/wägbar; indirekt auch: wertvoll/wertlos. Nathan legt sich nicht auf einen Vergleichsaspekt fest. Dies entspricht seiner Abkehr von einem dogmatischen Wahrheitsverständnis. Damit werden auch die Zuschauer/-innen auf ein Verständnis der in der anschließenden Szene erzählten Ringparabel vorbereitet, das nicht in eine endgültige Klärung der Frage nach der wahren Religion mündet.

► S. 17

Der Blankvers

1 Individuelle Lösungen. – Das laute Lesen des fünfhebigen Jambus – xx́xx́xx́xx́xx́(x) – mag zunächst etwas fremd und unnatürlich wirken, evtl. sogar orientalisch, was dem Setting entspräche. Einem monotonen Singsang oder „Herunterleiern“ stehen Brüche wie z.B. Enjambements und der Hakenstil (vgl. V. 5 ff., 12 ff.) entgegen, was die Figurenrede wieder in die Nähe der natürlichen Dialogsprache rückt. Der Blankvers ist bestimmend für alle Figuren, was zu einer Vereinheitlichung der Sprecher/-innen führt und so letztendlich auch die zentrale Idee des „Nathan“ – die einer religiöse Schranken überwindenden „Menschheitsfamilie“ – trägt.

2 Das in Thomas Koebners Ausführungen beschriebene „Gegenspiel zwischen Redeimpuls und Formzwang" lässt sich an den in der Aufgabenstellung genannten Textstellen gut illustrieren. Auf die Rolle des Enjambements und des Hakenstils in den Eingangsversen des Dramas wurde bereits hingewiesen (vgl. die Lösungen zu S. 17, Aufg. 1). Noch deutlicher tritt Lessings Kunst, den Blankvers flexibel und an den jeweiligen Versinhalt angepasst zu handhaben, in Nathans Monolog (V. 1865–1890) zutage: Der erste Vers wird durch den Sprecherwechsel verkürzt. Die zahlreichen Gedankenstriche, die wiederholt eingesprengten Ausrufe und Kurzfragen sowie die vielen Ellipsen ahmen das Stockende, Intermittierende, immer wieder von neuen Gedankenimpulsen Durchbrochene von Nathans Überlegungen nach. Trotz des strengen metrischen Schemas wirken die Verse daher völlig spontan, wie aus dem Moment heraus entstanden. Man vermeint einen unmittelbaren Einblick in Nathans Gedanken zu bekommen, und spürt die sie begleitende Erregung.

▸ S. 18

1.7 Eine Inszenierung als Deutungsmöglichkeit untersuchen und gestalten

1 Didaktischer Hinweis: Im Mittelpunkt dieses Teilkapitels steht die Entwicklung von Inszenierungsideen und Interpretationsansätzen der Schülerinnen und Schüler, die in eine Kontrastierung mit der Inszenierung des Staatstheater Braunschweig unter der Regie von Martin Nimz (2018) mündet. Durch die produktionsorientierte Herangehensweise wird deutlich, dass Überlegungen zur Gestaltung immer ihren Ausgangspunkt in einer gründlichen Textanalyse haben, persönliche Deutungsansätze profilieren und gleichzeitig zu einem vertieften Textverständnis beitragen.

2 a Das Szenenbild der Braunschweiger Inszenierung ist optisch karg und wirkt streng geometrisch: Drei nach oben, in eine dunkle Kulisse führende Betontreppen, eine raue Betonmauer im Vordergrund sowie Menschen, die nicht durch prachtvolle, charakteristische Kostüme auffallen, sondern lediglich helle Leingewänder und verschiedenfarbige Armbinden tragen, die jeweils anzeigen, welcher Religion sie angehören.

Vermutlich bietet diese reduktionistische Gestaltung, die ahnen lässt, dass eine möglichst werkgetreue Umsetzung nicht das primäre Ziel der Braunschweiger Inszenierung ist, eine Kontrastfolie zu den Inszenierungsideen der Schülerinnen und Schüler. Denn sie werden in der Mehrzahl eine Ausgestaltung konzipiert haben, die Figuren, Zeit und Raum durch Requisiten, Kostüme, Bühnenbild etc. illustriert.

b Die Frage der Angemessenheit einer reduktionistischen, karg-nüchternen Inszenierung des „Nathan" kann kontrovers diskutiert werden:

Mögliche Pro-Argumentation: Durch die Reduktion wird eine Konzentration auf die zentrale Idee des „Nathan" befördert: Wir sind alle zunächst Menschen und gleich (einheitliche Kostüme), egal welcher religiösen Konfession wir angehören; die zufällige und unfreiwillige Zuordnung zur Religionsgemeinschaft durch schlichte Armbinden (blau: Juden, rot: Christen, grün: Muslime) demonstriert eindrucksvoll deren untergeordneten Stellenwert und rückt die Kritik am rücksichtslosen Streit der drei monotheistischen Weltreligionen und ihrer Instrumentalisierung im Streben nach weltlicher Herrschaft (Filmeinspieler) sowie die Forderung nach Toleranz und Mitmenschlichkeit in den Mittelpunkt der Inszenierung.

Mögliche Kontra-Argumentation: Die Reduktion versetzt die Bühnenhandlung in eine Sphäre klassischer Zeitlosigkeit und bringt so Bezüge zur Gegenwart tendenziell zum Verschwinden. Die Probleme, die Lessings „Nathan" reflektiert, sind jedoch hochaktuell; Intoleranz und religiöser Fanatismus sind längst – spätestens seit dem 11. September 2001 – wieder beherrschende Themen auf der politischen Agenda. Werden diese (tages-)politischen Bezüge ausgeklammert, weil man – wie in der Braunschweiger Inszenierung – auf die Möglichkeit verzichtet, mit Hilfe von Kostümen, Requisiten, Bühnenbild etc. konkrete Zusammenhänge darzustellen, so schwächt man die Aussagekraft des Dramas.

1.8 Zur Gattung und zur epochalen Einordnung des Dramas

▸ S. 19

„Nathan der Weise" als dramatisches Gedicht

1 Für Lessing besteht die wesentliche Wirkungsabsicht der Tragödie darin, die Fähigkeit des Zuschauers, Mitleid zu empfinden, zu erweitern. Mitleid aber gilt ihm als gesellschaftliche Basistugend, die uns insofern zu besseren Menschen macht, als sie unsere generelle Bereitschaft erhöht, uns tugendhaft gegenüber unseren Mitmenschen zu verhalten. Ist es der Nutzen der Tragödie, uns durch Einwirkung auf unser Gefühlsleben moralisch zu bessern, so besteht der Nutzen der Komödie darin, dass sie uns für alle Arten der Lächerlichkeit sensibilisiert und uns dadurch hilft, lächerliches Verhalten zu vermeiden.

2 a Lessings „Nathan“ als Mischung von Komödie und Tragödie (Beispiellösung):

komödienhafte Züge	tragödienhafte Züge
▪ Al-Hafi in der Rolle als Schatzmeister ▪ der Klosterbruder als widerwilliger Spion ▪ die ironischen Repliken Nathans in I, 1 ▪ Dajas einfältige Art, das Christentum zu verteidigen ▪ evtl. das Happy End des Stücks	▪ die Ermordung von Nathans Familie ▪ die Kriegssorgen Saladins ▪ der Antisemitismus des Tempelherrn ▪ die menschenverachtende Haltung und das intrigante Vorgehen des Patriarchen

b Mögliche Lösung:
Lessing sieht es als die Aufgabe von Tragödie und Komödie an, Erlebnisse zu vermitteln, die den Zuschauer zu einem besseren Menschen machen: im Falle der Tragödie, indem das Theater seine Empathie, seine Fähigkeit zum Mitleiden steigert; im Falle der Komödie, indem es seinen Sinn für lächerliches und darin unschickliches Verhalten fördert. Im „Nathan“ finden sich Elemente beider Gattungen. Deutlich tragödienhafte Züge zeigt das Stück zum Beispiel in der Ermordung von Nathans Familie (seinem Hiob-Erlebnis), den Intrigen des Patriarchen und im Antisemitismus des Tempelherrn; all diese Elemente bringen Nathan bzw. die Gedanken, für die er eintritt, in Gefahr. Züge einer Komödie bekommt das Stück hingegen in den Figuren Al-Hafi und Klosterbruder; Ersterer in der Rolle als Schatzmeister des Sultans, Letzterer als widerwilliger Spion des Patriarchen. Auch Dajas einfältige Art, das Christentum zu verteidigen, und Nathans ironische Repliken in Szene I, 1 haben etwas Erheiterndes. Diese Mischung der Gattungen wirkt auf mich eher befremdlich. Es kommt mir so vor, als müsste man sich bei einer Inszenierung des dramatischen Gedichtes entscheiden, ob man eher die komödienhaften oder die tragödienhaften Züge besonders betonen möchte.

▸ S. 20 **„Nathan der Weise“ als Ideendrama**

1 a Zentrale Idee des „Nathan“: Die Kritik am Anspruch der drei monotheistischen Weltreligionen auf Wahrheit und Vorherrschaft wird im Drama mit einem Plädoyer für Toleranz und Mitmenschlichkeit im humanistischen Sinne verbunden.

b Dass die Idee des dramatischen Gedichts Vorrang vor einer differenzierten, realistischen Ausgestaltung der Figuren hat, lässt sich am Beispiel der Schlussszene wie folgt darstellen: Recha und dem Tempelherrn wird die Erfüllung ihrer Liebe am Ende des Stücks versagt. Eine eher realistische Anlage der Figur des Tempelherrn würde ihn in diesem Moment zumindest enttäuscht, betroffen oder auch verzweifelt reagieren lassen. Im Drama ist für derartige Gefühle jedoch kein Platz, denn sie würden nur von der Idee einer „Menschheitsfamilie“ ablenken, wie sie in den am Ende des Stücks enthüllten Verwandtschaftsverhältnissen exemplarisch aufscheint.

„Nathan der Weise“ als Drama der Aufklärung

▸ S. 21 1 Für Lessing, den Aufklärer, hängt der „Wert des Menschen“ (Z. 10) entscheidend von dessen Fähigkeit ab, kraft der angeborenen Verstandeskräfte eigenständig Problemstellungen zu bearbeiten und auf diesem Wege zu Erkenntnissen zu gelangen. Da aber die fortschreitende Entwicklung dieser Denkkräfte nur durch eigene Denkanstrengungen befördert, durch ein passives Aufnehmen vorgegebener Wahrheiten hingegen behindert wird (vgl. Z. 10 ff.), ist es nur folgerichtig, dass Lessing dem menschlichen Streben nach Erkenntnis einen höheren Stellenwert einräumt als der Erkenntnis selbst.

2 Nathan möchte, dass seine Gesprächspartnerinnen nachdenken und selbstständig zu Erkenntnissen gelangen. Dazu wendet er verschiedene Gesprächsstrategien an: Zum Beispiel konfrontiert er Daja und Recha nicht schon eingangs mit einem unverrückbaren Standpunkt, sondern stellt offene Fragen und gibt Impulse, die zum Nachdenken anregen. Er zeigt mögliche Konsequenzen auf, die Rechas und Dajas Handeln nach sich ziehen könnte, arbeitet mit Bildern, um das Gemeinte zu veranschaulichen, und setzt vielfach antithetische Begriffe ein (Wasser – Feuer; ertrinken – verbrennen; andächtig schwärmen – gut handeln). So werden die beiden Figuren angeleitet, die eigene Sicht kritisch zu hinterfragen und ggf. zu neuen Bewertungen zu gelangen.

3 a Lessing ist für Thomas Mann ein Dichter, der zugleich „mehr [ist] als ein Dichter“ (Z. 2). Dieses Mehr aber hat mit dem zu tun, was Mann Lessings „humanitäre[n] Entschluss“ (Z. 8 f.) nennt: die Entscheidung nämlich, eine Kunst zu machen, die nicht im ästhetischen Elfenbeinturm verharrt, sondern im Sinne der Aufklärung erzieherisch auf die Gesellschaft einwirkt, sei es, dass sie an der charakterlichen Bildung des Individuums mitwirkt, sei es, dass sie sich kritisch in laufende Debatten einschaltet und in ihnen Position bezieht. Wo Lessing Künstler ist, wirkt er daher für Mann immer auch zugleich als „Aufklärer“, als ein Streiter für Vernunft, Toleranz und Humanität. Auch der „Nathan“ entspringt einem solch aufklärerischen Impuls, verfolgt Lessing doch mit ihm die Absicht, die mit dem Hauptpastor Goetze geführte Auseinandersetzung um die Frage religiöser Wahrheit mit den Mitteln der Bühne fortzusetzen (vgl. den Info-Kasten auf S. 20 im Arbeitsheft).

b Individuelle Lösungen

▸ S. 22

1.9 Lessings „Nathan der Weise“ und Brechts „Der gute Mensch von Sezuan“ – Wirkungsweisen und -absichten zweier Dramen vergleichen

1 Zusammenfassung des Inhalts:
Der Wasserverkäufer Wang begegnet drei Göttern, die ausgezogen sind, einen guten Menschen zu finden. Er hat allerdings schon Mühe, ein Nachtlager für sie zu finden: Einzig die Prostituierte Shen Te ist bereit, die Götter bei sich aufzunehmen. Als die Götter von deren finanzieller Notlage erfahren, schenken sie ihr Geld, von dem sie einen Tabakladen kauft. Doch kurze Zeit später steht sie abermals mit leeren Händen da, weil sie in ihrer Gutherzigkeit vielen Menschen hilft. Als einzigen Ausweg sieht sie ihre Verwandlung in den hartherzigen und geschäftstüchtigen Shui Ta. In dieser Rolle treibt sie ausstehende Gelder ein, kann aber dennoch nicht ihre Miete bezahlen. So beschließt sie, eine Versorgungsehe mit dem Flieger Sun einzugehen. Auch diesen unterstützt sie finanziell und gerät wiederum in Not. Sun hingegen benutzt Shen Te nur und verlässt sie, obwohl sie ein Kind von ihm erwartet. Shen Te bleibt nichts anderes übrig, als wieder in die Rolle ihres Alter Egos Shui Ta zu schlüpfen und alle, zu denen sie gut war, gegen geringste Entlohnung für sich arbeiten zu lassen. Zwar erholt sich das Geschäft finanziell, doch verdächtigen die Menschen Shui Ta nun des Mordes an der „verschwundenen“ Shen Te. Vor Gericht gibt sich Shen Te den Richtern – den drei Göttern – zu erkennen und beklagt die Unmöglichkeit, „gut zu sein und doch zu leben“, wie die Götter es ihr aufgetragen hatten. Auch die Götter können nicht helfen und entschweben auf einer rosaroten Wolke. Der Schluss des Dramas bleibt somit offen.

2 b Mit „ein bitteres Ende“ (V. 5) ist zunächst auf inhaltlicher Ebene gemeint, dass die Götter die verzweifelte Shen Te im Stich lassen. Zudem entlässt der Epilog das Publikum durch das offene Ende fragend, möglicherweise unbefriedigt und mit der düsteren Ahnung, dass es kein gutes Handeln ohne schlechtes geben könne. Die Zuschauer/-innen sollen selbst aktiv werden.

3 a Mögliche Aspekte des Menschenbildes: ▸ S. 23

- Frage nach dem Potenzial des Menschen, gut zu handeln
- Frage nach der Existenzmöglichkeit guter Menschen in kapitalistischen Systemen
- Shen Te als Spielball der Götter, Fremdbestimmung/Abhängigkeit → pessimistisches Menschenbild
- Gutsein schließt ein menschenwürdiges Leben aus: Die Protagonistin muss ein Alter Ego entwerfen, um (über-)lebensfähig zu bleiben (Shen Te – Shui Ta).
- Letztlich bleibt die Frage offen, ob es im Drama Brechts einen „guten Menschen“ gibt.

b Die sich berührenden Ebenen des Dramas: Die <u>Zuschauer/-innen</u> werden von einem <u>Schauspieler</u> direkt angesprochen. Dieser entschuldigt sich dafür, dass man ihnen kein zufriedenstellendes Ende der <u>dramatischen Handlung</u> bieten könne. Er fragt das Publikum direkt nach einer Lösung und gibt Impulse: andere <u>Menschen</u> (Figuren / <u>Zuschauer/-innen</u>)?, eine andere Welt?, andere <u>Götter</u>? oder keine?

4 Parallelen und Unterschiede zwischen Lessings „Nathan“ und Brechts „Der gute Mensch von Sezuan“:

Vergleichs-aspekt	Lessing: „Nathan der Weise“	Brecht: „Der gute Mensch von Sezuan“
Rolle der Religion bzw. der Götter	Religion erscheint im Drama als ein Faktor, der die Verhaltensweisen der Figuren, ihr Denken und Fühlen stark beeinflusst (z.B. Antisemitismus des Tempelherrn). Dem religiösen Fanatismus des Patriarchen steht dabei die aufgeklärte Religiosität Nathans gegenüber, die humanes Handeln zum Prüfstein einer jeden Religion erklärt (vgl. Ringparabel).	Die Götter, die im Drama selbst als handelnde Figuren auftreten, riskieren ihre Existenzberechtigung (an dieser sind sie primär interessiert), wenn sie den einzig guten Menschen verlieren. Sie haben keine Antwort auf Shen Tes Klagen und erweisen sich letztlich als machtlose Gestalten, denen nur die Flucht vor der Realität bleibt (rosarote Wolke).
Menschenbild (auch hinsichtlich der Fähigkeit, „gut“ zu sein)	Optimistisches Menschenbild, das dessen Lernfähigkeit betont: Unter dem erzieherischen Einfluss Nathans und Saladins gelingt es dem Tempelherrn, sich von seinen religiös bedingten Vorurteilen zu lösen. In der Familienzusammenführung am Schluss des Stücks obsiegen die Werte von Toleranz und Humanität; die Idee einer „Menschheitsfamilie“ jenseits religiöser Schranken scheint auf.	Das Drama stellt die Möglichkeit moralisch guten Handelns unter kapitalistischen Bedingungen in Frage. Statt an die Moral / das Gewissen des Einzelnen zu appellieren, fordert der Epilog die Zuschauer daher u.a. auf, über die Veränderbarkeit der äußeren Verhältnisse („eine andre Welt“, V. 15) nachzudenken. Ob es einen „guten Menschen“ geben kann, bleibt jedoch letztlich offen.
Wirkung des Dramenschlusses	Auf ein heutiges Publikum kann der Schluss sicherlich sehr unterschiedlich wirken: Begeisterung für die Utopie einer „Menschheitsfamilie“ mag sich mischen mit der Frage, ob Lessings aufklärerisches Menschenbild angesichts aktueller religiöser Konflikte nicht rückblickend als allzu optimistisch bewertet werden muss.	Das Publikum wird am Schluss direkt angesprochen. Das Eingeständnis der Ratlosigkeit wird dabei verknüpft mit dem Appell an die Zuschauer/-innen, selbst aktiv zu werden und eine Lösung zu finden. Ob dieser Appell fruchtet oder das Theaterpublikum seinerseits ratlos zurückbleibt, ist schwer zu entscheiden.

5 Bei der Gestaltung des Epilogs könnten je nach Aussageabsicht folgende Aspekte berücksichtigt werden:
- Schauspieler/-in kommentiert den „Nathan“
- Haltung des Schauspielers und der Figuren zum Dramenschluss der „allseitigen Umarmung“ (vgl. Abschnitt „We are family?! – Der Ausgang des Stücks“, S. 15 im Arbeitsheft) – Bewertung und sich daraus ableitende Erklärung, Entschuldigung, Rechtfertigung (Analogie zu Brecht) oder Lehre, Mahnung, Aufforderung, Reflexionsangebote usw.
- „Vorhang zu … und noch Fragen offen?“ – Utopie der Toleranz und Mitmenschlichkeit
- Beantwortung der Frage „Auf welche Weis dem guten Menschen man / Zu einem guten Ende helfen kann“
- Adaption der Brecht'schen Form oder Versuch der Übernahme sprachlicher Gestaltungsmittel aus dem Drama, wie zum Beispiel im Teilkapitel 1.6 angelegt
- Funktionalisierung der durch Furcht und Mitleid geschaffenen Einfühlung und Empathie zur Provokation eines nachdenklichen Kopfschüttelns beim Publikum im Sinne des epischen Theaters

6 Individuelle Lösungen

► S. 24
1.10 Klausurtraining: Einen Sachtext mit Bezug auf einen literarischen Text erörtern

Erster Schritt: Die Aufgabenstellung verstehen

► S. 25
2 <u>Zutreffende Aussagen für den ersten Aufgabenteil:</u> Die Schüler/-innen sollen
- einleitend Titel, Autor, Textsorte und Erscheinungsjahr nennen,
- das Thema des Textes genau angeben,
- die Textaussagen zu Nutzen und Wirkungsweise des bürgerlichen Dramas in eigenen Worten wiedergeben.

Zutreffende Aussagen für den zweiten Aufgabenteil: Die Schüler/-innen sollen
- den von Guthke beschriebenen „mittleren Charakter" auf die Figur des Tempelherrn beziehen,
- einen Bezug zwischen der Figurenzeichnung und der Wirkungsabsicht des Dramas herstellen,
- eine sachliche und textbezogene Argumentation verfassen.

3 Im ersten Aufgabenteil ist eine knappe Analyse des Sachtextes gefordert. Der Schwerpunkt liegt auf dem zweiten Aufgabenteil, der Erörterung des von Guthke dargelegten Sachverhalts unter Bezug auf die Figur des Tempelherrn und die Wirkungsabsicht des Dramas.

▶ S. 26 **Zweiter Schritt: Erstes Textverständnis und Ideen formulieren**

4 In Guthkes Text geht es um die Anfänge des bürgerlichen Dramas. Dessen konzeptionelle Grundlagen und Zielsetzungen werden in Abgrenzung zum älteren Heldendrama entfaltet. Im Mittelpunkt des Interesses steht dabei die Forderung der neuen Gattung, nicht Übermenschen, sondern lebensnahe Figuren „mittleren Charakters" zu schaffen, in denen sich die Zuschauer/-innen wiedererkennen und an dessen Schicksal sie daher mitfühlend teilhaben können.

5 Mögliche Lösungsaspekte:
- Funktion und Wirkungsweise des bürgerlichen Dramas nach Lessing: Nutzen des Theaters – durch die Erzeugung von Rührung und Mitleid die Zuschauer/-innen zu besseren, d.i. in einem höheren Grade empathiefähigen Menschen erziehen; Mitleidsfähigkeit als gesellschaftliche Basistugend, die die Bereitschaft des Einzelnen, sich seinen Mitmenschen gegenüber tugendhaft zu verhalten, fördert (vgl. auch die Lösungen zu S. 19, Aufg. 1)
- Der „mittlere Charakter" nach Guthke: lebensnahe Figur, die weder nur „gut" noch nur „schlecht" ist und eine komplexe Gefühlswelt aufweist; Charakter, mit dem sich die Zuschauer/-innen emotional identifizieren können, da er ihnen nicht völlig fremd ist

6 Individuelle Lösungen. – Zu beiden Aspekten vgl. ausführlich die Lösungen zu S. 27, Aufg. 9 a/b (→ S. 22).

Dritter Schritt: Den Text analysieren und die Erörterung vorbereiten

7 Zutreffend ist: Die Konzeption des frühen bürgerlichen Dramas in Abgrenzung zum heroischen Drama.

8 Mögliche Lösung:
Guthke beginnt seine Ausführungen zum Entstehen des bürgerlichen Dramas mit einem Lessing-Zitat, das den *neuen dramentheoretischen Ansatz* veranschaulicht. In *Abgrenzung zum Heldendrama* (heroischen Drama) stellt Guthke den größeren *Nutzen des bürgerlichen Dramas* unter Verweis auf verschiedene Quellen dar: Dessen primäres Ziel ist danach die *sittliche Erziehung des Zuschauers.* Diese moralisch bessernde Wirkung erreicht das bürgerliche Drama durch Einwirkung auf das Gefühlsleben des Publikums. *Durch Rührung* – genauer*: Empathie (Mitleiden, Mitfreude)* – soll dessen sittliche *Besserung* angestrebt werden. Guthke zeigt sodann, dass das bürgerliche Drama diesen intendierten Nutzen umso wirkungsvoller realisieren kann, je besser es ihm gelingt, eine Welt auf die Bühne zu bringen, in der die Zuschauer/-innen ihre eigene wiederzuerkennen meinen; es geht darum, *durch Illusion zur Identifikation* zu gelangen. In Abgrenzung zum heroischen Drama, dessen *übermenschliche Helden* und *unmenschliche Verbrecher* dem Publikum fremd bleiben, ist das bürgerliche Drama daher bevölkert von Figuren *„mittleren Charakters"*, die weder nur gut noch nur schlecht sind und in denen sich die Zuschauer/-innen *wiedererkennen. Nicht Schicht- und Standeszugehörigkeit* sind wichtig, sondern Charaktere, die primär durch ihre Gefühlsbeziehungen definiert sind und an deren Schicksal daher jede Zuschauerin und jeder Zuschauer *als fühlender Mensch Anteil nehmen* kann. Das entstehende bürgerliche Drama ist, so Guthkes pointiertes Schlusswort, im Kern nicht so sehr als ständisches, sondern als *empfindsames Drama* aufzufassen.

9 a Die vervollständigte Mindmap könnte so aussehen: ► S. 27

Der Tempelherr – in welchem Maße ein „mittlerer Charakter“?

Man kann mit ihm mitfühlen
- Liebe zu Recha
- Enttäuschung über Nathans vermeintliche Zurückweisung (V. 2208 ff.)
- Entsetzen über inhumane Position des Patriarchen (V. 2554 ff.)
- aber: befremdliches Verhalten in Schlussszene (V. 3803 ff.)

weder nur „gut“ noch nur „schlecht“
- rettet Recha aus den Flammen
- hat religiös bedingte Vorurteile (V. 528)
- reflektiert diese aber auch kritisch (V. 2130 ff.)
- fällt in antisemitische Verhaltensmuster zurück (V. 2767 ff.): Gang zum Patriarchen
- erkennt selbstkritisch Gefahr, in die er Nathan gebracht hat (V. 2803 ff., 3278 ff.)
- ist für Belehrungen anderer (Nathan, Saladin) offen

komplexes Innenleben
- Monologe gewähren Einblick in Gedanken und Gefühle (III, 8/V, 3)
- Bandbreite emotionaler Reaktionen: verunsichert (V. 2111 ff.), aufbrausend (V. 3751 ff.), betroffen (V. 2554 f.), reflektiert
- überwindet seine Vorurteile, erweist sich als lernfähig (V. 2130 ff.)

Loslösung von starrer sozialer Rolle
- bricht mit seinem Orden (V. 2135 ff.)
- definiert sich über Gefühlsbeziehungen (Liebe zu Recha, Freundschaft mit Nathan/Saladin)
- Betonung der inneren Entwicklung

b Zusammenfassend kann man sagen, dass die Figur des Tempelherrn in hohem Maße den Forderungen eines „mittleren Charakters“ entspricht: Da er weder nur „gut“ noch nur „schlecht“ ist, erscheint er als eine lebensnahe Figur, mit der sich die Zuschauer/-innen emotional identifizieren können. Seine Gefühlswelt ist komplex: Er ist aufbrausend und reflektiert zugleich, reagiert emotional (z.B. auf die vermeintliche Zurückweisung durch Nathan) und wird von widersprüchlichen Impulsen erschüttert (z.B. wenn er in antisemitische Verhaltensmuster zurückfällt, diesen Rückfall aber schon im nächsten Moment wieder bereut). Typisch für einen „mittleren Charakter“ ist schließlich auch seine Loslösung von einer starren sozialen Identität: Nicht was er gesellschaftlich darstellt (z.B. als Mitglied eines Ordens), ist entscheidend, sondern seine innere Entwicklung und seine wachsenden Gefühlsbeziehungen (z.B. die Freundschaft mit Nathan und Saladin).
Bezogen auf die Wirkungsabsicht des „Nathan“ erscheint diese Figurenzeichnung gleich in zweifacher Weise stimmig: Sie entspricht zum einen Lessings allgemeiner Forderung, durch die Schaffung lebensnaher, zur Identifikation einladender Charaktere erzieherisch auf das Gefühlsleben des Theaterpublikums einzuwirken. Zum anderen passt diese Figurengestaltung aber auch zur intendierten Wirkung des „Nathan“, weil das Stück anhand der Figur des Tempelherrn letztlich die Lern- und Einsichtsfähigkeit eines Menschen demonstrieren möchte, gerade hierfür aber auf die Irrwege eines fühlenden, handelnden, „mittleren Charakters“ nicht verzichten kann.

Vierter Schritt: Den Schreibplan erstellen und den Text schreiben

10 Reihenfolge der Arbeitsschritte: 3, 10, 1, 4, 6, 7, 8, 2, 5, 9

11 Individuelle Lösungen ► S. 28

Fünfter Schritt: Den eigenen Text überarbeiten

12/13 Individuelle Lösungen

Erörterung von Sachtexten mit Bezug auf einen literarischen Text (Aufgabenart III B)

Aufgabenstellung

1 Untersuchen Sie den Text „Von der Kanzel zur Bühne: Nathan der Weise“ von Peter Pütz, indem Sie unter Berücksichtigung des Argumentationsganges darlegen, worin der Autor die Unterschiede zwischen „Darlegung“ und „Darstellung“ sieht und welche Chancen sich aus ihnen für den Dramenautor / die Dramenautorin ergeben. *(30 Punkte)*

2 Prüfen Sie unter Bezugnahme auf Lessings „Nathan“, inwieweit das „Spiel der Personen [...] die Darstellung der Idee der Ringparabel“ (Z. 68 f.) leistet. *(42 Punkte)*

Peter Pütz: **Von der Kanzel zur Bühne: Nathan der Weise** (1986)

Als die Zensurmaßnahmen der Braunschweigschen Regierung (seit Juli 1778) Lessings Goeze-Streit ein Ende setzten, verließ er unfreiwillig die Kanzel und ging auf die Bühne, wurde vom Prediger wieder zum Poeten. Dass er selbst im Nathan eine Fortsetzung seines religionskritischen Kampfes sah, beweisen die brieflichen Zeugnisse aus der Entstehungszeit des Dramas. [...]
Wirkungsvoller als die Versifizierung[1] ist beim Wechsel von der Kanzel zum Theater die Ablösung von bloßer Darlegung eines fernen und stets mit sich identischen Autors, dem alles berechtigte oder unberechtigte Misstrauen zufallen kann, durch die sinnlich-gegenwärtige Darstellung und Verkörperung von Personen. Diese können durch ihre unmittelbar wirkenden Reden und Aktionen größere Sympathie und Glaubwürdigkeit gewinnen (wie Nathan) oder als abstoßende Erscheinungen (wie der Patriarch) bessere Waffen gegen die von ihnen verteidigten Festungen liefern als noch so scharfsinnige und schlagende Argumente einer diskursiven Abhandlung. Der Schritt von der Darlegung zur Darstellung durch Akteure schafft Identifikationsmöglichkeiten, so dass das Publikum nicht nur wie bei den kritischen Schriften mitdenkt, sondern auch mit den Personen liebt und hasst, fürchtet und hofft – Wirkungen übrigens, die Lessing an anderen Stellen durch seine Überlegungen zu Furcht und Mitleid im Theater auch theoretisch zu klären suchte.
Während der Dramenautor sowohl an den Verstand als auch an die Empfindungsfähigkeit des Publikums appelliert, um es in das Dargestellte zu verwickeln, muss er sich im Unterschied zu den für jeden Satz verantwortlichen Prediger nicht mit dem identifizieren, was er einzelnen Figuren in den Mund legt. Selbst im Hintergrund der Mehrdeutigkeit verbleibend, lässt er die Akteure für sich und ihre Sache sprechen und überlässt es den Zuschauern, den Grad der Identifikation des Autors mit dieser oder jener Person, mit dieser oder jener Ansicht zu interpretieren. Hierdurch bietet das Drama die Möglichkeit, sich bei der Diskussion brisanter Themen sehr viel weiter nach vorn zu wagen, als es dem mit sich identischen und daher stets zur Rechenschaft zu ziehenden Verfasser diskursiver Schriften möglich wäre. Vermutlich war dies auch der Grund, weshalb Lessing, als er ohne die schützende Mehrdeutigkeit des Theaters das Florett zückte, sich auch einen Anschein von Fiktionalität erborgen wollte, indem er sich hinter den Fragmenten eines Ungenannten[2] enthüllend verbarg. Doch das reichte nicht aus, sondern reizte den Pastor vielmehr zu den insistierenden Fragen, was am dem Ungenannten denn nun Lessing sei oder nicht, und dieser konnte seinen Vordermann nicht mehr nur für sich alleine reden lassen.
Was bisher über die Personifikation, Identifikation und Mehrdeutigkeit dramatischer Darstellung zu sagen war, ist kein besonderes Kennzeichen der Lessing'schen Bühnenkunst, sondern gilt in dieser Allgemeinheit für das Theater von der Antike bis zur Gegenwart. Charakteristisch für ein bestimmtes Drama ist dagegen, auf welche Weise Personifikation geleistet wird, und mehr noch, wie sich die Personen in ihrer werkspezifischen Konfiguration zueinander verhalten. Bezeichnend für Nathan ist, dass die hier auftretenden Figuren nicht nur theoretisierend über Religion reden, sondern diese auch verkörpern, ja dass sie in ihrer besonderen Zusammensetzung die Relationen darstellen, die die Religionen untereinander haben oder zumindest haben sollten. Die Ringparabel bleibt noch weitgehend auf der Ebene der didaktischen Darlegung; das Spiel der Personen dagegen leistet die Darstellung der Idee der Ringparabel und – wie wir sehen werden – noch einiges darüber hinaus.

Aus: Peter Pütz: Die Leistung der Form: Lessings Dramen. Suhrkamp, Frankfurt am Main 1986, S. 242–249

1 **Versifizierung:** Gestaltung und Abfassung eines Textes in Versen
2 **Fragmente eines Ungenannten:** Unter diesem Titel gab Lessing seit 1774 die christentumskritischen Schriften des Hamburger Orientalisten Hermann Samuel Reimarus (1694–1768) heraus.

Inhaltliche Leistung

Aufgabe 1

	Anforderungen Die Schülerin / Der Schüler	maximale Punktzahl (AFB)	erreichte Punktzahl
1	**formuliert eine aufgabenbezogene Einleitung** unter Angabe von Titel, Autor, Textsorte, Erscheinungsjahr.	3 (I)	
2	**erschließt das zentrale Thema des Textes,** etwa: Die Differenz zwischen dem Agieren als argumentierender Autor („Darlegung") und als Dramatiker („Darstellung") und die sich daraus für den Theaterautoren ergebenden Chancen.	3 (II)	
3	**gibt einen Überblick über die Struktur des Textes,** etwa: ▪ Hinführung zum Thema: von der Kanzel zur Bühne – historische Einordnung und Begründung von Lessings Rollenwechsel; der „Nathan" als Fortsetzung des religionskritischen Kampfes (Z. 1–7) ▪ Unterschied zwischen „Darlegung" und „Darstellung": a) in Bezug auf das Werk und seine Wirkung (Z. 8–27); b) in Bezug auf den jeweils öffentlich agierenden Autor (Z. 28–52) ▪ Dramentheoretische Einordnung: a) die erläuterten Möglichkeiten dramatischer „Darstellung" (Personifikation, Identifikation, Mehrdeutigkeit) als Möglichkeiten des Theaters allgemein (Z. 53–57); b) das Spezifische des jeweils einzelnen Dramas: die je besondere Weise der Personifikation und die jeweilige Konstellation der auf der Bühne agierenden Personen (Z. 57–61) ▪ Das Besondere von Lessings „Nathan": a) Verkörperung der Religionen in den handelnden Figuren; die Relationen, in denen die Religionen stehen oder stehen sollten, werden im Verhältnis der Figuren zueinander gespiegelt (Z. 61–66); b) die Ringparabel und die Wiederholung des Unterschieds von „Darlegung" und „Darstellung" innerhalb des „Nathan" selbst (Z. 66–70)	10 (II / III)	
4	**erläutert,** worin der Autor **die Unterschiede zwischen „Darlegung" und „Darstellung"** sieht, **und nennt inhaltlich etwa folgende Aspekte**: ▪ <u>Personifikation</u>: Unmittelbarkeit sinnlich-gegenwärtiger Verkörperung statt abstrakten Theoretisierens eines fernen Autors; die in den Akteuren verkörperten Positionen erlangen größere Sympathie und Glaubwürdigkeit (Nathan) bzw. wirken besonders abstoßend (Patriarch) ▪ Verkörperung schafft <u>Identifikationsmöglichkeiten</u>: Das Publikum empfindet mit, statt nur mitzudenken; emotionale Anteilnahme am Schicksal der Figuren und an den in ihnen verkörperten Ideen. ▪ Nicht notwendige Identifikation des Dramenautors mit den Inhalten seines Stücks; er kann hinter der <u>Mehrdeutigkeit</u> des Werks zurücktreten, was ihm die Chance eröffnet, Themen radikaler durchzuspielen, als dies einem stets zur Rechenschaft verpflichteten Verfasser diskursiver Texte möglich wäre.	10 (III)	
5	**formuliert ein reflektiertes Fazit hinsichtlich der dargestellten Chancen des Wechsels von der Kanzel zur Bühne.**	4 (III)	
6	**erfüllt ein weiteres aufgabenbezogenes Kriterium.**	(4)	
	Summe Aufgabenteil 1	**30**	

Aufgabe 2

	Anforderungen Die Schülerin / Der Schüler	maximale Punktzahl (AFB)	erreichte Punktzahl
1	**verfasst eine aufgabenbezogene Überleitung,** die die Frage des zweiten Aufgabenteils mit dem vorliegenden Text verbindet.	3 (I)	
2	**formuliert die zentrale Idee der Ringparabel,** etwa: ▪ Konstituierend für die Idee sind a) die drei ununterscheidbaren Ringe, die für die drei monotheistischen Weltreligionen stehen, b) ihr gemeinsamer Ursprung in einem liebenden Vater, c) die um den „wahren" Ring streitenden Söhne als in Glaubenskriege verstrickte Anhänger der drei Weltreligionen sowie d) der weise Rat des Richters. ▪ Die zentrale Botschaft der Ringparabel, wie sie sich im Rat des Richters artikuliert, lautet: Die „Wahrheit" der drei Weltreligionen erweist sich in der von Toleranz und Mitmenschlichkeit geprägten Lebenspraxis ihrer Anhänger, nicht im Streit um einzelne Glaubenspositionen.	7 (II)	
3	**legt zentrale Aspekte und Beziehungen einzelner Figuren dar,** etwa: ▪ Nathan: ehrlich, weise, lebt Humanität, z.B. durch die Aufnahme der Christin Recha; agiert gegen Intoleranz und Vorurteile vor allem im Dialog, lässt sich z.B. nicht von der judenfeindlichen Haltung des Tempelherrn provozieren, sondern leitet ihn zur Reflexion und damit letztlich zur Abkehr von seinen religiös bedingten Vorurteilen an. ▪ Der Tempelherr: gibt seinen Antisemitismus auf, nachdem er erkennt, dass Menschen zunächst Menschen und erst dann Angehörige einer Religionsgemeinschaft sind – ein Resultat von Nathans humanisierender Intervention. ▪ Saladin: lässt sich durch Nathans Ringparabel belehren und schließt über religiöse Schranken hinweg Freundschaft mit Nathan und dem Tempelherrn; humane Haltung und Integrität, allerdings nicht ohne Tendenz zur absolutistischen Willkür.	14 (II / III)	
4	**setzt diese Figuren in Bezug zur Idee der Ringparabel,** etwa: Das Handeln der Figuren und ihre Beziehungen zueinander liefern Beispiele für Versöhnung und Harmonie über konfessionelle Grenzen hinweg. Was in der Ringparabel allgemein formuliert wird, wird durch die Figuren zum besonderen und konkreten Beispiel für die Lern- und Entwicklungsfähigkeit des Menschen und weckt die Hoffnung auf ein Miteinander in wechselseitiger Achtung und auf ein Wetteifern in humaner, sozialer Gesinnung und Vernunft.	10 (II / III)	
5	**zieht ein persönliches Fazit,** etwa: Durch die Dialoge, Handlungen und Konflikte der Figuren als tolerante / moderate / fanatische Vertreter ihrer Religionen werden ihre Haltungen, Entwicklungen und Einsichten in Bezug auf Humanität, Nächstenliebe und Toleranz personifiziert und so für die mitfühlende Zuschauerin / den mitfühlenden Zuschauer nicht nur rational, sondern auch auf emotionaler Ebene nachvollziehbar.	8 (III)	
6	**erfüllt ein weiteres aufgabenbezogenes Kriterium.**	(4)	
	Summe Aufgabenteil 2	**42**	

Darstellungsleistung

	Anforderungen Die Schülerin / Der Schüler	maximale Punktzahl	erreichte Punktzahl
1	strukturiert den Klausurtext schlüssig, sinnvoll verknüpft und gedanklich klar.	6	
2	formuliert unter Beachtung der fachsprachlichen und fachmethodischen Anforderungen.	6	
3	belegt Aussagen durch angemessenes und korrektes Zitieren.	3	
4	drückt sich allgemeinsprachlich präzise, stilistisch sicher und begrifflich differenziert aus.	5	
5	formuliert lexikalisch und syntaktisch sicher, variabel und komplex (und zugleich klar).	5	
6	schreibt sprachlich richtig.	3	
	Summe Darstellungsleistung	**28**	
	Gesamtpunktzahl **Note:** **Datum:**	**100**	

Materialgestützt einen Text verfassen (Aufgabenart IV)

Aufgabenstellung

An Ihrer Schule plant der Literaturkurs eine Inszenierung von Lessings „Nathan der Weise". Sie werden gebeten, für die Homepage der Schule einen kurzen, kritischen Artikel zur Aktualität des Werkes zu schreiben, um möglichst viele Zuschauer/-innen für die Aufführungen zu gewinnen.
Am Ende des Artikels sollen Sie die Inszenierungsidee des Literaturkurses zur Gestaltung des Aktualitätsbezugs begründen. Wählen Sie dazu eine der folgenden Ideen (a), (b), (c) oder (d) aus:

a Bühnenbild und Kostüme sind vollkommen neutral in einer Farbe gehalten.
b Eine zusätzliche Figur wird eingeführt: Abu Hassan, ein junger Hauptmann Saladins, wendet sich an die Zuschauer/-innen und kommentiert das Geschehen.
c Der Tempelherr erhält zusätzliche Monologe, wird so als Mensch in seinen Konflikten plastischer und zur aktuellen Identifikationsfigur.
d Die Handlung spielt in Köln 2020.

Verfassen Sie diesen Artikel auf der Grundlage der Materialien M 1 bis M 5 und Ihrer Kenntnisse aus dem Unterricht, indem Sie
- die Handlung sowie die zentrale Idee des „Nathan" einführend kurz darlegen,
- eine aktuelle Deutungsmöglichkeit darstellen und kritisch erläutern,
- die gewählte Inszenierungsidee (a), (b), (c) oder (d) des Literaturkurses darstellen und auf der Basis der gewählten Deutung begründen,
- unter Berücksichtigung gesellschaftspolitischer Bezüge die Aktualität des „Nathan" herausarbeiten und für einen Besuch der Schulaufführung werben
- und zugleich in Ihre Ausführungen relevante Aspekte fachlichen Kontextwissens einbeziehen.

Ihr Text sollte ungefähr zwei gedruckte DIN-A4-Seiten (= ca. 5 Heftspalten) umfassen. *(72 Punkte)*

M 1

Johannes Bruggaier: **Ist Lessings Toleranz noch aktuell?** (2016)

Generationen von Schülern haben „Nathan der Weise" gelesen – und wissen nun nicht, was sie davon halten sollen.

In „Nathan der Weise", Lessings Lehrstück der Toleranz, scheint alles ganz einfach. Die drei Weltreligionen, heißt es da, seien zu vergleichen mit drei Söhnen, die von ihrem Vater jeweils einen kostbaren Ring geerbt haben. Einer der drei Ringe soll seinen Träger nicht nur dem Himmelreich näherbringen, sondern auch der Sympathie seiner Mitmenschen. Leider aber sehen alle drei Exemplare genau gleich aus, weshalb das Original nur im Praxistest zu ermitteln ist: Wem die Sympathie der Mitmenschen versagt bleibt, dürfte wohl kaum im Besitz des wahren Ringes sein.

Generationen von Schülern haben mit dieser Geschichte Toleranz gelernt. Moral, so haben sie erfahren, ist keine Frage von Glaubensbekenntnissen, sondern erweist sich erst im konkreten Handeln: Nur wer im Sinne der Menschheit handelt, kann auch auf das Wohlgefallen einer höheren Macht hoffen. Aber wann handele ich im Sinne der Menschheit? Wenn ich toleriere, dass ein muslimischer Schüler seiner Lehrerin den Handschlag verweigert? Wenn ein syrisches Mädchen bereits mit 14 Jahren verheiratet wird? Muss ich Pegida tolerieren? Und die Ausfälle von Politikern wie Björn Höcke?

Die massive Zuwanderung setzt die auf dem Papier so einleuchtenden humanistischen Ideale unter Druck, aus der Flüchtlings- wird eine Toleranzkrise. Und hehre Lessing-Zitate wie „Begnügt euch doch damit, ein Mensch zu sein!" oder „Gott lohnt Gutes, hier getan, auch hier noch!" klingen angesichts islamistischer Terroranschläge und rechtsextremer Gewalttaten reichlich hohl: Schwer zu glauben, dass sich im „Nathan" noch Antworten auf aktuelle Fragen finden lassen.

Das mag aber auch an einer fragwürdigen Lektüre liegen. Lessings Toleranzbegriff ist im Laufe der Zeit christlich eingefärbt worden, als Ausdruck von Nächstenliebe und Barmherzigkeit. „Nathan der Weise": ein einziger Kirchentag in fünf Akten. Nichts ist falscher als das. Tatsächlich ist das Stück einst aus dem Streit mit der Kirche heraus entstanden. Lessing hatte sich mit einem fundamentalistischen Hamburger Pastor angelegt, weil er es wagte, über Dogmen wie die unbefleckte Empfängnis oder die wundersame Auferstehung diskutieren zu wollen. Kritik ist eben noch ein zartes Pflänzchen gewesen im 18. Jahrhundert, über wahr und falsch entschieden nicht feinsinnige Argumente, sondern kirchliche Glaubenssätze. Lessing aber war Kritiker aus Leidenschaft. Er kritisierte Theologen und Fürsten, verriss Theaterstücke und Prosaliteratur: Kritik als Lebensprinzip.

Kaum etwas bringt dieses Lebensprinzip besser zur Geltung als die Ringparabel. Mag jeder glauben, was er will – solange er den Glauben nicht mit Gewissheit verwechselt. Die eigene Überzeugung ehrlich zu hinterfragen, das Fremde nicht von vornherein für das Falsche zu halten: In diesem kritischen Geist liegt Lessings Toleranz begründet. […]

Worin also besteht die Aktualität dieses Plädoyers für ein kritisches, vor allem aber selbstkritisches Bewusstsein? Es richtet sich gegen auch heute wieder anzutreffende Tendenzen zur Denkfaulheit, gegen die der Versuchung, sich in bestehenden Glaubenssätzen bequem einzurichten, statt den mühsamen Weg des Verstehens zu beschreiten. Eine Versuchung, die sich in der Vorstellung spiegelt, es könnte auf Fragen wie verweigerte Handschläge und Ausfälle von Politikern überhaupt allgemeingültige Antworten geben.

Obgleich Lessing in erster Linie Kritiker war und dabei mit seinen Gegnern wahrlich nicht zimperlich umsprang, ist er zu Recht als Humanist bezeichnet worden: In seiner Fähigkeit zum kritischen Denken nämlich unterscheidet sich der Mensch vom Tier.

SÜDKURIER, 29. August 2016, https://www.suedkurier.de/ueberregional/kultur/Ist-Lessings-Toleranz-noch-aktuell;art10399,8877019 (Zugriff: 13.02.2019)

M 2

Heinrich Thies: „Nathan der Weise" im Theater für Niedersachsen (2018)

Eine neue Version von Lessings Klassiker „Nathan der Weise" im Theater für Niedersachsen spricht auch Jugendliche an – zum Glück: Das Stück ist im nächsten Jahr Pflichtlektüre für das Abitur.

Hildesheim. Am Ende liegen sich alle in den Armen. „Unter stummer Wiederholung allseitiger Umarmungen fällt der Vorhang", heißt es in der letzten Regieanweisung. In dieser Schlussszene hat Gotthold Ephraim Lessing in dem Schauspiel „Nathan der Weise" sein szenisches Plädoyer für Toleranz zu einem bewegenden Höhepunkt getrieben: Ob Juden, Christen oder Muslime – niemand kann die Wahrheit für sich allein beanspruchen. Es kommt drauf an, was man draus macht. Alle Vertreter der drei Weltreligionen sind – im Stück und in der Geschichte – irgendwie miteinander verwandt und haben schon deshalb keinen Grund, sich die Köpfe einzuschlagen.

In der Realität tun sie es aber – in der Zeit der Kreuzzüge, in der Nathans „Lessing" spielt, und in der Gegenwart bekanntlich auch. Vor allem am Handlungsort des Stückes: in Jerusalem. Die Vision von der friedlichen Koexistenz der drei großen Religionen ist also auch 220 Jahre nach der Entstehung des Stückes nur eine schöne Utopie.

Das Theater für Niedersachsen lässt das reale Umfeld in seiner Inszenierung durchscheinen – wenn auch nur ganz am Schluss. Auch im Stadttheater Hildesheim liegen sich alle in den Armen. Aber den dramatischen Schlusspunkt setzt erst eine Maschinengewehrsalve, die wie aus heiterem Himmel über die Bühne fegt und alle so harmonisch vereinten Protagonisten niedermäht. Ein Ende mit Schrecken.

Was vorher geschieht, orientiert sich am Stück. Nur weiße Plastikstühle schmücken die von einer Art Zaun hermetisch abgeriegelte Bühne, und bei der Klärung der Verwandtschaftsverhältnisse werden auch Fotos zu Hilfe genommen. Trotzdem bleibt es ein Klassiker zum Wiedererkennen. Regisseurin Bettina Rehm hat das Stück zwar behutsam in die Gegenwart verlegt und erfrischend verknappt, den Stückverlauf und die kunstvolle Sprache aber übernommen.

Gleichwohl gelingt es ihr, aus dem aufklärerischen Ideendrama die menschlichen Konflikte herauszuarbeiten. Hier ist eben nicht alles mit der berühmten Ringparabel gesagt, hier verkörpern die Figuren nicht einfach nur Ideen, hier sind Menschen in existenziellen Zerreißproben zu erleben. Auf diese Weise rückt vielleicht stärker noch als Nathan […] der junge Tempelherr Curd in den Mittelpunkt.

Die Inszenierung zeigt wunderbar, wie dieser junge Mann zwischen die Fronten gerät und von inneren Konflikten geschüttelt wird. […] Moritz Nikolaus Koch, in schwarzer Kapuzenjacke und kurzen Hosen, hat etwas von einem aufgewühlten Teenager. Dieser Tempelherr ist in seiner Verwirrung und Gekränktheit ruppig, schroff und aufbrausend, dann aber auch wieder rührend bewegt – und natürlich bis über beide Ohren verliebt.

Auf diese Weise bietet sich dieser Curd als Identifikationsfigur für die Jugendlichen an, die mehr oder weniger gezwungen sind, sich das Lessing-Stück anzusehen. Denn der Toleranz-Klassiker ist – mit gutem Grund – Pflichtlektüre für den Abiturjahrgang 2019. […]

Hannoversche Allgemeine Zeitung, 04.06.2018, http://www.haz.de/Nachrichten/Kultur/Uebersicht/Nathan-der-Weise-am-Theater-fuer-Niedersachsen (Zugriff: 13.02.2019)

M 3

Mirjam Pressler: Nathan und seine Kinder (2010)

Abu Hassan

[…] Schon mein Vater war Hauptmann, und er hat uns, seine Söhne, zu Kämpfern erzogen, zu Kämpfern für Allah, für unseren heiligen Glauben und unsere muslimischen Brüder und natürlich auch für die eigene Ehre, und er war stolz darauf gewesen, als die Nachricht kam, dass mein ältester Bruder im Kampf gegen die Franken gefallen war. […] Ich habe mich einer Gruppe von Hauptleuten und hohen Würdenträgern angeschlossen, die sich heimlich gegen Saladin verbündet haben. Wir sind alle gute Muslime, aber wir wollen, dass der Sultan abgelöst wird. […]

Aus: Mirjam Pressler: Nathan und seine Kinder. Beltz & Gelberg, Weinheim, Basel 2010, S. 136 f.

M 4

Was ist eigentlich Toleranz? – Veranstaltungshinweis der Stadt Köln (2016)

Die Ereignisse der Silvesternacht[1] haben viele Kölnerinnen und Kölner beunruhigt und verunsichert. Was hat das alles zu bedeuten? Wenn jemand sagt, wir sollten toleranter (oder weniger tolerant) sein, stellt sich schnell die Frage: Wer sind überhaupt „wir", wer sind die „anderen", und an welchen Attributen machen sich solche Unterscheidungen fest? Und was ist eigentlich Toleranz? Wer toleriert eigentlich wen, wann und warum? Steht Toleranz für Offenheit oder für Gleichgültigkeit? Diese und viele weitere Fragen sind Ausgangspunkt für die Bühne des Open Forum: keine Rednerinnen und Redner, keine Vorträge – dafür eine Einladung an viele kleine Tische mit unvorhergesehenen Gesprächen.

https://www.stadt-koeln.de/leben-in-koeln/veranstaltungen/daten/19949/index.html (Zugriff: 13.02.2019)

1 In der Silvesternacht 2015/2016 kam es in Köln im Bereich Hauptbahnhof und Kölner Dom zu zahlreichen sexuellen Übergriffen auf Frauen. Bei den Tätern handelte es sich vornehmlich um junge Männer aus dem nordafrikanischen und arabischen Raum.

M 5

Szenenfoto einer Inszenierung des Dramas „Nathan der Weise" aus dem Jahr 2018

„Nathan der Weise", Staatstheater Braunschweig, 2018 (Regie: Martin Nimz); links: Luca Füchtenkordt (Tempelherr), rechts: Tobias Beyer (Nathan), Foto: Bettina Stöß

Inhaltliche Leistung

Aufgabe 1

	Anforderungen Die Schülerin / Der Schüler	maximale Punktzahl (AFB)	erreichte Punktzahl
1	**formuliert eine themen- und anlassbezogene Einleitung,** etwa unter Bezugnahme auf ▪ die kommunikative Schreibsituation (kommunikative Situierung) ▪ den Gegenstand des Schreibauftrags (thematische Situierung)	4 (II)	
2	**stellt die Handlung und die zentrale Idee des „Nathan“ dar,** etwa: ▪ Zu Beginn der Handlung erfährt der jüdische Kaufmann Nathan bei der Rückkehr von einer Geschäftsreise, dass ein junger Tempelherr seine Adoptivtochter Recha aus dem brennenden Haus gerettet hat. Nathan will sich beim Tempelherrn für die heldenhafte Rettung Rechas bedanken, wird aber aufgrund von dessen judenfeindlicher Haltung zurückgewiesen. ▪ Sultan Saladin befindet sich in einer Krise und der Jude Nathan soll mit Hilfe einer Fangfrage nach der „wahren“ Religion als Geldgeber gewonnen werden; Erzählung der Ringparabel als Antwort auf Saladins Frage. ▪ Der Tempelherr begegnet Recha und verliebt sich in sie, erfährt aber Zurückweisung durch Nathan; Daja, die als Gesellschafterin im Hause Nathans arbeitet, erzählt dem Tempelherrn von der Adoption Rechas und ihrer wahren Religionszugehörigkeit. ▪ Lösung der Konflikte: Die Enthüllung der Verwandtschaftsverhältnisse in der Schlussszene des Stücks – der Tempelherr und Recha sind Geschwister, Saladin und seine Schwester Sittah ihr Onkel bzw. ihre Tante – lässt die Idee einer religiöse Schranken überwindenden „Menschheitsfamilie“ aufleuchten: Nicht was jemand glaubt, ist entscheidend, sondern sein mitmenschliches und eben darin gottgefälliges Handeln. ▪ Plädoyer für Toleranz und Mitmenschlichkeit: In dem Drama „Nathan der Weise“ wird die intolerante und inhumane Haltung der Angehörigen der drei Weltreligionen Christentum, Judentum und Islam gegenüber den Angehörigen der jeweils anderen Religionsgemeinschaften thematisiert und in der Figur des Juden Nathan eine Gegenfigur im Sinne humanen, aufgeklärten Denkens und Handelns entworfen.	6 (I / II)	
3	**erläutert** – beispielhaft – **eine aktuelle Deutungsmöglichkeit des „Nathan“,** etwa: ▪ Keiner der drei großen Weltreligionen steht es zu, die „Wahrheit“ für sich zu beanspruchen, denn eine Religion bewahrheitet sich durch das konkrete Handeln ihrer Anhänger und nicht durch Glaubensbekenntnisse. Das Lehrstück kann in diesem Sinne gedeutet werden ▪ (1) als ein Beispiel für eine Haltung gelebter Toleranz (M 1, M 2), ▪ (2) als ein Plädoyer für Humanität im Sinne der Aufklärung (M 1, M 2), ▪ (3) mit Blick auf die aktuelle Koexistenz der drei Weltreligionen als eine Kritik dessen, was ist, und eine Darstellung dessen, was sein soll (M 2), ▪ (4) als eine Ermutigung zur Anstrengung kritischen und insbesondere auch selbstkritischen Denkens, das lieb gewonnene Überzeugungen immer wieder hinterfragt und Fremdes nicht von vornherein für das Falsche hält (M 1).	10 (II)	

	Anforderungen Die Schülerin / Der Schüler	maximale Punktzahl (AFB)	erreichte Punktzahl
4	**entscheidet sich** vor dem Hintergrund der gewählten Deutung **begründet für eine der vorgegebenen Inszenierungsideen (a–d),** etwa: ▪ (a) Bühnenbild und Kostüme sind vollkommen neutral in einer Farbe gehalten. – Wir alle sind zunächst Menschen und gleich, egal welcher Religion wir angehören (z.B. Deutung (1), (2), (3) und M 1, M 2, M 5). ▪ (b) Eine zusätzliche Figur wird eingeführt: Abu Hassan, ein junger Hauptmann Saladins, wendet sich an die Zuschauer/-innen und kommentiert das Geschehen (z.B. Deutung (3) und (4) sowie M 1, M 2, M 3). ▪ (c) Der Tempelherr erhält zusätzliche Monologe, wird so als Mensch in seinen Konflikten plastischer und zur aktuellen Identifikationsfigur: Darstellung existenzieller Sorgen und Nöte der Figur; er verkörpert nicht nur eine Idee (z.B. Deutung (1) und (4) sowie M 2, evtl. M 5). ▪ (d) Die Handlung spielt in Köln 2020 (z.B. Deutung (1), (2), (3), (4) und M 1, M 2 sowie besonders M 4). (Hinweis: Angestrebt ist hier keine vollständige Darstellung der in den einzelnen Optionen beispielhaft genannten Aspekte und Kombinationen, sondern eine differenzierte Schwerpunktsetzung durch die Schüler/-innen unter Berücksichtigung individueller Unterrichtskontexte.)	12 (II / III)	
5	**arbeitet unter Berücksichtigung gesellschaftspolitischer Bezüge die Aktualität des „Nathan" heraus und wirbt für einen Besuch der Schulaufführung,** etwa: ▪ individuelle Bezüge: z.B. Notwendigkeit kritischer (Selbst-)Reflexion in Zeiten zunehmender Intoleranz ▪ regionale bzw. nationale Bezüge: z.B. Flüchtlingskrise wird zur Toleranzkrise ▪ internationale bzw. globale Bezüge: z.B. Nahostkonflikt, Mauerbau zwischen USA und Mexiko	14 (III)	
6	**entfaltet das Thema gleichzeitig schlüssig unter Einbezug fachlichen Kontextwissens,** etwa zu folgenden Aspekten: ▪ Spannungsfeld zwischen Vernunft und Glaube ▪ religiös motivierter Fanatismus versus aufklärerischer Gedanke von Toleranz und Humanität ▪ Lern- und Entwicklungsfähigkeit des Menschen – „Nathan der Weise" als (Ideen-)Drama der Aufklärung ▪ Inhalt und Funktion der Ringparabel ▪ Sprachgestaltung und Form (evtl. Monolog des Tempelherrn in V, 3) ▪ Deutung des Dramenschlusses ▪ Bühneninszenierungen als Deutungsmöglichkeit	12 (II / III)	
7	**nutzt die Materialien funktional zur Erfüllung des Schreibauftrages durch:** ▪ angemessene Ausschöpfung des gesamten Informationsangebots, ▪ funktionale Integration von Referenzen auf die Materialien in den eigenen Text, ▪ Konzentration auf Wesentliches und Vermeidung unnötiger Redundanzen, ▪ sachliche und auftragsbezogene Verarbeitung der aus unterschiedlichen Perspektiven gestalteten Beiträge, ▪ eigenständiges Verknüpfen von relevanten Informationen mit eigenen Kenntnissen.	9 (III)	

	Anforderungen Die Schülerin / Der Schüler	maximale Punktzahl (AFB)	erreichte Punktzahl
8	**gestaltet ihren/seinen Text unter Berücksichtigung der Anforderungen des aufgabenbezogenen Zieltextformates** (Beitrag für die Schulhomepage) **im Hinblick auf** ▪ die Adressaten, ▪ die für die Textsorte charakteristischen Merkmale, ▪ die Intention des Textes und das Erreichen des Kommunikationsziels.	5 (III)	
9	**erfüllt ein weiteres aufgabenbezogenes Kriterium.**	(3)	
	Summe inhaltliche Leistung	**72**	

Darstellungsleistung

	Anforderungen Die Schülerin / Der Schüler	maximale Punktzahl	erreichte Punktzahl
1	**strukturiert ihren/seinen Text schlüssig, sinnvoll verknüpft und gedanklich klar:** ▪ angemessene Gewichtung der Teilaufgaben in der Durchführung ▪ gegliederte und angemessen gewichtete Anlage der Arbeit ▪ schlüssige Verbindung der einzelnen Arbeitsschritte ▪ schlüssige gedankliche Verknüpfung von Sätzen	6	
2	**formuliert unter Beachtung der fachsprachlichen und fachmethodischen Anforderungen:** ▪ eigenständige Darstellung im Hinblick auf das Zieltextformat ▪ begründeter Bezug von beschreibenden, deutenden und wertenden Aussagen ▪ Verwendung von Fachtermini in sinnvollem Zusammenhang ▪ Beachtung der Tempora ▪ korrekte Redewiedergabe (Modalität)	6	
3	**belegt Aussagen durch Bezugnahme auf den Text:** formal korrekte und zieltextadäquate Wiedergabe von Textinformationen (z.B. in Form von Paraphrasen oder Zitaten)	3	
4	**drückt sich allgemeinsprachlich präzise, stilistisch sicher und begrifflich differenziert aus:** ▪ adressaten- und zielgerechte Schreibweise ▪ Schriftsprachlichkeit ▪ begrifflich-abstrakte Ausdrucksfähigkeit	5	
5	**formuliert lexikalisch und syntaktisch sicher, variabel und komplex (und zugleich klar).**	5	
6	**schreibt sprachlich richtig.**	3	
	Summe Darstellungsleistung	**28**	
	Gesamtpunktzahl **Note:** **Datum:**	**100**	

2 Heinrich von Kleist: „Die Marquise von O…“

Konzeption des Kapitels

Texte, Themen und Strukturen: Ausgabe Nordrhein-Westfalen, 978-3-464-68112-1 / 978-3-464-68111-4

Seite	Sequenz/ Materialien	Didaktisch-methodische Hinweise	Anknüpfung an „Texte, Themen und Strukturen“
S. 29	**2.1 Vor der Lektüre**	Der Einstieg ermöglicht einen subjektiven Zugang zur Exposition: Die Beweggründe der Marquise für die Anzeige werden in Bezug zu den individuellen Lösungsansätzen der Schüler/-innen gesetzt und auf dieser Grundlage erste Fragen an den Text formuliert.	
S. 30	**2.2 Die Handlung**	Die Handlungsstruktur der Novelle wird mit einer Übersichtsskizze erschlossen, wobei die begründete Wahl zwischen zwei Schemata u. a. eine Diskussion über die gegenläufigen Handlungsstränge eröffnet.	Zur Wiederholung der klassischen Dramenform siehe die Information „Die geschlossene Form“ (S. 222).
S. 31 f.	**2.3 Ort und Zeitgestaltung** Information: Zeitgestaltung Information: Der Ort der Handlung Information: Hortus conclusus	Unterstützt durch einen Informationskasten zur Zeitgestaltung untersuchen die Schüler/-innen die Zeitstruktur der Novelle und ergänzen ihre Strukturschemata. Rilkes Charakterisierung der Novelle, die anhand eines Textauszugs überprüft wird, unterstützt die Untersuchung der inhaltlichen Funktion der Zeitgestaltung. Die Handlungsorte erhalten in Kleists Novelle jeweils symbolische Bedeutung. Ein Wortspeicher unterstützt die Schüler/-innen bei deren Erschließung, wobei sie exemplarisch anhand der Gartenszene die Schaffung symbolischer Bedeutungszusammenhänge untersuchen.	Siehe die Informationen „Ort und historische Zeit“ (S. 167) und „Handlung und Zeitgestaltung“ (S. 171). Mit Blick auf die Bedeutung des Gartenhauses siehe zum Vergleich den Anfang von *Theodor Fontanes* „Effi Briest“ (S. 165): Schilderung eines idyllischen Landadelssitzes, symbolhafte Zeichen einer Bedrohung.
S. 33 f.	**2.4 Die Hauptfiguren** Information: Eine literarische Figur charakterisieren	Ausgehend von einer ersten Charakterisierung der Marquise vollziehen die Schüler/-innen die Figurenentwicklung anhand der Analyse einer zentralen Textstelle nach; dabei erfassen und beurteilen sie unterschiedliche Figurenbetrachtungen in der Literaturwissenschaft. Auf dieser Grundlage kann die ambivalente Gestaltung der Marquise erkannt werden.	Zur Wiederholung der direkten und indirekten Charakterisierung einer Figur kann der Informationskasten „Figuren und ihre Konstellation“ (S. 169) herangezogen werden. Produktiv-gestaltende Verfahren werden im Methodenkasten auf Seite 36 thematisiert.

Seite	Sequenz/ Materialien	Didaktisch-methodische Hinweise	Anknüpfung an „Texte, Themen und Strukturen“
S. 35	**Die Ambivalenz der Figuren** Methode: Eine Figurenkonstellation erstellen	Alle Hauptfiguren der Novelle zeichnen sich durch ihren widersprüchlichen Charakter aus. Diese These sollen die Schüler/-innen arbeitsteilig am Text nachweisen. Darauf aufbauend wird die Figurenkonstellation erschlossen und visualisiert.	Siehe die Information „Deutungsthesen ausführen“ (S. 209) zum Vorgehen bei der systematischen Analyse.
S. 36	**2.5 Thematische Aspekte** *Heinz Politzer:* „Der Fall der Frau Marquise“ Information: Die drei psychischen Instanzen nach Freud	Die Schüler/-innen setzen sich anhand des Sachtextes mit einem psychoanalytischen Deutungsansatz zum Verhältnis von Vater und Tochter auseinander, der v. a. die Versöhnungsszene in den Blick nimmt. Die Triebnatur und Gewaltbereitschaft der männlichen Figuren finden u. a. in der sexuellen Metaphorik des Textes ihren Ausdruck, die ausgehend von Politzers Text untersucht wird.	Mit Blick auf das Vater-Tochter-Verhältnis siehe zum Vergleich *Birgit Vanderbeke:* „Das Muschelessen“ (S. 170): Dort versucht ein Familientyrann sein Rollenverständnis in der Erziehung umzusetzen. Zur literarischen Erörterung siehe die Seiten 242 ff.
S. 37	**Das Modell der Familie im ausgehenden 18. Jahrhundert** *Gerhard Kaiser:* „Krise der Familie“	Das von Kaiser skizzierte Familienmodell der zweiten Hälfte des 18. Jahrhunderts wird zu dem in Kleists Novelle entworfenen Familienbild in Beziehung gesetzt. Kleists Kritik an zeitgenössischen Konventionen wird verdeutlicht.	
S. 38	**2.6 Erzählweise, Sprache und Stil** **Die Sprachlosigkeit der Figuren** *Eva Fricke:* Ambiguität durch ironische Brechung	Ausgehend von einem Deutungsansatz zur Sprachlosigkeit der Figuren untersuchen die Schüler/-innen Textstellen auf körpersprachliche Äußerungen hin und erörtern deren Funktion. Auf der Grundlage von Frickes Ausführungen machen sie sich bewusst, dass die Novelle von ironisch-doppeldeutigen Formulierungen durchzogen ist, und weisen diese anhand der Werbungsszene nach.	Zu Kleists Stil siehe auch Seite 439, Aufgabe 2.
S. 39	**Der Satzbau** Information: Den Satzbau untersuchen	Die Schüler/-innen veranschaulichen an einem exemplarischen Textauszug die Komplexität des Satzbaus in Kleists Novelle und erschließen seine Funktion. Weitere Textstellen werden in den Blick genommen.	

Seite	Sequenz/ Materialien	Didaktisch-methodische Hinweise	Anknüpfung an „Texte, Themen und Strukturen“
S. 40	**Die Erzählweise** Information: Erzählverhalten, -form und Darbietungsformen	Unterstützt durch einen Informationskasten werden zentrale Elemente des Erzählens am Text erarbeitet und Merkmale eines auktorialen Erzählers am Text nachgewiesen. Davon ausgehend werden Eva Frickes Deutungsansatz einer unzuverlässigen Erzählinstanz am Text überprüft und die Funktion dieser Erzählweise diskutiert.	Bei der Untersuchung erzählerischer Mittel helfen die umfassenden Informationskästen „Der Erzähler / die Erzählerin und seine/ ihre Strategien“ (S. 172) sowie „Die drei idealtypischen Erzählstrategien“ (S. 172 f.).
S. 41	**Die verweigerte Eindeutigkeit in Kleists Novelle** *Eva Fricke:* „Resümee zu ‚Die Marquise von O…‘“	Die Schüler/-innen erfassen die verweigerte Eindeutigkeit in Kleists Novelle exemplarisch durch eine Analyse des Erzählschlusses, machen sich die fehlende Eindeutigkeit auf mehreren Ebenen anhand eines Clusters bewusst und hinterfragen die Funktion dieser Ambiguität.	
S. 42	**2.7 Leben und Werk des Autors** Methode: Gruppenpuzzle	Die Methode des Gruppenpuzzles ermöglicht es, verschiedene Lebensbereiche des Autors in den Blick zu nehmen und ein differenziertes Bild seiner Biografie zu erarbeiten. Auf dieser Grundlage können Bezüge zwischen Leben und Werk hergestellt und die Problematik eines biografischen Deutungsansatzes diskutiert werden.	Das Kapitel „Recherchieren in Internet und Bibliothek“ (S. 553 ff.) informiert u. a. zur Basisrecherche mit Wikipedia. Zur Vertiefung siehe das Kapitel „Gibt es die richtige Interpretation? – Literarische Kommunikation und Theorien des Verstehens“ (S. 46 ff.).
S. 43	**Der Einfluss aufklärerischen Gedankenguts auf Leben und Werk Kleists** *Heinrich von Kleist:* „Brief an Wilhelmine von Zenge“ (22.03.1801) Information: Die Epoche der Aufklärung	Kleists Brief an Wilhelmine von Zenge verdeutlicht den Einfluss aufklärerischen Gedankenguts auf sein Weltbild. Inwiefern sich die im Brief erkennbare pessimistische Weltsicht in der Novelle „Die Marquise von O…“ widerspiegelt, soll anhand exemplarischer Textstellen erschlossen werden. Weiterführend kann die besondere Rolle Kleists thematisiert werden, der am Epochenumbruch von der Aufklärung zur Romantik stand und dessen Werke sich keiner Epoche eindeutig zuordnen lassen.	Hinsichtlich des aufklärerischen Gedankenguts kann vertiefend *Immanuel Kants* „Beantwortung der Frage: Was ist Aufklärung?“ (S. 395) erarbeitet werden. Zu den Epochen siehe das Kapitel „Klassik und Romantik“ (S. 420 ff.).

Literaturhinweise

Fricke, Eva: Heinrich von Kleist und die Auflösung der Ordnung. Poetologische Strategien im erzählerischen Werk. Tectum, Marburg 2010

Nobis, Helmut: Heinrich von Kleist. Das Erdbeben in Chili. Die Marquise von O… Die Verlobung in St. Domingo. Text und Kommentar. Suhrkamp, Frankfurt/M. 2009

Pickerodt-Uthleb, Erdmute / Pickerodt, Gerhart J.: Heinrich von Kleist. Die Marquise von O… und andere Prosa. Unterrichtskommentar. Cornelsen, Berlin 2010

Politzer, Heinz: Der Fall der Frau Marquise. Beobachtungen zu Kleists „Marquise von O…“. In: Deutsche Vierteljahresschrift für Literaturwissenschaft und Geistesgeschichte, 51. Jg. 1977, S. 98–128

Schmidt, Jochen: Heinrich von Kleist. Die Dramen und Erzählungen in ihrer Epoche. Wissenschaftliche Buchgesellschaft, Darmstadt 2011

Seitenangaben zur Novelle beziehen sich auf folgende Ausgaben:
C = Cornelsen Literathek ISBN 978-3-06-200156-7 (Hieran orientiert sich die Schreibung bei Textauszügen.)
R = Reclam (ISBN 978-3-15-008002-3 bzw. 978-3-15-019127-9)

2.1 Vor der Lektüre

► S. 29 1 Individuelle Lösungen

2 Informationen zur Marquise: verwitwet, adlig, ehrenhaft, Mutter mehrerer Kinder, gute Erziehung, selbstbewusst, Tochter eines Kommandanten, unwissentlich schwanger geworden, öffentliche Suche nach dem Vater des ungeborenen Kindes, den sie heiraten möchte
Beweggründe: Rücksichtnahme auf ihre Familie und auf gesellschaftliche Konventionen, Ehrverlust

3 Mögliche Vergleichspunkte: heutige Relevanz, Furcht vor sozialer Ächtung aufgrund der unehelichen Empfängnis, Diskretion, Rücksichtnahme auf die Familie, Einhaltung gesellschaftlicher Konventionen, Möglichkeit einer Abtreibung, Rolle der Frau (zeitgeschichtlicher Kontext)

4 Mögliche Fragen: Wieso weiß sie nicht, wer der Vater ihres Kindes ist? Ist so eine Annonce nicht peinlich? Gerät die Familie nicht gerade durch diese Anzeige in Verruf? Wie fühlt sich die Frau? Warum werden die Namen abgekürzt? Welche Rolle spielt die Familie der Marquise?

2.2 Die Handlung

► S. 30 1

Handlungsschritte, Handlungsorte, Hinweise zur Zeitstruktur:
- Aufgabe einer Zeitungsanzeige durch die Marquise: Suche nach Vater ihres dritten Kindes
  → Landhaus: Vorgeschichte – Tod des Ehemanns vor 3 Jahren / Zitadelle
- Eroberung des Wohnsitzes der Familie, der Zitadelle des Kommandanten, durch russische Soldaten
- Angriff auf die Marquise und Rettung durch den Grafen
- Hinrichtung der Angreifer, Anerkennung für den Grafen, Abreise des Grafen
- Trauer über den angeblichen Tod des Grafen → Elternhaus in der Stadt
- Rückkehr des Grafen und stürmischer Heiratsantrag
- Bericht des Grafen von seinem Fiebertraum: Schwan wird mit Dreck beworfen
- Zusicherung einer potenziellen Hochzeit, Abreise des Grafen
- Unwohlsein der Marquise: Symptome einer Schwangerschaft – mehrere Wochen nach der Zusicherung
- Bestätigung der Schwangerschaft durch einen Arzt und eine Hebamme
- Verstoßung aus dem Elternhaus
- Rückzug der Marquise in ihr Landhaus, Selbstfindung
- Entschluss, den Vater des Kindes per Zeitungsannonce zu suchen
- Eindringen des Grafen in das Landhaus, Abweisung durch die Marquise
- Auseinandersetzung der Eltern
- öffentliche Reaktion eines Unbekannten auf die Anzeige, Bekanntgabe des Erscheinens:
  „am Dritten … 11 Uhr morgens […]"
- Bestätigung der Unschuld der Marquise durch die Mutter
- Rückkehr ins Elternhaus und Versöhnung
- Erscheinen des Grafen und Enthüllung der Vaterschaft, bestürzte Zurückweisung durch die Marquise
- Arrangement eines Ehevertrags durch den Vater, Hochzeit – einen Tag nach der Enthüllung um 11 Uhr
- erstaunliche Wende im Verlauf der Ehe: Geburt des Kindes (9 Monate nach der Vergewaltigung), zweite Hochzeit, Familienidylle im Landhaus (mehrere Ehejahre)

Dreieck: Hier kann auf die Verwandtschaft zum klassischen Aufbau des Dramas verwiesen werden (Aktivierung von Vorwissen). In der Forschung wird der Wendepunkt der Erzählung kontrovers diskutiert: Wiederholung der Annonce, Vertreibung aus dem Elternhaus, Geständnis des Grafen, Versöhnungsszene.

Flussdiagramm: Mögliche Varianten von Zweiteilungen der Erzählung: rückblickende/vorwärtsorientierte Erzählweise, Zeitungsanzeige als strukturbildendes Signal (Entwicklung der Marquise); Verstoßung aus der Familie / Rückkehr in die Familie (in die gesellschaftliche Ordnung), komplementäre Verstoßungs- und Versöhnungsszene

2 Individuelle Lösungen

3 Teil 1 (analytisch – Wie kommt es zur Annonce?): rückblickende Darstellung der Ereignisse bis zum Entschluss der Marquise, eine Zeitungsanzeige aufzugeben
Teil 2 (synthetisch – Welche Folgen hat die Zeitungsanzeige?): vorwärtsorientierte Darstellung der Ereignisse bis zum (vermeintlichen?) Eheglück
Eine andere Variante der formalen Zweiteilung stellt die Verstoßung der Marquise aus der Familie und ihre Rückkehr in die Familie bzw. in die gesellschaftliche Ordnung dar.

► S. 31

2.3 Ort und Zeitgestaltung

1 a Siehe Hinweise zu Seite 30, Aufgabe 1.
b zeitraffend: Anfang der Novelle – Vorgeschichte der Marquise (ca. 3 Jahre), Eroberung der Zitadelle, Schluss der Novelle – knappe Aufzählung zentraler Ereignisse (mehrere Jahre)
zeitdeckend: Gespräche im internen Familienkreis, zwischen Familienmitgliedern und Graf
c Beispielsweise werden die Auseinandersetzungen der Eltern rückblickend erzählt: „Inzwischen waren in dem Hause des Kommendanten die lebhaftesten Auftritte vorgefallen“ (**C** S. 48, Z. 1 ff. / **R** S. 33, Z. 4 ff.). Der Plan der Mutter wird im Gespräch mit dem Vater vorausgreifend dargestellt: „Sie werde die Marquise […] in eine Lage zu versetzen wissen, in welcher sich ihre Seele verraten müsste“ (**C** S. 50, Z. 31 ff. / **R** S. 35, Z. 30 ff.).

2 a Vgl. Lösungen zu Seite 30, Aufgabe 2 und 3: rückblickende Darstellung der Ereignisse bis zum Entschluss der Marquise, eine Zeitungsanzeige aufzugeben; vorwärtsorientierte Darstellung der Ereignisse bis zum vermeintlichen Eheglück.
b Die zeitdeckend erzählten Gesprächsszenen lassen die Geschehnisse unmittelbar miterleben, sie ermöglichen einen Einblick in die Gefühlswelt der Protagonisten. Die Zeitraffung am Erzählanfang dient der Einführung; die Zeitraffung am Erzählschluss setzt relevante Ereignisse im Leben der Marquise in ihrer Bedeutung herab, das dargestellte Eheglück erscheint fragwürdig.
c Erwartete Markierungen: Adjektive und Adverbien (ungesäumt, unaufhörlichen, eben, schon wieder), Verben (zurückkehren, umherschweifen, revidieren, zurückreißen u. a.). Das Erzähltempo ist durch Adjektive und Adverbien bestimmt, die keine beschreibende Funktion erfüllen, sondern als zeitliche Angaben die Ereignisse verklammern und die Erzählgeschwindigkeit erhöhen. Auch der Verbalstil trägt maßgeblich zur Beschleunigung der Ereignisse bei, da das Erzählinteresse vorwiegend auf der Handlung liegt. Der hypotaktische Satzbau hebt die Hast und Überstürzung der Geschehnisse hervor. Ungewöhnlich ist auch die Zeichensetzung, die den Eindruck eines abgehackten, atemlosen Erzählens unterstreicht, z. B.: „Er wollte noch hören, wie sich die Frau Marquise befinde?, als ihn die Rapporte […] zurückrissen“ (**C** S. 20, Z. 20 ff. / **R** S. 6, Z. 24 ff.).

3 Die folgenden Textinformationen lassen eine ungefähre zeitliche und räumliche Einordnung der Ereignisse zu: „einer bedeutenden Stadt im oberen Italien“ (Eingangssatz), „bis der … Krieg plötzlich die Gegend umher mit den Truppen fast aller Mächte und auch mit russischen erfüllte“ (**C** S. 17, Z. 22 ff. / **R** S. 3, Z. 22. ff.). Diese Textstellen verweisen auf den zweiten Koalitionskrieg gegen Napoleon, als russische Soldaten im Jahr 1799 französische Truppen aus Italien vertrieben. Hier wird der Anspruch auf eine nachprüfbare Darstellung historischer Gegebenheiten erhoben – und zugleich wieder zurückgenommen, u. a. durch verschlüsselte Angaben zu Orts- und Personennamen (O…, bei V…). Dies erzeugt den Eindruck von Diskretion bei gleichzeitigem Anspruch auf Authentizität.

► S. 32 **1**

Ort/Schauplatz	Textbeleg	(Symbolische) Bedeutung
Landsitz bei V…	„ihren Gemahl, […] dem sie auf das Innigste und Zärtlichste zugetan war“ (**C** S. 17, Z. 12 ff. / **R** S. 3, Z. 15 ff.)	Familienidylle, zärtliche Liebe, Land, soziale Integration
Festung/ Zitadelle	„mit Erziehung und ihrer Eltern Pflege beschäftigt“ (**C** S. 17, Z. 20 f. / **R** S. 3, Z. 23 f.); **C** S. 18 ff. / **R** S. 4 ff.	scheinbarer Schutz durch das Familienoberhaupt, soziale Integration, Eroberung der Zitadelle (→ Brüchigkeit)
Haus in der Stadt	„Man überlegte anfangs, […] Wohnung ein“ (**C** S. 22, Z. 25 ff. / **R** S. 8, Z. 27 ff.).	Rückzug der Familie, Vaterwille: Stadt statt Land
Landsitz in V…, Gartenhaus	„Durch diese schöne Anstrengung […] Der Türsteher erhielt Befehl, keinen Menschen im Hause vorzulassen“ (**C** S. 42, Z. 21 – S. 43, Z. 18 / **R** S. 27, Z. 33 – S. 28, Z. 29); „Er bestieg ein Pferd und sprengte nach V… hinaus.“ (**C** S. 45, Z. 6 / **R** S. 30, Z. 14).	soziale Isolation, Land als Paradies, Askese, Eindringen des Grafen, Verletzung der Intimsphäre, Parallelen zwischen Zitadelle und Gartenhaus (Eroberung einer Festung)
Haus in der Stadt	Versöhnungsszene (**C** S. 55 ff. / **R** S. 40 ff.)	Rückkehr/Wiederaufnahme in die Gesellschaft, erneuter Scheinschutz
bei Eltern/Graf in Wohnung in M…	„Er bezog eine Wohnung in M… […], ohne auch nur den Fuß in das Kommendanten Haus zu setzen […]“ (**C** S. 62, Z. 13 ff. / **R** S. 46, Z. 34 ff.).	strenge Raumtrennung / Probezeit für den Grafen, Kontrolle des Vaters / gesellschaftliche Konventionen
gemeinsamer Wohnsitz in V…	„[E]ine zweite Hochzeit ward gefeiert […], nach deren Abschluss die ganze Familie nach V… hinauszog“ (**C** S. 63, Z. 2 ff. / **R** S. 47, Z. 22 ff.).	Verona als Familiensitz, Vater → Ehemann, Wiederherstellung der Familienidylle?

2 a Beschreibung des Gartenhauses: Tor, Vorplatz, Mauer mit Pforte zum weitläufigen Garten hinter dem Haus, verschlungene Gänge im Garten, hintere Rampe zum Haus, zur Seite gelegene Laube mit Tischchen

b Das Gartenhaus stellt für die Marquise einen Rückzugsort dar, an dem sie – außerhalb gesellschaftlicher Konventionen – selbstbestimmt handeln kann. Umgeben von Mauern und Gärten mit verschlungenen Wegen erinnert das Gartenhaus an das Bild des „Hortus conclusus“. Diese paradiesische Idylle wird zum Sinnbild für die Intimsphäre und für die Unschuld der Marquise.

c Der Graf verschafft sich gegen den Willen der Marquise Zugang zu diesem Rückzugsraum, was man als sinnbildliche Wiederholung der Vergewaltigung deuten kann.

3 a Die Marquise ist zunächst überrascht, errötet, wirkt unentschlossen, schüchtern und bleibt bewegungslos in den Armen des Grafen. Nach dessen Beteuerung wirkt sie selbstbestimmt, fordert den Grafen mehrfach auf, sie loszulassen, reißt sich letztlich gewaltsam aus seinen Armen, stößt ihn zurück und entflieht mit den Worten: „Ich *will nichts* wissen“ (**C** S. 46, Z. 26 f. / **R** S. 31, Z. 32 f.). Das Verhalten der Marquise zeigt ihre Zerrissenheit zwischen Gefühl und Verstand, Unterbewusstsein und Bewusstsein; zu den möglichen Gründen für die Zurückweisung des Grafen siehe Aufgabe 3 b.
Der Graf überwältigt die Marquise zunächst „sanft“, wird körperlich zudringlich („glühenden Kuss auf ihre Brust“, **C** S. 46, Z. 13 / **R** S. 31, Z. 19 f.) und hält sie gewaltsam gegen ihren Willen fest („– und ließ sie nicht –“, **C** S. 46, Z. 17 / **R** S. 31, Z. 23). Er versucht ihr bis ins Haus zu folgen und kapituliert vor der verschlossenen Tür. Das Verhalten des Grafen veranschaulicht seinen – ebenfalls – ambivalenten Charakter: Zärtlichkeit und Gewalt, ernsthaft-sittsames Auftreten und sexuelle Begierde, Empathie und Rücksichtslosigkeit zeigen sich in seinem Vorgehen.

b Die erneute Ablehnung des Heiratsantrags durch die Marquise wird in der Forschung unterschiedlich diskutiert: Einige Autoren sind der Ansicht, dass der unumstößliche Glaube des Grafen an ihre Unschuld der Marquise seine Täterschaft offenbare. Die verdrängte Vergewaltigung gelange in ihr Bewusstsein. Nach Heinz Politzer will die Marquise die Identität des Täters vor sich verheimlichen und stößt ihn daher von sich. Eva Fricke hingegen sieht als Motiv den Stolz der Marquise, die (ohne das Wissen um seine Schuld) eine erneute Heldentat des Grafen (die Anerkennung eines unehelichen Kindes) ablehnt.

► S. 33

2.4 Die Hauptfiguren

1

Aspekt	Textbeleg	Deutung
Familie/ Herkunft	Marquise, Witwe, zwei Kinder, Landsitz, Stadthaus mit Eltern, Vater: Oberst (**C** S. 17 / **R** S. 3)	gehobener Status, Adlige; ruhige, geordnete Lebensverhältnisse
Tätigkeiten/ Beruf	Kunst, Lektüre, Kindererziehung, Pflege der Eltern, zurückgezogenes Leben (**C** S. 17 / **R** S. 3), Stricken (**C** S. 42 / **R** S. 28)	familiär, Lebensstil entspricht dem zeitgenössischen Frauenbild
Bildung	Kunst, Lektüre (**C** S. 17 / **R** S. 3), Sprachgebrauch	gebildet, interessiert
Sprache	Sprachrepertoire der Adelsgesellschaft	standesbewusst, integriert/angepasst
Beziehung zur Mutter	enge Verbundenheit, Vertrauensperson („Meine angebetete Mutter!“, **C** S. 54, Z. 4 / **R** S. 38, Z. 35)	entspricht dem zeitgenössischen Bild der Familie als Gefühlsgemeinschaft
Beziehung zum Vater	erkennt ihn als Familienoberhaupt und Repräsentanten der Gesellschaft an (**C** S. 31 f. / **R** S. 17)	passt sich den gesellschaftlichen Konventionen an
Einstellung zu Liebe und Ehe	zärtliche Verbundenheit mit dem verstorbenen Ehemann (**C** S. 17 / **R** S. 3), Erbin des Gesamtvermögens des Grafen (**C** S. 62 / **R** S. 47)	klassisches Rollenverständnis, versteht Mann als Versorger, lebt zeitgenössisches Idealbild einer zärtlichen Liebe
Weiteres	Zerrissenheit: Gefühl/Verstand, Unterbewusstsein/ Bewusstsein („Er gefällt und missfällt mir“, **C** S. 32, Z. 18 f. / **R** S. 18, Z. 8); „Möglichkeit einer unwissentlichen Empfängnis“ (**C** S. 40, Z. 23 f. / **R** S. 26, Z. 1 f.)	ambivalenter Charakter; Tendenz zur religiösen Überhöhung

2 Zur Einordnung der Szene in den Handlungszusammenhang siehe Lösungen zu Seite 30, Aufgabe 1: Verstoßung aus dem Elternhaus, Rückzug der Marquise in ihr Landhaus, Selbstfindung.
- Zustand der Marquise bis zum Pistolenschuss des Vaters: am Boden zerstört, die Ungerechtigkeit beklagend, unsicherer Gang, schluchzend, jammernd und flehend, unterwürfig
- Zustand der Marquise nach dem Pistolenschuss: fester Gang, entschlusskräftig, eilfertig, selbstbestimmt, selbstzufrieden, stolz, rational

3 Erlebnisse im sozialen Umfeld: Der Verstoß aus dem Elternhaus wird durch ein Schreiben der Mutter im Auftrag des Vaters bekannt gegeben. Die „vortrefflichen Menschen“ (**C** S. 41 / **R** S. 31 f.) zweifeln an (der Tugendhaftigkeit) ihrer Tochter, verweigern ein Gespräch, handeln gemäß den gesellschaftlichen Konventionen und lassen ihre Tochter in einer Lebenskrise in Stich. Dabei wendet der Vater ihr sichtbar den Rücken zu und greift entsprechend seiner Rolle als Kommandant zum radikalsten Mittel: Er vertreibt die eigene Tochter mit einem Pistolenschuss aus dem Haus.
Die Marquise verbleibt zunächst in ihrer Rolle als unterwürfige, angepasste Tochter. In ihrer weiblichen Ohnmacht gefangen ist sie handlungs- und entschlussunfähig. Der radikale Verstoß aus der Familie eröffnet ihr jedoch eine neue Form der Selbstbestimmtheit und Unabhängigkeit. Ihr Entschluss, ihre Kinder außerhalb der bürgerlichen Gesellschaft auf dem Land großzuziehen, kommt einem Emanzipationsprozess gleich, in welchem sich die Marquise selbst findet: „Sie sah die Unmöglichkeit ein, ihre Familie von ihrer Unschuld zu überzeugen, begriff, dass sie sich darüber trösten müsse, falls sie nicht untergehen wolle, und [...] der Schmerz [machte] dem heldenmütigen Vorsatz Platz [...], sich mit Stolz gegen die Anfälle der Welt zu rüsten“ (**C** S. 42, Z. 31 ff. / **R** S. 28, Z. 6 ff.).

4 Beschreibung des Schauplatzes: schönes, ein wenig verfallenes Landhaus mit Gartenlaube, mehrere Zimmer, Bücherei, Staffelei, Türsteher
Spiegelung des Erlebens der Marquise: Zur Renovierung ist die Initiative der Marquise gefordert, sie kann das Haus selbstbestimmt auch im Sinne der Kindererziehung einrichten, es stellt einen paradiesischen Rückzugsort dar und bietet Schutz „gegen die Anfälle der Welt“ (Türsteher).

5 Individuelle Lösungen

► S. 34 6 a Emanzipiertes Handeln der Marquise: Ablehnung des Heiratsantrags des Grafen; Kampf um ihre Kinder; Entschluss, sich selbstbestimmt ein Leben mit ihren Kindern außerhalb der bürgerlichen Gesellschaft einzurichten; Vorsatz, gesellschaftlichen Herabsetzungen mit Stolz zu begegnen; Fähigkeit, auch mit scheinbar unversöhnbaren Widersprüchen zu leben (Gefühl – Verstand, Widersprüche im Verhalten ihrer Eltern, Erzählschluss: Akzeptieren der Ambivalenz des Grafen)
Lösen von gesellschaftlichen Zwängen: Ablehnung des Heiratsantrags; Gartenhaus als Rückzugsort und Möglichkeit, ein selbstbestimmtes Leben zu führen; öffentliche Bekanntgabe der Schwangerschaft entgegen gesellschaftlichen Konventionen und möglicher Häme

b **Deutungsthese: keine Wahrheit und Souveränität trotz rationaler Erwägungen**

Textbeleg	Deutung
C S. 42, Z. 29 ff. / **R** S. 28, Z. 4 ff. **C** S. 43, Z. 18 ff. / **R** S. 28, Z. 29 ff. **C** S. 61, Z. 21 ff. / **R** S. 46, Z. 6 ff.	▪ Anzeichen der Schwangerschaft, doch M. weiß sich unschuldig, hält irrationale Wirklichkeit für möglich (Bezug auf „unbefleckte Empfängnis“) ▪ Annonce zeigt Orientierung an gesellschaftlichen Wertvorstellungen: M. will verhindern, dass dem unehelichen Kind ein „Schandfleck in der bürgerlichen Gesellschaft“ anhaftet. ▪ begibt sich wieder in Abhängigkeit von patriarchalen Strukturen: Vater arrangiert Hochzeit und Heiratsvertrag.

Deutungsthese: Selbsttäuschung, Verdrängung

Textbeleg	Deutung
C S. 31, Z. 11 f. / **R** S. 17, Z. 2 ff. **C** S. 40, Z. 7 f. / **R** S. 25, Z. 22 f. **C** S. 45, Z. 28 ff. / **R** S. 30, Z. 36 ff. **C** S. 46, Z. 26 f. / **R** S. 31, Z. 32 f.	▪ ignoriert Indizien, die auf Grafen als Täter verweisen → verdrängt Identität des Kindsvaters ▪ Verdrängung ins Unterbewusste zeigt sich in Ohnmacht und Sprachlosigkeit.

Deutungsthese: Verleugnung aller Erotik

Textbeleg	Deutung
C S. 43, Z. 14 ff. / **R** S. 28, Z. 24 ff. Hortus conclusus: **C** S. 45, Z. 28 ff. / **R** S. 30, Z. 36 ff.	▪ verdrängt ihre Triebe (Leben in Askese) ▪ Körpersprache: evtl. Hinweis auf verdrängte sexuelle Begierde

c Beispiele für übertreibende Formulierungen:
- Brief der Mutter ist „von Tränen benetzt; und in einem Winkel stand ein verwischtes Wort: ‚diktiert.‘ Der Marquise stürzte der Schmerz aus den Augen“ (**C** S. 41, Z. 13 ff. / **R** S. 26, Z. 27 ff.).
- „Der Graf sandte das Blatt, ganz von Tränen durchfeuchtet, mit seiner Unterschrift zurück“ (**C** S. 61, Z. 28 ff. / **R** S. 46, Z. 13 ff.).

d Individuelle Lösungen

7 Individuelle Lösungen

Die Ambivalenz der Figuren ► S. 35

1 Zu den Figuren mit den jeweiligen Textbelegen und deren Deutung:

Graf als Engel:

Textbeleg	Deutung
„schön, wie ein junger Gott" (**C** S. 23, Z. 29 f. / **R** S. 9, Z. 30 f.)	▪ Wahrnehmung der Familie: göttliche Auferstehung des Totgeglaubten; religiöse Überhöhung
C S. 44, Z. 25 – S. 45, Z. 3 / **R** S. 29, Z. 34 – S. 30, Z. 11 **C** S. 27, Z. 33–36 / **R** S. 13, Z. 29–33	▪ sittsam-ehrenhaftes Auftreten: möchte Marquise vor Ächtung schützen, übernimmt Verantwortung für sein Handeln
C S. 29, Z. 8–33 / **R** S. 15, Z. 2–26	▪ Depeschen nach Neapel: handelt nicht zum eigenen Vorteil, bereut seine Tat: riskiert Karriere (unehrenhafte Entlassung aus Militärdienst)
C S. 61, Z. 21–30 / **R** S. 46, Z. 6–15 **C** S. 62, Z. 21–30 / **R** S. 47, Z.–14	▪ Heiratskontrakt: akzeptiert dessen Bedingungen, überschreibt Marquise sein gesamtes Vermögen

Graf als Teufel:

Textbeleg	Deutung
C S. 24, Z. 9 ff. / **R** S. 10, Z. 9 ff.	▪ Wissen um potenzielle Schwangerschaft
C S. 20, Z. 35 – S. 21, Z. 23 / **R** S. 7, Z. 2–26	▪ sieht Erschießung seiner Soldaten zu, ohne Verantwortung für eigenes Handeln zu übernehmen
C S. 25, Z. 26–29 / **R** S. 11, Z. 25–28; **C** S. 26, Z. 20–25 / **R** S. 18–22	▪ versucht seine Täterschaft zu vertuschen
C S. 45, Z. 6 – S. 46, Z. 32 / **R** S. 30, Z. 14 – S. 32, Z. 1	▪ verschafft sich rücksichtslos Zugang zum Garten
C S. 33, Z. 35 – S. 34, Z. 3 / **R** S. 19, Z. 23–27;	▪ handelt triebgesteuert, impulsiv: küsst Marquise trotz Widerstands auf die Brust, überrumpelt Gesprächspartner
C S. 29, Z. 3 f. / **R** S. 14, Z. 34 f.	▪ ist gewohnt, „Damenherzen durch Anlauf, wie Festungen, zu erobern"

Vater als autoritäres Familienoberhaupt:

Textbeleg	Deutung
C S. 17, Z. 33–36 / **R** S. 4, Z. 2–5 **C** S. 48, Z. 28–33 / **R** S. 33, Z. 31–36 **C** S. 50, Z. 9–12 / **R** S. 35, Z. 9–12 **C** S. 30, Z. 15 ff. / **R** S. 16, Z. 7 ff. **C** S. 50, Z. 29–35 / **R** S. 35, Z. 29–35 **C** S. 33, Z. 22 ff. / **R** S. 35, Z. 9 ff. **C** S. 41, Z. 7 – S. 42, Z. 3 / **R** S. 26, Z. 21– S. 27, Z. 16 **C** S. 49, Z. 30 – S. 50, Z 4 / **R** S. 34, Z. 31 – S. 35, Z. 4 **C** S. 61, Z. 5–9 / **R** S. 45, Z. 27–31 **C** S. 61, Z. 21–28 / **R** S. 46, Z. 6–13	▪ Repräsentant der Gesellschaft: agiert in seiner Rolle als Kommandant, überlässt seine Familie den Kriegswirren ▪ gibt in Familiengesprächen das Thema vor, befiehlt zu schweigen ▪ wird als Familienoberhaupt wahrgenommen (u. a. wird seine Erlaubnis eingeholt) ▪ ist eifersüchtig auf den Grafen ▪ verstößt die vermeintlich untugendhafte Tochter aus seinem Haus, bezichtigt sie als Lügnerin ▪ arrangiert die Hochzeit und verfasst den Heiratsvertrag

Vater als sentimentaler Hysteriker:

Textbeleg	Deutung
C S. 33, Z. 22 ff. / **R** S. 35, Z. 9 ff. **C** S. 41, Z. 35 – S. 42, Z. 3 / **R** S. 27, Z. 11–16 **C** S. 48, Z. 19–28 / **R** S. 33, Z. 22–31 **C** S. 57, Z. 4–34 / **R** S. 41, Z. 31 – S. 42, Z. 24	▪ tendiert zu emotionalen Ausbrüchen: Eifersucht, Pistolenschuss, Bezichtigung der Lüge ▪ rührselige Versöhnungsszene (siehe auch Lösungen zu S. 36, Aufg. 2): wird von der Obristin bezeichnenderweise mit einem Kind verglichen, gibt sich vollständig seinen Gefühlen für seine Tochter hin

Obristin als Vermittlerin:

Textbeleg	Deutung
C S. 32, Z. 11–15 / **R** S. 17, Z. 37 – S. 18, Z. 5 **C** S. 40, Z. 8–15 / **R** S. 25, Z. 23–29 **C** S. 50, Z. 29–35 / **R** S. 35, Z. 29–35 **C** S. 53, Z. 21–24 / **R** S. 38, Z. 16–20 **C** S. 54, Z. 35 – S. 55, Z. 8 / **R** S. 39, Z. 29–37 **C** S. 55, Z. 15–24 / **R** S. 40, Z. 8–16	▪ vermittelt zwischen Interessen der Tochter und Wünschen des Grafen ▪ erwartet von der Tochter Offenheit (Nennung des Kindsvaters) und ist bereit, unter dieser Voraussetzung zu verzeihen und zu vermitteln ▪ entwickelt Plan, der die Unschuld der Tochter beweisen soll ▪ entschuldigt sich rührselig bei ihrer Tochter ▪ initiiert rührselige Versöhnung zwischen Vater und Tochter

Obristin als Sittenwächterin:

Textbeleg	Deutung
C S. 32, Z. 29–32 / **R** S. 18, Z. 18–21 **C** S. 37, Z. 36 – S. 38, Z. 1 / **R** S. 23, Z. 18 f. **C** S. 36, Z. 21 f. / **R** S. 22, Z. 4 f. **C** S. 58, Z. 1–12 / **R** S. 42, Z. 27 – S. 43, Z. 1	▪ verfolgt eigene Interessen: standesgemäße Hochzeit der Tochter ▪ ist angesichts der widersprüchlichen Aussagen ihrer Tochter zur Schwangerschaft entrüstet und zweifelt an ihrer Tugendhaftigkeit ▪ verweigert Unterstützung der Eltern bei einer Schwangerschaft ▪ drängt auf Vermählung mit dem unbekannten Kindesvater, es sei denn, seine finanziellen Verhältnisse entsprächen denen der Marquise nicht

2 Individuelle Lösungen

2.5 Thematische Aspekte

► S. 36 1 Das „Es“ ruft nach sofortiger Lustbefriedigung (durch den Eisverzehr). Hausaufgaben zahlen sich (wenn überhaupt) nicht sofort aus. Das „Über-Ich“ diszipliniert und fordert zur Erstellung der Hausaufgaben auf, um den verinnerlichten Werten gerecht zu werden. Das „Ich“ versucht, zwischen diesen Ansprüchen zu vermitteln und eine Entscheidung im Sinne des Selbstverständnisses der jeweiligen Person zu erzielen.

2 a Weitere erwartete Unterstreichungen: feuert eine Kugel in die Decke (A), ‚zerstörende Heftigkeit‘ löst sich in beserkerhafte Reue und Rührseligkeit auf (T), Schamlosigkeit der Szene ist für das gesellschaftliche Bewusstsein wie für die psychologische Typologie Kleists bezeichnend: dort Zensur ins Unsagbare, hier nackte Leidenschaftlichkeit (T), Detail an erotisches Detail (A), Über-Ich der Marquise gewährt ihr in den Armen des Vaters, was es ihr in der Umarmung des [Grafen] untersagt hatte (T)

b

Politzers Thesen	Textbelege in der Novelle
Die Marquise und ihr Vater handeln gemäß den gesellschaftlichen Konventionen.	▪ <u>Vater</u> (vgl. Lösungen zu S. 35, Aufg. 1: „Kommandant“): Eifersucht/Besitzanspruch, Verstoßung der Tochter wegen unehelicher Schwangerschaft, Agieren als Kommandant in Kriegssituation, Selbstverständnis und Wahrnehmung als Familienoberhaupt, Arrangement der Hochzeit ▪ <u>Marquise</u> (vgl. Lösungen zu S. 34, Aufg. 6, S. 59, Aufg. 6b, S. 60, Aufg. 9): orientiert sich an Erwartungshaltung der Familie, die System gesellschaftlicher Konventionen repräsentiert: gibt ihren Entschluss auf, nicht mehr zu heiraten, kehrt in die Familie zurück, verzichtet auf selbstbestimmtes Leben außerhalb der Gesellschaft (vgl. Lösungen zu S. 34, Aufg. 6a)

Politzers Thesen	Textbelege in der Novelle
Die „zerstörende Heftigkeit" des Vaters bei der Verstoßung der Tochter mündet in ebenso „berserkerhafte Reue und Rührseligkeit" bei der Versöhnung.	▪ radikale Verstoßung: Verweigerung eines Gesprächs, Pistolenschuss ▪ Leidenschaft des Vaters für die Tochter bricht bei der Versöhnung hervor, sprachliche Gestaltung lässt inzestuöses Verhalten assoziieren (vgl. **C** S. 57, Z. 13–16, Z. 23 ff. / **R** S. 42, Z. 3–6, Z. 13 ff.)
Die Schamlosigkeit der Versöhnungsszene im Kontrast zur bloßen Andeutung der Vergewaltigung durch den Grafen ist bezeichnend für das gesellschaftliche Bewusstsein und für die psychologische Typologie Kleists.	▪ sexuelle Begierde des Vaters / Sprache der Erotik: provokative Darstellung gesellschaftlicher Tabus (Parodie), Überzeichnung der Familie als Gefühlsgemeinschaft → Kritik an zeitgenössischen gesellschaftlichen Konventionen und Zwängen (vgl. Lösungen zu S. 37, Aufg. 1 und 2) ▪ Ambivalenz der Figuren (vgl. Lösungen zu S. 35, Aufg. 1)
Das „Über-Ich" der Marquise erlaubt ihr in den Armen des Vaters, was es ihr in den Armen des Grafen untersagt: Hingabe, Bewusstsein und Genuss.	▪ (vgl. Lösungen zu S. 34, Aufgabe 6b) ▪ außerehelicher Geschlechtsverkehr widerspricht den gängigen verinnerlichten Moralvorstellungen ▪ Marquise reißt sich aus den Armen des Grafen (vgl. **C** S. 46, Z. 5–16 / **R** S. 31, Z. 12–24), verdrängt ihre Lust (Körpersprache: Ohnmacht) ▪ kann sich dem Vater „hingeben" als Familienoberhaupt und Repräsentanten der gesellschaftlichen Ordnung ▪ bleibt körperlich passiv: „[...] die Tochter still, mit zurückgebeugtem Nacken, die Augen fest geschlossen, in des Vaters Armen liegen [...]" (**C** S. 57, Z. 11 ff. / **R** S. 42, Z. 1 ff.)

3 Vgl. Lösungen zu Seite 30, Aufgabe 2. ▶ S. 37
Die Szene hat axiale Bedeutung im Aufbau der Erzählung: komplementäre Stellung der Vergewaltigungs- und Versöhnungsszene. Weitere „axiale" Textpassagen: Wiederholung der Annonce, Verstoßung aus und Rückkehr in die Familie bzw. gesellschaftliche Ordnung, Verschweigen der Tat und Geständnis des Grafen

4
- Die sexuelle Metapher „den Schlauch in der Hand" (**C** S. 19, Z. 29 / **R** S. 5, Z. 34) veranschaulicht die triebgesteuerten Anteile der Persönlichkeit des Grafen, seine Ambivalenz als leistungsfähiger, ehrenhafter Anführer der russischen Truppe sowie als potenter Eindringling und Vergewaltiger.
- Eine Verbindung von kriegerischer und sexueller Aggressivität wird hergestellt in dem Bild, dass der Graf (aus Sicht der Familie) „Damenherzen durch Anlauf, wie Festungen, zu erobern" gewohnt sei (**C** S. 29, Z. 3 ff. / **R** S. 14, Z. 32 ff.).
- Das Bild des weißen Schwans, der übel beschmutzt wird, kann als Symbol für die (sexuelle) Reinheit und Unschuld der Marquise und die schändliche Tat des Grafen gelesen werden. Dass der Schwan in seiner Erinnerung „still untergetaucht und rein aus der Flut wieder emporgekommen" ist, passt zum Werben des Grafen um die – unschuldig gebliebene – Marquise (**C** S. 31, Z. 12–18 / **R** S. 17, Z. 2–17).
- Zur Symbolik des Gartenhauses vgl. die Lösungen zu Seite 32, Aufgabe 2.
- Der Pistolenschuss (vgl. **C** S. 41, Z. 35 – S. 42, Z. 3 / **R** S. 27, Z. 11–16) kann als Hinweis auf die gewaltbereite, triebgesteuerte Seite des Kommandanten gelesen werden.
- Die Frauen scherzen über „Leopardo, den Jäger" (**C** S. 53, Z. 4 / **R** S. 39, Z. 21), dessen Name mit einem Frauenhelden assoziiert werden kann und im Plan der Mutter als Name eines potenziellen Vergewaltigers genutzt wird.

Das Modell der Familie im ausgehenden 18. Jahrhundert

1 a Erwartete Stichworte zum Wandel der Vorstellung von Familie:
<u>17. Jh.</u>: Familie als kleinste Zelle der ständischen Gesellschaft mit entsprechenden Aufgaben: Zeugung, Aufzucht, Wirtschaften
<u>zweite Hälfte des 18. Jh.s</u>: Familie als ideale Liebesgemeinschaft; Abgrenzung von der Gesellschaft: außen → ökonomische, berufliche, gesellschaftliche Interessen und Zwänge, innen → Gefühle, Wärme, Geborgenheit. Widersprüchliche, konfliktreiche Doppelrolle des Vaters: Garant des familialen Freiraums der Liebe und Repräsentant der Gesellschaft → Verkörperung von Normen und Anforderungen, die im Intimraum der Familie restriktiv und unmenschlich wirken.
Resultat: Familie als kultivierter, aber spannungsreicher Binnenraum; Krise der Gesellschaft

b Die beschriebenen Entwicklungen kommen in Kleists Novelle im Verhalten und in der Ambivalenz der Figuren zum Ausdruck. Vergleiche hierzu die Aufgaben zum Selbstverständnis und Verhalten der Marquise (zwischen Einforderung ihres Rechts auf eigene Entscheidungen auch in Liebesdingen und der Rücksichtnahme auf die Erwartungen der Familie), zur Ambivalenz von Mutter und Vater (als liebende Eltern und gleichzeitig strategisch vorgehende, überredende oder fordernde Repräsentanten der Gesellschaft) usw.

c Vgl. Lösungen zu Seite 35, Aufgabe 1 (Ambivalenz der Figuren).

Gemeinsamkeiten

- Konfliktreiche Doppelrolle des <u>Vaters</u>: Er agiert in seiner Rolle als Kommandant und überlässt seine Familie den Kriegswirren (vgl. **C** S. 17, Z. 33–36 / **R** S. 4, Z. 2–5). Er unterbindet Gespräche im familiären Kreis (wirkt restriktiv, unmenschlich). Er agiert als Tugendwächter und verbannt die Tochter aus der Liebesgemeinschaft. Er arrangiert (wegen vorheriger Zusagen und damit Verpflichtungen) die Hochzeit und erstellt einen Heiratskontrakt trotz emotionalen Widerstands der Tochter. Die Doppelrolle wird vor allem in der Radikalität der Verstoßung der Tochter und in der überspannt-emotionalen Versöhnung offensichtlich.
- Vermittelnde Rolle der <u>Mutter</u>: Sie erwartet von ihrer Tochter im familiären Raum Offenheit und Ehrlichkeit (Nennung des Vaters) und ist unter diesen Voraussetzungen bereit, entgegen gesellschaftlichen Konventionen zu ihr zu stehen (vgl. **C** S. 40, Z. 8–15 / **R** S. 25, Z. 23–29). Sie inszeniert die Versöhnung.
- Die <u>Marquise</u> orientiert sich bei ihrer Entscheidung an den Gefühlen der anderen Familienmitglieder (vgl. **C** S. 32, Z. 18 ff. / **R** S. 18, Z. 8 f.), befürchtet aber auch gesellschaftliche Konsequenzen (vgl. **C** S. 33, Z. 13 f. / **R** S. 19, Z. 1).

Unterschiede

- Die Familie des Kommandanten bleibt ökonomischen und gesellschaftlichen Interessen/Zwängen verhaftet:
- Die <u>Mutter</u> wünscht sich eine standesgemäße, zweite Hochzeit der Tochter und setzt diese entsprechend unter Druck. Der <u>Vater</u> nimmt den Grafen als Rivalen wahr und reagiert eifersüchtig.
- Der <u>Bruder</u> gibt sich an den Gefühlen seiner Schwester interessiert, sorgt sich aber mehr um den gesellschaftlichen Rang des Grafen bei einer möglichen unehrenhaften Entlassung.
- Unabdingbare Voraussetzung für eine Hochzeit, eine ideale Liebesgemeinschaft, ist ein (auch finanziell) standesgemäßer Hintergrund des Grafen. Hingegen wird die rücksichtlose Verletzung von Gefühlen (Vergewaltigung!) verziehen – auch seitens der Marquise.

Widersprüche

- Die Darstellung der Liebesgemeinschaft wirkt parodistisch überzeichnet, v. a. die Versöhnungsszene zwischen Tochter und Vater.
- Die uneheliche Schwangerschaft als Verstoß gegen herrschende Moralvorstellungen wird zur Prüfung für die Familie als Gefühlsgemeinschaft. Vor allem das Verhalten des Vaters lässt große Zweifel an dem gelebten Ideal der Familie als Liebesgemeinschaft zu. Die radikale Verstoßung der Tochter steht ebenso wie die übergriffige Versöhnung im Widerspruch zum Bild der Familie als Ort der Geborgenheit und Menschlichkeit. Das Ideal der Liebesgemeinschaft, das im radikalsten Sinne alles Erotisch-Sexuelle negiert und mit klaren Moralvorstellungen einhergeht, wird durch die Übergriffigkeit des Vaters und die sexuelle Gewalt des Grafen ad absurdum geführt.
- Letztlich bleiben ökonomische Aspekte ausschlaggebend für eine Hochzeit, ein Skandal wird durch Vermögen und Ansehen beseitigt, (verletzte) Gefühle werden zur Nebensache bzw. wirken sogar inszeniert (vgl. Lösungen zu S. 34, Aufg. 6c). Die Doppelmoral wird auch im Gesprächsverhalten der Figuren offensichtlich: Viele Worte werden gewechselt, jedoch Wesentliches nicht offen kommuniziert (vgl. Lösungen zu S. 38, Aufg. 3).

2 Die parodistische Überzeichnung der Geschehnisse verdeutlicht die Oberflächlichkeit einer Gesellschaftsschicht, die sich dem Idealbild einer Liebesgemeinschaft verschreibt und zugleich Humanität und Zusammenhalt vermissen lässt bzw. Moralvorstellungen und die Orientierung an Gefühlen zu Gunsten von Vermögen und Ansehen über Bord wirft. Die parodistische Darstellung der Brüchigkeit des Familienideals und der Doppelmoral der Gesellschaft wurde zur Zeit Kleists als Provokation empfunden und kann als Kritik an den gesellschaftlichen Verhältnissen und Konventionen verstanden werden.

▸ S. 38

2.6 Erzählweise, Sprache und Stil

Die Sprachlosigkeit der Figuren

1 a Erwartete Markierungen u. a.: „den Schlauch in der Hand“ (**C** S. 19, Z. 29 / **R** S. 5, Z. 34), „wobei der Graf über das ganze Gesicht rot ward“ (**C** S. 21, Z. 1 f. / **R** S. 7, Z. 4 f.), „Der Graf F... antwortete, in einer verwirrten Rede, dass er nicht imstande sei, ihre Namen anzugeben [...]“ (**C** S. 21, Z. 5–9 / **R** S. 7, Z. 8–12), „mit einem verlegenen Gesicht“ (**C** S. 21, Z. 13 / **R** S. 7, Z. 16), „dass er sich der Frau Marquise, unter diesen Umständen, gehorsamst empfehlen müsse [...]“ (**C** S. 21, Z. 28 ff. / **R** S7, Z. 31 ff.), „„Julietta! Diese Kugel rächt dich!““ (**C** S. 22, Z. 10 f. / **R** S. 8, Z. 12), „seine erste Frage war gleich, wie sie sich befinde?“ (**C** S. 23, Z. 34 f. / **R** S. 9, Z. 35 f.), „ihn müsse alles trügen oder sie sei unpässlich und leide“ (**C** S. 24, Z. 3 f. / **R** S. 10, Z. 3 f.), „Worauf er, mit einer aufflammenden Freude, erwiderte: Er auch nicht!“ (**C** S. 24, Z. 9 ff. / **R** S. 10, Z. 9 ff.)

b Verbale Hinweise, körpersprachliche Hinweise, sexuelle Metaphorik, mehrdeutige Begriffe, z. B. „unter diesen Umständen“ („in anderen Umständen“ sein: schwanger sein)

2 Individuelle Lösungen

3

Floskel	„Was die Figuren meinen“	„Worauf sie außerdem hinweist“
„eine so große Verbindlichkeit“	Verpflichtung zum Dank (für die Rettung der Marquise)	Anspielung auf die folgenschwere Tat des Grafen (Schwangerschaft der Marquise, lebenslange Verbindlichkeit dem Kind gegenüber)
„eine Abänderung erleide“	Marquise wird ihren Entschluss aus Dankbarkeit prüfen	Marquise muss Entschluss revidieren, um uneheliche Schwangerschaft zu verhindern
„unter anderen Umständen“	wäre Graf beruflich nicht so eingebunden	wäre die Marquise nicht schwanger
„beglücken“	Freude über das Ja-Wort	mit einem Kind beglückt werden
„die ganze Unschicklichkeit“	Unhöflichkeit des Drängens auf Hochzeit	Verwerflichkeit/Ungehörigkeit der Tat des Grafen
„dringende Verhältnisse“	des Grafen berufliche Verpflichtungen erfordern schnelle Entscheidung	mögliche Schwangerschaft erfordert schnelle Entscheidung

Der Satzbau

▸ S. 39

1 Individuelle Lösungen

2

Der Hauptsatz ist in der Tabelle bereits vorgegeben.
Einschübe sind folgende Textbestandteile: *durch die Umstände gezwungen, tödlich durch die Brust geschossen, nach seiner Wiederherstellung, an den Herrn Obristen und die Frau Marquise.*
Alle anderen Textbestandteile sind Nebensätze bzw. satzwertige Infinitivgruppen.

3

Das komplexe Satzgebilde korrespondiert inhaltlich mit dem Ziel des Grafen, seine Krankheitsgeschichte und die sie begleitenden Gefühle und Gedanken knapp darzulegen, um letztlich um die Hand der Marquise anzuhalten. Er berichtet in fünfzehn „dass“-Sätzen (Objektsätzen) von den Geschehnissen und Empfindungen im Krankheitsverlauf (in indirekter Rede). Weitere Nebensätze, Infinitivgruppen und Einschübe verdeutlichen die Begleitumstände (Warum? Wie? Wann? Mit welcher Folge? Trotz welcher Umstände?). Durch die syntaktische Gestaltung entsteht beim Lesen der Eindruck einer hastigen und dicht gedrängten Zusammenfassung der Geschehnisse. Die zentrale Aussage steht ganz am Schluss und wird mit dem Einschub „kurz“ angekündigt: der Wunsch, die Marquise zu heiraten. Alles zuvor Gesagte erscheint damit unwesentlich.

4 Individuelle Lösungen

► S. 40 **Die Erzählweise**

1 Hier erfolgt eine eigenständige, individuelle Wiederholung von Lerninhalten.

2 Mögliche Markierungen und Benennungen siehe erste und zweite Spalte der Tabelle zu Aufgabe 3: auktorialer Erzähler, Er-/Sie-Erzählform, Erzählbericht, Kommentare und Reflexionen, erlebte Rede.

3

Aussage/Behauptung: auktorialer Erzähler, der …	**Textbeleg**	**Deutung**
die Gedanken und Überlegungen der Figuren kennt	„und sie, besinnungslos, wohin sie sich wenden solle“; „schien er ein Engel“	Wiedergabe der Gedanken der Marquise – Orientierungslosigkeit, Innensicht (erlebte Rede); relativierendes Verb „schien“
sich vom Geschehen distanziert	„Eben als die russischen Truppen […] von außen eindrangen, fing der linke Flügel des Kommendantenhauses Feuer […].“	▪ Erzähler als Chronist ▪ Haltung: Bestreben um Objektivität, ▪ Darbietungsform: Erzählbericht, Beschreibung
das Geschehen kommentiert und teilweise bewertet	„Hier, unglücklicherweise, begegnete ihr […]“	▪ Kommentar des Erzählers; Außensicht ▪ Haltung: Mitgefühl

4 Erzählverhalten und Darbietungsformen in den Textstellen 1 und 2:

- auktoriales Erzählverhalten: Erzähler kennt Gedanken und Gefühle der Figuren und gibt sie wieder (z. B. Innensicht der Mutter in Textstelle 1, Beschreibung der heftigen Gefühle der Marquise in Textstelle 2) → ermöglicht Leser/-in die Einfühlung in die Figuren, v. a. die Marquise in ihrer Not
- Distanzierung als Chronist, der das Geschehen wiedergibt, z. B. distanzierend: „des Mannes, von dem sie sich beleidigt sah“
- viel direkte (v. a. in Textstelle 2 anfangs auch indirekte) Figurenrede (wörtliche Rede) → lässt Leser/-in unmittelbar am Geschehen bzw. Gespräch teilhaben

5 a

- Der Erzähler lässt Lücken im Bericht, das drastischste Beispiel: Gedankenstrich (Vergewaltigung).
- Er berichtet nicht zuverlässig, z. B.: „Hier – traf er, da bald darauf ihre erschrockenen Frauen erschienen, Anstalten, einen Arzt zu rufen […]“ (**C** S. 19, Z. 5 f. / **R** S. 5, Z. 9 ff.). Die Konjunktion „da“ deutet einen kausalen Zusammenhang an, die Adverbien „bald darauf“ verweisen auf eine Verzögerung.
- Er lässt widersprüchliche oder auch scheinbare Behauptungen und Bewertungen einfließen, z. B. wenn er von „unbegreiflicher Verwunderung“ beim Beschreiben einer Szene spricht oder von der „Anschuldigung der Eltern, dass [der Graf] ja tot sei“ (**C** S. 23, Z. 31 ff. / **R** S. 9, Z. 32 ff.).

b

- Rolle des Erzählers: Der Erzähler ist keine verlässliche Instanz, sondern trägt zur Irritation der Leser bei, da er selbst von den Ereignissen gebannt scheint. Von ihm ist keine Sinnkonstruktion zu erwarten.
- Wirkung der Figuren und der erzählten Welt: orientierungslos, haltlos, unentschlossen, voller Widersprüche

► S. 41 **Die verweigerte Eindeutigkeit in Kleists Novelle**

1

Textbeleg	**Deutung**
Aspekte, die für ein „versöhnliches Ende“ sprechen	
„eine zweite Hochzeit ward gefeiert, froher als die erste“ (**C** S. 63, Z. 2 f. / **R** S. 47, Z. 22 f.)	Liebesheirat
gemeinsamer Wohnsitz (Landhaus bei V…)	Landleben entspricht dem Wunsch der Marquise (Wiederherstellung der Familienidylle)

Textbeleg	Deutung
„um der gebrechlichen Einrichtung der Welt willen" (**C** S. 62, Z. 34 f. / **R** S. 47, Z. 18 f.)	Fähigkeit, auch mit scheinbar unversöhnbaren Widersprüchen zu leben: Gefühl – Verstand, widersprüchliches Verhalten von Personen, Ambivalenz des Grafen
zahleiche Kinder: „Reihe von jungen Russen" (**C** S. 63, Z. 4 / **R** S. 47, Z. 24)	Liebesleben
„indem sie ihm um den Hals fiel"	Ausdruck der Verliebtheit der Marquise, körperliche Zuwendung
Teufel und Engel	Akzeptieren der Ambivalenz des Grafen (der realen Person statt des falschen Idealbildes)
„Störelemente"	
Ehevertrag; Testament und Schenkung: „Von diesem Tage an" (**C** S. 62, Z. 30 / **R** S. 47, Z. 14)	Unterwerfung unter gesellschaftliche Konventionen, neues Abhängigkeitsverhältnis; „Bestechlichkeit" / gesellschaftliche Stellung und Vermögen als Voraussetzung für eine Liebesheirat
„Reihe von jungen Russen"	von der Gesellschaft vorbestimmte Frauenrolle (v. a. Muttersein)
Zeitraffung	steht im Widerspruch zur Bedeutung der Ereignisse im Leben eines Menschen
(körperliche) Liebe nach Vergewaltigung	Konnektivität mit dem Vorangegangenen, irrealistisch verklärtes Ende

2 Individuelle Lösungen auf der Grundlage der Arbeitsergebnisse aus vorausgegangenen Aufgaben. Gegebenenfalls kann an dieser Stelle auf der Basis von Eva Frickes Resümee auch die Ebene der Gattungen (Rührstück, Komödie, moralische Erzählung) ergänzt und erarbeitet werden.

3 Ein „unerhörtes Ereignis" stellt in Kleists Novelle das gewohnte Leben der Figuren, ihre sicher geglaubte Weltordnung, vollständig in Frage. Die daraus resultierende Orientierungslosigkeit, innere Zerrissenheit und Suche nach der Wahrheit wird mittels der „verweigerten Eindeutigkeit auf mehreren Ebenen" der Novelle erfahrbar. Die Ambiguität in Kleists Novelle führt zu einer Irritation der Leserschaft, die auf diese Weise die undurchschaubare, unzuverlässige und widersprüchliche Einrichtung der Welt miterlebt.

► S. 42

2.7 Leben und Werk des Autors

1/2 Individuelle Lösungen

3 Mögliche Bezüge:
Die innere Zerrissenheit der Figuren angesichts einer brüchig gewordenen Weltordnung kann als Ausdruck der persönlichen Krise Kleists, seines skeptisch-pessimistischen Weltbilds, gelesen werden (vgl. Lösungen zu S. 43, Aufg. 1 und 2). Die provokative Darstellung der Doppelmoral der Adelsgesellschaft ist für ihn eine Form der Auseinandersetzung mit zeitgenössischen Konventionen und Vorstellungen. Sein Wunsch nach Befreiung von ökonomischen und politischen Zwängen (u. a. von seiner Abhängigkeit im preußischen Militärdienst und seiner finanziellen Abhängigkeit von der Familie) spiegelt sich in den Figuren wider, die den gesellschaftlichen Interessen verhaftet bleiben. Kleists Suche nach einem erfüllten Leben abseits der gesellschaftlichen Ordnung, sein Bedürfnis nach Rückzug (z. B. Wunsch, ein Landhaus am Thuner See zu erwerben) werden im Gartenhaus als utopische Idylle deutlich. – Ein biografischer Ansatz birgt die Gefahr, das Werk ausschließlich als verschlüsselte Autobiografie zu lesen und somit die Deutung zu verengen.

Der Einfluss aufklärerischen Gedankenguts auf Leben und Werk Kleists ► S. 43

1 a Erwartete Stichworte:
Kleists Weltbild vor der Kant-Lektüre: Lebensziel: Wahrheit erlangen durch Bildung (Studium, Lektüre), Erwerb von Wahrheit/Wissen als unvergängliches „Eigentum", das das eigene Leben überdauert bzw. auch im Jenseits Relevanz hat

Kleists Weltbild nach der Kant-Lektüre: Wahrheit ist immer subjektiv, im Diesseits lässt sich keine objektive Wahrheit finden; Kleists „einziges, [s]ein höchstes“ (Z. 24 f.) Lebensziel ist aussichtslos → Konsequenz: Abbruch aller Bemühungen, Wahrheit zu erlangen, Untätigkeit und Betäubung

b Kleist schlussfolgert aus der Kant-Lektüre, dass wissenschaftliche Studien nicht zu einer objektiven Wahrheit führen bzw. dass es diese im Diesseits nicht gibt. Da die Suche nach der objektiven Wahrheit für ihn das höchste Lebensziel darstellte, resultieren aus der neuen Einsicht der Verlust eine tiefe Identitätskrise und Stillstand.

2

- „bis der … Krieg plötzlich die Gegend umher mit Truppen […] erfüllte“ (**C** S. 17, Z. 22 ff. / **R** S. 3, Z. 22 ff.): Krieg erscheint als handelndes Subjekt, die Menschen als folgsame Masse: Truppen
- Männer als triebhafte Vergewaltiger (**C** S. 18, Z. 19–29 / **R** S. 4, Z. 24–34)
- „Er warf […] zwei Papiere auf die Wiege desselben, deren eines […] eine Schenkung von 20 000 Rubel an den Knaben und das andere ein Testament war, in dem er die Mutter, falls er stürbe, zur Erbin seines ganzen Vermögens einsetzte“ (**C** S. 62, Z. 24–30 / **R** S. 47, Z. 8–14): Macht ökonomischer Interessen
- das Gartenhaus erweist sich als utopische Idylle (**C** S. 45, Z. 6–18; S. 63, Z. 2 ff. / **R** S. 30, Z. 14–26; S. 47, Z. 22 ff.): Unmöglichkeit, sich gesellschaftlichen Zwängen zu entziehen
- Ambiguität auf mehreren Ebenen der Novelle (vgl. Lösungen zu S. 41, Aufg. 3), z. B. Unzuverlässigkeit der Erzählinstanz (**C** S. 19, Z. 5 f. / **R** S. 5, Z. 9 ff.): Irritation der Leserschaft, Fragwürdigkeit der Geschehnisse und daraus resultierende Orientierungslosigkeit veranschaulichen die Brüchigkeit der bestehenden Weltordnung

Analyse eines literarischen Textes (Aufgabenart I A)

Aufgabenstellung

1 Analysieren Sie den Textauszug aus Heinrich von Kleists Novelle „Die Marquise von O…“, indem Sie ihn knapp in den Handlungsgang einordnen und das kommunikative Verhalten der Figuren mit Blick auf ihre jeweilige Rolle als Familienmitglied untersuchen. Berücksichtigen Sie dabei sprachliche und erzählerische Gestaltungsmittel. *(46 Punkte)*

2 In der Literaturwissenschaft wird die These vertreten, dass Kleist in seiner Novelle „Die Marquise von O…“ zeitgenössische Familienbilder aufgreift und entsprechende Konventionen parodistisch überzeichnet. Überprüfen Sie diese Einschätzung auf der Grundlage Ihrer Textanalyse. *(26 Punkte)*

Heinrich von Kleist: **Die Marquise von O…** (1808)

Am nächsten Zeitungstage las die Obristin, da beide beim Frühstück saßen, in einem Intelligenzblatt, das eben ganz feucht von der Presse kam, folgende Antwort:

„Wenn die Frau Marquise von O... sich, am Dritten … 11 Uhr morgens, im Hause des Herrn von G..., ihres Vaters, einfinden will: so wird sich derjenige, den sie sucht, ihr daselbst zu Füßen werfen.“ –

Der Obristin verging, ehe sie noch auf die Hälfte dieses unerhörten Artikels gekommen war, die Sprache; sie überflog das Ende und reichte das Blatt dem Kommendanten dar. Der Obrist durchlas das Blatt dreimal, als ob er seinen eignen Augen nicht traute. „Nun sage mir, um des Himmels willen, Lorenzo“, rief die Obristin, „was hältst du davon?“ „O die Schändliche!“, versetzte der Kommendant und stand auf; „o die verschmitzte Heuchlerin! Zehnmal die Schamlosigkeit einer Hündin, mit zehnfacher List des Fuchses gepaart, reichen noch an die ihrige nicht! Solch eine Miene! Zwei solche Augen! Ein Cherub hat sie nicht treuer!“ – und jammerte und konnte sich nicht beruhigen. „Aber was in aller Welt“, fragte die Obristin, „wenn es eine List ist, kann sie damit bezwecken?“ – „Was sie damit bezweckt? Ihre nichtswürdige Betrügerei, mit Gewalt will sie sie durchsetzen“, erwiderte der Obrist. „Auswendig gelernt ist sie schon, die Fabel, die sie uns beide, sie und er, am Dritten 11 Uhr morgens hier aufbürden wollen. ‚Mein liebes Töchterchen‘, soll ich sagen, ‚das wusste ich nicht, wer konnte das denken, vergib mir, nimm meinen Segen und sei wieder gut.‘ Aber die Kugel dem, der am Dritten morgens über meine Schwelle tritt! Es müsste denn schicklicher sein, ihn mir durch Bedienten aus dem Hause zu schaffen.“ – Frau von G... sagte, nach einer nochmaligen Überlesung des Zeitungsblattes, dass, wenn sie von zwei unbegreiflichen Dingen einem Glauben beimessen solle, sie lieber an ein unerhörtes Spiel des Schicksals als an diese Niederträchtigkeit ihrer sonst so vortrefflichen Tochter glauben wolle. Doch ehe sie noch vollendet hatte, rief der Kommendant schon: „Tu mir den Gefallen und schweig!“ und verließ das Zimmer. „Es ist mir verhasst, wenn ich nur davon höre.“

Wenige Tage nachher erhielt der Kommendant, in Beziehung auf diesen Zeitungsartikel, einen Brief von der Marquise, in welchem sie ihn, da ihr die Gnade versagt wäre, in seinem Hause erscheinen zu dürfen, auf eine ehrfurchtsvolle und rührende Art bat, denjenigen, der sich am Dritten morgens bei ihm zeigen würde, gefälligst zu ihr nach V... hinauszuschicken. Die Obristin war gerade gegenwärtig, als der Kommendant diesen Brief empfing; und da sie auf seinem Gesicht deutlich bemerkte, dass er in seiner Empfindung irre geworden war: denn welch ein Motiv jetzt, falls es eine Betrügerei war, sollte er ihr unterlegen, da sie auf seine Verzeihung gar keine Ansprüche zu machen schien?, so rückte sie, dadurch dreist gemacht, mit einem Plan hervor, den sie schon lange in ihrer von Zweifeln bewegten Brust mit sich herumgetragen hatte. Sie sagte, während der Obrist noch, mit einer nichtssagenden Miene, in das Papier hineinsah: sie habe einen Einfall. Ob er ihr erlauben wolle, auf einen oder zwei Tage nach V... hinauszufahren? Sie werde die Marquise, falls sie wirklich denjenigen, der ihr durch die Zeitungen als ein Unbekannter geantwortet, schon kenne, in eine Lage zu versetzen wissen, in welcher sich ihre Seele verraten müsste, und wenn sie die abgefeimteste Verräterin wäre. Der Kommendant erwiderte, indem er, mit einer plötzlich heftigen Bewegung, den Brief zerriss: sie wisse, dass er mit ihr nichts zu schaffen haben wolle, und er verbiete ihr, in irgendeine Gemeinschaft mit ihr zu treten. Er siegelte die zerrissenen Stücke ein, schrieb eine Adresse an die Marquise und gab sie dem Boten, als Antwort, zurück. Die Obristin, durch diesen hartnäckigen Eigensinn, der alle Möglichkeit der Aufklärung vernichtete, heimlich erbittert, beschloss, ihren Plan jetzt gegen seinen Willen auszuführen. Sie nahm einen von den Jägern des Kommendanten und fuhr am nächstfolgenden Morgen, da ihr Gemahl noch im Bette lag, mit demselben nach V... hinaus. Als sie am Tore des Landsitzes angekommen war, sagte ihr der Türsteher, dass niemand bei der Frau Marquise vorgelassen würde. Frau von G... antwortete, dass sie von dieser Maßregel unterrichtet wäre, dass er aber gleichwohl nur gehen und die Obristin von G... bei ihr anmelden möchte. Worauf dieser versetzte, dass dies zu nichts helfen würde, indem die Frau Marquise keinen Menschen auf der Welt spräche. Frau von G... antwortete, dass sie von ihr gesprochen werden würde, indem sie ihre Mutter wäre, und dass er nur nicht länger säumen und sein Geschäft verrichten möchte. Kaum aber war noch der Türsteher zu diesem, wie er meinte, gleichwohl vergeblichen Versuche ins Haus gegangen, als man schon die Marquise daraus hervortreten, nach dem Tore eilen und sich auf Knien vor dem Wagen der Obristin niederstürzen sah. Frau von G... stieg, von ihrem Jäger unterstützt, aus und hob die Marquise, nicht ohne einige Bewegung, vom Boden auf. Die Marquise drückte sich, von Gefühlen überwältigt, tief auf ihre Hand hinab und führte sie, indem ihr die Tränen häufig flossen, ehrfurchtsvoll in die Zimmer ihres Hauses. „Meine teuerste Mutter!", rief sie, nachdem sie ihr den Diwan angewiesen hatte und noch vor ihr stehen blieb und sich die Augen trocknete: „Welch ein glücklicher Zufall ist es, dem ich Ihre mir unschätzbare Erscheinung verdanke?" Frau von G... sagte, indem sie ihre Tochter vertraulich fasste, sie müsse ihr nur sagen, dass sie komme, sie wegen der Härte, mit welcher sie aus dem väterlichen Hause verstoßen worden sei, um Verzeihung zu bitten. „Verzeihung!", fiel ihr die Marquise ins Wort und wollte ihre Hände küssen. Doch diese, indem sie den Handkuss vermied, fuhr fort: „Denn nicht nur, dass die in den letzten öffentlichen Blättern eingerückte Antwort auf die bewusste Bekanntmachung mir sowohl als dem Vater die Überzeugung von deiner Unschuld gegeben hat; so muss ich dir auch eröffnen, dass er sich selbst schon, zu unserm großen und freudigen Erstaunen, gestern im Hause gezeigt hat." „Wer hat sich –?", fragte die Marquise und setzte sich bei ihrer Mutter nieder; „– welcher er selbst hat sich gezeigt –?" und Erwartung spannte jede ihrer Mienen. „Er", erwiderte Frau von G..., „der Verfasser jener Antwort, er persönlich selbst, an welchen dein Aufruf gerichtet war." – „Nun denn", sagte die Marquise, mit unruhig arbeitender Brust: „Wer ist es?" Und noch einmal: „Wer ist es?" – „Das", erwiderte Frau von G..., „möchte ich dich erraten lassen. […] Doch erschrecken wirst du nicht, meine Tochter, wenn du erfährst, dass er von niedrigem Stande und von allen Forderungen, die man sonst an deinen Gemahl machen dürfte, entblößt ist." „Gleichviel, meine vortreffliche Mutter", sagte die Marquise, „er kann nicht ganz unwürdig sein, da er sich Ihnen früher als mir zu Füßen geworfen hat. Aber, wer? wer? Sagen Sie mir nur: wer?" „Nun denn", versetzte die Mutter, „es ist Leopardo, der Jäger, den sich der Vater jüngst aus Tirol verschrieb und den ich, wenn du ihn wahrnahmst, schon mitgebracht habe, um ihn dir als Bräutigam vorzustellen." „Leopardo, der Jäger!", rief die Marquise und drückte ihre Hand, mit dem Ausdruck der Verzweiflung, vor die Stirn. „Was erschreckt dich?", fragte die Obristin. „Hast du Gründe, daran zu zweifeln?" – „Wie? Wo? Wann?", fragte die Marquise verwirrt. „Das", antwortete jene, „will er nur dir anvertrauen. […]" – „Gott, mein Vater!", rief die Marquise; „ich war einst in der Mittagshitze eingeschlummert und sah ihn von meinem Diwan gehen, als ich erwachte!" – Und damit legte sie ihre kleinen Hände vor ihr in Scham erglühendes Gesicht. Bei diesen Worten sank die Mutter auf Knien vor ihr nieder. „O meine Tochter!", rief sie; „o du Vortreffliche!", und schlug die Arme um sie. „Und o ich Nichtswürdige!", und verbarg das Antlitz in ihren Schoß. Die Marquise fragte bestürzt: „Was ist Ihnen, meine Mutter?" „Denn begreife", fuhr diese fort, „o du Reinere als Engel sind, dass von allem, was ich dir sagte, nichts wahr ist; dass meine verderbte Seele an solche Unschuld nicht, als von der du umstrahlt bist, glauben konnte, und dass ich dieser schändlichen List erst bedurfte, um mich davon zu überzeugen." „Meine teuerste Mutter", rief die Marquise und neigte sich voll froher Rührung zu ihr herab und wollte sie aufheben. Jene versetzte darauf: „Nein, eher nicht von deinen Füßen weich ich, bis du mir sagst, ob du mir die Niedrigkeit meines Verhaltens, du Herrliche, Überirdische, verzeihen kannst." „Ich Ihnen verzeihen, meine Mutter! Stehen Sie auf", rief die Marquise, „ich beschwöre Sie –" „Du hörst, sagte Frau von G..., „ich will wissen, ob du mich noch lieben und so aufrichtig verehren kannst als sonst?" „Meine angebetete Mutter!", rief die Marquise und legte sich gleichfalls auf Knien vor ihr nieder; „Ehrfurcht und Liebe sind nie aus meinem Herzen gewichen. Wer konnte mir, unter so unerhörten Umständen, Vertrauen schenken? Wie glücklich bin ich, dass Sie von meiner Unsträflichkeit überzeugt sind!" „Nun denn", versetzte Frau von G..., indem sie, von ihrer Tochter unterstützt, aufstand: „so will ich dich auf Händen tragen, mein liebstes Kind. Du sollst bei mir dein Wochenlager halten; und wären die Verhältnisse so, dass ich einen jungen Fürsten von dir erwartete, mit größerer Zärtlichkeit nicht und Würdigkeit könnt ich dein pflegen. Die Tage meines Lebens nicht mehr von deiner Seite weich ich. Ich biete der ganzen Welt Trotz; ich will keine andre Ehre mehr, als deine Schande […]."

Inhaltliche Leistung

Aufgabe 1

	Anforderungen Die Schülerin / Der Schüler	maximale Punktzahl (AFB)	erreichte Punktzahl
1	**verfasst eine aufgabenbezogene Einleitung** unter Angabe von Autor, Titel, Textsorte, Entstehungszeit.	2 (I)	
2	**ordnet den Auszug knapp in den Handlungsgang der Novelle ein,** etwa: ▪ russische Soldaten, Angriff auf die Marquise, Rettung durch den Grafen ▪ Rückkehr und Heiratsantrag, Abreise des Grafen ▪ Symptome einer Schwangerschaft der Marquise ▪ Verstoßung aus dem Elternhaus, Zeitungsannonce ▪ öffentliche Reaktion eines Unbekannten auf die Anzeige, Bekanntgabe seines Erscheinens	3 (I)	
3	**benennt Situation, Anlass und Thema der Gespräche,** etwa: ▪ Frühstück im Haus des Kommandanten, Entdeckung der Zeitungsanzeige, Auseinandersetzung der Eltern über den richtigen Umgang mit der Ankündigung des Unbekannten ▪ Ankunft des Briefs der Marquise wenige Tage später mit der Bitte, den Unbekannten zum Landhaus zu schicken; erneute Auseinandersetzung der Eltern: Unterbreitung und Ablehnung des Plans der Mutter ▪ heimliche Fahrt der Mutter zum Landhaus der Marquise, Bestätigung der Unschuld der Marquise durch die List der Mutter	3 (I)	
4	**untersucht das kommunikative Verhalten der Figuren mit Blick auf ihre jeweilige Rolle als Familienmitglied,** etwa: Obristin: ▪ erkennt ihren Mann nach außen hin als Familienoberhaupt an: bittet ihn um seine Einschätzung (vgl. Z. 14 f., 21 ff.), äußert ihre Einwände mit Zurückhaltung (vgl. Z. 34 ff.), fragt ihn um Erlaubnis (vgl. Z. 61 f.) ▪ folgt dennoch ihrer eigenen Einschätzung: durchschaut ihren Mann (vgl. Z. 51 ff.), zweifelt an seinem Standpunkt, unterbreitet ihm „dreist" (Z. 56) ihren Plan, ist von seiner Sturheit erzürnt und hintergeht ihn (vgl. Z. 73 ff.) ▪ inszeniert ihren Auftritt als Obristin und Mutter bei der Umsetzung ihres Plans: entschiedener Ton gegenüber dem Türsteher (vgl. Z. 87 ff.), Unterstützung durch den Jäger (vgl. Z. 95 f.), Förmlichkeit und Reserviertheit gegenüber der Tochter (vgl. Vermeidung des Kusses, Z. 111) ▪ reagiert äußerst emotional und beschämt auf die Bestätigung der Unschuld ihrer Tochter, überhöht sie ▪ bittet Tochter reumütig um Vergebung, vergewissert sich ihrer Liebe (vgl. Z. 162 ff.) ▪ sichert ihrer Tochter vollständige Unterstützung gegen gesellschaftliche Konventionen zu (vgl. Z. 183 f.) Vater: ▪ agiert in seiner Rolle als Familienoberhaupt: unterbricht seine Frau, verbietet ihr das Wort ▪ fühlt sich in seinem Selbstverständnis als Familienoberhaupt angegriffen und hintergangen: bezichtigt Tochter der Lüge und Hinterlist (vgl. Z. 24), verbietet der Mutter Schlichtungsversuch (vgl. Z. 68 ff.) ▪ wird laut und beleidigend, hält trotz Unvereinbarkeiten an seiner Perspektive fest (vgl. Z. 39 ff.), droht mit Gewalt (vgl. Z. 31 ff.), lässt seiner Tochter den zerrissenen Brief als Antwort auf ihre Nachfrage übermitteln	14 (II)	

	Marquise: ▪ agiert in ihrer Rolle als Tochter: bittet Eltern demütig in einem Brief, den Unbekannten zum Landhaus zu schicken (vgl. Z. 43 f.); empfängt Mutter ehrerbietig/unterwürfig; bewertet Unbekannten gemäß gesellschaftlicher Konventionen (vgl. Z. 131 ff.) ▪ widersetzt sich mit „froher Rührung“ (Z. 161) dem unterwürfigen Verhalten der Mutter, durchbricht die von ihr inszenierte asymmetrische Gesprächssituation ▪ zeigt Verständnis für das Verhalten ihrer Eltern und akzeptiert die gesellschaftlichen Normen und Regeln (vgl. Z. 172 f.)		
5	**untersucht Besonderheiten der Gesprächsgestaltung,** etwa: ▪ Relevanz nonverbaler Signale: Inszenierung und Durchbrechung einer asymmetrischen Gesprächssituation (vgl. Z. 94 f., 149, 170 f.) ▪ Offenbarung der tiefen Erschütterung der Figuren in ihrer Körpersprache (vgl. Z. 139 f., 147 f.)	4 (II)	
6	**untersucht erzählerische Gestaltungsmittel in ihrer Funktion,** etwa: ▪ auktoriales Erzählen in der Er-/Sie-Form, z. T. Innenperspektive (z. B. Obristin, vgl. Z. 51 ff., 73 ff.) ▪ Erzählbericht zur Darlegung der Ereignisse mit zwei Zeitsprüngen (zeitraffend) ▪ zeitdeckend erzählte Gesprächsszenen mit direkter und indirekter Figurenrede ermöglichen Leserschaft, die Geschehnisse unmittelbar mitzuerleben und Einblick in die Gefühlswelt der Protagonisten zu erhalten (Erzählstandort: unmittelbare Nähe zum erzählten Geschehen) ▪ Erzählhaltung: z. T. mitfühlende Kommentare (vgl. Z. 46 f., 147 f.)	8 (III)	
7	**untersucht sprachliche Gestaltungsmittel in ihrer Funktion,** etwa: ▪ Reihung von Ausrufesätzen und bildhafte Sprache des Kommandanten als Ausdruck seiner Empörung ▪ Interjektion „o“ und kontrastierende Bezeichnungen bei der Obristin zur Unterstreichung der empfundenen Diskrepanz zwischen ihr und ihrer Tochter (vgl. Z. 150 ff.) ▪ Überhöhung der Tochter durch die Obristin mittels religiöser Metaphorik (vgl. Z. 154 f.) ▪ Auflistung der Obristin (Dass-Sätze) zur Unterstreichung der Verwerflichkeit des eigenen Verhaltens (vgl. Z. 155 ff.) ▪ hypotaktischer Satzbau mit Einschüben und z. T. auffälliger Interpunktion u. a. zur Veranschaulichung der Umständlichkeit von Gedankengängen und der Vermeidung von Eindeutigkeit (vgl. Z. 49 ff.)	8 (III)	
8	**formuliert eine reflektierte Schlussfolgerung auf der Grundlage der Untersuchungsergebnisse.**	4 (III)	
9	**erfüllt ein weiteres aufgabenbezogenes Kriterium.**	(4)	
	Summe Aufgabenteil 1	**46**	

Aufgabe 2

	Anforderungen Die Schülerin / Der Schüler	maximale Punktzahl (AFB)	erreichte Punktzahl
1	**formuliert eine sinnvolle Überleitung.**	3 (I)	
2	**stellt wesentliche Merkmale des Familienbilds in der zweiten Hälfte des 18. Jahrhunderts dar,** etwa:	7 (I)	

	▪ Familie als ideale Liebesgemeinschaft: Abgrenzung von der Gesellschaft (außen: ökonomische, berufliche, gesellschaftliche Interessen und Zwänge; innen: Gefühle, Wärme, Geborgenheit) ▪ widersprüchliche, konfliktreiche Doppelrolle des Vaters: Garant des familialen Freiraums der Liebe, Repräsentant der Gesellschaft → Verkörperung von Normen und Anforderungen, die im Intimraum der Familie restriktiv und unmenschlich wirken ▪ Resultat: Familie als kultivierter, aber spannungsreicher Binnenraum	7 (I)	
3	**untersucht den Textauszug im Hinblick auf eine parodistische Überzeichnung des zeitgenössischen Familienbilds,** etwa: ▪ Widerspruch zwischen Bild der Familie als Ort der Geborgenheit und radikaler Verstoßung der Tochter durch Vater, Androhung von Gewalt ▪ Hintergehen des Vaters als Familienoberhaupt durch die Mutter	12 (II)	
	▪ parodistische Überzeichnung der Versöhnungsszene zwischen Mutter und Tochter ▪ Bezugnahme auf gesellschaftliche Erwartungen selbst in absurden Zusammenhängen: Der unbekannte Vergewaltiger gewinnt in den Augen der Marquise an Ehre, da er sich an gesellschaftliche Regeln hält und zuerst bei den Eltern der Braut vorstellig wird. ▪ überzogenes Bekenntnis der Mutter zu ihrer Tochter: Ihr Verzicht auf gesellschaftliches Ansehen wirkt angesichts des wiederholten Bezugs auf gängige Wertvorstellungen und mit Blick auf den Ausgang der Novelle unglaubwürdig (vgl. Z. 183 f.) ▪ parodistische Überzeichnung auch im Gesprächsverhalten und Sprachgebrauch der Figuren Die parodistische Darstellung der Brüchigkeit des Idealbilds einer Familie und der Doppelmoral der Gesellschaft kann als Kritik an den zeitgenössischen Verhältnissen und Konventionen verstanden werden.		
4	**formuliert eine reflektierte Schlussfolgerung auf der Grundlage ihrer/seiner Untersuchungsergebnisse.**	4 (III)	
5	**entwickelt einen weiteren, eigenständigen Gedanken.**	(4)	
	Summe Aufgabenteil 2	**26**	

Darstellungsleistung

	Anforderungen Die Schülerin / Der Schüler	maximale Punktzahl	erreichte Punktzahl
1	strukturiert den Klausurtext kohärent, schlüssig, stringent und gedanklich klar.	6	
2	formuliert unter Beachtung der fachsprachlichen und fachmethodischen Anforderungen.	6	
3	belegt Aussagen durch angemessenes und korrektes Zitieren.	3	
4	drückt sich allgemeinsprachlich präzise, stilistisch sicher und begrifflich differenziert aus.	5	
5	formuliert lexikalisch und syntaktisch sicher, variabel und komplex (und zugleich klar).	5	
6	schreibt sprachlich richtig.	3	
	Summe Darstellungsleistung	**28**	
	Gesamtpunktzahl **Note:** **Datum:**	**100**	

GK 3 Judith Hermann: „Sommerhaus, später“

Konzeption des Kapitels

GK: Arbeitsheft für den Grundkurs; **LK:** Arbeitsheft für den Leistungskurs;
Texte, Themen und Strukturen: Ausgabe Nordrhein-Westfalen, 978-3-464-68112-1 / 978-3-464-68111-4

Seite	Sequenz/ Materialien	Didaktisch-methodische Hinweise	Anknüpfung an „Texte, Themen und Strukturen“
GK 44	**3.1 Vor der Lektüre** *Stress & Trauma:* „Unentschlossen“	Der Songtext ermöglicht ▪ einen ersten Zugang zur Thematik des Erzähltextes: die Unfähigkeit, Entscheidungen zu treffen und verbindliche Beziehungen einzugehen. ▪ die Anbindung an die Lebens- und Erfahrungswelt der Lernenden.	Zu den Themen Kommunikations- und Bindungsunfähigkeit sowie abwartende Lebenshaltung können auch folgende Bilder und Texte herangezogen werden: *Edward Hopper:* „Nachtschwärmer“ (S. 138), *Frida Kahlo:* „Die Zeit fliegt“ (S. 528), *Kiwus*: „Fragile“ (S. 528), *Wolf Wondratschek:* „Im Sommer“ (S. 529).
GK 45	**3.2 Handlung, Zeit, Ort und Fiktionalität** Information: Fiktionsvertrag und Fiktionalitätssignale	Die Schüler/-innen vollziehen die Handlung und Zeitgestaltung der Erzählung mittels eines Zitatenpuzzles nach und erfassen fiktive Ortsangaben als inhaltsbezogene Fiktionalitätssignale.	Eine Vertiefungsmöglichkeit zu Fiktionalitätssignalen bietet das Kapitel „Zwischen Fiktion und Wirklichkeit – Modelle literarischer Kommunikation“ (S. 175). Die Aufgaben können ergänzend an Textauszügen aus Hermanns Erzählung erarbeitet werden.
GK 46 f.	**3.3 Die Figuren** **Die Ich-Erzählerin und ihre Clique** Information: Die sprachliche Gestaltung von Erzähltexten Zitat aus einem Interview mit Judith Hermann	An drei Textauszügen werden Lebensgefühl und -einstellung der Freunde erarbeitet. Damit dies gelingen kann, sollten die Schüler-/innen zuvor unbekannte Begriffe und Namen recherchieren, z. B. Frank Castorf, Heiner Müller. Erzählerische und sprachliche Mittel werden in ihrer Funktion erschlossen, u. a. mit Hilfe des Informationskastens zu den wichtigsten sprachlichen Mitteln in Erzähltexten. Ein Deutungsansatz zur Gestaltung der Ich-Erzählerin wird am Text überprüft. Die Analyseergebnisse werden zur Erfahrungswelt und Lebenshaltung der Schüler/ -innen in Beziehung gesetzt.	Das Kapitel „Recherchieren in Internet und Bibliothek“ (S. 553) informiert u. a. zur Basisrecherche mit Wikipedia. Bei der Untersuchung erzählerischer und sprachlicher Mittel unterstützen die Informationskästen „Die drei idealtypischen Erzählstrategien“ (S. 172) und „rhetorische Figuren“ (S. 200). Die Information „Deutungsthesen ausführen“ (S. 209) zeigt das Vorgehen bei einer systematischen Analyse. Mit Blick auf das Lebensgefühl und die Lebenseinstellung der Clique kann vergleichend der Auszug aus *Juli Zeh:* „Spieltrieb“ (S. 539) herangezogen werden: Er thematisiert die Lebenshaltung einer Spielernatur und stellt die Frage nach der Stabilität der eigenen Identität. Zu Merkmalen zeitgenössischer Erzähltexte siehe *Thomas Krafts* „13 Thesen zur Gegenwartsliteratur“ (S. 545 f.).

Seite	Sequenz/ Materialien	Didaktisch-methodische Hinweise	Anknüpfung an „Texte, Themen und Strukturen“
GK 48	**Die Figur Stein**	Über einen subjektiven Zugang werden erste Charakteristika der Figur Stein erarbeitet und am Text vertiefend untersucht. Dabei wird die im Text angelegte Perspektivität der Figurenwahrnehmung verdeutlicht: Welches Bild machen sich die Ich-Erzählerin und ihre Clique von Stein und umgekehrt? Auf dieser Grundlage kann erörtert werden, warum Stein letztlich ein Außenseiter bleibt.	Bei der Erarbeitung der direkten und indirekten Charakterisierung der Figuren unterstützt der Informationskasten „Figuren und ihre Konstellation“ (S. 169).
GK 49	**Die Beziehung der beiden Hauptfiguren** Zitat aus einem Interview mit Judith Hermann	Die Schüler/-innen entwickeln auf der Grundlage eines Textauszugs Deutungsansätze zur Beziehung der Hauptfiguren. Ein Wortspeicher unterstützt bei deren Formulierung. Sie deuten erzählerische Mittel im Hinblick auf die Haltung der Ich-Erzählerin zu den Ereignissen und analysieren das Selbstverständnis und Frauenbild der Ich-Erzählerin. Auf der Grundlage ihrer Ergebnisse nehmen sie Stellung zu einem Zitat Hermanns zu Menschen, „die man verpasst“.	Bei der Untersuchung erzählerischer Mittel hilft der Informationskasten „Die drei idealtypischen Erzählstrategien“ (S. 172). Bei der Beurteilung der Aussage Judith Hermanns kann prinzipiell nach den „Grundtypen einer Erörterung“ (S. 122) vorgegangen werden.
GK 50	**Das Symbol des Hauses** Information: Symbole in literarischen Texten Methode: Dialoge analysieren Zitat aus einem Interview mit Judith Hermann	Ausgehend von ihren ersten Deutungsansätzen erschließen die Schüler/-innen in einer Dialoganalyse die symbolische Bedeutung des Sommerhauses mit Blick auf die Beziehung der Hauptfiguren. Angestoßen durch ein Zitat Hermanns formulieren die Schüler/-innen, was Stein nicht offen sagt (produktiver Deutungsansatz).	Zur Symbolik in Erzähltexten kann der Informationskasten „Novelle und Dingsymbol“ (S. 480) genutzt werden. *Thomas Mann:* „Der Tod in Venedig“ (S. 478 ff.) kann als Vergleichstext genutzt werden: Die Gondel weckt ambivalente Gefühle und dient als Symbol der letzten Lebensreise, erinnert also an die Vergänglichkeit.
GK 51	**3.4 Den Schluss der Erzählung deuten** Methode: Produktiv-gestaltendes Interpretieren	Die Schüler/-innen untersuchen den Erzählschluss mit Blick auf Steins Intention und die Bedeutung seiner Postkarten für die Ich-Erzählerin. Mittels eines produktiven Verfahrens entwerfen sie einen alternativen Schluss und gelangen so zu einem vertieften Verständnis der Figuren.	Weitere produktiv-gestaltende Verfahren werden im Methodenkasten auf Seite 36 aufgeführt.

Seite	Sequenz/ Materialien	Didaktisch-methodische Hinweise	Anknüpfung an „Texte, Themen und Strukturen“
GK 52	**3.5 Judith Hermann und die zeitgenössische Kurzprosa** *Judith Hermann:* „Ich werde versuchen, eine Schriftstellerin zu sein“ Information: Merkmale gegenwärtiger Kurzprosa	Auf der Grundlage eines Zitats von Hermann werden Merkmale gegenwärtiger Kurzprosa an der Erzählung „Sommerhaus, später“ überprüft.	Ergänzend kann überprüft werden, inwiefern sich die Ausführungen in *Dieter Wellershoffs* Vorlesung „Das Schimmern der Schlangenhaut – Zufall, Mehrdeutigkeit, Transzendenz“ (S. 544) auf Hermanns Erzählung übertragen lassen. Auch *Thomas Krafts* „13 Thesen zur Gegenwartsliteratur“ (S. 545) können für eine Auseinandersetzung mit den Merkmalen zeitgenössischer Erzähltexte am Beispiel „Sommerhaus, später“ herangezogen werden.
GK 53	*Ingo Schulze:* „Wo schöne Menschen lange warten“ Methode: Zu einem Text erörternd Stellung nehmen	Die Schüler/-innen nehmen erörternd Stellung zu *Ingo Schulzes* Rezension zu „Sommerhaus, später“, indem sie seinen Deutungsansatz schrittweise angeleitet an der Erzählung überprüfen und – unterstützt durch einen Methodenkasten – eine kritische Stellungnahme formulieren.	Orientierung beim Erstellen eines Schreibplans und beim Schreiben einer literarischen Erörterung bieten die Seiten 245 f.

Literaturhinweise

Illies, Florian: Die Traumwandlerin (Rezension). In: Frankfurter Allgemeine Zeitung, 17.10.1998
Lenz, Daniel / Pütz, Eric: LebensBeschreibungen. Zwanzig Gespräche mit Schriftstellern. Edition text + kritik, München 2000, S. 228–238 (darin: „Ich werde versuchen, eine Schriftstellerin zu sein.“ Gespräch mit Judith Hermann, 21.05.1999)
Prangel, Matthias: Eine andere Art von Rückblick. Gespräch mit Judith Hermann über „Sommerhaus, später“. (Gespräch am 11.05.2001 in Leiden, zuerst veröffentlicht in: Deutsche Bücher – Forum für Literatur 31/2001, H. 4, S. 279–297)
Rehlein, Susann: Ein Gefühl der Irritation (Rezension). In: die tageszeitung, 12.11.1998
Schulze, Ingo: Wo schöne Menschen lange warten (Rezension). In: Die Welt, 24.12.1998

▶ GK 44

3.1 Vor der Lektüre

1 a Lebensgefühl: sich nicht festlegen bzw. binden wollen, innere Zerrissenheit, Angst vor Verletzung
b Individuelle Lösungen

2 Individuelle Lösungen. Mögliche Antwort: innere Zerrissenheit und Unentschlossenheit vergeuden Kraft, Entscheidung für einen Menschen oder Lebensweg setzt Kräfte frei und verhindert Stillstand.

▶ GK 45

3.2 Handlung, Zeit, Ort und Fiktionalität

1 Richtige Reihenfolge: 10, 2, 14, 9, 1, 3, 6, 11, 8, 12, 13, 5, 4, 7

2 Zeitraum: Dezember bis Mai; diskontinuierlich: Rückblende (dreiwöchige Beziehung zwei Jahre zuvor, Steins Zusammenleben mit der Künstlerclique); historisch verortet: Berliner Künstlerszene, Castorf als Intendant der Berliner Volksbühne (1992–2017), Alkoholexzesse Peter Wawerzineks 2002/03

3 a Ortsangaben: Frankfurter Allee Richtung Prenzlau, Angermünde, Canitz, Lunow, Templin, Schönwalde, Griebnitzsee
b Die angegebenen Orte sind real (Bundesland Brandenburg, Landkreis Uckermark). Dort existiert jedoch kein Dorf namens Canitz. Canitz ist der Name mehrerer Orte in Sachsen. (Mögliche Deutung: Steins Traum vom Haus auf dem Land entzieht sich der Realität, nachdem es anfangs greifbar nah erscheint.)

▶ GK 46

3.3 Die Figuren

Die Ich-Erzählerin und ihre Clique

1 Individuelle Lösungen

2 a Zur Einordnung siehe Seite 45, Aufgabe 1:
erster Textauszug: Zusammenleben Steins mit der Clique zwei Jahre zuvor (6),
zweiter und dritter Textauszug: Zusammenleben mit der Clique im Winter nach der Hausbesichtigung (11)
b Mögliche Antworten:
Easy-Rider: US-amerikanischer Kultfilm von 1969, der das Lebensgefühl der damaligen jungen Generation thematisierte; echauffiert: aufgeregt, exaltiert, überspannt; Plaste und Elaste: Werbeslogan der Buna-Werke in Schkopau (früher DDR), die u. a. Synthesekautschuk produzierten; Frank Castorf (*1951): von Regisseur und Intendant der Berliner Volksbühne von 1992 bis 2017; Berliner Volksbühne: Theater am Rosa-Luxemburg-Platz; Heiner Müller (1929–1995): deutscher Schriftsteller; Peter Wawerzinek (*1954): deutscher Schriftsteller (Absturz aufgrund von Alkoholexzessen); LSD, Ecstasy: chemisch hergestellte Drogen; neurasthenisch: nervenschwach; Paolo Conte (*1937): italienischer Liedermacher und Chansonsänger; Bret Easton Ellis (*1964): US-amerikanischer Schriftsteller; sein Roman „American Psycho“ (1991) thematisiert das Leben eines 26-jährigen New Yorker Investmentbankers, der neben seiner Yuppie-Fassade ein zweites Leben führt und seine innere Leere durch Sexorgien, Drogen und Gewaltexzesse zu kompensieren versucht. Der Roman wurde 1995 in Deutschland durch die Bundesprüfstelle für jugendgefährdende Medien verboten und ist nach einer Klage seit 2001 wieder frei verkäuflich.
c Derzeitige Lebenssituation: Leben in der Großstadt Berlin, Künstlerdasein (Falk: Atelier; Anna: Konzerte; Heinze: Lesungen im Roten Salon, einem Club in der Berliner Volksbühne; Ich-Erzählerin: Tätigkeit bleibt offen), wechselhafte Beziehungen, Rausch-/Schwebezustände
Interessen: Theaterinszenierungen, Lesungen, Konzerte, Kunstausstellungen, Ausflüge ins Berliner Umland (Abgrenzung von den Landbewohnern), gemeinsames Sinnieren über Kunst, Feiern, Rauschzustände
Einstellungen zum Leben und zu Beziehungen: sich nicht festlegen, Ungebundenheit und Freiheit genießen, im Hier und Jetzt leben, sich an der eigenen Lebenslust und am Genuss orientieren, Freizügigkeit und Sinnlichkeit zelebrieren, das eigene Leben inszenieren, sich unkonventionell und künstlerisch-intellektuell geben.
Die recherchierten Informationen verdeutlichen einerseits den zeitlichen Kontext, andererseits die Lebenshaltung, jemand Besonderes zu sein (Attitüde der Anti-Bürgerlichkeit).

3 a Erwartete Randnotizen: Ich-Erzählerin/Innensicht, Erzählerkommentare/Reflexion, künstlerisch-exaltierte Wortwahl und sprachliche Bilder (echauffiert, neurasthenisch, abgefuckt, auf Speed), Parataxen („Es gelang ihm“), Personalpronomina (Wir – Er), Parallelismen („Wir nahmen LSD, Stein nahm es auch“)

b Die erzählerische und sprachliche Gestaltung hebt zum einen das Lebensgefühl der Ich-Erzählerin hervor, das beispielsweise in ihrer künstlerisch-exaltierten Wortwahl und Eloquenz offensichtlich wird; die Sprache hebt die Zugehörigkeit zur Künstlerclique hervor. Zugleich unterstreicht die sprachliche Gestaltung, dass Stein außen vor bleibt (s. Personalpronomina: „wir“ versus „er“). Zum anderen wird in der sprachlichen Gestaltung die Haltung der Ich-Erzählerin zu den Geschehnissen spürbar: Sie reflektiert die Ereignisse mit kritisch-bitterer Distanz, z. B.: Wir „guckten blöde auf Baumgruppen im Mückenschwarm“ (Z. 10).

▸ GK 47 4

Deutungsansatz: Ich-Erzählerin ist eine Figur …	Textbeleg	Erläuterung
des Abwartens, der Ziellosigkeit	„Ich sitze so rum und lese Zeitung“ (S. 140), „Wir saßen […] da rum […] (S. 143), „Ich beschloss auf das ‚Komm‘ zu warten […]“ (S. 155)	„Herumsitzen“ als Ausdruck von ziellosem Zeitvertreib, Unentschlossenheit, fehlender Initiative
der Unfähigkeit zur Planung auf weite Sicht	„Die Uhr auf dem Herd tickte. […] Ich dachte: ‚Später‘“ (S. 156)	Wichtige Lebensentscheidungen werden auf später verschoben, Lebenswege nicht durchdacht, Lebenschancen verpasst.
der Unfähigkeit zur Bindung	„[W]ir schauten uns an, wir atmeten heftig und fast im gleichen Rhythmus. Er legte seine Hand langsam an mein Gesicht, ich zuckte zurück […]“ (S. 151)	emotionale Unsicherheit, innere Zerrissenheit
der Unfähigkeit zur Kommunikation	„[I]ch wünschte mir, dass mich Stein noch einmal so ansehen würde, wie er mich damals angesehen hatte, und ich hasste mich dafür“ (S. 152) „[I]ch wartete auf irgendetwas, auf eine Berührung, auf eine Geste“ (S. 153)	Erwartungen und Gefühle werden nicht kommuniziert, Sprachlosigkeit

5 Individuelle Lösungen. Mögliche Stichpunkte: verpasste Lebenschancen, Ziellosigkeit, Selbstverlust, emotionale Vereinsamung, fehlender Halt

6 Individuelle Lösungen

▸ GK 48 **Die Figur Stein**

1 Individuelle Lösungen. Mögliche Eindrücke bzw. Notizen zu den Fotos:
- Matthias Schweighöfer: wirkt natürlich, lebensfroh, jugendlich/jungenhaft → könnte die ungekünstelte, erwartungsvolle, neugierige Seite Steins gut verkörpern.
- Tom Beck: wirkt einerseits wild, anpackend, lebenserfahren, andererseits nachdenklich → könnte Steins anpackende, euphorische, aber auch seine zurückhaltende und wortkarge Seite darstellen.
- Wilson G. Ochsenknecht: wirkt nachdenklich, zurückhaltend, aber auch künstlerisch-exaltiert → könnte eventuell eher ein Mitglied der Künstlerclique verkörpern.

2 **Blick der Clique auf Stein:**
Aussehen: attraktiv, gut angezogen, nie verwahrlost; Interessen: Musik, handwerkliche Betätigung, Taekwondo, Taxi fahren; Eigenschaften: wortkarg, nicht redegewandt, höflich, zupackend, nicht künstlerisch-intellektuell, bemüht, impulsiv, begeisterungsfähig, weltfremd; Verhaltensweisen: engagiert sich, meistert den Alltag (räumt auf, unterstützt bei Lesungen und Konzerten), will dazugehören, verdient sein eigenes Geld, wechselt häufig Sexualpartnerinnen; Lebenseinstellung: unkonventionell (Vagabund), örtliche und sexuelle Ungebundenheit, sucht Zukunftsperspektive (Hauskauf), die von der Clique nicht ernst genommen wird

Blick Steins auf die Clique:

Interessen: Theater, Literatur, Musik, Drogen, Feste; Eigenschaften: intellektuell, künstlerisch-exaltiert, redegewandt, genusssüchtig, verantwortungslos, nur bedingt lebenstauglich; Verhaltensweisen: sind künstlerisch tätig, inszenieren sich selbst, geben sich antibürgerlich, zelebrieren den Genuss; Lebenseinstellung: künstlerisch-intellektuell, Ungebundenheit, Leben im Augenblick, sinnlicher Genuss, Ausbruch aus alltäglichen Belangen

3 Mögliche Stichpunkte zu den Unterschieden zwischen Stein und Clique:
exaltiertes Gehabe und Selbstinszenierung der Clique ↔ Steins Wortkargheit, fehlendes künstlerisch-intellektuelles Gehabe, aber unkonventioneller Lebensstil; alltagsferner Lebensstil der Clique, die profane Tätigkeiten meidet ↔ Steins anpackende, alltagstaugliche Verhaltensweisen; Unverbindlichkeit und Unentschlossenheit der Cliquenmitglieder ↔ Steins Wunsch nach Verbindlichkeit, ernsthafte Zukunftsgedanken

Die Beziehung der beiden Hauptfiguren

▸ GK 49

1

Verbindende Aspekte	Trennende Aspekte
▪ Steins Lebensenergie und Begeisterungsfähigkeit wirken ansteckend auf die Ich-Erzählerin: „Als der erste Schnee fiel, stieg Stein an jedem Rastplatz aus dem Auto, rannte auf den verschneiten Acker und vollführte [...] Taekwon-do-Bewegungen [...]" (S. 142). ▪ Steins Bemühen um eine Atmosphäre der Zweisamkeit ermöglicht eine Annäherung ohne den Einfluss der Clique: „Stein räumte Gläser, Aschenbecher, Flaschen und Stühle weg. Es gelang ihm. Bald erinnerte nichts mehr an die anderen" (S. 144).	▪ Die Ich-Erzählerin bleibt inaktiv und ist emotional hin- und hergerissen: „[B]is ich lachend und wütend schrie, er solle zurückkommen, ich wolle weiterfahren, mir sei kalt" (S. 142). ▪ Sie verdrängt die gemeinsame Zeit mit Stein, nimmt eine starre Haltung ein und reagiert nüchtern: „Ich nicht. Ich wiederholte nicht. Ich kann sagen – es war nicht meine Art. Ich konnte mich auch nicht erinnern, wie das, wie also Sex mit Stein gewesen war" (S. 143). ▪ Sie wird durch die Maßstäbe bzw. Sichtweisen der Clique beeinflusst: „Wenn Stein genug gearbeitet hatte, setzte er sich zu uns. Zu sagen hatte er nichts" (S. 143). ▪ Die Sprach- und Mutlosigkeit der Figuren sowie die abwartende Haltung der Ich-Erzählerin verhindern einen Neuanfang: „‚Willst du Wein?', fragte er, ich sagte: ‚Ja', wir tranken, rauchten, schweigend, er lächelte jedes Mal, wenn wir uns ansahen. Und das war's" (S. 144).

2 a Textstellen, in denen die Erzählerin kommentiert und reflektiert: siehe Unterstreichungen Tabelle Aufgabe 1.
b Haltung der Ich-Erzählerin: nüchtern, starr, verdrängend, abwartend, passiv

3 Die Ich-Erzählerin entspricht geradezu dem Klischeebild einer passiven Frau: Sie nimmt eine passive Haltung ein und erwartet, dass Stein die Initiative ergreift. Seine dezenten Annäherungsversuche und Angebote reichen ihr nicht aus, um ihre Empfindungen und Erwartungen zu kommunizieren und einen Neuanfang mit Stein zu riskieren. Vielmehr zieht sie sich auf eine nüchterne, distanzierte Haltung zurück, mutmaßlich, um nicht verletzt zu werden. Die Gedankengänge und Kommentare der Ich-Erzählerin verdeutlichen ihre Enttäuschung angesichts der fehlenden Offensive Steins: „Und das war's" (S. 144). Sie will erobert werden, ist sich ihrer Gefühle zu Stein aber selbst nicht sicher.

4 Individuelle Lösungen. Mögliche Diskussionspunkte: Illusion des „idealen Partners", Steins Angebot als verpasste Lebenschance, Bewusstsein der Ich-Erzählerin für diese verpasste Möglichkeit: „Ich zuckte nicht mit den Schultern, aber ich schwieg" (S. 155), Sehnsucht nach emotionaler Gewissheit bzw. emotionale Gewissheit als Wunschbild/Utopie

Das Symbol des Hauses

▸ GK 50

1 Mögliche symbolische Bedeutungen eines Hauses: Heimat, Geborgenheit, Sicherheit, Rückzugsort, Angekommensein, Sesshaftsein, Konstanz

2 a Textinformationen: baufällige Ruine, sehr alt, schön, groß, zahlreiche Zimmer, zweistöckiges Gutshaus aus rotem Ziegelstein, skelettiertes Giebeldach mit zwei hölzernen Pferdeköpfen zu beiden Seiten, dichtes Efeu, Mauerwerk mit daumendicken Rissen, brüchiges Eingangstor und brüchige Hintertür in den Garten, Fensterläden, fehlende Scheiben und Türen, Tapeten fallen von den Wänden, keine Elektrizität, dunkel, voll Schrott und Mülltüten, staubiger Putz, Dreck auf den Fliesen, windschiefe Veranda mit Treppe zum großen Garten, Kastanien auf dem Hof, See, märkisch, Blick auf die hinter dem Kirchturm untergehende Sonne; Markierung Jugendlicher: „Geh zu ihr, und lass deinen Drachen steigen. Ich war hier. Mattis. No risk, no fun“ (S. 150).
Ergänzender Hinweis: „Geh zu ihr“ ist ein Song der Ost-Berliner Band Puhdys aus dem Jahr 1973. Der Liedtext stammt von Ulrich Plenzdorf und wurde als Filmmusik zu „Die Legende von Paul und Paula“ bekannt. Im Songtext wird ein Mann aufgefordert, auf eine Frau zuzugehen. Entsprechend kann auch das Zitat der Ich-Erzählerin als Aufforderung an Stein gedeutet werden.

b Stein möchte der Ich-Erzählerin sein Traumhaus zeigen und ihr ein gemeinsames Leben in diesem Haus anbieten. In seiner Euphorie zeigt er ein Verhalten, das die Ich-Erzählerin überfordert. Sie fühlt sich von Stein nicht mehr wahrgenommen, es scheint ihr, als rede er mit sich selbst: „[I]ch klammerte mich die ganze Zeit über an ihn und war doch nicht mehr vorhanden“ (S. 150). Im Gesprächsverlauf steigert Stein sein Angebot zu einer aggressiven Offerte an die gesamte Künstlerclique, deren Lebensstil er verachtet: „[I]hr könnt euer gottverdammtes Gras hier anbauen und Pilze und Hanf und Scheiße“ (S. 150). Die Gedankengänge der Ich-Erzählerin verdeutlichen, dass Steins Gesprächsverhalten für sie zunehmend unberechenbar wird und sie verängstigt: „[I]ch hatte ihn noch nie so unverschämt erlebt“ (S. 150). Auf ihre Bitte hin beendet er seinen aggressiven Ausbruch, sucht ihre körperliche Nähe und entschuldigt sich für sein Verhalten. Letztlich wird ihm die Aussichtslosigkeit seiner Bemühungen um die Ich-Erzählerin bewusst, er wirkt beinahe resigniert: „[E]r sah müde aus, er schaute auf die leere, schneeweiße, kalte Straße“ (S. 151 f.). Dieses Bild veranschaulicht Steins Bewusstsein für den aussichtlosen Kampf um einen gemeinsamen Lebensweg. Es wird von der Ich-Erzählerin mit der Erinnerung an ihre Gefühle für Stein in Heinzes sommerlichem Garten kontrastiert. Sie fordert von Stein eine Erklärung für sein Verhalten, woraufhin er ihr deutlich macht, dass das Haus eine Möglichkeit für sie beide darstellt – ohne seine Gefühle für sie zu verbalisieren. Nachdem die Ich-Erzählerin nicht ernsthaft auf sein Angebot eingeht, reagiert er kühl und unzugänglich.
Die Körpersprache der Ich-Erzählerin sowie ihre Gedanken und Gefühle offenbaren ihre emotionale Unsicherheit und innere Zerrissenheit. Sie sucht Steins körperliche Nähe, möchte seine Begeisterung für das Haus teilen. Zugleich lähmt Steins Euphorie ihr Denken: „Ich stand still. Ich verstand nichts. Sehr fern verstand ich doch etwas, aber es war noch viel zu weit weg“ (S. 151). Aufgrund ihrer Unentschlossenheit weist sie Stein von sich, erwartet jedoch im gleichen Augenblick, dass er sein Angebot offensiv wiederholt. Spürbar bleibt ihre Enttäuschung und Wut über den verpassten Augenblick: „Er hielt mir die Wagentür auf, ich blieb vor ihm stehen, ich wartete auf irgendetwas, auf eine Berührung, auf eine Geste. Ich dachte: ‚Du wolltest doch immer mit uns sein‘“ (S. 153).

c Das von Stein im Winter gekaufte Sommerhaus steht für seine Wünsche und Hoffnungen: eine feste Bleibe, Nähe zur Natur und Fluchtmöglichkeit aus der Großstadt; ein Ort, der Raum bietet für zwei Menschen in einer Liebesbeziehung oder auch Anlaufpunkt für viele Menschen ist (die Clique). Letztlich erfüllen sich die Hoffnungen nicht und Stein gibt das Haus auf. Auch die Beziehung zwischen Ich-Erzählerin und Stein ist eine Möglichkeit, die nicht wahrgenommen wird, bzw. eine Hoffnung, die sich nicht erfüllt. Stein erkennt, dass seine Bemühungen nicht auf fruchtbaren Boden fallen, dass die junge Frau unentschlossen und passiv bleibt und alle Aktivität vom Gegenüber erwartet. Das Motiv des Hauses durchzieht die Erzählung ebenso wie das Hin und Her zwischen Annäherung (v. a. von Stein ausgehend) und Zurückweichen (Ich-Erzählerin).

3 Judith Hermann fährt im Interview mit Matthias Prangel so fort:
„Nutze die Möglichkeit für dich und für mich. Es ist eigentlich eine Liebeserklärung, die er da auf eine sicherlich sehr umständliche und verquere Art und Weise macht. Aber ich hätte mir doch gewünscht, dass deutlich wird, dass es für ihn im Moment, in dem er das sagt, nur eine Möglichkeit gibt, dass die Ich-Erzählerin nämlich mit ihm in diesem Haus bleibt. Er bietet ihr zwar zur Entscheidung an, dass man bleiben oder gehen könne, machen könne, was man will. Was er nicht sagt, aber wohl fühlt, ist, dass er diese eine Möglichkeit gerne hätte, dass sie sich auch für diese Möglichkeit entscheiden würde. Doch er ist nicht in der Lage, das zu sagen.“

4 Das Haus wird zum Symbol für die Ambivalenz der Beziehung der beiden Hauptfiguren. Ihre emotionale Verbundenheit zeigt sich in der Schönheit und dem besonderen Charme des Hauses, das für Stein eine gemeinsame Zukunftsperspektive darstellt. Der Wunsch nach Vertrautheit und Geborgenheit verbindet die beiden Figuren. Als ein „gestrandetes, stolzes Schiff" (S. 148) kann ihre Beziehung dem Bild eines zuverlässigen Halts in stürmischen Zeiten jedoch nicht gerecht werden. Die Baufälligkeit des Sommerhauses macht dies offensichtlich: Das Liebesverhältnis ist brüchig und nur Stein ist bereit, Kraft zu investieren und daran zu arbeiten.

▶ GK 51

3.4 Den Schluss der Erzählung deuten

1 a Mögliche Deutung:
Stein wiederholt mit seinen Postkarten sein Angebot mehrfach, möchte mit dem Bild der Kirche an den Reiz seines Traumhauses erinnern und verdeutlicht der Ich-Erzählerin, dass er auf sie wartet. Die Ich-Erzählerin erwartet Steins Postkarten sehnsüchtig. Sie stellen für sie eine Option dar, auf die sie sich – entsprechend der Lebenshaltung ihrer Clique – noch nicht festlegen möchte. Sie verschiebt eine Entscheidung auf „später" und erwartet eine noch deutlichere Aufforderung von Stein.

b Die Zeitungsanzeige offenbart der Ich-Erzählerin, dass Stein sein Angebot zurückzieht. Seine radikale Entscheidung, das Haus zu zerstören, macht die Endgültigkeit seines Entschlusses deutlich. Diese Entscheidung ermöglicht ihm, neue Wege zu gehen.

2 Mögliche Deutung:
Wie in Trance nimmt die Ich-Erzählerin Steins Nachricht entgegen. Wie so vieles wird auch das Nachdenken über die versäumte Lebenschance routiniert auf „später" verschoben. So verbleibt der Eindruck, dass auch dieser radikale Bruch bei der Ich-Erzählerin keinen Reflexionsprozess und eine Veränderung der Lebenshaltung bewirken wird. Darauf verweist auch der Titel der Erzählung.

3 Individuelle Lösungen

▶ GK 52

3.5 Judith Hermann und die zeitgenössische Kurzprosa

1/2

Judith Hermanns Anforderungen an ihre Texte	Merkmale gegenwärtiger Kurzprosa
Leerstellen; etwas durchscheinen lassen, ohne es explizit auszusprechen	bewusstes Weglassen von Informationen, Erzeugung von Leerstellen
nicht psychologisierend	Erzählung des äußeren Hergangs, keine Psychologisierung des Geschehens
nicht spektakulär	Alltagsnähe
„Geschichten, die irgendwo anfangen, ein Stück gehen und dann wieder aufhören"	offenes Ende
stringent	

Besondere Relevanz scheinen für Judith Hermann die Erzeugung von Leerstellen und die Vermeidung von Spektakulärem zu haben.

3 Folgende Aspekte können angeführt werden:
- Leerstellen: unter anderem Erzählschluss, erzählendes Ich (Ambivalenz, berufliche Tätigkeit, im Text bleibt letztlich auch das Geschlecht offen; Judith Hermann spricht im Interview mit Matthias Prangel allerdings von einer Ich-Erzählerin), das Kind aus Angermünde (S. 153)
- Vermeidung von Spektakulärem: Die erzählerische und sprachliche Gestaltung lässt die Erlebnisse der Clique alltäglich und unspektakulär erscheinen, z. B. die parataktische Aufzählung bzw. der Parallelismus: „Falk küsste Anna, und Anna küsste mich, und ich küsste Christiane" (S. 153). Die innere Zerrissenheit der Hauptfigur wird entsprechend ihrer Lebenshaltung (Verweigerung einer Auseinandersetzung mit Lebensoptionen) nicht psychologisierend oder spektakulär dargestellt (S. 154 f. und Erzählschluss).

► GK 53 4

Deutungsansatz	Textbeleg (Erzählung)	Erläuterung
Handlung könnte ebenso gut in New York spielen (Z. 1 f.)	pro: Schilderung von Szenen und Orten in der Großstadt (Autofahrten, Künstleratelier, Theater usw., S. 142) kontra: spezifische Orte in Berlin und Umland (S. 147)	einerseits: Beliebigkeit, Leben in der Großstadt andererseits: spezifische Hinweise auf die Künstlerszene Berlins
Figuren sind unspektakulär (Z. 9)	Zeitvertreib wird geschildert: Theater, Konzerte, Lesungen, Ausflüge ins Berliner Umland, Sinnieren über kulturelle Ereignisse (S. 142 f.)	(un-)typisch für junge Großstädter (unterschiedliche Ansichten möglich): Tummeln in der Künstlerszene, Abhängen in den Gärten des Berliner Umlands
Figuren gehen keine langfristigen, verlässlichen Liebesbeziehungen ein (Z. 9 ff.)	„Falk küsste Anna, und Anna küsste mich, und ich küsste Christiane“ (S. 153).	Beliebigkeit, Austauschbarkeit der Sexualpartner
Figuren sind hilflos	„gestrandetes, stolzes Schiff“ (S. 148); „Danach kamen regelmäßig Karten, ich wartete, wenn sie einen Tag ausblieben, war ich enttäuscht“ (S. 155).	Die Hauptfiguren sehnen sich nach Geborgenheit, ihre Beziehung ist jedoch kein zuverlässiger Halt in stürmischen Zeiten. Die Ich-Erzählerin verliert sich selbst in ihrer abwartenden Haltung und Unentschlossenheit.
Figuren grenzen sich bewusst von der Landbevölkerung ab	Die Cliquenmitglieder treten provokant auf, gehen den Landbewohnern aus dem Weg (vgl. S. 143).	künstlerisch-elitäres Gehabe, antibürgerlich
Stein gehört nicht zur Clique	Vgl. Lösungen zu Seite 48, Aufgabe 3.	Vgl. Lösungen zu Seite 48, Aufgabe 3.
Das Zögern der beiden Hauptfiguren lässt die Geschichte eskalieren.	„[I]ch wünschte mir, dass mich Stein noch einmal so ansehen würde […], und ich hasste mich dafür“ (S. 152); „Spielt keine Rolle“ (S. 152); „Ich ging in die Küche und stand zehn Minuten lang stumpfsinnig vor dem Herd herum. Die Uhr über dem Herd tickte“ (S. 156).	einerseits: Unentschlossenheit und abwartende Haltung der Ich-Erzählerin als Hauptursache andererseits: Sprachlosigkeit Steins pro: radikaler Entschluss Steins kontra: keine Eskalation, fehlende Dramatik (Hausbrand als Zeitungsbericht, Vertagen des Reflexionsprozesses auf „später“)

5 Individuelle Lösungen. Die Hinweise in der dritten Tabellenspalte können zur Orientierung genutzt werden.

LK 3 E. T. A. Hoffmann: „Der Sandmann"

Konzeption des Kapitels

GK: Arbeitsheft für den Grundkurs; **LK:** Arbeitsheft für den Leistungskurs;
Texte, Themen und Strukturen: Ausgabe Nordrhein-Westfalen, 978-3-464-68112-1 / 978-3-464-68111-4

Seite	Sequenz/ Materialien	Didaktisch-methodische Hinweise	Anknüpfung an „Texte, Themen und Strukturen"
LK 44	**3.1 Vor und während der Lektüre**	Erste Schülerassoziationen zum Titel werden in Beziehung zum Bild des Sandmanns gesetzt, das in der Erzählung entworfen wird. Dies erfolgt zunächst anhand zweier Textauszüge. Im Verlauf der Lektüre erstellen die Schüler/-innen eine Übersicht der Handlungsschritte und prüfen, wo das Sandmann-Motiv und das Thema „Realität und Wahn" eine Rolle spielen. Auf dieser Grundlage können sie weitere Untersuchungsaspekte formulieren.	
LK 45	**3.2 Figuren und thematische Aspekte** **Nathanael – Einen ambivalenten Charakter untersuchen**	Ausgehend von einer exemplarischen Überprüfung der Ambivalenz Nathanaels an einem vorgegebenen Textauszug kann das lebenslange Pendeln der Figur zwischen einem ausgeglichenen und einem instabilen Gemütszustand erarbeitet, visualisiert und diskutiert werden.	
LK 46	**Clara und Olimpia – Das romantische Liebeskonzept kennen lernen** *Wulf Segebrecht:* „Künstler und Bürger" *Jochen Schmidt:* „Der Sandmann': Die Krise der romantisch absolut gesetzten Subjektivität"	In diesem Teilkapitel werden widersprüchliche Figurenbetrachtungen in der Literaturwissenschaft erfasst und beurteilt. Ausgehend von ihrem ersten Textverständnis weisen die Schüler/-innen die von ihnen favorisierte Deutungsthese zur Figur Clara am Text nach und diskutieren auf dieser Grundlage die widersprüchlichen Charakterisierungen. Anhand von drei Textauszügen können sich die Schüler/-innen dabei der Multiperspektivität bewusst werden, die eine eindeutige Charakterisierung dieser Figur verhindert. Die Arbeitsergebnisse ermöglichen eine Diskussion der Wirkung und Funktion dieser Figurendarstellung.	Zur Wiederholung der direkten und indirekten Charakterisierung von Figuren kann der Informationskasten „Figuren und ihre Konstellation" (S. 169) herangezogen werden.

Seite	Sequenz/ Materialien	Didaktisch-methodische Hinweise	Anknüpfung an „Texte, Themen und Strukturen“
LK 47	Information: Die sprachliche Gestaltung von Erzähltexten	Die beiden komplementären Textauszüge eignen sich für einen Vergleich der beiden Frauenfiguren und für eine Analyse der Reaktion Nathanaels auf ihre gegensätzlichen Eigenschaften und ihr Verhalten. Nathanaels Beziehung zu Clara wird mit Blick auf das romantische Liebeskonzept untersucht; ausgewählte Textstellen werden auch unter Berücksichtigung sprachlicher Gestaltungsmittel analysiert.	Bei der Untersuchung sprachlicher Mittel kann der umfassende Informationskasten „Rhetorische Figuren“ (S. 200 ff.) helfen.
LK 48	Information: Merkmale der Romantik	Nathanaels Selbstliebe wird in seinem Verhältnis zu Olimpia offensichtlich; sie führt letztlich zur gesellschaftlichen Isolation. Diese Schlussfolgerungen können die Schüler/-innen aus einer genauen Analyse der Ballszene ziehen. Inwiefern sich in der Figur Nathanael Merkmale der literarischen Frühromantik widerspiegeln, kann auf dieser Grundlage und mit Hilfe des Informationskastens überprüft werden.	Bei der Untersuchung erzählerischer Mittel unterstützen die Informationskästen „Der Erzähler / Die Erzählerin und seine/ihre Strategien“ (S. 172) und „Die drei idealtypischen Erzählstrategien“ (S. 172 f.). Einen umfassenderen Überblick über die Epoche der Romantik bietet der Informationskasten auf Seite 441 f. Als Vergleichstext bietet sich der Auszug aus *Goethes* „Die Leiden des jungen Werthers“ (S. 413 ff.) an: Werthers Liebesleidenschaft wird hier mit Lottes „edlem Gefühl“ konfrontiert, sein Abschiedsbrief ist ein Aufbegehren im Namen des eigenen gefeierten Hochgefühls, geliebt zu sein.
LK 49	**Coppelius und Coppola – Wahn oder Wirklichkeit?** *Jochen Schmidt:* „Die Schlusspartie der Sandmann-Erzählung“	Die Doppelgängerfiguren Coppelius und Coppola fordern zur Auseinandersetzung mit der Frage „Was ist Wahn, was Wirklichkeit?“ heraus. Auch hier soll von der Multiperspektivität des Textes und den spontanen Verstehensansätzen der Schüler/-innen ausgegangen werden, um diese am Text und im anschließenden Austausch zu überprüfen. Auf diese Weise wird die Vieldeutigkeit des Textes erkennbar. Schmidts Deutungsansatz akzentuiert die Unzuverlässigkeit der Erzählinstanz, die maßgeblich zur verweigerten Eindeutigkeit der Erzählung beiträgt.	

Seite	Sequenz/ Materialien	Didaktisch-methodische Hinweise	Anknüpfung an „Texte, Themen und Strukturen“
LK 50	**3.3 Motive untersuchen und vergleichen**	Drei relevante Motive der Erzählung werden exemplarisch am Text erarbeitet und in Form eines Galeriegangs präsentiert. Angeleitet durch Arbeitskarten mit Arbeitsschwerpunkten setzen sich die Schüler/-innen auch mit dem literaturgeschichtlichen Kontext auseinander und stellen Bezüge zu Werken der Gegenwart her.	Das Kapitel „Recherchieren in Internet und Bibliothek“ (S. 553 ff.) informiert u. a. zur Basisrecherche mit Wikipedia. Unterstützend kann auch das Kapitel „Referate und Kurzvorträge erarbeiten und präsentieren“ (S. 556 ff.) herangezogen werden.

Literaturhinweise

Hoffmann, E. T. A.: Der Sandmann. Text und Kommentar. Mit einem Kommentar von Peter Braun. Suhrkamp BasisBibliothek, Frankfurt/M. 2003

Kaiser, Gerhard: Literarische Romantik. Vandenhoeck & Ruprecht, Göttingen 2010

Lieb, Claudia: Der Sandmann. In: Detlef Kremer: E. T. A. Hoffmann. Leben – Werk – Wirkung. De Gruyter, Berlin/Boston, 2. erw. Aufl. 2012

Safranski, Rüdiger: E. T. A. Hoffmann. Das Leben eines skeptischen Phantasten. Fischer Taschenbuchverlag, München/Wien 2015

Schmidt, Jochen: Die Geschichte des Genie-Gedankens in der deutschen Literatur, Philosophie und Politik 1750–1945. Band 2. Von der Romantik bis zum Ende des Dritten Reichs. Universitätsverlag Winter, Heidelberg, 3. verb. Aufl. 2004

Schrey, Dieter: „Sköne Oke“. Die Überwältigung der Einbildungskraft durch die „ungeheure“ Wirklichkeit“. 2006. Online unter http://home.bn-ulm.de/~ulschrey/literatur/hoffmann/sandmann-interpretation.html (Zugriff: 15.06.2017)

3.1 Vor und während der Lektüre

▸ LK 44 1 Mit Hilfe des Clusters lassen sich Assoziationen der Schülerinnen und Schüler abrufen. Denkbar sind Äußerungen zur deutschen TV-Figur „Das Sandmännchen“ und zu Schlafliedern für Kinder. Der heute bekannte Schlaf- und Träumebringer lässt sich u. a. auf den Märchendichter Hans Christian Andersen (1805–1875) und seine in Dänemark bekannte Figur Ole Lukøje (Ole Augenschließer) zurückführen. Auch verschiedene Songtexte greifen die Figur des Sandmanns auf, beispielsweise „Enter Sandman“ der Band Metallica (1991) und „Sandmann“ von Oomph! (2008).
Hier bietet sich ein anschließender Vergleich der Darstellung des Sandmanns in den verschiedenen Medien an. Dabei werden vor allem zwei Versionen der Figur deutlich: die eines grausamen Scheusals, das Augen ausreißt und Albträume verursacht, und die eines Träumebringers, der Kindern schöne Geschichten erzählt und sie in fantastische Welten entführt.

2 a Die Kinderfrau entwirft das Bild eines Dämons, der unartigen Menschenkindern die Augen ausreißt und sie seinen Kindern zum Fraß vorwirft. Sie erzeugt mit der Sandmann-Geschichte bewusst Ängste, um die ihr anvertrauten Kinder zum Gehorsam und zur Einhaltung der Nachtruhe zu erziehen.

b Nathanael wird hier als ein Kind charakterisiert, das von spannenden Geschichten und gruseligen Figuren fasziniert ist, gerne in fantastische Welten eintaucht und eine künstlerische Ader hat. Auf Letztere verweist bereits der Name Nathanael („der Herr hat es gegeben“). Die Beschreibung des Sandmanns hinterlässt bei ihm tiefen Eindruck und er verarbeitet seine Vorstellungen der „seltsamsten, abscheulichsten Gestalten“ künstlerisch.

3 a–c Darstellung der einzelnen Handlungsschritte, z. B.:

- Brief Nathanaels an Lothar: Vorfall mit Wetterglashändler, Kindheitserinnerungen: Erscheinen des „Sandmanns“, Experimente des Vaters und des Advokaten Coppelius, Entdeckung Nathanaels und erster Fieberschub, Coppelius' letzter Besuch im Elternhaus, Tod des Vaters, Studium, erstes Erscheinen des Wetterglashändlers → *Realität – Wahn*
- Brief Claras an Nathanael: Beruhigung und Versuch einer rationalen Erklärung der Ereignisse
- Brief Nathanaels an Lothar: Verschwinden Coppolas, Bericht von Spalanzanis Tochter Olimpia
→ *Realität:* „Übrigens ist es wohl gewiss, dass der Wetterglashändler Giuseppe Coppola keineswegs der alte Advokat Coppelius ist“ (**C** S. 29, Z. 14 ff. / **R** S. 16, Z. 18 ff.).
→ *Wahn:* „Ganz beruhigt bin ich nicht. [...] [N]icht los kann ich den Eindruck werden, den Coppelius' verfluchtes Gesicht auf mich macht“ (**C** S. 29, Z. 23 / **R** S. 16, Z. 27).
- Erzähler-Einschub (Kommentar / Reflexion auf „Metaebene“), Beschreibung Claras
- Nathanaels Besuch in der Heimat, düstere Träume und Ahnungen → *Wahn*
- Nathanaels Drang, Clara in seine düsteren Geheimnisse einzuweihen: Vorlesen von mystischen Büchern und seiner Dichtung → *Schwanken zwischen Wahn und Realität*
- Konflikt zwischen Lothar und Nathanael (Duell) und anschließende Versöhnung → Realität: „als sei eine schwere Last, die ihn zu Boden gedrückt, von ihm abgewälzt“ (**C** S. 39, Z. 16 f. / **R** S. 26, Z. 7 f.)
- Rückkehr Nathanaels nach G., Umzug nach Hausbrand
- zweiter Besuch des Wetterglashändlers Coppola → *Schwanken zwischen Wahn und Realität*, Olimpia-Handlung
- Beobachtung Olimpias durch Coppolas Perspektiv
- Ballszene und Liebeserklärung
- Gespräch von Siegmund und Nathanael über Olimpia
- Nathanael liest Olimpia vor → Realität: „in hellen, nüchternen Augenblicken“ (**C** S. 49, Z. 24 / **R** S. 36, Z. 12)
- Zerstörung Olimpias durch Spalanzani und den Wetterglashändler
- Ausbruch der Krankheit (Irrenhaus) → *Wahn:* „wurde er nach dem Tollhause gebracht“ (**C** S. 52, Z. 2 / **R** S. 38, Z. 23)
- Kriminaluntersuchung „Automaten-Betrug“
- Nathanaels Rückkehr in die Familie, Hochzeitspläne → *Realität:* „Jede Spur des Wahnsinns war verschwunden“ (**C** S. 53, Z. 29 f. / **R** S. 40, Z. 13)
- Turmszene, Nathanaels Tod → *Wahn*
- Claras Familienidylle

4 Mögliche Antworten: (Dichter-)Fantasie und Lebensrealität, Kindheitsängste, Vorstellungen von Liebe und Freundschaft, Geschichte einer Krankheit, Automaten-Menschen

3.2 Figuren und thematische Aspekte

Nathanael – Einen ambivalenten Charakter untersuchen ▶ LK 45

1 a Zur Einordnung des Textauszugs in den Handlungsverlauf siehe LK Seite 44, Aufgabe 3: Nathanaels Besuch in der Heimat.

b

Nathanaels helle Seite	Nathanaels dunkle Seite
▪ poetisch veranlagt, fantasievoll ▪ innere Ruhe während des Schaffensprozesses: „ruhig und besonnen" (**C** S. 37, Z. 10 f. / **R** S. 24, Z. 3 f.) ▪ rational/überlegt, empathisch: „wozu es denn nun eigentlich führen solle, [Clara] mit den grauenvollen Bildern zu ängstigen" (**C** S. 37, Z. 20 ff. / **R** S. 24, Z. 13 ff.) ▪ fröhlich, lebendig, humorvoll (vgl. **C** S. 37, Z. 27 f. / **R** S. 24, Z. 20 f.)	▪ zwanghaft: „[D]a er sich dem metrischen Zwange unterworfen, ruhte er nicht, bis alles rein und wohlklingend sich fügte" (**C** S. 37, Z. 11 ff. / **R** S. 24, Z. 3 ff.). ▪ ängstlich, verstört; Wahnvorstellungen: „da fasste ihn Grausen und wildes Entsetzen und er schrie auf. ‚Wessen grauenvolle Stimme ist das?'" (**C** S. 37, Z. 15 f. / **R** S. 24, Z. 8 f.) ▪ extreme Gefühlsschwankungen, u. a.: „Bald schien ihm jedoch das Ganze wieder nur eine sehr gelungene Dichtung" (**C** S. 37, Z. 16 ff. / **R** S. 24, Z. 9 ff.) ▪ emotional, Übersteigerung: „Den riss seine Dichtung unaufhaltsam fort, hochrot färbte seine Wangen die innere Glut, Tränen quollen ihm aus den Augen" (**C** S. 38, Z. 2 ff. / **R** S. 24, Z. 31 ff.). ▪ todunglücklich: „aufgelöst in trostlosem Jammer" (**C** S. 38, Z. 6 / **R** S. 24, Z. 35) ▪ wankelmütiges Verhalten gegenüber Clara: „er fasste Claras Hand" (**C** S. 38, Z. 5 / **R** S. 24, Z. 34) versus „Clara von sich stoßend" (**C** S. 38, Z.11 / **R** S. 25, Z. 3) ▪ Realitätsverkennung: „Du lebloses, verdammtes Automat!" (ebd.)

2 a **C** S. 40, Z. 20 – S. 41, Z. 27 / **R** S. 27, Z. 14 – S. 28, Z. 19:
Bei Coppolas zweitem Besuch reagiert Nathanael zunächst rational. Ausgelöst durch Coppolas Ausruf „sköne Oke!" (**C** S. 40, Z. 35 / **R** S. 27, Z. 27) wird er erneut von seinen Wahnvorstellungen überwältigt. Es gelingt ihm, diese unter Kontrolle zu bringen und Coppola als „höchst ehrliche[n] Mechanikus" (**C** S. 41, Z. 25 f. / **R** S. 28, Z. 17 f.) wahrzunehmen.
C S. 42, Z. 19 – S. 43, Z. 2 / **R** S. 29, Z. 11–30:
Das erneute Erscheinen des Wetterglashändlers hat einen nachhaltigen Eindruck auf Nathanaels Psyche hinterlassen, Todesvisionen ergreifen ihn. Von dämonischen Mächten getrieben blickt er durch Coppolas Fernrohr und verfällt dem Anblick Olimpias.
C S. 51, Z. 5 – S. 52, Z. 2 / **R** S. 37, Z. 28 – S. 38, Z. 23:
Nathanael wird Zeuge der Zerstörung Olimpias und erkennt, dass sie ein lebloser Automat ist. Dies resultiert in einem psychischen Zusammenbruch und Nathanaels Einlieferung in eine Irrenanstalt.
C S. 53, Z. 18 – S. 55, Z. 33 / **R** S. 40, Z. 1 – S. 42, Z. 15:
Nach seiner Rückkehr ins Elternhaus scheint Nathanael zu genesen. Als er mit Clara einen Turm besteigt, bewirkt jedoch bereits ein kleiner Auslöser, Claras Anmerkung zu einem seltsamen Busch, dass Nathanael erneut sein Fernrohr ergreift und vollständig seinen Wahnvorstellungen erliegt. Getrieben vom vermeintlichen Anblick des Wetterglashändlers stürzt sich Nathanael in den Tod.

3 Mögliche Diskussionspunkte: Nathanaels Persönlichkeitsstruktur, seine Dichternatur, die Erziehung im Elternhaus (Faszination des Vaters für alchemistische Experimente, Einfluss der Geschichten der Kinderfrau, fehlendes Gesprächsangebot der Mutter)
Jochen Schmidt (→ Literaturhinweise) hat die periodischen Schwankungen zwischen dem unaufhaltsamen Hinabgleiten in den Wahnsinn und den Stabilisierungsversuchen als Duktus der gesamten Erzählung beschrieben. Nathanael gelingt es mehrfach, seine psychische Verfassung zu erkennen und einen ausgeglichenen Zustand zu erreichen, doch erreicht er insgesamt keine stabile Verbindung zur Lebenswirklichkeit. Schmidt verweist in diesem Zusammenhang auch auf Nathanaels visionäres Gedicht: „Nathanael blickt in Claras Augen, aber es ist der Tod, der mit Claras Augen ihn freundlich anschaut" (**C** S. 37, Z. 7 ff. / **R** S. 23, Z. 37 ff.). Ein glückliches Leben mit Clara sei möglich, aber die Dichternatur Nathanael finde keinen Zugang zu dieser realen Welt, so Schmidt.

▸ LK 46 **Clara und Olimpia – Das romantische Liebeskonzept kennen lernen**

1 Individuelle Lösungen

2 a

Deutungsthese	Textbeleg	Erläuterung
Wulf Segebrecht: Clara hat kein Verständnis für das Dämonische und für die Dichtungen Nathanaels.	„Denn, wenn ich, wie du es willst, alles stehen und liegen lassen und dir, indem du liesest, in die Augen schauen soll […]“ (**C** S. 35, Z. 32 ff. / **R** S. 22, Z. 27 ff.).	Clara verkennt Nathanaels tiefe Verunsicherung und zeigt wenig Einfühlungsvermögen.
Sie versucht vergeblich Nathanael von seinen Wahnvorstellungen abzubringen.	„Clara drückte ihn sanft an ihren Busen und sagte leise, aber sehr langsam und ernst: ‚[…] wirf das tolle – unsinnige – wahnsinnige Märchen ins Feuer‘“ (**C** S. 38, Z. 7 ff. / **R** S. 24, Z. 36 ff.).	Sie reagiert mütterlich, sucht nicht das Gespräch, sondern fordert Nathanael auf, sich von seinen Wahnvorstellungen zu lösen.
Sie hat ausschließlich einen praktischen Sinn fürs Reale, ist einseitig und gewöhnlich.	„[…] so läuft mir der Kaffee ins Feuer und ihr bekommt alle kein Frühstück!“ (**C** S. 35, Z. 34 ff. / **R** S. 22, Z. 29 f.); „Clara, etwas Langweiliges wie gewöhnlich vermutend und sich darein ergebend, fing an, ruhig zu stricken“ (**C** S. 37, Z. 33 ff. / **R** S. 24, Z. 26 ff.).	Clara teilt Nathanaels Leidenschaften nicht. Sie interessiert sich nur für weltliche Dinge wie den Haushalt. Nathanaels Dichtungen langweilen sie, sie erduldet ihre Rolle als passive Zuhörerin.

Deutungsthese	Textbeleg	Erläuterung
Jochen Schmidt: Clara verkörpert ein ganzheitliches Menschsein, zu dem neben Verstand und Realitätssinn auch Fantasie und Gefühl gehören.	„Der fatale Wetterglashändler […] verfolgte mich auf Schritt und Tritt und beinahe schäme ich mich es zu gestehen, dass er selbst meinen gesunden, sonst so ruhigen Schlaf in allerlei wunderlichen Traumgebilden zerstören konnte“ (**C** S. 25, Z. 26 ff. / **R** S. 13, Z. 13 ff.). „Du merkst […], dass wir, ich und Bruder Lothar, uns recht über die Materie von dunklen Mächten und Gewalten ausgesprochen haben […]“ (**C** S. 27, Z. 34 ff. / **R** S. 15, Z. 16 ff.).	Auch Clara ist empfänglich für Fantasiefiguren, die sich in ihre Träume schleichen. Sie kann Nathanaels Gemütslage nachempfinden und hat sich eingehend mit ihrem Bruder darüber ausgetauscht. Sie zeigt Mitgefühl und Verständnis.
	„Solange du an ihn glaubst, ist er auch und wirkt, nur dein Glaube ist seine Macht“ (**C** S. 35, Z. 16 f. / **R** S. 22, Z. 10 ff.).	Clara versucht, Nathanaels Wahnvorstellungen rational zu begegnen und ihm zu helfen, seine inneren Dämonen fernzuhalten.

b Auf der Grundlage der beiden Deutungsthesen sollen unterschiedliche Wahrnehmungen der Figur Clara textbasiert diskutiert werden, individuelle Lösungen sind möglich (→ Aufg. 2 c und 3).

c Clara wird aus unterschiedlichen Perspektiven charakterisiert (Multiperspektivität): Claras Selbsteinschätzung, Nathanaels Wahrnehmung, Charakterisierung seitens des Erzählers, Perspektive weiterer zitierter Figuren. Dabei stellt der Erzähler seine Charakterisierung bewusst als seinen persönlichen Blick auf Clara dar, er selbst wird Teil der Erzählung: „[I]n dem Augenblick steht Claras Bild so lebendig mir vor Augen, dass ich nicht wegschauen kann, so wie es immer geschah, wenn sie mich hold lächelnd anblickte“ (**C** S. 33, Z. 10 ff. / **R** S. 20, Z. 5 ff.). Er entzieht sich damit dem Leserbedürfnis nach einer verlässlichen Erzählinstanz.

3 Die Multiperspektivität lässt kein eindeutiges Bild der Figur Clara zu, sondern erzeugt den Eindruck einer ambivalenten Persönlichkeit zwischen einem schlichten, emotionslosen Bürgermädchen und einer tiefgründigen, gefühlsbetonten Frau. Diese Figurendarstellung schafft Irritation und Uneindeutigkeit und zwingt die Leser/-innen, sich selbst ein Bild zu machen.

4 Clara hat eigene Interessen und geht ihren Beschäftigungen nach. Sie entwickelt eine eigene Haltung, lehnt Nathanaels Hingabe an dunkle Fantasien ab und entzieht sich seinen Belehrungsversuchen. Olimpia hingegen folgt scheinbar gebannt Nathanaels stundenlangen Vorlesungen, fordert und widerspricht nicht, zeigt aber auch keine angemessenen Reaktionen auf Nathanaels Worte und körperliche Zuwendung. ▶ LK 47

5 Claras Widerstand und noch mehr ihre Gleichgültigkeit gegenüber seinen Belehrungen erzürnen Nathanael. Dem regungslosen Automatenmädchen Olimpia dagegen kann er seine Fantasien und literarischen Exkurse ohne jedes Maß mitteilen, er liest „der Olimpia stundenlang hintereinander vor, ohne zu ermüden“ (**C** S. 48, Z. 36 f. / **R** S. 35, Z. 25 f.). Nathanael meint, in Olimpia die bedingungslos Liebende zu finden, die seine Interessen teilt und seine Ausführungen widerspruchslos annimmt. Dass Olimpia ein Gegenüber ohne eigene Vorstellungen ist, mit denen er sich auseinandersetzen müsste, bewirkt bei Nathanael das Gefühl, ganz verstanden zu werden.

6 a Beziehung Clara – Nathanael:
- Gegenwärtige Beziehung: tiefe Zuneigung, jedoch Konflikt infolge von Nathanaels zunehmender Realitätsverkennung und Abgleiten in dunkle Fantasien sowie Claras rationalen Umgang mit der Situation
- Gemeinsame Jugendzeit: Kennenlernen in Kindheit bzw. früher Jugend, erste Jugendliebe
- Gemeinsame Zukunftspläne: finanzielle Sicherheit, eigenes Heim, Heirat, Leben im Familienverband
- Die romantische Liebe idealisiert die Verbindung zweier Liebender, die auf der Intensität der Gefühle und auf der Ähnlichkeit der Interessen beruht und ein Mittel zur Selbstverwirklichung ist, wobei wirtschaftliche Notwendigkeiten eine untergeordnete Rolle spielen. So tendiert Nathanael dazu, Clara zu idealisieren und ins Religiöse zu überhöhen. Claras Widerstand und Eigensinn – sie teilt seine mystischen Schwärmereien nicht – stehen seinem Idealbild entgegen. Darüber hinaus spielen bei der Beziehung zwischen Clara und Nathanael auch freundschaftliche, familiäre und wirtschaftliche Aspekte eine entscheidende Rolle. Damit entspricht ihre Beziehung nicht dem Idealbild der romantischen Liebe, sondern eher den üblichen zeitgenössischen Vorstellungen eines Paars mit Heiratsabsichten.

b Mögliche Antworten:

Wortwahl:
- Nathanaels pathetischer Sprachstil hebt seine Tendenz zur Übersteigerung von Gefühlen hervor: „du meine einzige, meine herzgeliebte Clara!“ (**C** S. 39, Z. 9 f. / **R** S. 26, Z. 1 f.).
- Nathanaels verzerrte Wahrnehmung seiner Umwelt und sein instabiler Gemütszustand werden in der Wortwahl deutlich, z. B.: „der <u>hohe</u> Ratsturm warf seinen <u>Riesen</u>schatten“ (**C** S. 54, Z. 15 / **R** S. 40, Z. 35).

Satzbau:
- hypotaktischer Stil, v. a. bei der Wiedergabe von Nathanaels Ahnungen (**C** S. 34, Z. 30 ff. / **R** S. 21, Z. 25 ff.) spiegelt Nathanaels Verflechtung in das Spiel schicksalhafter Mächte.

Rhetorische Figuren:
- Steigerung der sprachlichen Bilder wie „Wolkenschatten“ (**C** S. 34, Z. 14 f. / **R** S. 21, Z. 9), „düstre Träumereien“ (**C** S. 34, Z. 28 / **R** S. 21, Z. 23) und „dunklen Mächten“ (**C** S. 34, Z. 32 / **R** S. 21, Z. 27) veranschaulicht Nathanaels Abgleiten in Wahnvorstellungen.
- Kontrastive Wiederholung syntaktischer Fügungen verdeutlicht den Konflikt zwischen den Liebenden: „Der <u>verständigen Clara</u> war diese <u>mystische Schwärmerei</u> im höchsten Grad zuwider“ (**C** S. 35, Z. 5 f. / **R** S. 21, Z. 36 f.).
- Mittels metaphorischer Wortwahl wird Nathanaels Liebe für Clara mit einer welken Blume gleichgesetzt, welche er voller Wehmut in seinem Inneren wieder erblühen lässt (**C** S. 39, Z. 4 ff. / **R** S. 25, Z. 34 ff.).
- Wiederholung gleicher syntaktische Fügungen verdeutlicht die enge Verknüpfung von Liebe und Freundschaft (**C** S. 39, Z. 9 ff. / **R** S. 25, Z. 37 ff.).
- Nathanaels religiöse Metaphorik verdeutlicht seine Überhöhung und Idealisierung Claras: „Ich war auf schlimmem Wege, aber zu rechten Zeit leitete mich ein Engel auf den lichten Pfad!“ (**C** S. 54, Z. 7 ff. / **R** S. 40, Z. 27 ff.).

▶ LK 48 7 **a/b** Zur Einordnung siehe Seite 44, Aufgabe 3: Olimpia-Handlung, Ballszene und Liebeserklärung.

Begegnung der beiden Figuren als Aufeinandertreffen von Gegensätzen:

- Nathanael ist schüchtern: Er steht zunächst ganz hinten und er kann seine Aufforderung zum Tanz nur „stammeln“ (**C** S. 45, Z. 3 / **R** S. 31, Z. 30). Er wird von dämonischen Kräften getrieben: Der Blick durch Coppolas Perspektiv lässt ihn Olimpias Liebesblick fantasieren, er wird „wie von glühenden Armen“ (**C** S. 44, Z. 27 / **R** S. 31, Z. 17 f.) erfasst und steht vor Olimpia, ohne zu wissen, „wie es geschah“ (**C** S. 44, Z. 36 / **R** S. 31, Z. 27). Berauscht von Wein und Verlangen nimmt er sein Umfeld nicht mehr wahr, verliert seine Schüchternheit und Selbstkontrolle und auch seinen Realitätssinn: Olimpias Kälte bewirkt zwar ein „innere[s] Grausen“ (**C** S. 46, Z. 15 / **R** S. 33, Z. 5), Nathanaels Hitze lässt Olimpia jedoch für ihn lebendig werden (vgl. **C** S. 46, Z. 17 f. / **R** S. 33, Z. 8).
- Olimpia wird durchgehend als kalt, emotions- und bewegungslos beschrieben. Lebendig wird sie nur durch Nathanael, der sie bezeichnenderweise mehrfach zum Tanz „aufzieht“ (vgl. **C** S. 45, Z. 20 / **R** S. 32, Z. 10). Auch ihre sich wiederholenden Äußerungen („Ach – Ach!“) offenbaren ihre Leblosigkeit.

Augen-Motiv und auffällige sprachliche Gestaltungsmittel:

- Häufiger Gebrauch der gegensätzlichen Wortfelder „Kälte – Hitze“ bzw. „Tod – Leben“ zur Charakterisierung Nathanaels bzw. Olimpias
- Nathanaels pathetischer, der Alltagssprache entrückter Sprachstil zur Beschreibung Olimpias (religiöse Metaphorik): „Du Strahl aus dem verheißenen Jenseits der Liebe“ (**C** S. 45, Z. 35 f. / **R** S. 32, Z. 26 f.) verweist auf seinen Liebeswahn.
- „Als-ob-Formulierungen“ unterstreichen den fantastischen Charakter der Ereignisse: „<u>schienen</u> dem Nathanael“ (**C** S. 44, Z. 23 f. / **R** S. 31, Z. 14), „war es auch, <u>als</u> [mit folgendem Konjunktiv]“ (**C** S. 45, Z. 6 f. / **R** S. 31, Z. 34).
- Zentrales Motiv der Augen: Der Blick durch Coppolas „Augen“ verändert Nathanaels Sicht auf Olimpia und bewirkt Realitätsverlust (vgl. **C** S. 44, Z. 18 ff. / **R** S. 31, Z. 9 ff.). Gemeint sind Nathanaels „innere Augen“, seine Einbildungskraft, die Olimpia zur idealen Partnerin stilisieren. Der Blick in Olimpias Augen lässt Nathanael das Grausen des Todesfrosts vergessen und in Liebeslust entflammen (vgl. **C** S. 45, Z. 3 ff. / **R** S. 31, Z. 30 ff.). Nach Claudia Lieb (→ Literaturhinweise) wird hier das Motiv der Augensprache zwischen Liebenden ad absurdum geführt.

Erzählweise:

- Erzählbericht (unterbrochen durch einige Ausrufe und Fragen Nathanaels und wenige Äußerungen Olimpias)
- weitgehend personales Erzählverhalten, das Nathanaels Wahrnehmung, Gedanken und Empfindungen z. B. in Form der erlebten Rede wiedergibt: „aber wie sich erheben zu dem Mut, sie, die Königin des Festes, aufzufordern?“ (**C** S. 44, Z. 34 f. / **R** S. 31, Z. 25 f.)
- Durchbrechung dieser Erzählstrategie durch ironische Kommentierung des Geschehens durch den Erzähler: „[Er] sprach hochentflammt und begeistert von seiner Liebe in Worten, die keiner verstand, weder er noch Olimpia“ (**C** S. 45, Z. 30 ff. / **R** S. 32, Z. 21 ff.).

8 Nach dem Mythos verliebt sich Narziss beim Blick in eine Wasserquelle unsterblich in sein Spiegelbild und verzehrt sich bis zu seinem Tod nach seinem Ebenbild. Die narzisstische Überhöhung des eigenen Ichs ist auch bei Nathanael zu erkennen: Er nutzt Olimpia als perfekte Projektionsfläche für seine Empfindungen und Fantasien, zu denen sein Selbstbild als großer Poet gehört. Nathanaels „Liebe“ ist reine Selbstliebe.

9 Die Ballgesellschaft zeigt sich irritiert und belustigt, doch Nathanael nimmt diese Reaktionen nicht wahr bzw. begegnet ihnen mit Gleichgültigkeit. Die fehlende Auseinandersetzung mit einem realen Gegenüber birgt die Gefahr der Vereinsamung und zunehmenden gesellschaftlichen Isolation sowie des Abgleitens in irrationale Träume und Ängste.

10 **Betonung des Gefühls:** Nathanael lässt sich als Gefühlsmensch kaum auf Claras rationale Sichtweise ein und tendiert zur emotionalen Übersteigerung. Er benutzt die gefühllose Olimpia als Projektionsfläche für seinen Gefühlsüberschwang und meint, in ihr das gesuchte tiefe Gemüt – sein Ebenbild – zu erkennen.
Liebesvorstellung Nathanaels: Nathanael vertritt das romantische Liebeskonzept, idealisiert sowohl Clara als auch Olimpia und tendiert zu deren religiösen Überhöhung. Er sehnt sich nach einer Partnerin, die seine Interessen teilt und vollständig in der Zweisamkeit aufgeht. Sein visionäres Gedicht (vgl. **C** S. 36, Z. 19 – S. 37, Z. 9 / **R** S. 23, Z. 13 ff.) verweist darauf, dass ein bürgerliches Dasein als Claras Ehemann keine Zukunftsperspektive für die Künstlernatur Nathanael darstellt, was sich letztlich auch bewahrheitet.

Aufwertung von Kunst und Subjektivität: Nathanael tendiert dazu, in gewöhnlichen Ereignissen das Geheimnisvolle zu sehen (vgl. Alchemistenszene, Erscheinen des Wetterglashändlers) und diese Erfahrungen in der Kunst zu verarbeiten: „[E]s kostetet ihn oft Mühe, [Coppelius] in seinen Dichtungen, wo er als grauser Schicksalspopanz auftrat, lebendig zu kolorieren" (**C** S. 36, Z. 17 ff. / **R** S. 23, Z. 11 ff.). Er gibt sich dabei ganz dem Schöpfungsprozess hin (→ LK S. 45, Aufg. 1) und läuft Gefahr, sich von seinem Umfeld zu entfremden (vgl. Auseinandersetzung mit Clara, Reaktion der Ballgesellschaft, Gespräch mit Siegmund).

Coppelius und Coppola – Wahn oder Wirklichkeit? ► LK 49

1 a Clara und Lothar gehen davon aus, dass Nathanaels Verknüpfung von Coppelius und Coppola eine Folge seiner frühkindlichen Traumatisierung und seiner regen Fantasie ist. Nathanael hingegen ist sich sicher, dass die beiden Männer identisch sind.

b Individuelle Lösungen

2 a **Deutungsthese: Nathanaels Weltsicht trifft zu – Coppelius und Coppola sind ein und derselbe**

Textbeleg	Erläuterung
▪ äußeres Erscheinungsbild: stechend hervorfunkelnde Augen, widerliches Gesicht mit weitem bzw. schiefem Maul, Rock als Kleidungsstück, heiserer Tonfall; teuflisches, widerwärtiges Lachen ▪ alchemistische Experimente mit Nathanaels Vater, Automaten-Experimente mit Spalanzani ▪ „ich, ich hab die Augen gemacht – ich das Räderwerk" (**C** S. 50, Z. 18 f. / **R** S. 37, Z. 5 f.) ▪ „Es waren Spalanzanis und des grässlichen Coppelius Stimmen […]" (**C** S. 50, Z. 22 f. / **R** S. 37, Z. 9 f.) ▪ „Coppelius, mein bestes Automat hat er mir geraubt" (**C** S. 51, Z. 13 / **R** S. 37, Z. 36). ▪ „Man wollte herauf, um sich des Rasenden zu bemächtigen, da lachte Coppelius sprechend: ‚Ha, ha – wartet nur, der kommt schon herunter von selbst'" (**C** S. 55, Z. 26 ff. / **R** S. 42, Z. 8 ff.).	▪ Coppelius und Coppola ähneln sich in Erscheinungsbild, Kleidung und Stimme erheblich. ▪ Beide Figuren sind an wissenschaftlichen Versuchen interessiert. ▪ Coppola spricht in der Zerstörungsszene deutsch. ▪ Nathanael nimmt Coppelius' Stimme in Spalanzanis Wohnung wahr. ▪ Spalanzani bezeichnet Coppola als Coppelius. ▪ Coppelius wendet sich mit seiner Aussage an die anderen Zuschauer.

Deutungsthese: Die Sichtweise von Clara und Lothar trifft zu – Nathanael leidet unter Wahnvorstellungen

Textbeleg	Erläuterung
▪ „Übrigens ist es wohl gewiss, dass der Wetterglashändler Giuseppe Coppola keineswegs der alte Advokat Coppelius ist" (**C** S. 29, Z. 14 ff. / **R** S. 16, Z. 18 ff.); Coppola ist Italiener, Coppelius Deutscher (vgl. **C** S. 29, Z. 19 ff. / **R** S. 16, Z. 23 ff.).	▪ Spalanzani kennt den Italiener Coppola seit Jahren; Coppolas Aussprache unterscheidet sich deutlich von der Coppelius'.
▪ „Nathanael fasste mechanisch nach der Seitentasche" (**C** S. 54, Z. 27 / **R** S. 41, Z. 10)	▪ Der automatisierte Griff nach Coppolas Perspektiv zeigt Nathanaels Besessenheit.
▪ „unter ihnen ragte riesengroß der Advokat Coppelius hervor" (**C** S. 55, Z. 23 f. / **R** S. 42, Z. 5 f.); „wurde den Coppelius gewahr und mit dem gellenden Schrei: ‚Ha! Sköne Oke – Sköne Oke', sprang er über das Geländer" (**C** S. 55, Z. 31 ff. / **R** S. 42, Z. 13 ff.).	▪ Die verzerrte Wahrnehmung lässt Coppelius' Auftauchen unrealistisch erscheinen; Nathanael selbst verbindet Coppelius mit Coppolas Ruf „Sköne Oke".
▪ „Als Nathanael mit zerschmettertem Kopf auf dem Steinpflaster lag, war Coppelius im Gewühl verschwunden" (**C** S. 55, Z. 34 f. / **R** S. 42, Z. 16 ff.).	▪ Mit Nathanaels Tod verschwindet auch Coppelius; er existierte ausschließlich in Nathanaels Fantasie.

b Eine eindeutige Klärung der Identität von Coppola und Coppelius ist auf der Grundlage der Erzählung nicht möglich. Im Vergleich zur Druckfassung weist das Sandmann-Manuskript weitere Textstellen auf, die die Identität der beiden Figuren nahelegen. Hoffmanns Kürzungen bewirkten unter anderem eine Verstärkung des Unheimlichen, da die Ambivalenz der Figuren zur Mehrdeutigkeit der Erzählung und damit zur Irritation der Leser/-innen beiträgt.

3 **Alchemisten-Szene** (**C** S. 21, Z. 1 – S. 22, Z. 16 / **R** S. 8, Z. 36 – S. 10, Z. 13): Bei der Schilderung der alchemistischen Experimente aus der Perspektive des Kindes Nathanael vermischen sich für die Leser/-innen Wirklichkeit und Fantasie. Wird die Verzerrung des väterlichen Gesichts zur widerwärtigen Teufelsfratze noch durch das Verb „schien“ (**C** S. 21, Z. 17 / **R** S. 9, Z. 15) als irreal gekennzeichnet, wird die Misshandlung Nathanaels durch Coppelius als reale Erfahrung geschildert: „So flüsterte Coppelius und griff mit den Fäusten glutrote Körner aus der Flamme, die er mir in die Augen streuen wollte“ (**C** S. 21, Z. 31 ff. / **R** S. 9, Z. 29 ff.). Irreale Ereignisse wie das Abschrauben von Händen und Füßen werden nicht sprachlich als Wahnvorstellungen Nathanaels gekennzeichnet. Die Erzählweise und sprachliche Gestaltung versetzen somit die Leser/-innen in die erlebende Hauptfigur, für die Wahn und Wirklichkeit verschmelzen.

Schluss der Sandmann-Erzählung (**C** S. 54, Z. 12 ff. / **R** S. 40, Z. 31 ff.): Nathanael steigert sich in seine Wahnvorstellungen hinein und sieht – nach einem Blick durch Coppolas Perspektiv – auch in Clara den Automaten, der seine Lebensträume zerstören wird. Bei der Schilderung der Ereignisse auf dem Turm fehlen sprachliche und erzählerische Hinweise auf das Irreale des Geschehens, wie sie an anderen Textstellen vielfach zu finden sind (z. B. Verwendung des Konjunktivs, relativierende Als-ob-Formulierungen). Am Ende der Turmszene ist eine klare Trennung von Nathanaels Wahrnehmung und realen Ereignissen nicht möglich. Der Erzähler selbst scheint „vom inneren Geschehen“ hingerissen und ist keine verlässliche Erzählinstanz.

3.3 Motive untersuchen und vergleichen

► LK 50 1 Individuelle Lösungen

Einen literarischen Text analysieren (Aufgabenart I A)

Aufgabenstellung

1 Ordnen Sie den Textauszug knapp in den Handlungsgang der Novelle „Die Marquise von O…“ ein und analysieren Sie ihn unter besonderer Berücksichtigung der Figur der Marquise und ihres Selbstverständnisses als Frau. *(42 Punkte)*

2 Stellen Sie das Selbstverständnis Claras in E. T. A. Hoffmanns Erzählung „Der Sandmann“ dar. Zeigen Sie im Vergleich der beiden Frauenfiguren, wie Kleist die Rolle der Frau innerhalb des Systems gesellschaftlicher Konventionen gestaltet. *(30 Punkte)*

Heinrich von Kleist: **Die Marquise von O…** (1808)

[…] „Der Graf F...!“, riefen beide zugleich, von einer Art der Bestürzung in die andre geworfen. Die Marquise rief: „Verschließt die Türen! Wir sind für ihn nicht zu Hause“; stand auf, das Zimmer gleich selbst zu verriegeln, und wollte eben den Jäger, der ihr im Wege stand, hinausdrängen, als der Graf schon, in genau demselben Kriegsrock, mit Orden und Waffen, wie er sie bei der Eroberung des Forts getragen hatte, zu ihr eintrat. Die Marquise glaubte vor Verwirrung in die Erde zu sinken; sie griff nach einem Tuch, das sie auf dem Stuhl hatte liegen lassen, und wollte eben in ein Seitenzimmer entfliehn; doch Frau von G..., indem sie die Hand derselben ergriff, rief: „Julietta –!“, und wie erstickt von Gedanken, ging ihr die Sprache aus. Sie heftete die Augen fest auf den Grafen und wiederholte: „Ich bitte dich, Julietta!“, indem sie sie nach sich zog: „Wen erwarten wir denn –?“ Die Marquise rief, indem sie sich plötzlich wandte: „Nun? doch ihn nicht –?“ und schlug mit einem Blick funkelnd, wie ein Wetterstrahl, auf ihn ein, indessen Blässe des Todes ihr Antlitz überflog. Der Graf hatte ein Knie vor ihr gesenkt; die rechte Hand lag auf seinem Herzen, das Haupt sanft auf seine Brust gebeugt, lag er und blickte hochglühend vor sich nieder und schwieg. „Wen sonst“, rief die Obristin mit beklemmter Stimme, „wen sonst, wir Sinnberaubten, als ihn –?“ Die Marquise stand starr über ihm und sagte: „Ich werde wahnsinnig werden, meine Mutter!“ „Du Törin“, erwiderte die Mutter, zog sie zu sich und flüsterte ihr etwas in das Ohr. Die Marquise wandte sich und stürzte, beide Hände vor das Gesicht, auf den Sofa nieder. Die Mutter rief: „Unglückliche! Was fehlt dir? Was ist geschehn, worauf du nicht vorbereitet warst?“ – Der Graf wich nicht von der Seite der Obristin; er fasste, immer noch auf seinen Knien liegend, den äußersten Saum ihres Kleides und küsste ihn. „Liebe! Gnädige! Verehrungswürdigste!“, flüsterte er: eine Träne rollte ihm die Wangen herab. Die Obristin sagte: „Stehn Sie auf, Herr Graf, stehn Sie auf! Trösten Sie jene; so sind wir alle versöhnt, so ist alles vergeben und vergessen.“ Der Graf erhob sich weinend. Er ließ sich von Neuem vor der Marquise nieder, er fasste leise ihre Hand, als ob sie von Gold wäre und der Duft der seinigen sie trüben könnte. Doch diese –: „Gehn Sie! gehn Sie! gehn Sie!“, rief sie, indem sie aufstand; „auf einen Lasterhaften war ich gefasst, aber auf keinen – – – Teufel!“, öffnete, indem sie ihm dabei, gleich einem Pestvergifteten, auswich, die Tür des Zimmers und sagte: „Ruft den Obristen!“ „Julietta!“, rief die Obristin mit Erstaunen. Die Marquise blickte, mit tötender Wildheit, bald auf den Grafen, bald auf die Mutter ein; ihre Brust flog, ihr Antlitz loderte; eine Furie blickt nicht schrecklicher. Der Obrist und der Forstmeister kamen. „Diesem Mann, Vater“, sprach sie, als jene noch unter dem Eingang waren, „kann ich mich nicht vermählen!“, griff in ein Gefäß mit Weihwasser, das an der hinteren Tür befestigt war, besprengte, in einem großen Wurf, Vater und Mutter und Bruder damit und verschwand.

Der Kommendant, von dieser seltsamen Erscheinung betroffen, fragte, was vorgefallen sei; und erblasste, da er, in diesem entscheidenden Augenblick, den Grafen F... im Zimmer erblickte. Die Mutter nahm den Grafen bei der Hand und sagte: „Frage nicht; dieser junge Mann bereut von Herzen alles, was geschehen ist; gib deinen Segen, gib, gib: so wird sich alles noch glücklich endigen.“ Der Graf stand wie vernichtet. Der Kommendant legte seine Hand auf ihn; seine Augenwimpern zuckten, seine Lippen waren weiß wie Kreide. „Möge der Fluch des Himmels von diesen Scheiteln weichen!“, rief er: „Wann gedenken Sie zu heiraten?“ – „Morgen“, antwortete die Mutter für ihn, denn er konnte kein Wort hervorbringen, „morgen oder heute, wie du willst; dem Herrn Grafen, der so viel schöne Beeiferung gezeigt hat, sein Vergehen wieder gutzumachen, wird immer die nächste Stunde die liebste sein.“ „So habe ich das Vergnügen, Sie morgen um 11 Uhr in der Augustinerkirche zu finden!“, sagte der Kommendant; verneigte sich gegen ihn, rief Frau und Sohn ab, um sich in das Zimmer der Marquise zu verfügen, und ließ ihn stehen.

Man bemühte sich vergebens, von der Marquise den Grund ihres sonderbaren Betragens zu erfahren; sie lag im heftigsten Fieber, wollte durchaus von Vermählung nichts wissen und bat, sie allein zu lassen. Auf die Frage: warum sie denn ihren Entschluss plötzlich geändert habe? und was ihr den Grafen gehässiger mache als einen andern? sah sie den Vater mit großen

Augen zerstreut an und antwortete nichts. Die Obristin sprach: ob sie vergessen habe, dass sie Mutter sei? worauf sie erwiderte, dass sie, in diesem Falle, mehr an sich als ihr Kind denken müsse, und nochmals, indem sie alle Engel und Heiligen zu Zeugen anrief, versicherte, dass sie nicht heiraten würde. Der Vater, der sie offenbar in einem überreizten Gemütszustande sah, erklärte, dass sie ihr Wort halten müsse; verließ sie, und ordnete alles, nach gehöriger schriftlicher Rücksprache mit dem Grafen, zur Vermählung an. Er legte demselben einen Heiratskontrakt vor, in welchem dieser auf alle Rechte eines Gemahls Verzicht tat, dagegen sich zu allen Pflichten, die man von ihm fordern würde, verstehen sollte. Der Graf sandte das Blatt, ganz von Tränen durchfeuchtet, mit seiner Unterschrift zurück. Als der Kommendant am andern Morgen der Marquise dieses Papier überreichte, hatten sich ihre Geister ein wenig beruhigt. Sie durchlas es, noch im Bette sitzend, mehrere Male, legte es sinnend zusammen, öffnete es und durchlas es wieder; und erklärte hierauf, dass sie sich um 11 Uhr in der Augustinerkirche einfinden würde. Sie stand auf, zog sich, ohne ein Wort zu sprechen, an, stieg, als die Glocke schlug, mit allen Ihrigen in den Wagen und fuhr dahin ab.

Erst an dem Portal der Kirche war es dem Grafen erlaubt, sich an die Familie anzuschließen. Die Marquise sah während der Feierlichkeit starr auf das Altarbild; nicht ein flüchtiger Blick ward dem Manne zuteil, mit welchem sie die Ringe wechselte. Der Graf bot ihr, als die Trauung vorüber war, den Arm; doch sobald sie wieder aus der Kirche heraus waren, verneigte sich die Gräfin vor ihm: der Kommendant fragte, ob er die Ehre haben würde, ihn zuweilen in den Gemächern seiner Tochter zu sehen, worauf der Graf etwas stammelte, das niemand verstand, den Hut vor der Gesellschaft abnahm und verschwand. Er bezog eine Wohnung in M..., in welcher er mehrere Monate zubrachte, ohne auch nur den Fuß in des Kommendanten Haus zu setzen, bei welchem die Gräfin zurückgeblieben war. Nur seinem zarten, würdigen und völlig musterhaften Betragen überall, wo er mit der Familie in irgendeine Berührung kam, hatte er es zu verdanken, dass er, nach der nunmehr erfolgten Entbindung der Gräfin von einem jungen Sohne, zur Taufe desselben eingeladen ward. Die Gräfin, die, mit Teppichen bedeckt, auf dem Wochenbette saß, sah ihn nur auf einen Augenblick, da er unter die Tür trat und sie von Weitem ehrfurchtsvoll grüßte. Er warf unter den Geschenken, womit die Gäste den Neugebornen bewillkommten, zwei Papiere auf die Wiege desselben, deren eines, wie sich nach seiner Entfernung auswies, eine Schenkung von 20 000 Rubel an den Knaben und das andere ein Testament war, in dem er die Mutter, falls er stürbe, zur Erbin seines ganzen Vermögens einsetzte. Von diesem Tage an ward er, auf Veranstaltung der Frau von G..., öfter eingeladen; das Haus stand seinem Eintritt offen, es verging bald kein Abend, da er sich nicht darin gezeigt hätte. Er fing, da sein Gefühl ihm sagte, dass ihm von allen Seiten, um der gebrechlichen Einrichtung der Welt willen, verziehen sei, seine Bewerbung um die Gräfin, seine Gemahlin, von Neuem an, erhielt, nach Verlauf eines Jahres, ein zweites Jawort von ihr, und auch eine zweite Hochzeit ward gefeiert, froher, als die erste, nach deren Abschluss die ganze Familie nach V... hinauszog. Eine ganze Reihe von jungen Russen folgte jetzt noch dem ersten; und da der Graf, in einer glücklichen Stunde, seine Frau einst fragte, warum sie, an jenem fürchterlichen Dritten, da sie auf jeden Lasterhaften gefasst schien, vor ihm, gleich einem Teufel, geflohen wäre, antwortete sie, indem sie ihm um den Hals fiel: er würde ihr damals nicht wie ein Teufel erschienen sein, wenn er ihr nicht, bei seiner ersten Erscheinung, wie ein Engel vorgekommen wäre.

Heinrich von Kleist: Die Marquise von O...
In: Ders.: Die Marquise von O... / Das Erdbeben in Chili.
Bearb. v. Alexander Joist. Hrsg. v. Florian Radvan u. Anne Steiner.
Cornelsen Verlag, Berlin 2017, S. 59–63

Inhaltliche Leistung

Aufgabe 1

	Anforderungen Die Schülerin / Der Schüler	maximale Punktzahl (AFB)	erreichte Punktzahl
1	**verfasst eine aufgabenbezogene Einleitung** unter Angabe von Autor, Titel, Textsorte, Entstehungszeit.	2 (I)	
2	**ordnet den Textauszug knapp in den Handlungsgang der Novelle ein,** etwa: ▪ Eroberung des Wohnsitzes der Familie, der Zitadelle des Kommandanten, durch russische Soldaten, Angriff auf die Marquise, Rettung durch den Grafen, überstürzte Abreise ▪ Rückkehr und Heiratsantrag, Zusicherung einer potenziellen Hochzeit, Abreise des Grafen ▪ Symptome einer Schwangerschaft der Marquise, Bestätigung durch Arzt und Hebamme ▪ Verstoßung aus dem Elternhaus, Rückzug der Marquise in ihr Landhaus ▪ Zeitungsannonce: öffentliche Suche nach dem Vater des ungeborenen Kindes zwecks Heirat ▪ Eindringen des Grafen in das Landhaus, Abweisung durch die Marquise ▪ öffentliche Reaktion eines Unbekannten auf die Anzeige, Bekanntgabe seines Erscheinens ▪ Bestätigung der Unschuld der Marquise durch eine List der Mutter, Rückkehr ins Elternhaus ▪ Erscheinen des Grafen, Enthüllung der Vaterschaft	3 (I)	
3	**benennt Situation, Anlass und Thema des Gesprächs**, etwa: ▪ Erscheinen des Grafen, Enthüllung der Vaterschaft ▪ Ringen um das Heiratsversprechen der Marquise	3 (I)	
4	**erschließt Verlauf und Struktur des Gesprächs und den weiteren Handlungsverlauf,** etwa: Ausgangssituation Warten der Marquise und ihrer Mutter auf den Unbekannten, Entsetzen aufgrund der unerwarteten Ankündigung des Grafens durch den Jäger Gesprächsverlauf ▪ heftige Verweigerung des Zusammentreffens mit dem Grafen, Verwirrung und Fluchtversuch der Marquise beim Erscheinen des Grafen ▪ Erkenntnisprozess und gezielte Einflussnahme der Obristin (vgl. Z. 13 ff.) ▪ empörte Zurückweisung der Sichtweise der Obristin, Wortgefecht zwischen Mutter und Tochter ▪ Verweigerung jeglicher verbalen Kommunikation mit dem Grafen, vernichtende nonverbale Signale der Marquise (vgl. Z. 19, 26) ▪ Sprachlosigkeit des Grafen; Versuch, mittels nonverbaler, unterwürfiger Signale sein Ziel zu erreichen (vgl. Z. 21 ff.) und sich die Unterstützung der Obristin zu sichern (vgl. Z. 33 ff.) ▪ gezielte Beeinflussung des Gesprächsverlaufs durch die Obristin in ihrem Sinne (vgl. Z. 38 ff.) ▪ Beharren der Marquise auf ihrer Haltung, Herbeirufen des Familienoberhaupts (Vater) und Mitteilung ihres Entschlusses an ihn ▪ Gestaltung des weiteren Gesprächsverlaufs durch die Obristin: wiederholtes Intervenieren und Beeinflussung des Kommandanten (vgl. Z. 64 ff.)	8 (II/III)	

	Anforderungen Die Schülerin / Der Schüler	maximale Punktzahl (AFB)	erreichte Punktzahl
	▪ Anordnung der Vermählung gemäß der Order der Obristin und abrupte Beendigung des Gesprächs (vgl. Z. 77 ff.) <u>Weiterer Handlungsverlauf</u> ▪ Aufsetzen eines Heiratskontrakts durch Vater ▪ Heirat und langsame Annäherung bis zur Versöhnung mit der Marquise, die durch zweite Hochzeit besiegelt wird		
5	**untersucht Besonderheiten der Gesprächsgestaltung,** etwa: ▪ ungleiche Redeanteile der Figuren: die Frauen dominieren das Gespräch ▪ Relevanz nonverbaler Signale: Verweigerung jeglicher verbalen Kommunikation mit dem Grafen und vernichtende nonverbale Signale seitens der Marquise, unterwürfige nonverbale Signale des Grafen, Geste des Mitgefühls seitens des Vaters ▪ asymmetrische Kommunikation: Sprachlosigkeit und sanfte, unterwürfige Haltung des Grafen (vgl. Z. 22 f.) versus lautstarke Reaktion und starre, überlegene Haltung der Marquise (vgl. Z. 26) ▪ Sprachlosigkeit der Figuren (vgl. Z. 13 f., 71, 90) ▪ Offenbarung der tiefen Erschütterung der Figuren in ihrer Körpersprache (vgl. Z. 20, 23, 87)	6 (II/III)	
6	**untersucht sprachliche und erzählerische Gestaltungsmittel in ihrer Funktion,** etwa: ▪ Ausrufe der Marquise ▪ Wiederholungen der Obristin ▪ parodistische Überzeichnung	3 (II/III)	
7	**deutet die Gestaltung der Figur der Marquise im vorliegenden Textauszug,** etwa: ▪ heftige Verweigerung des Zusammentreffens mit dem Grafen: Ausdruck emotionaler Überforderung oder aber einer bewussten Inszenierung seitens der Marquise ▪ vollständige Verwirrung und Fluchtversuch beim Erscheinen des Grafen in gleicher Uniform wie bei der Eroberung der Zitadelle: möglicher Hinweis auf Durchbruch des Unterbewusstseins: „Die Marquise glaubte vor Verwirrung in die Erde zu sinken“ (Z. 9 f.). ▪ Ablehnung des Erkenntnisprozesses der Mutter ▪ Vermeidung jeglicher Berührung mit dem (vgl. Z. 47) ▪ Entwicklung zu einer „Furie“, die v. a. in sprachlichen Bildern geschildert wird (vgl. Z. 19, 50 ff.) ▪ Verteufelung bzw. Verfluchung des Grafen und Tendenz zur Überhöhung der eigenen Familie und Person, die auch in der Verwendung religiöser Symbole zum Ausdruck kommen (vgl. Z. 55 f., 90 f.) ▪ Verweigerung der Kommunikation, Fieberschub: Ausdruck eines emotionalen Zusammenbruchs bzw. eines beginnenden Reflexionsprozesses (vgl. Z. 81 ff.) ▪ schnelle Genesung, Prüfung des Heiratskontrakts und Einwilligung: möglicher Hinweis auf bloße Inszenierung seitens der Marquise und/oder Ausdruck ihrer erneuten Unterwerfung unter gesellschaftliche Konventionen ▪ Ignorieren bzw. Verschmähen des Bräutigams bis zur Annahme der Schenkung und des Testaments: Ausdruck ihres Verhaftet-Seins in herkömmlichen Denkmustern: gesellschaftliche Stellung und Vermögen als Voraussetzung für Liebesheirat (vgl. Z. 142)	8 (II/III)	

	Anforderungen Die Schülerin / Der Schüler	maximale Punktzahl (AFB)	erreichte Punktzahl
	▪ Annehmen/Akzeptieren einer zweiten Hochzeit und eines gemeinsamen Familien- und Liebeslebens: möglicherweise Ausdruck ihrer Fähigkeit, auch mit scheinbar unversöhnbaren Widersprüchen zu leben: Gefühl versus Verstand, widersprüchliches Verhalten von Menschen, Akzeptieren der Ambivalenz des Grafen ▪ aber: Erzähltechnische Gestaltungsmittel und die Konnektivität mit dem Vorangegangenen verweisen auf die Brüchigkeit der dargestellten Familienidylle: Die Zeitraffung steht im Widerspruch zur Bedeutung der dargestellten Ereignisse im Leben eines Menschen, die (körperliche) Liebe nach einer Vergewaltigung erscheint unrealistisch. (Aufg. 2)		
8	**deutet die Gestaltung der Marquise unter besonderer Berücksichtigung ihres Selbstverständnisses als Frau,** etwa: ▪ Entschlossenheit und Durchsetzungswille als Frau (vgl. Z. 44–48) ▪ Orientierung an ihren Gefühlen als Frau: Verweigerung jeglichen Kontakts zum Grafen als Ausdruck tiefer Verletzung, spätere körperliche Zuwendung als Ausdruck echter Verliebtheit (vgl. Z. 158 f.) ▪ aber: letztlich Ausrichtung an den Wünschen der Eltern und den Normen der Gesellschaft: lässt sich von Mutter an einer Flucht hindern (vgl. Z. 11–18), akzeptiert den vom Vater gegen ihren Willen aufgesetzten Heiratsvertrag ▪ finanzielle Absicherung und gesellschaftliche Stellung als Voraussetzung für eine Liebesheirat ▪ Rollenkonformität und Akzeptanz eines neuen Abhängigkeitsverhältnisses: nimmt die von der Gesellschaft erwartete Frauenrolle als liebende Mutter ein (vgl. Z. 153)	5	
9	**formuliert eine reflektierte Schlussfolgerung auf der Grundlage der Untersuchungsergebnisse,** etwa im Hinblick auf die innere Zerrissenheit bzw. Ambivalenz der Figur.	4 (III)	
10	**erfüllt ein weiteres aufgabenbezogenes Kriterium.**	(4)	
	Summe Aufgabenteil 1	**42**	

Aufgabe 2

	Anforderungen Die Schülerin / Der Schüler	maximale Punktzahl (AFB)	erreichte Punktzahl
1	**formuliert eine sinnvolle Überleitung.**	3 (I)	
2	**stellt das Selbstverständnis der Figur Clara dar,** etwa: ▪ Wahrnehmung als selbstbestimmte Person mit eigenen Interessen und Anschauungen: Auflehnung gegen Belehrungsversuche und gegen eine passive Rolle als bloße Zuhörerin ▪ Bereitschaft zu Empathie und Tiefgründigkeit (Gespräche mit Lothar, Brief an Nathanael) ▪ rationales Handeln und Ablehnung der Hingabe Nathanaels an dunkle Fantasien ▪ Akzeptanz der ambivalenten Persönlichkeit Nathanaels ▪ Festhalten an herkömmlichen Vorstellungen von Liebe und Familie: Jugendliebe, klare Rollenverteilung, finanzielle Sicherheit, eigenes Heim, Heirat, Leben im Familienverband	8 (I)	

	Anforderungen Die Schülerin / Der Schüler	maximale Punktzahl (AFB)	erreichte Punktzahl
3	**vergleicht die Gestaltung der Frauenfiguren im Hinblick auf Ähnlichkeiten,** etwa: ▪ Entschlossenheit und Durchsetzungswille als Frau: Kampf der Marquise um die eigenen Rechte (Ablehnung des Heiratsantrags, nimmt ihre Kinder gegen den Willen ihres Vaters mit sich, Zeitungsannonce), Auflehnung Claras gegen die Belehrungsversuche Nathanaels und gegen ihre Rolle als passive Zuhörerin ▪ Fähigkeit, zu verzeihen und mit der Ambivalenz ihrer Partner umzugehen ▪ Verhaftetsein in einem traditionellen Familien- und Frauenbild ▪ überzeichnete Familienidylle am Ende der Erzählungen verweist auf die Fragwürdigkeit des Ehe- und Familienideals	8 (II)	
4	**vergleicht die Gestaltung der Frauenfiguren im Hinblick auf Unterschiede,** etwa: ▪ Unfähigkeit der Marquise zur Kommunikation ▪ Akzeptanz des Vaters und Ehemanns als Familienoberhaupt und Repräsentant der Gesellschaft, Aufgabe der Selbstbestimmtheit – Widerstand Claras gegen Belehrungsversuche ▪ Tendenz der Marquise zur Überhöhung der eigenen Familie und Person ▪ bewusstes Agieren der Marquise im Sinne herkömmlicher Familienbilder: finanzielle und soziale Absicherung als Voraussetzung für Liebesheirat ▪ Doppelmoral bzw. Gefangensein in gesellschaftlichen Konventionen bei der Marquise: (Verletzte) Gefühle werden in der Gefühlsgemeinschaft zur Nebensache bzw. wirken sogar inszeniert.	8 (II)	
5	**formuliert eine reflektierte Schlussfolgerung auf der Grundlage der Untersuchungsergebnisse.**	3 (III)	
6	**erfüllt ein weiteres aufgabenbezogenes Kriterium.**	(4)	
	Summe Aufgabenteil 2	**30**	

Darstellungsleistung

	Anforderungen Die Schülerin / Der Schüler	maximale Punktzahl	erreichte Punktzahl
1	strukturiert den Klausurtext kohärent, schlüssig, stringent und gedanklich klar.	6	
2	formuliert unter Beachtung der fachsprachlichen und fachmethodischen Anforderungen.	6	
3	belegt Aussagen durch angemessenes und korrektes Zitieren.	3	
4	drückt sich allgemeinsprachlich präzise, stilistisch sicher und begrifflich differenziert aus.	5	
5	formuliert lexikalisch und syntaktisch sicher, variabel und komplex (und zugleich klar).	5	
6	schreibt sprachlich richtig.	3	
	Summe Darstellungsleistung	**28**	
	Gesamtpunktzahl **Note:** **Datum:**	**100**	

GK 4 Erzähltexte vergleichen: „Sommerhaus, später“ und „Die Marquise von O…“

Konzeption des Kapitels

GK: Arbeitsheft für den Grundkurs; **LK:** Arbeitsheft für den Leistungskurs;
Texte, Themen und Strukturen: Ausgabe Nordrhein-Westfalen, 978-3-464-68112-1 / 978-3-464-68111-4

Seite	Sequenz/ Materialien	Didaktisch-methodische Hinweise	Anknüpfung an „Texte, Themen und Strukturen“
GK 54 GK 54 f.	**4.1 Die Raum-symbolik** **4.2 Die Sprach-losigkeit der Figuren** *Florian Illies:* „Die Traum-wandlerin“	Auf der Grundlage der Ergebnisse aus Kapitel 2 und 3 wird zu einem Vergleich der Erzähltexte unter den Aspekten Raumsymbolik und Sprachlosigkeit der Figuren angeleitet. Die Schüler/-innen analysieren zunächst einen Auszug aus „Die Marquise von O…“ mit Blick auf die Sprachlosigkeit der Figuren. In einem weiteren Schritt erfolgt ein Vergleich mit „Sommerhaus, später“, der durch eine vorbereitende Aufgabe zu Illies‘ Rezension „Die Traumwandlerin“ entlastet wurde.	
GK 56 ff.	**4.3 Klausur-training: Einen Erzähltext analysieren** *Heinrich von Kleist:* „Die Marquise von O…“ Information: Aspekt-orientierte Auf-gabenstellungen Information: Sprech-handlungen Methode: Gestalterische Besonderheiten in Beziehung zum Inhalt setzen Formulierungs-bausteine: Inhalt, Sprache und Form zueinander in Beziehung setzen (Erzähltexte) Checkliste: Einen Erzählausschnitt analysieren	In Orientierung an den gängigen Abituraufgaben werden die Schüler/-innen in fünf Schritten gezielt zur schriftlichen Analyse eines Auszugs aus Kleists Novelle „Die Marquise von O…“ mit Blick auf das Selbst-verständnis der Marquise als Frau angeleitet. Ein weiterführender Schreibauftrag fordert den Vergleich mit der Ich-Erzählerin aus Hermanns „Sommerhaus, später“. Einen weiteren Klausurvorschlag (mit Erwartungshorizont) bietet diese Handreichung (→ S. 84 ff.).	Die fünf Schritte entsprechen dem Vorgehen des Klausurtrainings in „Texte, Themen und Strukturen“. Unterstützen kann auch das Kapitel „Texte planen, schrei-ben und überarbeiten – Die Schreibkompetenz verbessern“ (S. 580 ff.). Umfassende Hinweise zum Aufbau bietet der Informa-tionskasten „Gliederung der Analyse eines literarischen Textes“ auf Seite 183.

4.1 Die Raumsymbolik

► GK 54 1 b Gemeinsamkeiten: Land, schön; Unterschiede: gestrandetes Schiff (Hermann), Mauer (Kleist)

c Marquise: Rückzugsraum, (utopische) Familienidylle, gesellschaftliche Isolation, Selbstbestimmtheit, Gefährdung durch äußere Einflüsse
Stein: Zukunftsperspektive, (gescheiterter) gemeinsamer Lebensweg, idyllischer Rückzugsort, Sesshaftigkeit, Geborgenheit, Halt

d Marquise: Gartenhaus als Metapher (Hortus conclusus) für die Intimsphäre der Frau, für ihre Selbstbestimmtheit; Graf verschafft sich gegen ihren Willen Zugang zu diesem Rückzugsraum, was sinnbildlich an die Vergewaltigung erinnert
Ende der Novelle: (utopische) Familienidylle, Rückkehr in die von der Gesellschaft vorgegebene Rolle
Stein: Sommerhaus als Metapher für einen gemeinsamen Lebensweg (Schiff), Symbol für die ambivalente Beziehung der beiden Hauptfiguren: emotionale Verbundenheit, aber auch Brüchigkeit des Liebesverhältnisses aufgrund einer abwartenden Lebenshaltung und der Sprachlosigkeit der Figuren
Ende der Novelle: aktive Zerstörung einer Wunschvorstellung, Endgültigkeit des Entschlusses: Stein nimmt das Angebot eines gemeinsamen Lebenswegs zurück, ist offen für einen neuen Lebensentwurf; Ich-Erzählerin verschiebt das Nachdenken über diesen radikalen Bruch routiniert auf „später", keine Veränderung der Lebenshaltung

4.2 Die Sprachlosigkeit der Figuren

1 a/b

Deutungsansatz	Textbeleg	Erläuterung
Leben im Hier und Jetzt, Ziellosigkeit	„‚Was für'n Spaß wir haben können, was für'n Heidenspaß, ich fass es nicht!' […] [D]ann knackte es, und Toddi verschwand" (S. 154).	Rauschzustände/Betäubung, Zeitvertreib ohne Plan, Lebensuntauglichkeit / fehlende Orientierung an der Lebensrealität
Unmöglichkeit von Kommunikation	„[U]nd auf einmal – ohne dass ich das wirklich gewollt hätte – verstand ich Stein, seine Begeisterung, seine Vorfreude, seine Fiebrigkeit. Ich sagte: ‚Es ist schön, dass wir da zusammen hinfahren, Stein', und er weigerte sich, mich anzusehen […]" (S. 147). „Er war weg, und als Henriette blöde unauffällig fragte, wo er sei, zuckten sie mit den Schultern. Ich zuckte nicht mit den Schultern, aber ich schwieg" (S. 154 f.).	▪ mutige Selbstoffenbarung der Ich-Erzählerin trotz emotionaler Unsicherheit; Steins Unvermögen, adäquat und offen zu reagieren ▪ Probleme werden in der Clique nur „unauffällig" angedeutet, nicht thematisiert; Ich-Erzählerin teilt sich nicht mit, schweigt aus Angst, von den anderen nicht verstanden zu werden (sprachliche und erzählerische Mittel: Personalpronomina Er, Sie, Ich, Kommentar „blöde unauffällig")
abwartende Lebenshaltung	„Ich sitze so rum und lese Zeitung" (S. 140). „Danach kamen regelmäßig Karten, ich wartete, wenn sie einen Tag ausblieben, war ich enttäuscht" (S. 155). „Ich ging in die Küche und stand zehn Minuten lang stumpfsinnig vor dem Herd herum. Die Uhr über dem Herd tickte" (S. 156).	abwartende Haltung der Ich-Erzählerin, Unfähigkeit eine Entscheidung zu treffen, die Initiative zu übernehmen; fehlende Zielgerichtetheit, Stillstand

► GK 55 2 a Zur Einordnung in den Handlungszusammenhang siehe Lösung zu Seite 30, Aufgabe 1.

b Erwartete Randnotizen:
deutlicher Appell des Vaters → Rolle des Familienoberhaupts (Erziehung), Vermeidungsstrategie der Marquise (Vortäuschung einer Beschäftigung), zurückhaltende Neugierde der Mutter, schüchterner Widerspruch und Vorwurf der Tochter (Ablehnung des Antrags), aufbrausende Reaktion des Vaters, dezenter Widerwille der Tochter, Erwartungshaltung der Familie hinsichtlich des Gesprächsthemas, Vermeidungsstrategie des Grafen, Fiebertraum/Kindheitserinnerung, verschleiernde Darstellung der Tat / bildhafte Sprache (Allegorie), Namensgebung als konkreter Hinweis auf die Tat, Liebesgeständnis, Sprachlosigkeit

Wie wird die Sprachlosigkeit der Figuren gestaltet?
Es werden zahlreiche Worte gewechselt, gleichzeitig werden gerade die wesentlichen Dinge nicht ausgesprochen. Zentrale Aussagen werden in sprachliche Bilder verpackt.
Welche Beweggründe haben die Figuren, nicht offen zu kommunizieren?
Der Vater verbietet als Familienoberhaupt das Gesprächsthema und reagiert aufbrausend emotional gegenüber den zurückhaltenden Einwänden seiner Tochter. In ihrer Rolle als Tochter traut sich die Marquise ihrem Widerwillen nur dezent Ausdruck zu verleihen, indem sie ihrem Vater schüchtern Vorwürfe für dessen Verhalten macht und versucht, sich dem Gespräch und damit den Anforderungen an sie zu entziehen. Auch die Mutter versucht ihre Neugierde nur vorsichtig zu stillen und die Haltung ihrer Tochter zu den Geschehnissen in Erfahrung zu bringen. Entsprechend den gesellschaftlichen Konventionen führen die Familienmitglieder eine oberflächliche Konversation mit dem Grafen, ohne ihr zentrales Gesprächsanliegen direkt anzusprechen. Der Graf vermeidet den gewünschten Gesprächsgegenstand gezielt. Er rechtfertigt seinen Entschluss letztlich mit verschleiernden Worten, indem er seine Tat in Form einer Allegorie schildert und der Marquise seine außerordentliche Liebe offenbart.

3 Sommerhaus, später: kaum wörtliche Rede, kaum Austausch zwischen Ich-Erzählerin und Stein, fehlendes Aufeinander-Eingehen, emotionale Unsicherheit, fehlendes Vertrauen, Angst vor Missverstehen
Marquise von O...: Austausch vieler Worte, klares Rollenverständnis, Worthülsen als Vermeidungsstrategie, verschleiernde Darstellung des Unaussprechlichen

4.3 Klausurtraining: Einen Erzähltext analysieren

▶ GK 56

Erster Schritt: Die Aufgabenstellung verstehen

1 Untersuchungsaspekte: ▶ GK 57
Teilaufgabe 1: kommunikatives Verhalten der Figuren, Gesprächsentwicklung, erzählerische und sprachliche Mittel, Frauenbild und Selbstverständnis der Marquise; Teilaufgabe 2: Selbstverständnis und Frauenbild der Ich-Erzählerin (in Judith Hermanns Erzählung), Rolle der Frau innerhalb des Systems gesellschaftlicher Konventionen (in Kleists Text)
Operatoren:
Teilaufgabe 1: Analysieren
Teilaufgabe 2: Darstellen, Vergleichen (im Vergleich zeigen)

2 a Richtige Antworten:
Teilaufgabe 1: b, c, d, f
Teilaufgabe 2: a, d, e

Zweiter Schritt: Erstes Textverständnis und Ideen formulieren

3/4 Vgl. Lösungen zu Seite 59, Aufgabe 6 und Seite 60, Aufgabe 7. ▶ GK 58

5 Marquise: entschlossen, hat einen eigenen Willen (vgl. Z. 6 ff.), trifft bewusste Entscheidungen, lehnt eine „Eroberung“ durch den Grafen verbal ab, verhält sich letztlich aber gemäß dem zeitgenössischen Frauenbild
Ich-Erzählerin aus „Sommerhaus, später: unentschlossen, legt sich nicht fest, übernimmt keine Initiative, will erobert werden (klares Rollenverständnis)
Gemeinsamkeiten: Ausrichtung an den Wünschen und Regeln des Kollektivs, Passivität/Rollenkonformität, innere Zerrissenheit, emotionale Unsicherheit, Verdrängung von Gefühlen

Dritter Schritt: Den Text analysieren

6 a Marquise: rechtfertigt ihren Entschluss, zurückhaltendes Gesprächsverhalten, orientiert sich an den Wünschen und Vorstellungen der anderen Familienmitglieder (zeitgemäß), ihr widersprüchliches verbales und nonverbales Verhalten verdeutlichen ihre innere Zerrissenheit, setzt sich letztlich nicht durch (immer geringerer Gesprächsanteil), ihr Auflehnen gegen den offensiven Antrag des Grafen verpufft ▶ GK 59
Mutter: verfolgt eigene Ziele (vgl. ihre Gedanken und den Erzählerkommentar): zweite Hochzeit, gesellschaftliche Anerkennung; bedrängt die Marquise mit Fragen und indirekten Vorwürfen (vgl. Z. 2 f.); malt die Vorzüge des Grafen aus; macht sich indirekt über die Haltung der Marquise lustig (vgl. Z. 40 ff.); ihr nonverbales Verhalten verdeutlicht ihre (Vor-)Freude und „Geschäftigkeit“; dominiert das Gespräch (sehr hoher Redeanteil); weiß ihren Willen in der Familie durchzusetzen

<u>Vater</u>: zunächst Gesprächsbeobachter; durchschaut die Mutter; agiert gemäß der Männerrolle (u. a. Eifersucht); wird laut, geringer Redeanteil, aber „letzte Instanz“ (Familienoberhaupt, Befehle), kommt gegenüber dem Grafen nicht zu Wort und gibt entsprechend mit Gesten (nonverbal) sein Einverständnis
<u>Bruder</u>: übernimmt als Mann die Führung; Ziel: Bewahrung der gesellschaftlichen Stellung des Grafen; drängt zum Handeln: fordert die Marquise zu einer Erklärung auf; erkundigt sich aber nach ihren Gefühlen
<u>Graf</u>: reißt das Gespräch an sich, lässt kein Familienmitglied zu Wort kommen; vereinnahmt die Marquise; deutet alles und handelt in seinem Sinne

b

Deutungsthesen	Erläuterung am Text
1. Die Marquise versteht sich als eine emanzipierte Frau, die eine eigene Haltung entwickelt und Entscheidungen fällt.	▪ rechtfertigt ihren Entschluss: „[E]s war mein Entschluss, mich nicht wieder zu vermählen“ (Z. 6 f.). ▪ kennt die gesellschaftliche Erwartungshaltung, widersetzt sich ihr aber: „dass meine Dankbarkeit auf eine so harte Probe gestellt wird“ (Z. 5 f.)
2. Die Marquise möchte ihre Wünsche und Bedürfnisse berücksichtigt wissen.	▪ weicht trotz emotionaler Verunsicherung nicht von ihrer Haltung ab: „Die Marquise, obschon von diesem Auftritt bewegt, sagte doch […]“ (Z. 79 f.) ▪ widersetzt sich dem offensiven Vorgehen des Grafen: „[Sie] fragte, ob er von Sinnen sei“ (Z. 107 f.)
3. Die Marquise orientiert sich an den Wertvorstellungen der Gesellschaft, übernimmt als Frau eine passive Rolle und überlässt Entscheidungen den männlichen Familienmitgliedern.	▪ hat die gesellschaftlichen Normen verinnerlicht: „um der Verbindlichkeit willen, die ich ihm schuldig bin“ (Z. 30 f.) ▪ denkt und handelt als weibliches Familienmitglied / in ihrer gesellschaftlichen Rolle: „[…] und uns verwickeln wird“ (Z. 52)
4. Die Marquise stellt eigene Interessen hinter den Bedürfnissen und Wünschen anderer zurück.	▪ orientiert sich an Bedürfnissen der anderen Familienmitglieder, erkennt Familie als Gefühlsgemeinschaft an: „[…] berief sich auf das Gefühl der anderen“ (Z. 20 f.) ▪ ist empathisch: „obschon von diesem Auftritt bewegt“ (Z. 79 f.)

c Individuelle Lösungen; Orientierung bieten die Hinweise in der Tabelle.

▸ GK 60 **7 a/b**

Gestaltungsmittel	Textstelle	Erläuterung der Funktion bzw. Wirkung
erzählerische: ▪ auktorialer Erzähler ▪ großer Anteil an (in-)direkter Figurenrede ▪ Erzähler-Kommentar	Z. 79 f.: „Die Marquise […] bewegt“ Z. 39 ff.: „Die Mutter war derselben Meinung […] entsprechen sollte.“ Z. 28 f.: „sie stockte, und ihre Augen glänzten, indem sie dies sagte“ Z. 31 ff.: „Die Mutter […] hatte Mühe, ihre Freude über diese Erklärung zu verbergen“	▪ Erzähler kann jederzeit in die Köpfe und Herzen aller Figuren schauen ▪ viele Worte → Verschleierung der Erwartungen an die Marquise bzw. des gesellschaftlichen Zwangs ▪ Körpersprache und Erzählerkommentare offenbaren tatsächlich Beweggründe und Gefühle der Figuren (v. a. Marquise und Mutter)
sprachliche: ▪ Wortwahl/ ▪ Stilebene ▪ Hypotaxen	Z. 68 f.: „falls er […] zu verfügen“ Z. 39 ff.: „Die Mutter war derselben Meinung […] entsprechen sollte.“	▪ Sprachrepertoire charakterisiert Figuren als Adlige (Oberflächlichkeit) → Überzeichnung, Parodie (Gesellschaftskritik) ▪ Umständlichkeit, verschleiernde Phrasen → Verschleierung von Anforderungen/ Zwang

8 Siehe Lösungen zu Seite 58, Aufgabe 5.

9 Zur „Marquise“: Das System gesellschaftlicher Konventionen wird im kleinen Raum der Familie gelebt. Die Familie versteht sich als Gefühlsgemeinschaft, wobei der Vater als Familienoberhaupt und Repräsentant der Gesellschaft fungiert. Die Erwartungshaltung der Familienmitglieder entspricht den gesellschaftlichen Normen und nötigt die Marquise, ihren persönlichen Entschluss und ihre Selbstbestimmtheit aufzugeben. Kleist parodiert und überzeichnet beim Gesprächsverhalten der adligen Figuren und kritisiert damit diese Gesellschaftsschicht: Gerade im Wortreichtum der Figuren wird ihre Sprachlosigkeit deutlich. Mit wohlgewählten Worten bzw. Phrasen werden sowohl Gefühle als auch gesellschaftliche Zwänge übertüncht.
Zur Ich-Erzählerin in „Sommerhaus, später“ vergleiche die Lösungen zu Seite 49, Aufgabe 3.
Im Vergleich zeigt sich, dass beide Protagonistinnen keine selbstbestimmten Frauenfiguren sind und teilweise in ihrem Verhalten einem geschlechtstypischen Rollenverhalten entsprechen: Beide überlassen dem jeweiligen männlichen Gegenüber streckenweise den aktiven Part und reagieren eher, als aktiv oder gar gegen Widerstände ihr Leben zu bestimmen und zu gestalten. Allerdings stellt sich Kleists Marquise vor dem historischen Hintergrund doch recht widerständig dar: In einer Gesellschaft, in der eine uneheliche Schwangerschaft gesellschaftliche Ächtung bedeutete, eine Mutter ggf. um ihre Rechte kämpfen musste (vgl. Marquise: setzt durch, dass sie ihre Kinder mit zu sich nehmen kann) und die soziale Schicht (Marquise: Adel) wie auch die Vorstellungen von Familie mit starken Zwängen verbunden waren, nimmt sie ihr Leben unter Abwägung ihrer Möglichkeiten aktiv in die Hand (Aufsehen erregende Zeitungsanzeige usw.). Die Ich-Erzählerin bei Hermann hat dagegen alle Freiheiten einer ungebundenen jungen Frau in der modernen westlichen Gesellschaft, erscheint aber im Vergleich zur Marquise unreif, unentschlossen und ziellos.

Vierter Schritt: Den Schreibplan erstellen und den Text schreiben

10 Sinnvolle Reihenfolge: 4, 5, 2, 8, 3, 6, 1, 7 ► GK 61

11 Individuelle Lösungen

Fünfter Schritt: Den eigenen Text überarbeiten

12 Individuelle Lösungen

Einen literarischen Text analysieren (Aufgabenart I A)

Aufgabenstellung

1 Ordnen Sie den Textauszug aus Judith Hermanns Erzählung „Sommerhaus, später" knapp in den Handlungsgang ein und analysieren Sie die Figurengestaltung und die dargestellte Kommunikationssituation. Berücksichtigen Sie dabei erzählerische und sprachliche Gestaltungsmittel. *(42 Punkte)*

2 Stellen Sie dar, wie die Sprachlosigkeit der Marquise in Heinrich von Kleists Novelle „Die Marquise von O…" gestaltet wird und worin sie begründet liegt. Zeigen Sie im Vergleich der beiden Frauenfiguren, wie Judith Hermann die Unmöglichkeit zur Kommunikation im sozialhistorischen Kontext gestaltet. *(30 Punkte)*

Judith Hermann: **Sommerhaus, später** (1998)

[…] Ich dachte: „Und das war's", als ich jetzt neben Stein im Taxi saß, Frankfurter Allee Richtung Prenzlau, Nachmittagsverkehr. Der Tag war diesig und kalt, Staub in der Luft, glotzende, blöde, fingerreckende, müde Autofahrer neben uns. Ich rauchte eine Zigarette und fragte mich, warum gerade ich jetzt neben Stein sitzen musste, warum er gerade mich angerufen hatte – weil ich ein Anfang gewesen war, für ihn? Weil er Anna oder Christiane oder Toddi nicht erreicht hatte? Weil keiner von denen mit ihm rausgefahren wäre? Und warum fuhr ich mit ihm raus? Ich kam an keine Antwort heran. Ich warf die Zigarettenkippe aus dem Fenster, ignorierte den Kommentar des Autofahrers neben uns; im Taxi war es scheußlich kalt. „Stimmt was mit der Heizung nicht, Stein?" Stein antwortete nicht. Es war das erste Mal, dass wir wieder zusammen in seinem Auto saßen, seit damals, ich sagte nachsichtig: „Stein, was ist das für ein Haus. Was hast du dafür bezahlt." Stein schaute unkonzentriert in den Rückspiegel, fuhr über rote Ampeln, wechselte unentwegt die Spur, zog die Glut seiner Zigarette bis an die Lippen herunter. „80 000", sagte er. „Ich hab 80 000 Mark dafür bezahlt. Es ist schön. Ich hab's gesehen und hab gewusst – das ist es." Er hatte rote Flecken im Gesicht und hämmerte mit der flachen Hand auf die Hupe, während er einem Bus die Vorfahrt nahm. Ich sagte: „Woher hast du 80 000 Mark?", er warf mir einen kurzen Blick zu und antwortete: „Du stellst die falschen Fragen." Ich beschloss, nichts mehr zu sagen.

Wir verließen Berlin, Stein fuhr von der Autobahn hinunter auf die Landstraße, es begann zu schneien. Ich wurde müde, wie immer beim Autofahren. Ich starrte auf die Scheibenwischer, in den wirbelnden Schnee, der uns in konzentrischen Kreisen entgegenkam, ich dachte an das Autofahren mit Stein vor zwei Jahren, an die seltsame Euphorie, an die Gleichgültigkeit, an die Fremdheit. Stein fuhr ruhiger, sah ab und an flüchtig zu mir hin. Ich fragte: „Funktioniert der Kassettenrekorder nicht mehr?" Er lächelte, sagte: „Doch. Ich wusste nicht … wenn du's noch magst." Ich verdrehte die Augen – „Natürlich mag ich's noch." –, schob die Callaskassette[1] in den Rekorder, auf der Stein eine Donizettiarie[2] zwanzigmal hintereinander montiert hatte. Er lachte. „Du weißt das noch." Die Callas sang, sie ging hoch und runter, Stein beschleunigte und verlangsamte, ich musste auch lachen und berührte mit der Hand kurz seine Wange. Die Haut war ungewohnt stachelig. Ich dachte: „Was ist gewohnt", Stein sagte: „Siehste", und ich sah, dass er es sofort bereute.

Hinter Angermünde bog er von der Landstraße ab und bremste vor der Einfahrt zu einem Sechziger-Jahre-Flachbau so heftig, dass ich mit dem Kopf gegen die Windschutzscheibe flog. Ich fragte enttäuscht und beunruhigt: „Ist es das?", und Stein freute sich darüber und schlitterte auf dem vereisten Beton mit übertriebenen Bewegungen auf die Frau im Küchenkittel zu, die aus der Haustür getreten war. An ihren Kittel krallte sich ein blasses, kümmerliches Kind. Ich kurbelte die Scheibe herunter, hörte, wie er mit jovialer Herzlichkeit „Frau Andersson!" rief – ich hatte seine Art, mit Leuten dieses Schlags umzugehen, schon immer gehasst –, sah, wie er ihr die Hand entgegenstreckte und wie sie sie nicht nahm, sondern ein riesiges Schlüsselbund hineinfallen ließ. „Wasser gibt's nicht bei Frost", sagte sie. „Zuleitung is kaputt. Aber Strom wollnse nächste Woche anstelln." Das Kind an ihrem Kittel fing an zu heulen. „Macht nix", sagte Stein, schlitterte zum Auto zurück, blieb vor meiner heruntergekurbelten Scheibe stehen und bewegte sein Becken elegant und obszön im Kreis. Er sagte: „Come on baby, let the good times roll." Ich sagte: „Stein. Lass das", ich spürte, wie ich rot wurde, das Kind ließ den Kittel der Frau los und ging einen erstaunten Schritt auf uns zu.

„Die haben drin gewohnt", sagte Stein, als er den Motor wieder anließ; er setzte rückwärts auf die Landstraße, der Schnee fiel jetzt dichter, ich drehte mich um und sah die Frau und das Kind im erleuchteten Rechteck der Tür stehen, bis das Haus hinter einer Kurve verschwand. „Sie sind sauer, weil sie vor einem Jahr rausmussten.

Aber nicht ich hab sie rausgesetzt, sondern der Eigentümer aus Dortmund. Ich hab's bloß gekauft. Von mir aus hätten sie drinbleiben können." Ich sagte verständnislos: „Die sind doch ekelhaft", und Stein sagte: „Was ist ekelhaft", und warf mir das Schlüsselbund in den Schoß. Ich zählte die Schlüssel, es waren dreiundzwanzig Stück, ganz kleine und sehr große, alle alt und mit schön geschwungenem Griff, ich sang halblaut vor mich hin: „Der Schlüssel zum Stall, der Schlüssel zum Boden, der fürs Tor, für die Scheune, fürs gute Zimmer, für Melkkammer, Briefkasten, Keller und Gartentor", und auf einmal – ohne, dass ich das wirklich gewollt hätte – verstand ich Stein, seine Begeisterung, seine Vorfreude, seine Fiebrigkeit. Ich sagte: „Es ist schön, dass wir da zusammen hinfahren, Stein", und er weigerte sich, mich anzusehen, und sagte: „Jedenfalls kann man von der Veranda aus die Sonne hinterm Kirchturm untergehen sehen. Und wir sind gleich da. Hinter Angermünde kommt Canitz, und in Canitz steht das Haus."

Canitz war schlimmer als Lunow, schlimmer als Templin, schlimmer als Schönwalde. Graue, geduckte Häuser auf beiden Seiten der gekrümmten Landstraße, Bretterverschläge vor vielen Fenstern, kein Laden, kein Bäcker, kein Gasthaus. Das Schneegestöber nahm zu. „Viel Schnee hier, Stein", sagte ich, und er sagte: „Klar", als hätte er den Schnee zusammen mit dem Haus gekauft. Als auf der linken Seite der Straße die Dorfkirche auftauchte, dann doch schön und rot mit einem runden Glockenturm, fing Stein an, ein summendes, seltsames Geräusch zu machen, wie eine Fliege, die im Sommer gegen die geschlossenen Fenster stößt. Er lenkte das Auto auf einen kleinen Querweg, bremste ab, nahm im selben Moment mit einer emphatischen Geste die Hände vom Lenkrad und sagte: „Das ist es."

1 Maria Callas (1923–1977): griechisch-amerikanische Opernsängerin
2 Gaetano Donizetti (1797–1848): italienischer Opernkomponist

Judith Hermann: Sommerhaus, später. In: Dies.: Sommerhaus, später. Fischer Taschenbuch Verlag, Frankfurt/M. 2000 © S. Fischer, Frankfurt/M. 1998), S. 144–148

Inhaltliche Leistung

Aufgabe 1

	Anforderungen Die Schülerin / Der Schüler	maximale Punktzahl (AFB)	erreichte Punktzahl
1	**verfasst eine aufgabenbezogene Einleitung.**	3 (I)	
2	**ordnet den Textauszug knapp in den Handlungsgang ein,** z. B.: Steins unerwartetes Erscheinen bei der Ich-Erzählerin, Erinnerung der Ich-Erzählerin an die gemeinsame Beziehung, Autofahrt zu Steins Traumhaus	3 (I)	
3	**benennt Gesprächssituation, Anlass und Thema des Gesprächs,** z. B.: nachmittägliche Fahrt in Steins Taxi durch das winterliche Berlin nach Canitz, Abholen des Schlüssels bei den Vorbesitzern, Ankunft am Haus / Steins Wunsch, der Ich-Erzählerin das Sommerhaus zu zeigen, Überbrückung der Fahrzeit	3 (I)	
4	**erschließt die dargestellte Kommunikationssituation,** etwa: <u>das kommunikative Verhalten der Figuren</u>: geringe Redeanteile auf beiden Seiten, kaum Austausch, fehlendes Aufeinander-Eingehen, Wechsel zwischen emotionaler Nähe und Distanz <u>die Gesprächsentwicklung</u>: ▪ schnippische Fragen der Erzählerin (vgl. Z. 14 f.) ▪ ihr vergeblicher Versuch, ein Gespräch über das Haus zu initiieren ▪ Steins Aufregung und Ungeduld bei gleichzeitiger Wortkargheit und Zurückweisung ▪ daraus resultierender Entschluss der Ich-Erzählerin, zu schweigen ▪ Erinnerung an die gemeinsame Vergangenheit (Autofahrten mit Musik), kurze Phase der Vertrautheit und nonverbale Signale der Annäherung ▪ sofortige Verunsicherung und Distanzierung (vgl. Z. 47 f.) ▪ Enttäuschung der Ich-Erzählerin, gedankliche Abwertung Steins, Rückzug auf nüchterne, distanzierte Haltung (vgl. Z. 60 ff., 71 f.) ▪ Steins Rücksichtslosigkeit, übertriebenes Gehabe und laszive Selbstdarstellung (vgl. 70 f.) ▪ Schlüsselbund als Auslöser erneuter Euphorie bei der Ich-Erzählerin, mutige Selbstoffenbarung (vgl. Z. 94 f.), Steins erneut distanzierte Haltung, Ernüchterung der Ich-Erzählerin und wiederholte gedankliche Abwertung Steins (vgl. Z. 105 ff.) → sich wiederholendes Muster, das bereits vorher existierte (vgl. Z. 34 ff.) → Verunsicherung, Angst vor Missverstehen → Enttäuschung, Distanzierung, Abwertung des Gegenübers → gestörte Kommunikation: Angst vor Enttäuschung, fehlende Offenheit	12 (II)	

	Anforderungen Die Schülerin / Der Schüler	maximale Punktzahl (AFB)	erreichte Punktzahl
5	**untersucht die Figurengestaltung,** etwa: Ich-Erzählerin: ▪ Verunsicherung, Angst vor Verletzungen ▪ Gefühl, in ihrer Befindlichkeit nicht wahrgenommen zu werden (Vorwurf an Stein: Kälte, fehlende Musik, Windschutzscheibe) ▪ Schutzmechanismen: schnippische Äußerungen, exaltiertes Gehabe (vgl. Z. 40 f.), Rückzug auf nüchterne und distanzierte Haltung, Abwertung des Gegenübers ▪ aber auch emotionales Sich-Einlassen auf Stein (vgl. Z. 46) ▪ Zerrissenheit: fühlt sich zu Stein hingezogen und zugleich von ihm abgestoßen (vgl. Z. 91 f.) ▪ Passivität; Unfähigkeit, Entscheidungen zu treffen und die Initiative zu ergreifen Stein ▪ aufgeregtes und ungestümes Verhalten ▪ Sehnsucht nach emotionaler Nähe, aber Unsicherheit ▪ Unvermögen, adäquat auf Gefühlsäußerungen zu reagieren und eigene Gefühle offen zu artikulieren (vgl. Z. 95) ▪ Ausweichmechanismen: Wortkargheit, Distanz, überzogenes Gehabe	9 (II)	
6	**untersucht erzählerische und sprachliche Gestaltungsmittel in ihrer Funktion,** z. B.: ▪ Ich-Erzählerin, Innensicht ▪ kaum wörtliche Rede, kaum Austausch zwischen Ich-Erzählerin und Stein: Ausdruck des fehlenden Aufeinander-Eingehens und der Angst vor Missverständnissen ▪ Kommentare und Reflexionen verdeutlichen Haltung der Ich-Erzählerin zu den Geschehnissen, u. a. Zerrissenheit zwischen teils kritisch-bitterer Distanz und Euphorie (vgl. Z. 49, 108 f.) ▪ Reihung von Fragen in Form von Kausalsätzen (vgl. Z. 6 ff.): Ausdruck der Verunsicherung der Ich-Erzählerin ▪ Parataxen („Er lachte“, Z. 44; „Das Schneegestöber nahm zu“, Z. 104) und parataktische Aufzählung u. a. zur Veranschaulichung von Steins ungeduldigem, aufgeregtem Fahrstil (vgl. Z. 19 ff.) ▪ Aufzählungen und Wiederholungen syntaktischer Strukturen zur Verdeutlichung des Empfindens und der Wahrnehmung der Ich-Erzählerin („Canitz war schlimmer als Lunow, schlimmer als Templin, schlimmer als Schönwalde“, Z. 100 ff.; „kein Laden, kein Bäcker, kein Gasthaus“, Z. 103 f.) ▪ exaltierte Wortwahl und sprachliche Bilder vermitteln Lebensgefühl der Ich-Erzählerin (vgl. Z. 4 f.)	9 (III)	
7	**fasst die Ergebnisse der Analyse in einer Schlussfolgerung zusammen.**	3 (III)	
8	**erfüllt ein weiteres aufgabenbezogenes Kriterium.**	(6)	
	Summe Aufgabenteil 1	**42**	

Aufgabe 2

	Anforderungen Die Schülerin / Der Schüler	maximale Punktzahl (AFB)	erreichte Punktzahl
1	**verfasst eine aufgabenbezogene Überleitung.**	3 (I)	
2	**stellt dar, wie die Sprachlosigkeit der Marquise gestaltet wird,** etwa: ▪ Trotz vieler Worte bleibt Wesentliches unausgesprochen. ▪ Zentrale Aussagen werden in sprachliche Bilder verpackt. ▪ Widerspruch wird nur mit Zurückhaltung geäußert. ▪ Vermeidungsstrategien werden genutzt (u. a. Worthülsen, Rückzug). ▪ Körpersprachliche Signale geben Aufschluss über innere Vorgänge.	6 (I)	
3	**stellt Gründe für die Sprachlosigkeit der Marquise dar,** etwa: ▪ klares Rollenverständnis, traditionelles Familienbild ▪ oberflächliche Konversation gemäß gesellschaftlichen Konventionen	4 (I)	
4	**vergleicht die beiden Frauenfiguren mit Blick auf Gemeinsamkeiten hinsichtlich der Unfähigkeit zur Kommunikation,** etwa: ▪ richten sich nach gesellschaftlichen Konventionen (Familie, Freunde) ▪ kommunizieren gemäß geschlechtstypischem Rollenverständnis (passiv)	7 (II)	
5	**vergleicht die beiden Frauenfiguren mit Blick auf Unterschiede hinsichtlich der Unfähigkeit zur Kommunikation,** etwa: ▪ Kleists Marquise zeigt vor dem sozialhistorischen Hintergrund Durchsetzungswillen und verfolgt in Gesprächen eigene Ziele. ▪ Die Ich-Erzählerin bei Hermann hat dagegen alle Freiheiten einer ungebundenen jungen Frau in der modernen westlichen Gesellschaft. Dennoch gelingt es ihr nicht, ihre Gedanken und Wünsche offen zu kommunizieren und ein konstruktives Gespräch darüber zu führen.	7 (II)	
6	**fasst die Ergebnisse in einer Schlussfolgerung zusammen.**	3 (III)	
7	**erfüllt ein weiteres aufgabenbezogenes Kriterium.**	(4)	
	Summe Aufgabenteil 2	**30**	

Darstellungsleistung

	Anforderungen Die Schülerin / Der Schüler	maximale Punktzahl	erreichte Punktzahl
1	strukturiert den Klausurtext kohärent, schlüssig, stringent und gedanklich klar.	6	
2	formuliert unter Beachtung der fachsprachlichen und fachmethodischen Anforderungen.	6	
3	belegt Aussagen durch angemessenes und korrektes Zitieren.	3	
4	drückt sich allgemeinsprachlich präzise, stilistisch sicher und begrifflich differenziert aus.	5	
5	formuliert lexikalisch und syntaktisch sicher, variabel und komplex (und zugleich klar).	5	
6	schreibt sprachlich richtig.	3	
	Summe Darstellungsleistung	**28**	
	Gesamtpunktzahl **Note:** **Datum:**	**100**	

LK 4 Hartmut Lange: „Das Haus in der Dorotheenstraße“

Konzeption des Kapitels

GK: Arbeitsheft für den Grundkurs; **LK:** Arbeitsheft für den Leistungskurs;
Texte, Themen und Strukturen: Ausgabe Nordrhein-Westfalen, 978-3-464-68112-1 / 978-3-464-68111-4

Seite	Sequenz/ Materialien	Didaktisch-methodische Hinweise	Anknüpfung an „Texte, Themen und Strukturen“
LK 51 ff.	**4.1 Handlung und Figuren**	Die Schüler/-innen entwickeln erste Ideen zum Inhalt der Erzählung und eine Übersicht zur Handlungsstruktur. Die in einem Wortspeicher angeführten Begriffe benennen bereits zentrale Aspekte zur Hauptfigur Gottfried Klausen. Ihre Zuordnung zu den Handlungsschritten eröffnet einen ersten Einblick in Klausens psychische Entwicklung.	
LK 52		Anhand zweier komplementärer Textstellen wird Klausens Entwicklung genauer in den Blick genommen, die sich u. a. in der Veränderung seiner Arbeitsweise zeigt. Sprachliche und erzählerische Gestaltungsmittel werden in ihrer Funktion analysiert.	Bei der Untersuchung erzählerischer und sprachlicher Mittel unterstützen die umfassenden Informationskästen „Die drei idealtypischen Erzählstrategien“ (S. 172 f.) und „rhetorische Figuren“ (S. 200 ff.).
LK 53	Information: Othello Information: Intertexualität	Die Auseinandersetzung mit der Frage nach Xenias (Un-)Treue zielt auf ein Bewusstsein für die Mehrdeutigkeit der Erzählung. Dass die Verweigerung von Eindeutigkeit am Erzählende ihren Höhepunkt erreicht, soll anhand einer genauen Analyse des Schlusses offensichtlich werden. Deutlich werden soll auch, dass der Bezug auf Shakespeares Drama „Othello“ das Spiel mit der Ungewissheit für eine „wissende“ Leserschaft durchschaubarer macht.	Hier ist auch der Einsatz eines produktiv-gestaltenden Verfahrens denkbar (s. Methodenkasten S. 36). Vertiefend kann auf die Theorien des Verstehens (S. 48 f.) eingegangen und anhand von Langes Novelle veranschaulicht werden, dass aktuelle Literatur sich häufig dem hermeneutischen Verständnisprozess entzieht und mit Intertextualität spielt.
LK 54 ff. LK 54	**4.2 Thematische Aspekte im Vergleich** **Misslingende Kommunikation** *E. T. A. Hoffmann:* „Der Sandmann“ Methode: Kommunikation analysieren	Unter dem Aspekt „Misslingende Kommunikation“ werden jeweils ein Dialog zwischen Gottfried und Xenia bzw. Nathanael und Clara eingehend untersucht, unterstützt durch einen Methodenkasten zur Kommunikationsanalyse. Die Ergebnisse ermöglichen einen Vergleich der beiden Erzähltexte im Hinblick auf den gewählten Untersuchungsaspekt.	Hilfreich zur Analyse der gestörten Kommunikation zwischen den Paaren können auch die Kategorien *Schulz von Thuns* (S. 127 f.) sein. Hier kann der Auszug aus *Daniel Kehlmanns* „Ich und Kaminski“ (S. 135 f.) als weiterer Vergleichstext herangezogen werden.

Seite	Sequenz/ Materialien	Didaktisch-methodische Hinweise	Anknüpfung an „Texte, Themen und Strukturen"
LK 55	**Das Unheimliche** *Thomas Hardtke:* „Begegnungen mit dem Unheimlichen" Information: Merkmale einer Novelle	Hardtkes Deutungsansatz zum Unheimlichen in Langes Erzählung wird am Text nachgewiesen, wobei die Schüler/-innen mittels einer Tabelle zur systematischen Analyse in Form eines Dreischritts angeleitet werden: Deutungsthese, Textbeleg, kommentierende Erläuterung. Exemplarisch werden erzählerische und sprachliche Mittel des Erzählschlusses mit Blick auf ihren Beitrag zur unheimlichen und irritierenden Wirkung des Textes untersucht. Ein Textvergleich zielt auf das Erfassen der Erzählinstanz, die sowohl bei Lange als auch bei Hoffmann maßgeblich für die Irritation der Leserschaft verantwortlich ist. Sowohl das Getriebensein von unheimlichen Mächten als auch die Unfähigkeit zur Kommunikation zeichnen vielfach die Protagonisten einer Novelle aus. Weitere typische Merkmale einer Novelle werden an den abiturrelevanten Erzähltexten nachgewiesen.	Der Informationskasten „Deutungsthesen ausführen" (S. 209) veranschaulicht das Vorgehen bei einer systematischen Analyse: die Absicherung einer These durch Textbelege und deren deutende Kommentierung. Ergänzend kann geprüft werden, inwiefern sich die Metaphorik in *Dieter Wellershoffs* Vorlesung „Das Schimmern der Schlangenhaut – Zufall, Mehrdeutigkeit, Transzendenz" (S. 544 f.) auf Langes Erzählung übertragen lässt. Auch *Thomas Krafts* „13 Thesen zur Gegenwartsliteratur" (S. 545 f.) bieten sich für eine Auseinandersetzung mit den Merkmalen zeitgenössischer Erzähltexte am Beispiel „Das Haus in der Dorotheenstraße" an.
LK 56	**Ort und Fiktionalität** Information: Fiktionsvertrag und Fiktionalitätssignale	Ausgehend von einer Überprüfung der Ortsangaben auf ihre Fiktionalität hin sammeln die Schüler/-innen alle Informationen zum Haus in der Dorotheenstraße in einem Cluster und untersuchen die symbolische Bedeutung des Hauses mit Blick auf die Beziehung des Ehepaars. Auf dieser Grundlage erfolgt ein Vergleich mit der symbolischen Bedeutung des Gartenhauses in Kleists Novelle.	Zur Vertiefung siehe Kapitel „Zwischen Fiktion und Wirklichkeit – Modelle literarischer Kommunikation" (S. 175 ff.). Die Aufgaben können ergänzend an Textauszügen aus Langes Novelle erarbeitet werden. Zur Symbolik in Erzähltexten kann ergänzend der Informationskasten „Novelle und Dingsymbol" (S. 480) genutzt werden.
LK 57 ff.	**4.3 Klausurtraining: Einen Erzähltext analysieren** *E. T. A. Hoffmann:* „Der Sandmann" Checkliste: Einen Erzählausschnitt analysieren	Im Klausurtraining wird das schrittweise Vorgehen bei der Analyse eines literarischen Textes mit weiterführendem Schreibauftrag geübt. Einen weiteren Klausurvorschlag (mit Erwartungshorizont) bietet diese Handreichung (→ S. 98 ff.).	Die fünf Schritte entsprechen dem Vorgehen des Klausurtrainings in „Texte, Themen und Strukturen". Umfassendere Informationen u. a. zur Verknüpfung von Inhalt, Sprache und Form bieten die Seiten 181–184.

Literaturhinweise

Hardtke, Thomas: Begegnungen mit dem Unheimlichen. Sich mit Hartmut Langes Novellen auseinandersetzen. In: Praxis Deutsch 255/2016, S. 50–53

Hinck, Walter: Hartmut Lange: Das Haus in der Dorotheenstraße. Wer der Krähe folgt, ist halb schon verloren. FAZ, 28.05.2013. Online unter http://www.faz.net/aktuell/feuilleton/buecher/rezensionen/belletristik/hartmut-lange-das-haus-in-der-dorotheenstrasse-wer-der-kraehe-folgt-ist-halb-schon-verloren-12198342.html (Zugriff: 15.06.2017)

4.1 Handlung und Figuren

1–3 Die Begriffe aus dem Wortspeicher in Aufgabe 2 sind im Folgenden unterstrichen: ▶ LK 51

1) ▪ Handlungsort: Haus in der Dorotheenstraße (Gefühl der Geborgenheit/Sicherheit, aber brüchige Fassade)
   ▪ Trennung: Korrespondent Klausen entscheidet sich für Angebot in London (Vorgeschichte)
2) ▪ Handlungsort: London – Zweizimmerwohnung, Büro, Themsebrücke, Theater
   ▪ Unzufriedenheit, Telefonate mit Xenia, Zweifel an der Richtigkeit der Entscheidung, gewissenhafte Arbeit (Kontrolle), Theaterbesuch „Othello" mit Wahrnehmung der Inszenierung als Willkür und Schein, vergeblicher Anruf bei Xenia nach dem Theaterbesuch, unruhiger Schlaf / Traum
3) ▪ Handlungsort: London – Zweizimmerwohnung, Flughafen Heathrow
   ▪ Telefonat mit Xenia am nächsten Morgen, Verabredung zur Wohnungsbesichtigung (Wünsche), vergebliches Warten am Flughafen, Orientierungslosigkeit, Männerstimme am Telefon, Entgegenkommen: Plan eines Flugs nach Berlin, Sehnsucht nach Nathanbrücke
4) ▪ Handlungsort: Büro, Wohnung, Flughafen
   ▪ rasche Erledigung der Arbeit in den nächsten Wochen, Ausbruch des Vulkans Grimsvötn am Vorabend des Abflugtags → gestrichener Flug, Stillstand; Männerstimme am Telefon, Xenias Lachen
5) ▪ Handlungsort: Büro, Theater
   ▪ Rückkehr vom Flughafen, Grübeln und Zweifel an Xenias Treue, erneuter Besuch des Theaterstücks „Othello", vorzeitiges Verlassen des Theaters, Beschäftigung mit Thema Untreue
6) ▪ Handlungsort: Büro, Haus in der Dorotheenstraße
   ▪ Sinnieren über das Theaterstück, Veränderung: schlampige Arbeitsweise, Orientierungslosigkeit wird Thema von Gottfrieds Berichterstattung, Telefonat mit Chefredakteur, Selbsterkenntnis, Wunsch, London zu verlassen (mögliches Ziel: Island, Berichterstattung über den Grimsvötn),
   ▪ Reflexion des Erzählers über künftige, potenzielle Ereignisse im Haus an der Dorotheenstraße (Mord?)

4 ▪ Was für ein Typ ist Gottfried Klausen? Siehe auch Lösungen zu Seite 52, Aufgabe 4: rationale Weltsicht, Orientierung an Fakten, Zuverlässigkeit, Pünktlichkeit, Kontrollbedürfnis, Vermeidungsstrategien.
  ▪ Zur Entwicklung siehe auch Lösungen zu Seite 52, Aufgabe 5: Gottfried verliert zusehends die Kontrolle über sein Leben, schicksalhafte Ereignisse gewinnen die Überhand. Er wirkt zunehmend orientierungslos und zweifelt an den bisherigen Konstanten in seinem Leben (Treue Xenias, Faktenberichte).

5 Charakterisierung Gottfried Klausens: gewissenhaft, akribisch, an Fakten orientiert, angepasst, nüchtern ▶ LK 52

6 a Klausen fehlt die notwendige Konzentration für seine Arbeit, er wird nachlässig und beginnt private Themen mit seiner Arbeit zu verstricken. Die Ereignisse erscheinen ihm zunehmend rätselhaft, es mangelt ihm an Klarheit und Sicherheit. Er erkennt jedoch auch, dass der Ortswechsel ihn auf sich selbst zurückgeworfen hat (Selbsterkenntnis), und gewinnt an Entschlossenheit.

b

Aspekt	Erzählbeginn	Entwicklung im Erzählverlauf
Arbeitsweise	gründlich, gewissenhaft	fahrig; schlampige Recherche
Geschriebenes	klar, nachvollziehbar, von allgemeinem Interesse, Faktenberichte	verworren, persönliche Belange, Thematisierung von Gefühlen (Orientierungslosigkeit, Affären)
Weltsicht	Sicherheit, Klarheit, rational	Ungewissheit, Rätselhaftigkeit von Ereignissen, emotional
Ortswechsel	fremdbestimmt, Klausens Einverständnis und Hoffnung, Gefallen an London zu finden	eigener Entschluss, Selbsterkenntnis

c
- Die Verwendung der unpersönlichen Man-Form unterstreicht einerseits Klausens Nüchternheit der Berichterstattung, andererseits die von ihm wahrgenommene Unbestimmtheit der Ereignisse.
- Die Verwendung des Konjunktivs in der Berichterstattung verdeutlicht, dass es sich hier um Gedankenkonstrukte Klausens handelt, sie zeigt die Verworrenheit seiner Gedanken und seine Orientierungslosigkeit.
- Die Wiederholung des Satzanfangs „Er begann“ kennzeichnet Klausens Veränderungsprozess.
- Die Wiederholung des Satzanfangs „Ob man“ zeigt, dass hier keine Fakten, sondern Fragen formuliert werden. Sie verweist darauf, dass Gottfried die Rätselhaftigkeit der Ereignisse und der Mangel an Gewissheit zu schaffen machen.

7 Mögliche Antworten: Ortswechsel, fehlgeschlagene Telefonanrufe, Traum, Zweifel an Xenias Treue, Eindruck der Theaterinszenierung, schicksalhafte Ereignisse (Vulkanausbruch)

► LK 53 8 Die scheinbar Vertraute wird für Klausen zunehmend zur Fremden. Er beginnt an Xenias Treue zu zweifeln und stellt die gemeinsamen Jahre in Frage: „Und war Klausens Ehe mit dieser Frau vielleicht schon seit Jahren derart verlogen, dass er ihre Untreue nicht bemerkt hatte?“ (S. 88).

9 **Belege (bzw. Indizien) für Xenias Untreue:** Xenia möchte nicht mit nach London (vgl. S. 75), sie nennt keine Gründe für den verpassten Telefonanruf (vgl. S. 80); sie willigt nur zögerlich ein, eine Mietwohnung in London zu besichtigen (vgl. S. 80 f.), sie sitzt nicht im Flieger nach London (S. 82); Gottfried hört zweimal eine Männerstimme am anderen Ende der Leitung (vgl. S. 82, 86) und hört beim zweiten Telefonat Xenias Gelächter im Hintergrund (vgl. S. 86); Xenia meldet sich nach diesem Telefonat nicht mehr (vgl. S. 86).
Belege (bzw. Indizien) für Xenias Treue: Xenia hängt an ihrem Mann (lange Umarmung beim Abschied); Gottfried bildet sich die Männerstimme am Telefon ein („wie er glaubte“, S. 82); möglicherweise handelte es sich um eine „falsche Verbindung“ (S. 82); nach ihrem verpassten Flug versucht Xenia ihren Mann mehrfach telefonisch zu erreichen (vgl. S. 82); Xenia nennt Gründe für das Versäumen des Flugs (vgl. S. 83).

10 a
- Parallelen zwischen den Hauptfiguren: rationales Vorgehen im Beruf, Entwicklung einer wahnhaften Eifersucht auf die vermeintlich untreue Ehefrau, Orientierungslosigkeit, „Put out the light!“ als (möglicher) Hinweis auf einen Plan zur Ermordung der Ehefrau
- Wirkung der Inszenierung des Theaterstücks auf Klausen: Aufgrund seiner rationalen Weltsicht und Orientierung an Fakten beschreibt Klausen die Inszenierung als „Willkür, [als] Unzuverlässigkeit des schönen Scheins“ (S. 77). Es ist für ihn undenkbar, dass ein Ehemann die vermeintliche Untreue seiner geliebten Frau nicht rational hinterfragt. Dennoch hinterlässt die Inszenierung einen tiefen Eindruck bei ihm. Dies offenbart das Erwachen aus seinem Traum, bei dem er kurzzeitig die Fremdheit zweier Welten spürt, die eigentlich zusammengehören. Bereits hier verliert Klausen seine Orientierung: „Wo bin ich“, dachte Gottfried Klausen […]“ (S. 79). Beim zweiten Besuch der Inszenierung „Othello“ stellt Klausen selbst einen Bezug zu seinen Zweifeln an Xenias Treue her. Der Theaterbesuch ist Teil seiner zunehmend wahnhaften Wahrnehmung und seines Reflexionsprozesses: „Wollte er, nur weil er ein Problem mit seiner Frau hatte, der Ermordung einer Wehrlosen zusehen […]?“ (S. 88). Als ihm „klar wurde, wie geschmacklos es gewesen wäre, sitzen zu bleiben“ (S. 88), verlässt er das Theater vorzeitig, um in einem Pub seine Situation zu überdenken. Seine Gefühlswelt schafft sich immer mehr Raum gegenüber seiner rationalen Weltsicht. Dies zeigt sich v. a. darin, dass ihm die Aufforderung „Put out the light“ nicht mehr aus dem Kopf geht (vgl. S. 90).

b
- Siehe auch Seite 53, Aufgabe 11: Auch wenn er Othellos Handeln rational verurteilt und zunächst nicht nachvollziehen kann, ist Klausen von der Welt der Gefühle und von der Handlung des Stücks merklich beeindruckt. Dies ist ein „Alarmzeichen“: Wird auch Gottfried seine Frau ermorden?
- Weitere „Unheilsboten“: Erwachen aus dem Traum, Veilchenstrauß (Treuesymbol) findet keinen Adressaten, Vulkanausbruch

11 Erwartete Markierungen: Fragen, Konjunktiv, Zitat „Put out the light!“

12 Der intertextuelle Bezug zu „Othello“ (→ Information, S. 53) deutet an, dass Gottfried, ebenso wie die Titelfigur des Dramas, die Ermordung seiner Ehefrau plant.

► LK 54

4.2 Thematische Aspekte im Vergleich

Misslingende Kommunikation

1 a Zur Einordnung des Textauszugs in den Handlungsverlauf siehe Seite 51, Aufgabe 1.
Standpunkte und Argumente der Figuren: Gottfried möchte Xenia bei sich haben, fühlt sich einsam und fremd in London, findet rationale Erklärungen für Xenias Fernbleiben und sucht die Schuld bei sich: Das Haus in der Dorotheenstraße ist unbeaufsichtigt, die Wohnung in London zu teuer, Gottfried könnte wieder versetzt werden. Er nimmt seine Forderung, Xenia solle nach London ziehen, zurück und beschließt, selbst nach Berlin zu fliegen. Xenia nennt keine Gründe für den verpassten Telefonanruf und lässt sich nur zögerlich auf Gottfrieds Wunsch ein, eine Mietwohnung zu besichtigen. Sie entschuldigt sich für ihr Fernbleiben und versucht ihr Verhalten zu erklären, ihre Beweggründe bleiben gleichwohl im Unklaren.
Kommunikatives Verhalten: Die Redeanteile wirken ungleich verteilt, da wörtliche Rede nur auf Seiten von Gottfried vertreten ist; dieser setzt sich nicht mit Xenia auseinander, sondern verarbeitet die Ereignisse für sich (vgl. Gedankengänge S. 82 f.).
Gesprächsentwicklung: Am Kapitelanfang spricht Gottfried pragmatisch über die zu besichtigende Wohnung. Xenia reagiert zurückhaltend, woraufhin Gottfried ihr seine Einsamkeit in der fremden Stadt zu verdeutlichen versucht. Die beiden verabreden einen Besichtigungstermin, den Xenia nicht einhält. Gottfried versucht sich ihr Fernbleiben rational zu erklären. Auch nach dem missglückten Telefonat verdrängt er seine Ängste und seinen „Anflug von Gekränktheit" (S. 82) – er klappt das Handy schnell zu und ignoriert weitere Anrufe – und sucht nach sachlichen Erklärungen und Lösungen. Nur zwischen den Zeilen werden seine Gefühle erkennbar: „‚endlich', dachte er" (S. 83). Gottfried verarbeitet die Ereignisse, ohne sich mit seiner Frau auseinanderzusetzen. Er hat bereits alles für sich geklärt, als Xenia ihre Entschuldigung äußert. Ihre Erläuterungen sind für ihn „unerheblich" (S. 83) und bleiben auch für die Leserin / den Leser im Dunkeln.

b Mögliche Antworten:
- Mangel an Offenheit: Xenia erklärt nicht, warum sie am Abend nicht angerufen hat.
- Mangel an Gespür bzw. Verständnis füreinander: Gottfried fokussiert sich auf seine Arbeit und seinen Wunsch, Xenia bei sich in London zu haben.
- Gottfrieds Feigheit und Vermeidungsstrategie: Er klappt das Handy schnell zu, ignoriert weitere Anrufe.
- Gottrieds Routine und Ausrichtung an Fakten: Er sucht auch für Xenias Fernbleiben rationale Erklärungen.
- Gottfrieds Festhalten an Bewährtem, seine Scheu vor Veränderung: das Haus in der Dorotheenstraße, die Nathansbrücke als utopische Idylle und Sehnsuchtsort.

2 a Clara interpretiert Nathanaels Fröhlichkeit als Zeichen für die Bewältigung seiner Wahnvorstellungen, doch sein Gedichtvortrag verdeutlicht ihr, dass sie falsch liegt. Dies zeigt sich in ihrem nonverbalen Verhalten; auch sprachliche Bilder unterstreichen ihre Befürchtungen (vgl. Z. 12 ff.). Sie fordert Nathanael eindringlich dazu auf, das Gedicht – Ausdruck seines Wahnsinns – zu zerstören. Ihre Gesten drücken mütterliche Sorge und Mitleid aus (vgl. Z. 21 ff.). Nathanaels harte, abweisende Reaktion stürzt sie in tiefe Zweifel hinsichtlich seiner Liebe zu ihr. Sie klagt Lothar ihr Leid.
Nathanael möchte Clara an seinen poetischen Ausführungen teilhaben lassen. Er wird von seinem eigenen Vortrag emotional hingerissen (vgl. Feuermetaphorik in Z. 16 f.) und wünscht sich Claras Mitempfinden und körperliche Nähe. Claras Aufforderung, das Gedicht zu vernichten, löst seine übersteigerte Reaktion aus: Er wirft Clara Gefühlskälte vor und stößt sie von sich.
Lothar lehnt Nathanaels fantastische Träumereien schon lange ab, sodass Claras Anklage „wie ein Funke" seinen Unmut gegen Nathanael „entzündete zum wilden Zorn" (Feuermetaphorik, Z. 30, 32). Es kommt zum Streit, in dem sich die beiden Männer ihren vergeistigten Wahnsinn bzw. ihre Durchschnittlichkeit vorwerfen. Ein Duell scheint unumgänglich.

b Nathanaels Brief an Lothar wird fälschlicherweise an Clara adressiert (vgl. **C** S. 25 / **R** S. 12); Nathanaels Versuch, an Clara zu schreiben, wird von Coppolas Besuch unterbrochen (vgl. **C** S. 40, Z. 20 ff. / **R** S. 27, Z. 12 ff.). Die Kommunikation zwischen den Figuren wird durch undurchschaubare Mächte erschwert.

3 Auch die Kommunikation zwischen Xenia und Gottfried wird immer wieder von unbeeinflussbaren, schicksalhaften Ereignissen unterbunden (Telefonverbindung, Vulkanausbruch). Bei beiden Figurenpaaren gelingt es den Partnern nicht, auf die Bedürfnisse des jeweils anderen adäquat zu reagieren. Gottfrieds vernunftgesteuerte Kommunikationsweise verhindert einen zielführenden Austausch mit Xenia, unerklärliche Ereignisse erschüttern seinen routinierten Lebensalltag. Auch Claras rationaler Umgang mit Nathanaels mystischen Fantasien führt letztlich nicht zu einer gelingenden Kommunikation. Nach mehreren Phasen der Stabilisierung stürzt sich Nathanael, getrieben von seinem Wahnsinn, in den Tod. Ob Gottfrieds zunehmend wahnhafte Wahrnehmung ihn zum Mord an seiner Frau treibt, bleibt offen.

▸ LK 55 **Das Unheimliche**

1

Deutungsthese	Textbeleg	Erläuterung
Unheimlich ist für Klausen, dass er die bislang als rational erklärbar erlebte Welt auf einmal als willkürlich erfährt.	▪ ab Kap. 3: rationale Erklärungsversuche: Xenia wartet auf Koffer, falsche Verbindung, Haus ist unbeaufsichtigt, Wohnung in London zu teuer, Klausen könnte erneut versetzt werden ▪ willkürliche Ereignisse: Vulkanausbruch, fehlgeschlagene Telefonverbindung	▪ Klausen sucht nach sachlichen Erklärungen für Xenias Fernbleiben, sein Kontrollbedürfnis wird jedoch von schicksalhaften Ereignissen erschüttert.
Für die Leser bleiben die Motive der Figuren und die tatsächlichen Geschehnisse unklar.	▪ Für Klausen war „die Entschuldigung, die sie vorbrachte, um ihr Verhalten zu erklären, schon unerheblich“ (S. 83). ▪ „Genauer: Da war jemand, der wissen wollte, wer er war, und […] im Hintergrund ein unterdrücktes Lachen, und es war, daran bestand kein Zweifel, Xenia […]“ (S. 86). ▪ Erzählschluss	▪ Xenias Erklärung wird nicht im Text wiedergegeben; Gottfried hat sich seine Sicht der Dinge bereits zurechtgelegt. ▪ Sprache und Erzählweise lassen keine klare Trennung zwischen Gottfrieds wahnhafter Wahrnehmung und der Darstellung realer Geschehnisse zu. ▪ Vgl. Lösungen zu Seite 55, Aufgabe 2.

2 a Erwartete Stichworte:
- Erzählerische Mittel: Wir-Form (direkte Leseransprache), Instabilität der Erzählinstanz; Visionen Gottfrieds (personaler Erzähler) oder Reflexion des Erzählers?
- Sprachliche Mittel (vgl. S. 53, Aufg. 10): Fragen, Konjunktiv, Wechsel der Zeitform, Zitat, Kontrast hell – dunkel und Tag – Nacht

b Die Leserin / Der Leser selbst wird Teil eines Reflexionsprozesses, wobei unklar bleibt, inwiefern es sich hier um Gottfrieds Gedankengänge oder um eine Reflexion des Erzählers handelt. Der Erzähler scheint Teil der Erzählung zu werden: „Wer sich darin auskannte, der wusste, dass im oberen Stockwerk das Schlafzimmer […] und ein Bad lagen“ (S. 93). Oder beobachtet und kommentiert Gottfried selbst die Vorgänge in der Dorotheenstraße, während er „auf der Nathanbrücke“ steht (S. 92 f.)? Die sprachlichen Gestaltungsmittel verstärken diese Irritation, z. B. das Spiel mit Shakespeares Zitat im Schlusssatz: „Das Haus lag in völliger Dunkelheit.“ So spitzt sich die unheimliche Wirkung am Ende der Erzählung zu.

3 Auch in der Erzählung „Der Sandmann“ wird die Leserin / der Leser direkt angesprochen (vgl. Z. 1). Der Erzähler selbst ist in die Vorgänge emotional involviert und wirkt daher instabil und unzuverlässig.

4 a/b

Textmerkmale	Das Haus in der Dorotheenstraße	Die Marquise von O...	Der Sandmann
straffe, lineare Zeitgestaltung	vgl. Arbeitsheft S. 51, Aufg. 1: straff, linear	vgl. Arbeitsheft S. 31, Aufg. 1: straff, Rückblick	vgl. Arbeitsheft S. 44, Aufg. 3 a: straff, Rückblick (Brief)
geschlossene Form (Drama)	Zuspitzung, offenes Ende	vgl. Arbeitsheft S. 41, Aufg. 1 und 2: vermeintliche Familienidylle	Zuspitzung/Katastrophe, vermeintliches Familienglück
unerwartetes Ereignis	(vermeintliche) Untreue	Schwangerschaft	Erscheinen Copollas
Betonung des Realitätsgehalts	Orte, Vulkanausbruch	Ortsangaben, Namen	Erzähler (**C** S. 31 f. / **R** S. 17 f.)
Symbole und Leitmotive	Haus, Brücke, Veilchen	Haus, religiöse Symbolik u. a.	Augen, Automaten u. a.
existenzielle Probleme: soziale Isolation, Kommunikations-unfähigkeit	Ortswechsel, Einsamkeit, Untreue, misslingende Kommunikation (vgl. Arbeitsheft S. 54)	gesellschaftliche Isolation wegen Schwangerschaft, gesellschaftliche Floskeln, Unaussprechlichkeit des Unerhörten (Körpersprache)	Pendeln zwischen Wahn und Wirklichkeit, Isolation infolge von Narzissmus, misslingende Kommunikation
irrationale, unheimliche Mächte	unbeeinflussbare Ereignisse, wahnhafte Wahrnehmung	unerwartete / nicht bewusste Schwangerschaft, religiöse Überhöhung durch Marquise	Doppelgängerfigur, Coppolas Perspektiv, Wahnvorstellungen

c Die folgenden Aspekte könnten u. a. angeführt werden:
- **das „Unerhörte“:** In allen drei Erzählungen gerät ein scheinbar geordneter Lebensalltag aus dem Gleichgewicht (aufgrund eines vermeintlichen Treuebruchs, einer unwissentlichen Vergewaltigung und Schwangerschaft, entsetzlicher Kindheitserinnerungen).
- **das „Unheimliche“:** Erzählerische und sprachliche Gestaltungsmittel tragen in allen drei Erzählungen entscheidend zur Irritation des Lesers und zur Verstärkung des Unheimlichen bei.
- **Abweichungen vom typischen Aufbau** einer Novelle zeigen sich v. a. hinsichtlich des Erzählschlusses: das vermeintliche Familienglück der Marquise und Claras, der offene Ausgang von Langes Erzählung.

Ort und Fiktionalität

► LK 56

1 Die Orte und Himmelsrichtungen sind real, sodass die Leser/-innen das fiktive Geschehen in einen räumlichen Rahmen einordnen können. Diesem vermittelten Realitätsgehalt steht die zunehmende Unklarheit im Textverlauf gegenüber, was Realität und was Wahnvorstellung ist.

2 a idyllisch, abgelegen, versteckt, ohne Zugang; ruhig; verwilderter Garten mit Bäumen; Villa, brüchige, hässliche Fassade, elegante Vorderfront: Musterbeispiel aus dem Art déco

b Beziehung der Hauptfiguren: Schulfreundschaft bzw. Jugendliebe, Vertrautheit, Sehnsucht nach Geborgenheit und Sicherheit, Hauskauf als Vernunftentscheidung

c Der fehlende Zugang zum Haus steht für die enge Vertrautheit der beiden Figuren und ihre Tendenz zum Rückzug aus der Gesellschaft. Der verwilderte Garten verweist darauf, dass auch die Liebesbeziehung vernachlässigt wird. Die beschädigte Fassade entspricht der Brüchigkeit des Liebesverhältnisses, wobei die elegante Vorderfront den gewahrten Schein signalisiert. Art déco spricht hier für die Stilisierung und Künstlichkeit der Beziehung: ein scheinbares Musterbeispiel einer Paarbeziehung.

3 **Haus in der Dorotheenstraße:** abgelegen, ruhig, „versteckt“, verwildert, brüchig; das Haus gibt dem Paar das „Gefühl von Geborgenheit“ und die Möglichkeit des Rückzugs in die Zweisamkeit. Zugleich steht es für die Zerbrechlichkeit der Beziehung. Offen bleibt, ob Gottfried sich nach dem vermeintlichen Ehebruch Zugang zum Haus, dem Sinnbild des Paarlebens, verschafft und seine Frau ermordet.

Gartenhaus (Marquise): schön, abgelegen auf dem Land, verwildert, von Mauer umgeben; Rückzugsort für die Marquise (gesellschaftliche Isolation wegen Schwangerschaft). Der Graf verschafft sich gegen den Willen der Marquise Zugang zu diesem Rückzugsraum, was als sinnbildliche Wiederholung der Vergewaltigung gesehen werden kann. Letztlich wird das Gartenhaus jedoch Zeichen ihrer vermeintlichen Familienidylle.

4.3 Klausurtraining: Einen Erzähltext analysieren

▸ LK 58

Erster Schritt: Die Aufgabenstellung verstehen

1 Erwartete Markierungen:
Zu 1. Untersuchungsaspekte: Nathanaels Wahrnehmung der Situation, Auswirkungen auf seine psychische Entwicklung, erzählerische und sprachliche Gestaltungsmittel; Operatoren: analysieren
Zu 2. Untersuchungsaspekte: wahnhafte Wahrnehmung (Klausen), Lebenseinstellungen, innere Verfassung, Entwicklung im Handlungsverlauf; Operatoren: darstellen, vergleichen

Zweiter Schritt: Erstes Textverständnis und Ideen formulieren

2/3 Siehe Lösungen zu Seite 58, Aufgabe 5 und zu Seite 59, Aufgabe 6.

4 **Nathanael:** Künstlernatur, „mystische Schwärmereien“, romantisches Liebeskonzept, Traumatisierung durch Kindheitserlebnisse, lebenslanges Pendeln zwischen Wahn und Wirklichkeit, Momente der Selbsterkenntnis, Abgleiten in den Wahnsinn
Gottfried: rationale Weltsicht, Kontrollbedürfnis, Orientierung an Fakten, Festhalten an bürgerlichen Werten (Treue, Zuverlässigkeit, Sparsamkeit), Theater als Scheinwelt, Vermeidungsstrategien, Irritation: vermeintlicher Ehebruch, schicksalhafte Ereignisse / Kontrollverlust, Lebensentwurf gerät ins Wanken, Orientierungslosigkeit, Selbsterkenntnis, Mordfantasien?
Gemeinsamkeiten: Wahnvorstellungen, Auslöser von außen („Hebel“), Beeinflussung durch die Literatur (Sandmann-Erzählung, Drama „Othello“), innere Zerrissenheit

Dritter Schritt: Den Text analysieren

5

Ereignisse	Sprachliche und erzählerische Mittel	Wahn oder Wirklichkeit?
allgemein: für N. nicht ganz nachvollziehbare Handlungen	alles in Ich-Form aus Sicht des Kindes erzählt	Kindersicht → Glaubwürdigkeit als Erzählinstanz vermindert (Lesererwartung: kindliche Fantasie ist mit im Spiel)
Nathanael fühlt sich „festgezaubert“ (Z. 1).	metaphorische Wortwahl (Märchen)	N. wird von der eigenen Neugier festgehalten, sieht rückblickend aber übernatürliche Kräfte am Werk.
Hinter der Flügeltür verbirgt sich ein Herd.	„was ich so lange dafür gehalten“ (Z. 11 f.)	Relativierung der eigenen Wahrnehmung (Wirklichkeit)
Eine Flamme erscheint bei Coppelius' Hinzutreten.	Verknüpfung der beiden Abläufe durch die Konjunktion „und“	Verknüpfung der beiden Ereignisse in der kindlichen Fantasie (Wahn)
Das Gesicht des Vaters wird zur Teufelsfratze.	Als-ob-Formulierung („schien“)	kindliche Wahrnehmung (Wahn)
Coppelius hämmert glühendes Material.	Adjektivgebrauch (u. a. Wortfeld Feuer: „glutrot“, „hellblinkend“)	Veranschaulichung der übersteigerten Eindrücke Nathanaels (Wirklichkeit)
Menschengesichter ohne Augen erscheinen.	Konjunktiv, Als-ob-Formulierung (vgl. Z. 22)	als wahnhafte Wahrnehmung gekennzeichnet
Coppelius verlangt nach den „Augen“.	wörtliche Rede, Indikativ, Adjektivgebrauch/Alliteration (vgl. Z. 24 ff.)	Realitätsverkennung des Kindes: Coppelius verlangt nach einer Linse.

Ereignisse	Sprachliche und erzählerische Mittel	Wahn oder Wirklichkeit?
Coppelius ergreift N. und zerrt ihn auf den Herd, um ihm Glut in die Augen zu streuen.	wörtliche Rede, Indikativ, anschaulicher Adjektiv- und Adverbgebrauch, Verben des Wortfelds „sagen“ im Zusammenhang mit Coppelius: meckern, flüstern, zischen	Ereignisse werden nicht als irreal gekennzeichnet: fehlende Trennung zwischen Wahn und Wirklichkeit → Eintauchen der Leser/-innen in die kindliche Wahrnehmungswelt.
Coppelius schraubt N. Hände und Füße ab.		
N. erkrankt schwer, Coppelius verschwindet für längere Zeit.	Indikativ, Konjunktiv: „es hieß, er habe die Stadt verlassen“	Wirklichkeit, Wiedergabe des Berichts anderer Personen
Die fröhliche Stimmung der Eltern verändert sich schlagartig, als Coppelius nach einem Jahr erneut erscheint.	wörtliche Rede, Indikativ, anschaulicher Adjektiv- und Adverbgebrauch: „erblassend“ (Z. 78), „mit matter, gebrochener Stimme“ (Z. 79 f.)	Ereignisse werden nicht als irreal gekennzeichnet – kindliche Wahrnehmung oder Realität?
Nathanael fühlt sich versteinert, bewegungslos.	Konjunktiv, Als-ob-Formulierungen (Z. 85 f.)	kindliche Ängste, Traumatisierung (Wahn)
Schlaflos in seinem Bett vernimmt N. einen entsetzlichen Schlag. Der Vater stirbt bei einer Explosion während seiner alchemistischen Versuche mit Coppelius.	Vergleich: „wie wenn ein Geschütz losgefeuert würde“ (vgl. Z. 96 f.); Zeitangabe „es mochte wohl schon Mitternacht sein“ (Z. 95 f.); Alliteration/ Wortmalerei: es rasselte und rauschte bei meiner Türe vorüber“ (Z. 98 f.)	Unfall beim Experimentieren (Wirklichkeit); kindliche Wahrnehmung: Geisterstunde (Wahn)
Bei seiner Beerdigung haben sich die Gesichtszüge des Vaters wieder normalisiert.	Konjunktiv: „dass sein Bund […] ihn nicht ins ewige Verderben gestürzt haben könne“ (Z. 114 f.)	kindliche Fantasie: Der Vater ist dem Teufelsbund entkommen (Wahn).

6 ▪ Wahrnehmung einer Misshandlung, wochenlanges Fieber – schwere Erschütterung des kindlichen Gemüts ▸ LK 59
- Angststarre, Schlaflosigkeit, Wahnvorstellungen bei erneuter Begegnung (vgl. Z. 85 ff.) – (Nach-) Verstärkung
- Teufelsvision: „Coppelius, verruchter Satan“ (Assoziation mit einer Teufelsfratze)
- Todesvision: „Wolkenschleier über mein Leben […], den ich vielleicht nur sterbend zerreiße.“ (Z. 67 f.)
- → Prozess der sukzessiven Verstärkung der kindlichen Wahnvorstellungen

7 ▪ Nathanael gelingt es nicht, die realen Ereignisse und seine kindlichen Fantasien zu trennen.
- Er neigt zu einer religiös-spirituellen Überzeichnung der realen Geschehnisse.
- Die äußeren Ereignisse (wiederholtes Erscheinen des Advokaten, Tod des Vaters) traumatisieren das Kind und verstärken seine wahnhafte Wahrnehmung.
- Die schweren Erschütterungen der kindlichen Psyche werden von Phasen der Stabilisierung unterbrochen.
- Nathanael schwankt ein Leben lang zwischen den Licht- und Schattenseiten seiner Künstlernatur.

8 Siehe Lösungen zu Seite 58, Aufgabe 4.

Vierter Schritt: Den Schreibplan erstellen und den Text schreiben

9 Sinnvolle Nummerierung: 7, 4, 2, 5, 1, 6, 3

10 Individuelle Lösungen

Fünfter Schritt: Den eigenen Text überarbeiten

11 Individuelle Lösungen

Einen literarischen Text analysieren (Aufgabenart I A)

Aufgabenstellung

1 Analysieren Sie den Auszug aus Daniel Kehlmanns Erzählung „Du hättest gehen sollen“ mit Blick auf die Eifersucht und wahnhafte Wahrnehmung des Ich-Erzählers sowie sein Kommunikationsverhalten. Berücksichtigen Sie dabei erzählerische und sprachliche Gestaltungsmittel. *(42 Punkte)*

2 Stellen Sie dar, wie die Figur Gottfried Klausen aus Hartmut Langes Erzählung „Das Haus in der Dorotheenstraße“ angelegt ist. Vergleichen Sie die Figurengestaltung in den beiden Texten unter besonderer Berücksichtigung ihrer Eifersucht und ihres Umgangs mit einem möglichen Treuebruch ihrer Frauen. *(30 Punkte)*

Daniel Kehlmann: **Du hättest gehen sollen** (2016)

Der Ich-Erzähler verbringt mit seiner Frau Susanna und seiner vierjährigen Tochter Esther einige Tage in einem idyllisch abgelegenen Ferienhaus in den Bergen. Als Drehbuchautor möchte er die Tage nutzen, um Ideen für eine Soap zu entwickeln, die er in ein Notizbuch schreibt. Die familiäre Situation ist angespannt: Berufliche Stillstände und Misserfolge, Mangel an Zeit und Aufmerksamkeit, Erziehungsfragen und Geldsorgen führen zu gegenseitigen Vorwürfen und Sticheleien. Der Ich-Erzähler beginnt, seine Ehe mittels Notizen in seinem Buch aufzuarbeiten. Scheinbar unerklärliche Geschehnisse im Haus lassen ihn die Orientierung in Raum und Zeit verlieren, Wahnvorstellungen machen ihm zu schaffen. Gemeinsam mit Susanna beschließt er, das Ferienhaus frühzeitig zu verlassen und den Vermieter, Herrn Steller, entsprechend zu informieren. Kurz vor der Abfahrt macht ihm eine SMS deutlich, dass seine Frau eine Affäre hat. Anzeichen dafür hatte er verkannt bzw. nicht bewusst wahrgenommen.

[…] Jetzt ist sie oben und packt. Und ich schreibe zum letzten Mal an diesem Tisch, vor dieser Scheibe, vor meinem Spiegelbild, das ich kaum anzusehen wage aus Sorge, es könnte wieder verschwinden.

Im Grunde ist ja kaum etwas passiert: Einbildungen, schlechte Träume, ein paar wunderliche Reflexionen. Aber es ist entschieden: Wir fahren ab.

Esther hockt neben mir auf dem Boden, steckt Legosteine zusammen und sagt immer wieder: Schau mal, Papa, schau, und ich sage: O ja, toll, ohne dass ich eine Ahnung hätte, was sie meint. Leider haben wir im Voraus bezahlt, und es gibt keine Mängel, deretwegen wir eine Rückzahlung verlangen könnten. Im Gegenteil, das Haus ist in bestem Zustand.

Ich werde diesen Steller trotzdem gleich mal anrufen. Ich möchte doch wissen, wer die Frau auf

Jetzt habe ich
Ich muss das abschreiben.
Aber schnell, bevor

Ich habe ihr Telefon, es lag neben mir auf dem Tisch, und da wollte ich, weil sie die Nummer von Steller, ich glaube jedenfalls, dass sie gesagt hat, sie hat seine Nummer in ihrem, also genau, als ich es

Genau, als ich es genommen habe, eine Nachricht. Aufleuchtend auf dem Schirm. Ich konnte gar nicht anders als

Ich will dich wieder anfassen.

Und ich denke noch, was man ja immer denkt, das hat wohl eine ganz harmlose, ist vielleicht ein Scherz oder aus dem Zusammenhang oder falsch verschickt, ein Irrläufer, und ich nehme das Telefon und höre Susanna im Stockwerk über mir herumgehen, und Esther zieht an meinem Hosenbein, und ich rufe: Nicht jetzt!, und sehe, dass die Nachricht von einem David kommt, ohne Nachnamen, da steht nur David, und ich kenne keinen David und öffne also das Nachrichtenprogramm und sehe nach, ob

Ich
Schreibe das ab. Die Nachrichten von ihr
und von ihm. Sie soll ja nicht wissen

Wie lange bist du noch weg? Es kommt mir ewig vor
bis ich dich in meinem
Ich will in dir
Und du? Denkst du an mich und daran wie wir

Ich kann das nicht
Ich kann sie nicht abschreiben.
Ich

Du fehlst mir so.
Du fehlst mir es ist zum Verrücktwerden ich will
spüren wie
Ich kann jetzt nicht. Du weißt, das Kind
Ich will dich wie

Nein, ich kann nicht
Es genügt auch. Es gibt keine harmlose

Ich zittere wie
Ich kann das nicht abschreiben.
Aber ich darf mir nichts anmerken lassen, will ja herausfinden

Ich weiß nicht, wie spät es ist. Ich muss mich sammeln, muss mich sammeln. Schreiben hilft. Ich muss mich sammeln, Susanna ist fort. Esther schläft oben. Was mache ich morgen, wenn sie aufwacht, was tue ich, was sage ich ihr?

Ich habe es nicht geschafft. Ich wollte es für mich behalten und sie beobachten und herausfinden, wie tief ihre Verstellung geht. Ich wollte ihr dabei zusehen, wie sie mich anlügt, und währenddessen nachdenken und versuchen zu verstehen. Ich wollte mich zusammennehmen. Zunächst ging das auch gut.

Aber nur für drei Minuten.

Sie kam die Treppe herunter, schälte einen Apfel für Esther und sagte: Trag bitte das Gepäck raus, dann können wir los. Ich sammle noch die Spielsachen hier ein.

Mache ich sofort, sagte ich.

Und sie: Was ist mit dir los?

Ich sagte, nichts sei los, wieso?

Worauf sie sagte, sie könne doch sehen, dass etwas los sei.

Und ich: Unsinn!

Und sie: Sag schon!

Da begann ich zu schreien. Ich meinte jedenfalls, dass ich schrie, aber nach und nach kam mir der Verdacht, dass meine Stimme bloß ein Krächzen war. Sofort nachdem ich angefangen hatte, nahm sie mit einer schnellen Bewegung ihr Telefon vom Tisch. Das könne sie auch da liegen lassen, rief oder krächzte ich, während Esther starr an mir emporsah, ich hätte die Nachrichten schon abgeschrieben, hier ins Notizbuch. Wer sei bitte dieser David? Und obwohl ich meine ganze Kraft zusammennahm, um den Gedanken wegzuschieben, dachte ich, dass mir das alles vorkam, als wäre ich in einen meiner Filme geraten. Aber das machte es nicht besser. Im Film ist es witzig, wenn ein Leben zerbricht, weil die Leute dabei schlaue Sätze sagen, aber in Wirklichkeit ist es nur trist und widerlich. Ob sie es leugnen wolle, rief ich, und erst als sie mich ernst und ruhig ansah und sagte, dass sie das keineswegs wolle, wurde mir klar, wie sehr ich gehofft hatte, sie würde leugnen.

Nimm dich zusammen, sagte sie. Denk an deine Tochter. Dann hob sie Esther vom Boden auf und sagte: Zeit fürs Bett!

Die Kleine fing an zu lamentieren: Es sei noch hell, gar nicht spät, sie wolle nicht, aber Susanna gab ihr einen Kuss und trug sie aus dem Zimmer.

Ich saß reglos. Ich konnte nicht denken, ich fühlte keine Kraft in mir. Ich hörte Susanna oben auf und ab gehen, hörte sie ruhig und mütterlich mit Esther sprechen.

Ich schlug das Notizbuch auf. Ich las die Nachrichten, die Bruchstücke von Nachrichten, die furchtbaren Sätze, die ich abgeschrieben hatte, und drehte dabei irgendetwas, das auf dem Tisch gelegen hatte, zwischen meinen Fingern; es war das Geodreieck aus dem Dorfgeschäft. Von oben hörte ich Susanna ein Schlaflied singen. Weil die Untätigkeit nicht zu ertragen war, blätterte ich die Seite um und zog eine Gerade. Ich drehte das Lineal und zog sorgfältig eine zweite, im rechten Winkel. Ich legte das Lineal so an, dass ich den rechten Winkel halbierte, und zog eine dritte Gerade.

Das Ergebnis sah eigenartig aus.

Ich maß nach. Der Winkel unter dem halbierenden Strich kam auf vierzig, der darüber auf zweiundvierzig Grad. Wie war das möglich? Ich maß noch einmal den rechten Winkel: neunzig natürlich. Ich maß die beiden Winkel, die ihn zusammensetzten: Der untere kam auf vierzig, der obere auf zweiundvierzig, es hätten also einige Grade fehlen müssen, aber sie fehlten nicht, der rechte Winkel war ein rechter Winkel. Ich maß noch einmal: neunzig Grad.

Es musste wohl an meiner Verwirrung liegen, daran, dass die Welt gerade unterging. Und doch ergab es keinen Sinn. Ich konstruierte langsam und sorgfältig einen anderen rechten Winkel und maß nach: neunzig Grad. Mit zwei weiteren rechten Winkeln vervollständigte ich ihn zum Rechteck. Ich zog eine Diagonale. Zwei Winkel im Rechteck waren nun perfekt halbiert. Aber etwas stimmte nicht. Sie waren nicht direkt schief, eher undeutliche, meine Augen vermochten sie nicht ganz scharf zu stellen. Ich legte das Lineal an die Linie, die den rechten Winkel teilte, und maß den Winkel darunter: neunundvierzig. Ich legte ihn an den Winkel darüber: einundfünfzig.

$$\begin{array}{r} 49 \\ +\,51 \\ \hline 100 \end{array}$$

Ich starrte die Zeichnung an. Etwas war irritierend; wenn man seinen Blick zwang, auf ihnen zu verharren, glitt er wie von selbst darüber hinweg. [...]

Aus: Daniel Kehlmann: Du hättest gehen sollen. Erzählung. Reinbek bei Hamburg: Rowohlt Verlag 2016, S. 49–54

Inhaltliche Leistung

Aufgabe 1

	Anforderungen Die Schülerin / Der Schüler	maximale Punktzahl (AFB)	erreichte Punktzahl
1	**verfasst eine aufgabenbezogene Einleitung** unter Angabe von Titel, Autor, Textsorte und Entstehungsjahr.	3 (I)	
2	**skizziert die dargestellte Situation des Ich-Erzählers und den Aufbau des Textes,** etwa: ▪ Ich-Erzähler sitzt am Tisch und versucht zu schreiben, Susanna packt die Koffer für die vorzeitige Abreise, er entdeckt auf ihrem Handy eine SMS ihres Geliebten. ▪ Abend/Nacht (Zeitsprung): Erzähler setzt sich schreibend mit den vergangenen Ereignissen auseinander, Susanna ist abgereist, Esther schläft oben. ▪ Rückblick auf vorangegangene Ereignisse: Erzähler konfrontiert seine Frau mit der SMS, es kommt zu einer Auseinandersetzung; Esther wird von Susanna zu Bett gebracht; er versucht, einen rechten Winkel mit einem Lineal zu zeichnen, um sich abzulenken, seinem Gefühlschaos zu entkommen.	5 (I)	
3	**untersucht die Eifersucht und wahnhafte Wahrnehmung des Ich-Erzählers,** etwa: ▪ Befürchtung, unerklärliche Ereignisse könnten sich wiederholen (vgl. Z. 3 f.) ▪ Beruhigungs- und Verharmlosungsversuche (vgl. Z. 5 f.) ▪ Gefangensein in der eigenen Gedankenwelt und in seinen Ängsten: fehlende Aufmerksamkeit für seine Tochter (vgl. Z. 8 – 11), Bedürfnis nach einer rationalen Erklärung der mysteriösen Ereignisse im Ferienhaus (Anruf bei dem Vermieter Steller, vgl. Z. 15 f.) ▪ Entdeckung der SMS als Auslöser seiner Eifersucht ▪ Rechtfertigungsversuche für den Blick in Susannes Handy (Möglichkeit: Suchen nach Stellers Telefonnummer als Vorwand, Verdrängung früherer Hinweise auf eine Affäre ins Unbewusste?) ▪ Einträge in das Notizbuch: fehlendes Vertrauen in das eigene Erinnerungsvermögen bzw. in die eigene Wahrnehmung, Beweismittel ▪ Wunsch nach einer harmlosen Erklärung für die SMS: Scherz, Missverständnis, falsche Verbindung (vgl. Z. 30 ff.) ▪ innerer Konflikt: Unfähigkeit, den eigenen rationalen Überlegungen und Verhaltensanforderungen zu entsprechen ▪ Assoziationen zum Drehbuch seiner Filme (vgl. Z. 92 ff.) ▪ Suche nach Orientierung: Ergreifen einer rein rationalen Tätigkeit (Konstruktion eines rechten Winkels), um dem Gefühlschaos zu entkommen ▪ zunehmender Kontrollverlust: körperliche Reaktionen (vgl. Z. 55), Verlust der eigenen Körperwahrnehmung (vgl. Z. 82 ff.), Stillstand (vgl. Z. 107 f.), Verlust der Körperkontrolle („[M]eine Augen vermochten sie nicht ganz scharf zu stellen", Z. 140 f.) ▪ vollständige Orientierungslosigkeit und Abgleiten in den Wahnsinn, Verlust jeglicher Raum- und Zeitvorstellung: „Ich weiß nicht, wie spät es ist" (Z. 65), „[W]enn man seinen Blick zwang, auf ihnen zu verharren, glitt er wie von selbst darüber hinweg" (Z. 149 f.) ▪ Schreiben als Reflexionsprozess: Versuche, mittels Schreiben zu Verstand zu kommen, sich zu konzentrieren und entscheidungsfähig zu werden („Schreiben hilft", Z. 60)	8 (II)	

	Anforderungen Die Schülerin / Der Schüler	maximale Punktzahl (AFB)	erreichte Punktzahl
4	**untersucht das Kommunikationsverhalten des Ich-Erzählers,** etwa: ▪ zunächst für Susanna leicht durchschaubares Ausweichverhalten und Abwehrhaltung, dann Gefühlsausbruch und Kontrollverlust: fehlende Körperwahrnehmung, überwiegender Redeanteil, Vorwürfe, Rechtfertigungszwang ▪ Unfähigkeit zu einer konstruktiven Auseinandersetzung ▪ Kapitulation angesichts Susannas ruhigem und reflektiertem Kommunikationsverhalten ▪ Eingeständnis: Wunsch, Susanne verneine die Affäre	8 (II)	
5	**untersucht die erzählerische Gestaltung des Textauszugs in ihrer Funktion,** etwa: Erzählform und Erzählperspektive: personales Erzählen in der Ich-Form, Innenperspektive Erzählstandort: zunächst unmittelbare Nähe zum erzählten Geschehen, Gedankengänge und Gefühle des Ich-Erzählers werden im Handlungsmoment der Entdeckung der Affäre detailgenau geschildert; dann Distanz zum erzählten Geschehen mittels Zeitsprung (diskontinuierliche Erzähltechnik) und Tempuswechsel ins Präteritum: Reflexion der vorangegangenen Ereignisse (Schreibprozess: Notizbuch) → unmittelbares Miterleben und Desorientierung des Lesers, Einschränkung des Überblicks durch einseitige Perspektive Darbietungsformen: ▪ Erzählbericht zur Darlegung der Ereignisse ▪ Bewusstseinsstrom zur Veranschaulichung der inneren Vorgänge: Wiedergabe der Wahrnehmungen, Gedanken, Gefühle und Reflexionen des Ich-Erzählers so, wie sie in sein Bewusstsein fließen (vgl. Auflösung syntaktischer Strukturen) ▪ (Selbst-)Reflexionen und Selbstbeobachtungen veranschaulichen das Bemühen um Orientierung: „Und ich denke noch […], und ich nehme […] und ich rufe […]" (Z. 28 ff.). ▪ (in)direkte Redewiedergabe zur Veranschaulichung des Wortgefechts des Paares	7 (II/III)	
6	**untersucht die sprachlich-formale Gestaltung des Textauszugs in ihrer Funktion,** etwa: ▪ Abbruch von Gedankengängen, Reihung von Gedankenfetzen, z. T. Auflösung syntaktischer Strukturen, eigenwillige Zeichensetzung und Zeilenumbrüche, Ellipsen, Satzergänzungen (z. B.: „Die Nachrichten von ihr und von ihm", (Z. 39 f.) als Ausdruck der emotionalen Erschütterung und Verwirrung, des unstrukturierten und unvollständigen Erfassens der Kurznachrichten auf Susannas Handy ▪ häufiger Gebrauch des Personalpronomens „ich" am Satzanfang (z. T. anaphorische Verbindungen, (u. a. Z. 45 ff.) verdeutlicht das Kreisen der Gedanken um die eigenen Befindlichkeiten, die eigenen Phobien; die Unmöglichkeit, der Gedankenwelt zu entkommen. ▪ parataktischer Satzbau und Wiederholungen als Ausdruck der Unfähigkeit zu komplexen Gedankengängen, des Bemühens um Fassung: „Ich muss mich sammeln, muss mich sammeln. Schreiben hilft. Ich muss mich sammeln, Susanna ist fort" (Z. 59 ff.). ▪ vorangestellte, ellipsenhafte Redebegleitsätze zur Veranschaulichung des Wortgefechts zwischen den beiden Figuren: „Und ich: Unsinn! Und sie: Sag schon!" (Z. 80 f.).	7 (II/II)	

7	**formuliert eine reflektierte Schlussfolgerung auf der Grundlage der Untersuchungsergebnisse.**	4 (III)	
8	**erfüllt ein weiteres aufgabenbezogenes Kriterium.**	(4)	
	Summe Aufgabenteil 1	**42**	

Aufgabe 2

	Anforderungen **Die Schülerin / Der Schüler**	**maximale Punktzahl (AFB)**	**erreichte Punktzahl**
1	**formuliert eine sinnvolle Überleitung,** z. B. mit Verweis auf die vergleichbare Problematik der beiden Männerfiguren.	3 (I)	
2	**stellt dar, wie die Figur Gottfried Klausen angelegt ist,** etwa: ▪ rationale Weltsicht, Kontrollbedürfnis, Faktenorientierung, Akribie im Beruf, sieht Theater als Scheinwelt ▪ Festhalten an bürgerlichen Werten: Treue, Zuverlässigkeit, Sparsamkeit ▪ Unfähigkeit zur Kommunikation, Vermeidungsstrategien ▪ Irritation: vermeintlicher Ehebruch, schicksalhafte Ereignisse ▪ Lebensentwurf gerät ins Wanken, Zerrissenheit (Gefühl – Verstand), Theaterinszenierung hinterlässt Spuren? Nachlässigkeit im Beruf, Vermischung von Beruflichem und Privatem ▪ Kontrollverlust, Orientierungslosigkeit, Wahnvorstellungen ▪ Selbsterkenntnis; Mordfantasien?	8 (I)	
3	**vergleicht die Gestaltung der Männerfiguren im Hinblick auf Ähnlichkeiten im Umgang mit einem möglichen Treuebruch ihrer Frauen,** etwa: ▪ Verkennung erster Anzeichen, Telefonat bzw. SMS als Auslöser ▪ Hoffnung auf eine harmlose Erklärung: Missverständnis, falsche Verbindung ▪ Unfähigkeit zur Kommunikation ▪ Gefühlswelt nimmt immer mehr Raum gegenüber rationaler Weltsicht ein: Orientierungslosigkeit, Kontrollverlust, Wahnvorstellungen, Vermischung Berufliches – Privates. ▪ „künstlerische“ Verarbeitung der Situation: Drehbuch, Theater	8 (II)	
4	**vergleicht die Gestaltung der Männerfiguren im Hinblick auf Unterschiede im Umgang mit einem möglichen Treuebruch ihrer Frauen,** etwa ▪ Treuebruch wird seitens Susannas eingestanden, vermeintlicher Treuebruch Xenias ▪ Unfähigkeit zur Kommunikation der beiden männlichen Hauptfiguren äußert sich in unterschiedlicher Weise: – Unfähigkeit, rationalen Überlegungen zu folgen, Konfrontation Susannas mit der SMS und Gefühlsausbruch des Ich-Erzählers in Langes Erzählung – Vermeidungsstrategie, Reflexion und Selbsterkenntnis Gottfried Klausens (Umsetzung eines Mordplans?)	8 (II)	
5	**formuliert eine reflektierte Schlussfolgerung auf Grundlage der Untersuchungsergebnisse.**	3 (III)	
6	**erfüllt ein weiteres aufgabenbezogenes Kriterium.**	(4)	
	Summe Aufgabenteil 2	**30**	

Darstellungsleistung

	Anforderungen Die Schülerin / Der Schüler	maximale Punktzahl	erreichte Punktzahl
1	strukturiert den Klausurtext kohärent, schlüssig, stringent und gedanklich klar.	6	
2	formuliert unter Beachtung der fachsprachlichen und fachmethodischen Anforderungen.	6	
3	belegt Aussagen durch angemessenes und korrektes Zitieren.	3	
4	drückt sich allgemeinsprachlich präzise, stilistisch sicher und begrifflich differenziert aus.	5	
5	formuliert lexikalisch und syntaktisch sicher, variabel und komplex (und zugleich klar).	5	
6	schreibt sprachlich richtig.	3	
	Summe Darstellungsleistung	**28**	
	Gesamtpunktzahl **Note:** **Datum:**	**100**	

GK 5 „unterwegs sein“ – Lyrik von der Romantik bis zur Gegenwart
LK 5 „unterwegs sein“ – Lyrik vom Barock bis zur Gegenwart

Konzeption des Kapitels

GK: Arbeitsheft für den Grundkurs; **LK:** Arbeitsheft für den Leistungskurs;
Texte, Themen und Strukturen: Ausgabe Nordrhein-Westfalen, 978-3-464-68112-1 / 978-3-464-68111-4

Seite	Sequenz/ Materialien	Didaktisch-methodische Hinweise	Anknüpfung an „Texte, Themen und Strukturen“
GK 62 ff. LK 60 ff.	**5.1 Annäherung an ein Thema der Lyrik** *Joseph von Eichendorff:* „Frische Fahrt“ *Kurt Tucholsky:* „Luftveränderung“ *Sarah Kirsch:* „Fluchtpunkt“ *Norbert Göttler:* „Brücken von Venedig“ Information: Literarisches Motiv Unterwegssein und Reisen in der Literatur	Mittels eines Wortspeichers wird eine Auffächerung des Begriffs „Unterwegssein“ vorgenommen: Thematisch beschränkt sich das Kapitel nicht auf „Reiselyrik“, sondern umfasst auch Texte, in denen Unterwegssein metaphorisch als Bild der Veränderung dient. Die präsentierten Gedichte bieten eine erste Möglichkeit, die Facetten des Unterwegsseins in der Literaturgeschichte an Beispielen zu veranschaulichen (z. B. Ich-Findung, Horizonterweiterung).	Literaturhistorische Einordnung: Synopse im Buchdeckel sowie „Literarische Epochen und Strömungen im Überblick“ (S. 374 f.)
LK 63	**LK 5.2 Leben und Vergehen – „Unterwegssein“ in der Lyrik des Barock** *Andreas Gryphius:* „Betrachtung der Zeit“ *Martin Opitz:* „Ach Liebste, lass uns eilen“ Information: Lyrik des Barock	Die beiden Gedichte exemplifizieren typische barocke Sichtweisen auf das Unterwegssein, nämlich: Ewigkeit als Gegenpol zu menschlichem Zeitenlauf (Gryphius), Carpe-diem-Aufforderung angesichts der Vergänglichkeit alles Seins (Opitz).	Die zentralen Motive des Barock lassen sich vertiefend an weiteren Gedichten nachweisen (S. 387 ff.); der „Epochenüberblick – Barock“ (S. 391 f.) gibt zusätzliche Informationen.
LK 64 ff.	*Andreas Gryphius:* „An die Welt“ Information: Sonett und Alexandriner Sprachliche Mittel	An einem typischen Barock-Sonett werden die Gedichtanalyse geübt und die Besonderheit dieser Gedichtform erarbeitet.	Es kann ein Gedichtvergleich zu „Es ist alles eitel“ (S. 389) angeregt werden.
LK 66	**LK 5.3 Veränderung und Beständigkeit – Von der Aufklärung zur Weimarer Klassik** *Johann Peter Uz:* „Versuch über die Kunst, stets fröhlich zu sein“	Das Lehrgedicht von Uz erlaubt es, die Glücksutopie der Aufklärung zu veranschaulichen, die hier an das Unterwegssein geknüpft ist.	Zur Ergänzung dienen der „Epochenüberblick – Aufklärung“ (S. 404), aufklärerische Sachtexte, z. B. *Kant:* „Beantwortung der Frage: Was ist Aufklärung?“ (S. 395 f.), sowie Fabeln und Parabeln, z. B. *Lessing:* „Die Wasserschlange“ (S. 399).

Seite	Sequenz/ Materialien	Didaktisch-methodische Hinweise	Anknüpfung an „Texte, Themen und Strukturen“
LK 67	*Johann Wolfgang Goethe:* „Pilgers Morgenlied“	Das Gedicht verdeutlicht, wie im Sturm und Drang das Innenleben des lyrischen Sprechers in den Vordergrund tritt. Nicht das Erlebte, sondern das Erleben wird thematisiert. Unterwegssein erscheint als Weg, der an der Heimat der Geliebten vorbeiführt und die Liebe wachruft.	Die im Gedicht dargestellte Liebeserfahrung lässt sich mit einem Auszug aus *Goethe:* „Die Leiden des jungen Werther“ (S. 413 f.) oder mit seinem Gedicht „Neue Liebe, neues Leben“ (S. 55) vergleichen.
LK 68	*Johann Wolfgang Goethe:* „Dauer im Wechsel“	Das Gedicht spiegelt die klassische Idee von der Kunst als Gegenpol zu einer vergänglichen, im Wandel befindlichen Welt. Die Schüler/-innen wiederholen zudem die Bestimmung von Reim und Metrum und üben sich im Formulieren von Deutungsthesen.	Eine Präzisierung bieten die Information „Das Kunst- und Literaturprogramm der Klassik“ (S. 430) und die theoretischen Schriften von *Goethe:* „Italienische Reise“ (S. 421) und „Natur und Kunst“ (S. 423) sowie von *Schiller:* „Idealisierung als Aufgabe des Dichters“ (S. 423).
LK 69	*Friedrich Schiller:* „Der Pilgrim“	Schillers balladenhafter Text zeigt die Illusion, im Reisen sich selbst oder transzendentes Glück finden zu können. Gerade an einem Pilger, einem Wanderer, wird der Irrtum aufgezeigt.	Der Eingangsmonolog aus *Goethe:* „Faust“ (S. 429) bietet sich als Vergleichstext an.
LK 70	Information: Lyrik des 18. Jahrhunderts: Aufklärung – Sturm und Drang – Weimarer Klassik	Vor dem Hintergrund der literarischen Strömungen werden epochenspezifische Merkmale der Gattung Lyrik vermittelt. Anhand zeitgenössischer Zitate wird die jeweilige Zuordnung vertiefend geübt.	Historische Hintergründe sowie weitere Vertreter und Gattungsbesonderheiten liefern die Epochenüberblicke „Aufklärung“ (S. 404), „Sturm und Drang“ (S. 419;) „Weimarer Klassik“ (S. 430 f.).
GK 65 f. LK 71 f. GK 65 GK 66, LK 72	**5.2 bzw. 5.4 Weltflucht und Heimkehr – Von der Romantik zum Realismus** *Joseph von Eichendorff:* „Der frohe Wandersmann“ Information: Klangfiguren Reim und Metrum Lyrik des 19. Jahrhunderts: Romantik	An Eichendorffs Gedicht lässt sich die romantische Vorstellung eines Unterwegsseins als Selbstzweck erschließen. Das abgebildete Gemälde verdeutlicht die genreübergreifende Beschäftigung mit dem Thema „Reisen" in der Romantik, zeigt aber auch Unterschiede in der Darstellung und im Verständnis. Darüber hinaus werden Kenntnisse zur formalen Gedichtanalyse (Strophe, Reim, Metrum) wiederholt und angewendet.	Mit *Eichendorffs* „Sehnsucht“ und dem Gemälde „Frau am Fenster“ (S. 435) kann das Fenster als typisch romantisches Motiv für den Aufbruch zum „Unterwegssein“ erarbeitet werden. Zur Vertiefung dienen programmatische Texte zum Poesiekonzept der Romantik, z. B. *Novalis:* „Romantisieren – Fragmente zur Poetik“, *Friedrich Schlegel:* „116. Athenäum-Fragment“ (S. 440). Ergänzungen zu formalen Aspekten bietet der Informationskasten „Reim, Metrum, Strophen- und Gedichtformen“ (S. 197 f.).

Seite	Sequenz/ Materialien	Didaktisch-methodische Hinweise	Anknüpfung an „Texte, Themen und Strukturen“
GK 67 LK 73	*Wilhelm Müller:* „Der Wegweiser“ *Paul Celan:* „Der unbegangene Weg“ (Übersetzung von *Robert Frost:* “The Road not taken“) Information: Volksliedhafte Lyrik	Der Kontrast des romantischen Gedichts von Müller mit Celans Übersetzung aus dem 20. Jahrhundert kann typisch romantische Grundgefühle als zeitlos ausweisen. Zusätzlich lässt sich an Müller die Volksliedhaftigkeit romantischer Lyrik nachweisen.	Weitere Informationen und Vertreter bietet der „Epochenüberblick – Romantik“ (S. 441 f.).
GK 68 LK 74	*Heinrich Heine:* „Jetzt wohin?“ *Theodor Fontane:* „Unterwegs und wieder daheim“ Information: Lyrik des 19. Jahrhunderts: Realistische Strömungen	Die Epoche des Realismus wird über diese beiden Gedichte prominenter Vertreter vorgestellt, in denen Heimatlosigkeit und Heimatverbundenheit kontrastiv gegenüberstehen.	Der Auszug aus *Heine:* „Deutschland. Ein Wintermärchen“ (S. 450) kann einbezogen werden, um die politische Dimension des Frührealismus zu vertiefen. Der Realismus-Begriff lässt sich über den Aufsatz von *Fontane:* „Was verstehen wir unter Realismus?“ (S. 459) erschließen.
GK 69	*August von Platen:* „[Es sehnt sich ewig dieser Geist]“ Information: Sonett	An diesem spätromantischen Gedicht wird eine präzise Analyse unter Berücksichtigung der Sonderform des Sonetts geübt.	Im Kapitel „Arbeitstechniken und Methoden“ findet sich eine weitere Übung zur Vorbereitung auf die mündliche Abiturprüfung (S. 572 ff.).
GK 70 LK 75	**5.3 bzw. 5.5 Eine Welt im Umbruch – Lyrik der Moderne** *Rainer Maria Rilke:* „Das Karussell“ Information: Lyrik der Jahrhundertwende um 1900	Rilkes Gedicht ist ein Beispiel für das Unterwegssein als Wandel, aber auch als Wiederkehr von Lebenssituationen oder -phasen.	Um weiterführend zu prüfen, inwieweit Rilkes Gedicht der modernen Lyrikrichtung des „Symbolismus“ oder „Ästhetizismus“ zuzuordnen ist, bietet sich *Hermann Bahr:* „Symbolisten“ (S. 475 f.) an.
GK 71 f. LK 76 f.	*Gottfried Benn:* „D-Zug“ Information: Lyrik des Expressionismus	Benns Gedicht thematisiert das Reisen mit einem Massentransportmittel und stellt so einen Vergleich mit der Verdinglichung und Entindividualisierung des Menschen her. Eine Analyse der sprachlichen Mittel zeigt die epochentypische Expressivität der entworfenen Bilder.	Die Informationen aus dem „Epochenüberblick – Expressionismus“ (S. 491) können zum Gedichtverständnis beitragen. Als Vergleichstext hinsichtlich der teils grotesken Bildhaftigkeit bietet sich *Georg Heym:* „Die Irren“ (S. 486) an.
GK 73 f. LK 78	*Paul Boldt:* „In der Welt“ (nur GK) *Else Lasker-Schüler:* „Weltflucht“ Information: Sprachliche Mittel	Boldts Gedicht zeigt eine andere Dimension des Unterwegsseins im Expressionismus: die Aufspaltung der Identität und die Reise als Gedankenspiel. Letzteres findet sich auch bei Lasker-Schüler, bei der jedoch das Ziel der Reise (zu sich selbst kommen) klar umrissen ist.	Die Ich-Dissoziation, von der Boldts Gedicht handelt, lässt sich vergleichen mit der in *Alfred Lichtenstein:* „Punkt“ (S. 486).

Seite	Sequenz/ Materialien	Didaktisch-methodische Hinweise	Anknüpfung an „Texte, Themen und Strukturen"
GK 75 f. LK 79 f.	**5.4 bzw. 5.6 Brüchigkeit der Heimat – Lyrik des 20. und 21. Jahrhunderts** *Max Hermann-Neiße:* „Heimatlos" *Issam Al-Najm:* „Die Grenze der Angst" Information: Lyrik in der Exilliteratur Der lyrische Sprecher und das lyrische Ich	Eingeleitet wird die Beschäftigung mit Lyrik des 20. und 21. Jahrhunderts mit zwei Gedichten zum Thema „Migration" – einmal von einem Autor aus der Zeit der Exilliteratur (1933–1945), einmal aus der Gegenwart von einem syrischen Flüchtling. Rückblickend kann mit Heine: „Jetzt wohin?" (→ S. 118 f.) auch ein thematisch ähnlich gelagertes Gedicht aus dem 19. Jahrhunderts einbezogen werden.	Exilerfahrungen thematisieren auch folgende Gedichte: *Hilde Domin:* „Hier" (S. 500), *Mascha Kaléko:* „Der kleine Unterschied" (S. 501). Hintergrundwissen bietet der „Epochenüberblick – Exilliteratur" (S. 504).
GK 77 LK 81	*Hermann Hesse:* „Stufen"	In Bezug auf das Entstehungsdatum lässt sich dieses Gedicht im biografischen Kontext betrachten: Reise als Unterwegssein im eigenen Leben. Dies wird anhand von Deutungsthesen geprüft.	
GK 78 f. LK 82 f.	*Bertolt Brecht:* „Der Radwechsel" *Jan Wagner:* „Hamburg–Berlin" Information: Lyrik von 1945 bis zur Jahrhundertwende	Beide Gedichte thematisieren eine Reiseunterbrechung. Die vergleichende Gedichtanalyse zielt auf die unterschiedliche Reaktion des lyrischen Sprechers auf den unfreiwilligen Stopp.	Die Zerrissenheit des lyrischen Sprechers im Hinblick auf eine Situation des „Dazwischen" findet sich auch in *Thomas Brasch:* „Lied" (S. 60). Literaturhistorische Informationen bieten der „Epochenüberblick – Nachkriegszeit" (S. 518 ff.) und „Tendenzen der Gegenwartsliteratur" (S. 547 f.).
GK 80 LK 84	*Annerose Kirchner:* „Zwischen den Ufern" *Hans Magnus Enzensberger:* „Aufbruchsstimmung"	Das Unterwegssein von ganzen Gesellschaften ist Thema dieser beiden Gedichte zur deutschen Wende, geschrieben aus einer Ost- bzw. Westperspektive. Während Kirchner auf den Zustand eines Übergangs fokussiert, stellt Enzensberger die Facetten eines gesellschaftlichen Aufbruchs dar.	Zur Vertiefung können weitere Gedichte zur „Wende" herangezogen werden, z. B. *Durs Grünbein:* „Novembertage I. 1989" (S. 534), *Volker Braun:* „Das Eigentum" (S. 534), *Sarah Kirsch:* „Aus dem Haiku-Gebiet" (S. 535).
GK 81 LK 85	**5.5 bzw. 5.7 Selbstreflexion als Reise – Lyrik des 21. Jahrhunderts** *Matthias Politycki:* „Rote Berge, weiße Wüste, egal"	Das Gedicht spiegelt die Beliebigkeit von Reisezielen in der heutigen Zeit wider. Abenteuerlust und der Reiz der Gefahr sind gepaart mit einer Unfähigkeit zur Selbstwahrnehmung. Die Schüler/-innen werden zudem aufgefordert, ein eigenes Reisegedicht zu schreiben.	Methodische Hinweise zum eigenen Schreiben von Gedichten bieten die „Lyrik-Schreibanregungen" (S. 62).

Seite	Sequenz/ Materialien	Didaktisch-methodische Hinweise	Anknüpfung an „Texte, Themen und Strukturen“
GK 82 f. LK 86 f.	*Durs Grünbein:* „Unbekümmert, anderntags, Verse“ *Cro:* „Einmal um die Welt“	Sowohl in Grünbeins Gedicht als auch im Songtext des Rappers Cro wird eine Liebebeziehung mit dem Motiv der Reise verbunden – einmal als gemeinsame Reise zweier Körper, einmal als Einladung zu einer Weltreise. Cro ist mit seinen Verweisen auf die Warenwelt ein Beispiel der Popliteratur.	Ergänzend können die „13 Thesen zur Gegenwartsliteratur“ (S. 545 f.) des Literaturkritikers *Thomas Kraft* vollständig einbezogen werden.
GK 84 LK 88	**5.6 bzw. 5.8 Klausurtraining: Zwei Gedichte analysieren und vergleichen** *Clemens Brentano:* „In der Fremde“ *Hilde Domin:* „Mit leichtem Gepäck“	Im Klausurtraining wird das schrittweise Vorgehen beim Analysieren und Vergleichen von Gedichten geübt. Die wichtigsten Deutungsaspekte sind in Form eines Erwartungshorizontes ausgeführt. Zwei weitere Klausurvorschläge (mit Erwartungshorizonten) bietet diese Handreichung (→ S. 134 ff.).	Die fünf Schritte entsprechen dem Vorgehen im Klausurtraining in „Texte, Themen und Strukturen“. Auf den Seiten 206 ff. wird das Vorgehen am Vergleich von *Joseph von Eichendorff:* „Lied“ mit *August Stramm*: „Untreu“ geübt. Als einfachere Übung kann die Analyse von *Gottfried Benn:* „Reisen“ (S. 64 ff.) einbezogen werden. Zu Teilkompetenzen der Gedichtanalyse siehe auch die Informationskästen „Richtiges Zitieren“ (S. 184), „Checkliste: Zu vermeidende Fehler beim Zitieren“ (S. 596), „Operatoren“ (S. 207), „Aspekte einer Gedichtanalyse“ (S. 208), „Deutungsthesen ausführen“ (S. 209), „Formulierungsbausteine“ (S. 210), „Checkliste: Ein Gedicht analysieren“ (S. 211), „Analyseaufsatz – Grundlegende Probleme lösen“ (S. 211). Unterstützen kann auch das Kapitel „Texte planen, schreiben und überarbeiten – Die Schreibkompetenz verbessern“ (S. 580 ff.).

Literaturhinweise:

Augustin, Michael / Leitner, Anton G. (Hg.): „Das Gedicht“. Zeitschrift für Lyrik, Essay und Kritik. Bd. 21: Pegasus & Rosinante. Wenn Poeten reisen. Anton G. Leitner Verlag, Weßling b. München, 2013
Babel, Rainer / Paravicini Werner (Hg.): Grand Tour. Adeliges Reisen und europäische Kultur vom 14. bis zum 18. Jahrhundert. Thorbecke, Ostfildern 2005
Conrady, Karl Otto (Hg.): Von einem Land und vom andern. Gedichte zur deutschen Wende. Suhrkamp, Frankfurt/M. 1993
Leitner, Anton G. und Gabriele Trinkler: Gedichte für Reisende. dtv, München 2015
Meid, Volker: Barock-Themen. Eine Einführung in die Literatur des 17. Jahrhunderts. Reclam, Stuttgart 2015
Nickel, Artur (Hg.): Von Fluchten und Wiederfluchten. Eine Anthologie. Geest, Vechta 2017
Richter, Sandra: Eine Weltgeschichte der deutschsprachigen Literatur. Bertelsmann, München 2017
Stagl, Justin: Eine Geschichte der Neugier. Die Kunst des Reisens von 1550–1800. Böhlau, Wien 2003
Wermke, Jutta (Hg.): Wege durch Europa. Reisen und Reiseliteratur im fächerübergreifenden Unterricht. Schneider, Hohengehren 2002

5.1 Annäherung an ein Thema der Lyrik

1 Individuelle Lösungen ► GK 62 LK 60

2 Mögliche Zuordnungen:

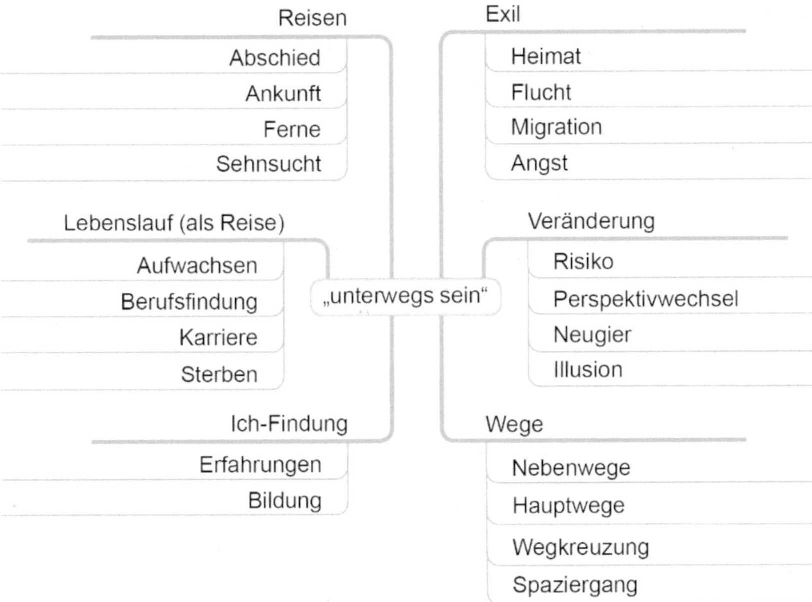

3 Mögliche Zuordnungen:
A: Reisen
B: Veränderung, Risiko (GK); Lebenslauf als Reise (LK)
C: Erfahrungen
D: Exil
E: Perspektivwechsel
F: Sehnsucht
G: Illusion

Die Arbeit an diesen drei Aufgaben kann mit einem Partnervergleich enden, bei dem die Schülerinnen und Schüler gebeten werden, eine Gemeinsamkeit und einen Unterschied in ihren Lösungen herauszufiltern, die sie anschließend in der Klasse vorstellen.

Vom Unterwegssein – Facetten des Themas „Reisen" in der Literatur beleuchten

Joseph von Eichendorff: **Frische Fahrt** (1815) – Auszug ► GK 63 LK 61
Kurt Tucholsky: **Luftveränderung** (1924) – Auszug
Sarah Kirsch: **Fluchtpunkt** (1982)
Norbert Göttler: **Brücken von Venedig** (2013)

1 Individuelle Lösungen

2 Wind, wehen: als Antrieb bei Eichendorff (V. 2), als Ausdruck von Schnelligkeit bei Tucholsky („wehen deine Haare", V. 4)
Strom, Wasser: Reiseweg bei Eichendorff (V. 3) und Tucholsky („Wasserkahn", V. 3); bei Göttler sind es die Brücken, die zwei Ufer miteinander verbinden, die Reisenden bleiben an einem Ort
Ferne, Fremde: bei Eichendorf Entfernung von den Daheimgebliebenen („weit von euch", V. 2), bei Tucholsky die ganze Welt (V. 13) und Fremdheit der Orte, Menschen und der Kultur („fremde Städte", „fremde Gassen", „fremde Menschen", „fremde Tassen", V. 5–8)
Reisender: gibt sich bei Eichendorf den Verlockungen hin („selig blind", V. 4; „Tausend Stimmen lockend schlagen", V. 5), fragt nicht nach dem Ziel (V. 7 f.); rast bei Tucholsky durch die Welt, nimmt alle Eindrücke mit (V. 5–8, 10–12) und bleibt doch er selbst (V. 15 f.); ist bei Kirsch ein Getriebener, dem keine Zeit bleibt, die Reiseorte kennen zu lernen

Tempo, Schnelligkeit: bei Eichendorff treibt das lyrische Ich die Fahrt voran („Fahre zu!", V. 7); ähnlich bei Tucholsky („fahre, Junge, fahre!", V. 2; „durchflitzt / ohne Rast und Ruh", V. 13 f.); bei Kirsch im Vergleich/Kontrast zum Reisetempo zu Heines Zeiten („vertrödeln", V. 2; „zwei Wochen", V. 3) braucht es nur noch einen Tag für die gleiche Strecke (V. 4), Reisen wird zu „weiterrasen" (V. 9)
Reisemittel: Schiff bei Eichendorff, Wasserkahn und Eisenbahn bei Tucholsky, bei Kirsch Auto, Maschinen, die für den Menschen einen Zwang darstellen (V. 8)
Brücke: bei Göttler zum einen typisches Kennzeichen der Stadt Venedig, zum anderen Ort der Verbindung zweier Ufer, der hier für Stillstand und Unentschlossenheit steht

► GK 64
LK 62

3

Aspekt	Gedicht	Ausprägung
Reise als Selbstzweck Sehnsucht nach Ferne	Eichendorff: Frische Fahrt	begeistertes Reisen ohne Ziel Abgrenzung von den Daheimgebliebenen (V. 2)
Reise als Flucht Hoffnung auf Veränderung	Tucholsky: Luftveränderung	Reisender flieht vor dem Alltag (V. 9) Vergeblichkeit dieser Hoffnung (V. 13–16)
Veränderung in der Art des Reisens (gestern und heute) ▪ Schnelligkeit ▪ Oberflächlichkeit	Kirsch: Fluchtpunkt	moderne Transportmittel führen zu einer Unaufhaltsamkeit des Reisens (V. 5–7) keine Wahrnehmung, Erforschung von Einzelheiten, keine Zeit für Begegnungen mit Menschen
Tourismus Metapher für Lebensentscheidungen	Göttler: Brücken von Venedig	konkreter Bezug zu Venedig (Titel) Unentschlossenheit, sich für eine Uferseite zu entscheiden; Brücke als Ort des Stillstands

► LK 63

(Nur im Arbeitsheft Leistungskurs:)

5.2 Leben und Vergehen – „Unterwegssein" in der Lyrik des Barock

Andreas Gryphius: **Betrachtung der Zeit** (1643)
Martin Opitz: **Lied** (1624)

1 a Individuelle Lösungen. Mögliche Eindrücke: den Augenblick zu leben ist auch heute typisches Lebensgefühl; Angst vor Zeitverlust, davor, etwas zu verpassen; Angst vor dem Altern; Jenseitsorientierung vermutlich kaum aktuell
b Überlegungen zur (Lebens-)Zeit; Credo, den Augenblick zu nutzen; dieser steht symbolisch für Höheres

2 In beiden Gedichten zeigen sich die Schlüsselmotive des Barock:

Motive	Gryphius: „Betrachtung der Zeit"	Opitz: „Lied"
„memento mori"	Bewusstsein des Vergehens der Zeit, die die Jahre „nimmt" (V. 1); Gott als Herrscher über die Sterblichkeit	Erkenntnis, dass man den schnell vergehenden Jahren folgen muss (V. 10)
„vanitas"	alles Irdische ist nichtig, es gehört einem nicht („Mein sind die Jahre nicht", V. 1, 2)	Bewusstsein, dass Schönheit vergeht und der menschliche Körper alt wird (z. B. V. 3 f.)
„carpe diem"	dem Menschen gehört nur der Augenblick, den er achtet und nutzt (V. 3);	Aufforderung, das Jetzt und die Jugend zu genießen (V. 9)

Auch formal weisen beide Gedichte typische Merkmal der Barocklyrik auf: Gryphius umkreist streng die Idee der Zeit, Opitz stellt antithetische Gegensatzpaare auf: z. B. „lass uns eilen / Wir haben Zeit" (V. 1), „Dass alles, was wir haben / Verschwinden muss" (V. 4).

3 Mögliche Formulierungen:
zu Gryphius: Dir gehört weder die Vergangenheit noch die Zukunft. Nutze den Augenblick, so bist du bei Gott.
zu Opitz: Nutze die Jugend und liebe, bevor das Leben und die Schönheit der Geliebten vergehen.

Leben als Schifffahrt – Ein barockes Sonett analysieren

Andreas Gryphius: **An die Welt** (1650) ► LK 64

1/2 a/b Individuelle Lösungen

2 c Mögliche Übertragung:
Mein oft von Stürmen erfasstes Schiff wurde zum Spielball heftiger Winde
und Wellen – fast hätte es die Flut gespalten.
Es ist über Klippen auf Sand gelaufen –
Nun kommt es vorzeitig in den Hafen, den meine Seele sucht.

Oft, wenn uns mittags die schwarze Nacht überfiel,
Hat der schnelle Blitz unsere Segel fast verbrannt!
Wie oft hab ich mich in dem Wind und den Himmelsrichtungen getäuscht!
Wie schadhaft sind Spriet, Masten, Steuer, Ruder, Schwert und Kiel.

Steig aus, du müder Geist, steig aus! wir sind an Land!
Warum hast du Angst vor dem Hafen, da du jetzt alle Fesseln
Der Angst und herben Pein und schwerer Schmerzen los sein wirst.

Ade, verfluchte Welt: du See voll rauer Stürme!
Glück finde ich in meinem Vaterland, das mich stets mit Ruhe,
Schutz und Frieden beschirmt – du ewiges Schloss!

3 a–c

Aufbau	Inhalt	Aussage/Deutung
1. Strophe (Quartett 1)	Ein Schiff, das viele Stürme überstanden hat, fährt vorzeitig in den Hafen.	Leben als bewegende Schifffahrt mit Hindernissen, Gefahren, Nicht-weiter-Kommen (Auflaufen auf Sand); Mensch als Spielball der Natur / des Schicksals; Hafen (Heim) als Ziel, Sehnsuchtsort der Seele = Ankunft bei Gott
2. Strophe (Quartett 2)	Das lyrische Ich erinnert sich an konkrete Bedrohungen durch Naturereignisse, Navigationsfehler und Schäden am Schiff.	schwarze Nacht am Mittag, einschlagende Blitze = schweres Unwetter, Unglück aus heiterem Himmel; Verkennung von Orientierung im Leben; für Schäden anfälliges Schiff steht auch für Unmöglichkeit, sich auf etwas verlassen zu können
3. Strophe (1. Terzett)	Lyrisches Ich fordert sich selbst auf heimzukehren, da das Ziel erreicht ist und die Erschwernisse des Lebens vorbei sind.	nach Rückblick auf Vergangenheit nun Gegenwart; Verlassen des Schiffes und an Land gehen = Ankommen an einem neuen Ort (Jenseits); statt Gefahren Befreiung von Sorgen (Fesseln); Zögern verkörpert Angst vor dem Ziel der Reise (Tod)
4. Strophe (2. Terzett)	Lyrisches Ich nimmt Abschied vom Unterwegssein in der Welt und freut sich auf das Vaterland bzw. Reich Gottes.	Gegenüberstellungen: Ade – Glück = Abschied und Willkommen; „See voll rauer Stürme“ – „Schutz und Frieden“; Ankunft im ewigen Reich; Jenseits erscheint als Heil, das den Menschen beschirmt; Tod damit nicht als Lebensende, sondern als Hoffnung und Vertrauen auf ein besseres Leben

4 Es zeigen sich sonetttypisch verschiedene Kontrastierungen:
- Vergangenheit (Rückblick) in den Quartetten – Gegenwart (Ankunft) in den Terzetten
- Gefahren durch äußere Faktoren (1. Quartett) – Gefahr durch den Schiffer selbst und die Anfälligkeiten des vom Menschen erbauten Schiffes (2. Quartett)
- Furcht vor der Ankunft (1. Terzett) – Freudige Begrüßung des Ankommens (2. Terzett)

Insbesondere das letzte Terzett erscheint als Conclusio für die in den Quartetten dargestellten Gefahren des Lebens (Thesis).
Der **Alexandriner** wird als Kontrastmittel genutzt (etwa V. 10), aber auch als Additum (V. 8) oder Explikation (V. 12).

► LK 65 5 a

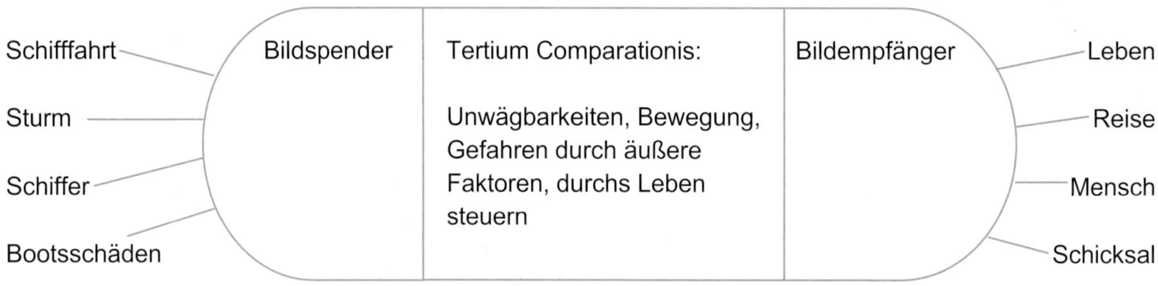

b Mit dem Bildfeld der Schifffahrt wird im Sonett verdeutlicht, dass der Mensch in seinem Leben äußeren Umständen hilflos ausgeliefert ist, zum einen, weil er selbst nicht genügt und Fehler macht, zum anderen, weil das von ihm Erschaffene (Schiff) sich als untauglich zur Sturm- bzw. Lebensbewältigung erweist. Gleichzeitig verkörpert die Schifffahrt das Auf und Ab des Lebens. Der Aspekt der Lebensreise zeigt sich darin, dass es ein Auslaufen und Einfahren in den Hafen, also ein Anfang und ein Ende gibt.

c Bildfeld: Hafen
Bildspender: Ort für Schiffe, ankern, an Land gehen, auslaufen
Tertium Comparationis: Sicherheit, Gegensatz zum offenen Meer, Ankommen
Bildempfänger: Heimat, Schutz, Sehnsuchtsort, Jenseits (Tod)
Das Bild des Hafens steht für die Ankunft nach einer langen Reise bzw. einem langen Leben an dem Ort, der für jeden Menschen bestimmt ist und der Schutz und Frieden verspricht (bei Gott).

6 a Akkumulation: V. 3, 8, 10 f., 13 f.
Alliteration: V. 3 (*Klip auff Klip; Schaum und Sandt*), V. 6, 11, 12–14 (*s*)
Assonanz: V 1 (*i*), V. 8 (*ei*), V. 14 (*i*)
Parallelismus: V 1 f., 2 f., V. 7 f. (Anapher)

b Vor allem über Klangfiguren werden im Gedicht Verbindungen erzeugt und Wortgruppen zusammengefügt. Das Unglück erscheint insofern als zusammengehörig; die Akkumulationen wirken einerseits bedrohlich (V. 3, 10 f.), am Ende zeigen sie in der Rettung das vollkommene Glück (V. 13 f.).

7 **Inhalt:**
- Heilsordnung: Der irdischen Not stellt das Gedicht ein überirdisches Heil gegenüber (antithetische Darstellung der Welt, die sich auch in der äußeren Form zeigt: Sonett mit typischem Kontrast zwischen Unglück und Rettung; Alexandriner in Kontrast- und Erläuterungsfunktion).
- Schifffahrt: Auszug, Kampf und Rückkehr stehen einerseits für Reise des Lebens, andererseits kann die stürmische See auch als Hinweis auf lang anhaltende Kriegskämpfe gedeutet werden.
- Einkehr in den Hafen: Tod und Ankunft bei Gott markieren das Ziel der Reise (*Vaterland, ewig-lichtes Schloss*).

Motive:
- Schlüsselmotive des Barock wie „memento mori“ und „vanitas“ sind im Bild der stürmischen See zu erkennen; den Kräften der Natur (Gottes Schöpfung) ist der Mensch mit seinen irdischen Fehlern ausgeliefert, der Tod allgegenwärtig (*überfallen, schneller Blitz*)
- Diesseits als stürmische See; Nacht; Jenseits als Schutzschirm, helles Schloss
- Tod als Hafen
- Seefahrt als Lebensweg

(Nur im Arbeitsheft Leistungskurs:) ▸ LK 66

5.3 Veränderung und Beständigkeit – Von der Aufklärung zur Weimarer Klassik

Unterwegssein und Glück – Ein aufklärerisches Lehrgedicht erschließen

Johann Peter Uz: **Versuch über die Kunst, stets fröhlich zu sein** (1749)

1 Mögliche Antwort: Die Kunst, fröhlich zu sein, besteht darin, aufmerksam zu sein für die kleinen Momente des Glücks, die alltägliche Situationen bereithalten. Gezeigt wird dies an einem Spaziergänger, der unachtsam mit seiner Umwelt umgeht und sich darüber beschwert, dass er Schaden nimmt.

2 a

Die Welt	Sicht des Menschen auf die Welt
lustig Tal, Garten Gottes, silberne Bäche, balsamischer Geruch, Lilje, süße Feige, bunte Schlange	Sand, schnöder Kies, stechende Rosendornen, beißende Schlange, Aufenthalt der Qual

b Der Mensch ist achtlos in der Welt unterwegs, ihn interessiert nicht die Schönheit der Natur, sondern nur, wie er sie begierig ausnutzen kann (Kies, Rosen). Seine Suche nach dem Glück scheitert daran, dass er nicht den Augenblick und das, was er hat bzw. was ihm gegeben wird (Lilje, Feige), genießt, sondern mehr will und sogar mutwillig die Natur (zer-)stört.

c Etwa: Suche das Glück in der Schönheit der Natur und versuche nicht, sie zu beherrschen. Oder: Nimm das Glück an, wenn es vor deinen Augen liegt.

3
- Gedanke, das Glück im Hier und Jetzt zu suchen und das Gegebene zu genießen
- dargestellte Person wird keiner Schicht zugeordnet, er ist einfach nur ein Mensch, für den die Gesetze der Natur gelten
- Blick auf die Natur
- Vorstellung, dass das Individuum für sein eigenes Glück zuständig ist
- Lehrhaftigkeit (insbesondere direkte Ansprache in den Schlussversen)
- Einschätzung des Unterwegsseins als Bildungs- und Glückswert

Liebend unterwegs – Interpretationsthesen zu einem Sturm-und-Drang-Gedicht prüfen

Johann Wolfgang Goethe: **Pilgers Morgenlied** (1772) ▸ LK 67

1/2 Individuelle Lösungen. Mögliche Antworten: Liebeserleben des lyrischen Ichs steht im Mittelpunkt; Erlebnis der Liebe wird dargestellt; Naturbilder, mit denen sich das lyrische Ich (ein Pilger) identifiziert

3 Siehe Lösung zu Aufgabe 4 b.

4 a

These	Begründung
Die Verse stehen auf dem Papier wie der Turm, der als Symbol der Liebesorientierung dient.	kurze Verse und fehlende Strophenaufteilung ergeben Bild eines Turms; Liebessymbol: V. 9 ff.
Das Metrum ist Ausdruck der Jugend.	freie Rhythmen, ohne Reim, ohne festes Metrum; Goethe schrieb das Gedicht als 22-Jähriger
Die Liebe ist eine Ausprägung des Göttlichen im Inneren.	religiös anmutende Begriffe (selig, heilig, ew'ge, Seel, allgegenwärtig, durchglühen, V. 7, 8, 16 f., 26 f.)
Die dargestellte Natur meint nicht sich selbst, sondern ist Teil eines inneren Ringens.	Morgennebel (V. 1) hindert am Abschied; Nord(wind) (V. 18) und Wetter (V. 28) stellen sich in den Weg, Angebetete ist von Sonne geschieden (V. 24 f.)

4 b Individuelle Lösungen. Musterlösung:
Goethes Gedicht „Pilgers Morgenlied" beinhaltet vordergründig den Monolog eines Pilgers an eine ehemalige Geliebte, indem beim Anblick des Turmes, in dem er die Frau einst traf, das vergangene Liebeserlebnis („Wonne", V. 10) beschworen wird. Die Geliebte und das Liebeserlebnis werden jedoch nicht konkret beschrieben, sondern sind nur Anlass, um die nachhaltige Wirkung der Liebeserfahrung auf das lyrische Ich zu beleuchten. Dementsprechend wird am Ende des Gedichts nicht mehr die Geliebte angesprochen (wie in V. 1), sondern die Liebe selbst personifiziert und angerufen (V. 26). Das Zusammensein mit der angesprochenen Frau Lila entflammte ein Liebesgefühl (V. 16 f.), das dem lyrischen Ich nun wichtiger ist als die Geliebte selbst, denn dieses Gefühl vermag ihn nachhaltig zu schützen (V. 28 f.). Die Vorstellung eines Schutzes spiegelt sich im sprachlichen Bild des Sturmes (V. 18–20), der das Haupt des lyrischen Ichs nicht zu beugen vermag (V. 21, V. 28), weil er zwar die Sonne verdunkeln (V. 24 f.), aber das Glühen der Liebe im Inneren nicht verhindern könne (V. 26 f.). Äußere Gefahren scheinen also gebannt, wenn im Inneren die Erfahrung von Liebe präsent ist. Die Stürme lassen sich aber nicht nur als äußere Bedrohungen im Leben verstehen, sondern auch als ein inneres Erleben, eine Sinnsuche oder sogar ein Irren des lyrischen Ichs, bei dem die Orientierung der Sonne verloren zu gehen droht, aber durch die Ausrichtung am starken Gefühl der Liebe ersetzt werden kann.
Typisch für den Sturm und Drang wird somit das Liebeserlebnis als ein Moment aufgefasst, das dem Menschen fast Göttliches beschert, an dem er sich – gleichsam ewig (V. 16) – aus sich selbst heraus orientieren kann. Die tiefe Empfindungsfähigkeit wird als Basis dafür gesehen, fortan wie ein Genie aus sich selbst Mut und Lebensfreude schöpfen zu können (V. 33 f.). Diese Verbindung zwischen Liebe und Göttlichem wird durch eine Alliteration unterstrichen: „Herz" und „Heilig" werden durch die Anlaute formal verbunden. Ausgelöst wird die Auseinandersetzung mit dem inneren Gefühl durch das Wiedererblicken des Turmes, in dem das lyrische Ich einst die Geliebte traf (V. 1–10). Das Gedicht spiegelt diesen Turm formal, indem es keine Unterteilung in Strophen gibt und die Verse so kurz sind, dass die äußere Form einem Turm gleicht. Im Verlauf wirken die Verse immer kurzatmiger: In der Anrufung der Liebe werden Satzfetzen mit Ausrufungszeichen aneinandergereiht (V 26 – 29), um zu verdeutlichen, wie aufgewühlt das lyrische Ich durch seine Erkenntnis ist, durch die Liebeserfahrung Lebensmut und Orientierung zu bekommen (V. 33 f.). Die freien Rhythmen, die zuvor die innere Aufwühlung spiegelten, münden am Ende in Verse, die dann doch eine gewisse Ruhe ausstrahlen (V. 33 f.). Die Wanderung des lyrischen Ichs, das Unterwegssein, hat somit eine zunächst aufwühlende, schließlich doch beruhigende Wirkung: Der Pilger sieht zwar die Geliebte nicht, wichtiger ist ihm aber die Erkenntnis, dass die Nachwirkung des Liebeserlebnisses und die Erinnerung daran in seinem Inneren einen Gegenpol zu Suchbewegungen und Unruhen bilden kann. Das Liebeserlebnis mag vergangen sein, aber die Erfahrung, so intensiv lieben zu können, bleibt ewig (V. 16) als Quelle von Lebensmut erhalten.

Wandel und Beständigkeit – Inhalt und Metrum eines klassischen Gedichts untersuchen

► LK 68 Johann Wolfgang von Goethe: **Dauer im Wechsel** (1803)

1 a Dauer: Strophe 5; Wechsel: Strophen 1–4

b Wechsel: Jahreszeiten, Fruchtzyklus eines Baumes, Strom/Fluss, geistige und körperliche Entwicklung des Menschen (Änderung des Blicks, Altern), Individuum, Gesellschaftsordnung
Dauer: Musen (Kunst), Gunst der Musen (Schöpferkraft), Wirkung der Kunst auf Herz (Gehalt) und Verstand (Form)

c das Grüne (Frühling); Sommerblüten, Schatten, reifende Früchte; Sturm und falbe Blätter zeigen Herbst an

d „Dauer im Wechsel" kann dahingehend gedeutet werden, dass innerhalb bestimmter Zeiträume zwar immer wieder Wechsel stattfinden (Jahres- oder Generationenwechsel), aber die Natur und die Menschheit erhalten bleiben.

e Für die These der Vergänglichkeit spricht, dass bei der Darstellung der Jahreszeiten kein Kreis geschlossen wird, der wieder im Frühling mündet. Eine Wiederkehr wird ausgeschlossen, wenn es heißt, man schwimme nicht zweimal im gleichen Fluss. Auch ist von der Vergänglichkeit des Körpers und des Namens, also der Individualität die Rede. Auch kann das „gegliederte Gebilde" (V. 27) als Staats- bzw. Regierungsform gedeutet werden, das ebenfalls ein anderes werden kann. Wiederkehr gibt es nur in der Kunst, die Menschen immer wieder berührt und beschäftigt.

2 Reimform: Kreuzreim; Metrum: Trochäen; Wirkung: Das Gedicht erzeugt durch die Gleichförmigkeit eine Dauer trotz der inhaltlich dargestellten Wechsel.

3 In dem Gedicht wird ein Kontrast dargestellt: Während die Realität von Vergänglichkeit geprägt ist (vgl. V. 1–32), erfasst die Kunst das Unvergängliche (V. 38). Die Vergänglichkeit wird an den Jahreszeiten, am Zyklus der Pflanzen (Früchte) und am Leben des Menschen gezeigt. Er vergeht nicht nur körperlich, selbst die Hoffnung, mit seiner Individualität oder mit dem, was er geschaffen, gebildet hat, etwas Bleibendes zu repräsentieren, erscheint als Illusion (V. 31 f.). Die Dauer wird nur in der Schöpferkraft der Kunst gesehen, deren Wirkung auf den Menschen unvergänglich bleibt. Trotz des Kontrasts gibt der Titel des Gedichts den Hinweis darauf, dass es aufs Ganze gesehen auch um Vergängliches im Unvergänglichen geht, um einen dauerhaften Wechsel.
Formal gespiegelt wird dies durch ein gleichmäßiges Metrum, den Trochäus. Das Gedicht in seiner Gesamtheit zeigt also die Beständigkeit der Kunst, selbst dort, wo sie Wandlungen beschreibt.

Das Ziel, der „Wellen Spiel" – Inhalt und Reim eines klassischen Gedichts aufeinander beziehen

Friedrich Schiller: **Der Pilgrim** (1803) ▶ LK 69

1 a

Aufbruch	Reise	Ankunft/Ausblick
V. 1–6: Abschied vom Vaterhaus und von den Belanglosigkeiten der Jugend; Verzicht auf Erbe	V. 9–30: Pilgern, um einen Idealzustand zu erreichen; Hoffen auf goldene Pforten, das Himmelreich auf Erden; rastloses Durchwandern der großen Welt (Ströme, Berge hin zum Ozean)	V. 31–36: endlose Leere, fernes Ziel; Einsicht in Scheitern der Reise; Himmel und Erde kommen nicht zusammen und die Heimat ist verloren

b Das lyrische Ich erkennt, dass sich seine erhofften Ideale bzw. die Heilsversprechungen nicht erfüllt haben und dass das, wonach er strebt, unerreichbar ist. Sein (Gott-)Vertrauen wird enttäuscht, der Mensch bleibt Spielball des Schicksals bzw. muss seinen Weg selbst finden (es führt kein Steg dorthin).

2 a Kreuzreim

b Habe – Pilgerstabe (V.5, 7): Kontrast dessen, was verlassen wird, und dessen, was an diese Stelle tritt; der Verzicht auf die Habe (Erbteil) wird nicht belohnt, am Ende scheitert auch das Pilgern
Hoffen – offen (V. 9, 11): Kennzeichnung des Wesens der Pilgerhoffnung: undefiniertes Ziel; am Ende wird die Hoffnung enttäuscht; das Offene entpuppt sich als endlose Leere
Meere – Leere (V. 29, 31): beides ist unendlich, unfassbar und damit auch unerreichbar, so wie das Ziel des Pilgrim
Spiel – Ziel (V. 30, 32): statt das Ziel zu erreichen, ist der Pilgrim nur Spielball höherer Mächte
mir – hier (V. 34, 36): Hinweis auf die eigentliche Perspektive: Achte auf dein Ich im Hier.

3 Typisch ist es, in der Figur des Pilgers Allgemeinmenschliches zu verdeutlichen: Menschliche Ziele sollten nicht in einer undefinierten Ferne liegen, denn diese sind nicht erreichbar, sondern sie sollten sich auf das Hier und Jetzt beziehen.

4 ▶ LK 70

	Typisch für:	Begründung:
Die Neugier eines ehrlichen Mannes steht da gern stille, wo Wahrheitsliebe sie nicht weitertreibt. *(Lessing: Anti-Goeze, 1778)*	Aufklärung	Wahrheitshunger als Lebensmotiv
Ich bin nun ganz eingeschifft auf der Woge der Welt – voll entschlossen: zu entdecken, gewinnen, streiten, scheitern oder mich mit aller Ladung in die Luft zu sprengen. *(Goethe an Lavater, 6.3.1776)*	Sturm und Drang	Lebenshunger als Möglichkeit, Emotion zu beteiligen
Der Langsamste, der sein Ziel nur nicht aus den Augen verliert, geht immer noch geschwinder als der, der ohne Ziel herumirrt. *(Lessing: Hamburgische Dramaturgie, 1769)*	Aufklärung	rationale Suche nach Lösungen
Immer strebe zum Ganzen, und kannst du selber kein Ganzes / Werden, als dienendes Glied schließ an ein Ganzes dich an. *(Schiller: Pflicht für jeden, 1796)*	Klassik	Individuelles geht im Universellen auf

5.2 bzw. 5.4 Weltflucht und Heimkehr – Von der Romantik zum Realismus

► GK 65
LK 71

Fernweh als Programm – Das Aufbruchsmotiv der Romantik erschließen

Joseph von Eichendorff: **Der frohe Wandersmann** (1823)

1 a Individuelle Lösungen, etwa: Fernweh ist heute noch aktuell, kann aber auch virtuell erlebt werden; Aufbruch ist unverändert Thema vor allem der jungen Generation; Dynamik des heutigen Lebens macht Aufbrechen zum Dauerzustand

b Hier könnte darauf hingewiesen werden, dass das Wandern im 19. Jahrhundert und auch zuvor fast nur für Männer möglich war. Frauen war eine feste Rolle im Haushalt zugewiesen, die bei Eichendorff in der 2. Strophe gespiegelt wird.

2

	Reisende	Daheimgebliebene
Bezeichnung:	froher Wandersmann, ich	die „Trägen“ (V. 5)
Zugeordnete Begriffe:	in der Gunst Gottes (V. 1), „weite Welt“ (V. 2), „Wunder“ (V. 3), erquickendes „Morgenrot“ (V. 6), „singen aus voller Kehl’ und frische Brust“ (V. 11 f.), „mein’ Sach’“ (= das Wandern, V. 16)	„zu Hause liegen“ (V. 5) „Kinderwiegen“ (V. 7) „Sorgen, Last und Not“ (V. 8)

3 a/b

Alliteration:
- Titel, V. 1–4; wirkt einprägsam, viele der Wörter werden positiv mit dem Reisen verbunden
- „Bächlein“, „Bergen“ (V. 9): Verbindung zweier Elemente der Natur, die nicht als Hindernis wahrgenommen werden, dies macht zudem die Verkleinerungsform des Baches deutlich
- „Lerchen“, „Lust“ (V. 10): positive Verbindung der Natur mit Lust

Assonanz:
- V. 8: Gleichklang des Vokals *o*, verweist auf semantische Verbindung zwischen Sorgen und Not (als Kontrast zum Wandersmann)
- V. 11: Häufung des Vokals *i*, dadurch entsteht Eindruck des Singens

Anapher:
- V. 2/3 (unrein): Aufzählung (in Form von Attributsätzen) wirkt verstärkend
- V. 9/10: Aufzählung zur Schönheit der Natur

Weitere sprachliche Mittel, die eine Aufbruchsstimmung unterstreichen, sind:
- Aufzählungen von Landschaftsbezeichnungen: V 4
- Verben der Bewegung: „springen“ (V. 9), „schwirren“ (V.10)
- Rhetorische Frage: V. 11 f.

► GK 66
LK 72

4 a Reim: durchgängig Kreuzreim
Metrum: durchgängig vierhebige Jamben

b Die metrisch einheitliche Gestaltung (durchgängig vierhebige Jamben) spiegelt die Schönheit und Einheitlichkeit der Natur, erzeugt aber auch einen freudigen Grundton, der der Wahrnehmung der Natur durch den lyrischen Sprecher entspricht. Zudem nimmt der gleichmäßige Rhythmus die Bewegung des Wanderns auf.

5 a Typisch romantische Motive: Wandersmann, Morgenrot, Lerche,

b Typisch romantische Reisevorstellung: Reise als Selbstzweck, Aufbruch in die weite Welt, ziellose Wanderung, das Lebensgefühl des Unterwegsseins (in der Natur) ist entscheidend, Abgrenzung von den Daheimgebliebenen, die einerseits träge sind, andererseits sich mit den Banalitäten des Alltags herumplagen müssen

6 Das Gemälde „Auf dem Segler“ von Caspar David Friedrich zeigt einen Mann und eine Frau auf einem Bug eines Segelbootes sitzend, das auf ein Ziel in der Ferne zusteuert. Die beiden Reisenden sind von hinten bzw. im Profil zu sehen, der Blick des Betrachters folgt ihrem Blick auf das Ziel, das nur verschwommen zu sehen ist, aber eine Stadt darstellen soll.

Die Figuren heben sich durch die Farbe ihrer Kleidung (blau und rot) von der ansonsten braun-grauen Umgebung ab. Dadurch werden sie als Reisende betont und stehen im Fokus der Betrachtung. Das Ziel ist im Nebel, unscharf, aber vor einem hellen Horizont, sodass das Ziel zwar nicht klar definiert ist, aber erstrebenswert erscheint.
Die Figuren sind als Reisende gekennzeichnet, die nicht zur Besatzung des Bootes gehören, Da nur sie abgebildet sind, wird der Eindruck erweckt, dass sie vom Wind getrieben werden, beide erscheinen unbeschwert und auf das Ziel fokussiert. Sie sind einander nicht zugewandt, halten sich aber an den Händen. Im Unterschied zum Gedicht reist hier eine Frau mit.

7 Die These, dass im Gedicht „Der frohe Wandersmann“ von Joseph Eichendorff der Reisende als ein von Gott begünstigter Mensch dargestellt wird, lässt sich anhand einiger Textstellen belegen. Zunächst wird bereits im Titel darauf verwiesen, dass es sich um einen „frohen“ Wandersmann handelt. Gleich in den ersten beiden Versen stellt Eichendorff selbst diese These auf und spricht im Folgenden von den Wundern der Welt (vgl. V. 1–4). Der Reisende bei Eichendorff kennt nicht die Sorgen des Alltags (V. 8), statt träge liegen zu bleiben erquickt ihn das „Morgenrot“ (V. 6). Im weiteren Verlauf des Gedichts wird die Schönheit der Natur beschrieben, an der der Reisende teilhaben kann: Wie das Bächlein kann auch er die Berge bezwingen und mit den Lerchen singen (vgl. V. 9–11). Der Reisende ist sich zudem sicher, dass auf Gott Verlass ist. So wie er sich um alles in der Natur kümmert, sorgt er auch für den Reisenden (V. 16).

Lebensentscheidung als Weggabelung – Gedichte aus zwei Jahrhunderten vergleichen

Wilhelm Müller: **Der Wegweiser** (1823) ► GK 67
Robert Frost: **The road not taken** (1916) / Übersetzung von Paul Celan: **Der unbegangene Weg** (1963) LK 73

1 Textaussage „Der Wegweiser“: Es gibt viele Wege, die man gehen könnte, aber am Ende muss man dem Wegweiser folgen, der zum Tod führt.
Textaussage „Der unbegangene Weg“: Man steht im Leben vor Entscheidungen, die man nur einmal treffen kann. Auch ein unerprobter Lebensweg sagt nichts über die Qualität der Entscheidung aus.

2

	Wege, die gegangen werden	Wege, die nicht gegangen werden
„Der Wegweiser“	sind versteckt, führen durch „verschneite Felsenhöhn“ (V. 4) und in „Wüstenein“ (V. 8), zur Straße, die noch niemand zurückging (V. 16) = ins Jenseits	werden von anderen Wanderern genutzt, führen in die Städte
„Der unbegangene Weg“	gleich schön wie der andere, der aber vielleicht „höher galt“ (V. 7), weil er unbegangen schien („grasig“, V. 8; „voll Laubes“, V. 12), sind weniger begangen (V. 19): Widerspruch zu V. 10 ff.	verliert sich im Unterholz; ebenso begangen wie der andere Weg

3 a Typische Motive der Romantik: Ziellosigkeit, Rastlosigkeit; Stilisierung des Abweichenden, Versteckten, außerhalb des Normalen Liegenden (Wüstenei); Wegweiser bieten keine Orientierung; vor dem inneren Auge steht nur der Wegweiser, der auf die letzte Straße des Lebens verweist; Weg ohne Rückkehr = Eskapismus und Todessehnsucht
Volksliedhafte Züge: vier Strophen mit je vier Versen, durchgängig regelmäßiges Metrum (Trochäus); Darstellung menschlicher Empfindungen

b Ähnlich wie bei Müller grenzt sich das lyrische Ich auch bei Frost von dem Weg ab, den alle gehen; ebenso ist ein melancholischer Grundton zu finden, eine gewisse Ziellosigkeit und Unentschlossenheit; auch bei Frost ist bestimmend, sich von den anderen abzuheben

4 Mögliche Deutungen:
„Der Wegweiser“:
- individueller Lebensweg (Vermeidung von Wegen, die andere Wanderer gehen)
- „beschneite Felsenhöhn“: hoch gesteckte Ziele, die schwer zu erreichen sind
- „Wüstenein“: Einsamkeit des Lebens
- Städte: Symbol für gewöhnliches Leben
- Straße, die keiner zurückgeht: Lebensweg, der sich nicht umkehren lässt; Straße ins Jenseits

„Der unbegangene Weg“:

- Straße, die auseinanderläuft: Weggabelung, Moment der Entscheidung für einen Lebensweg
- zwei Wege: mehrere Möglichkeiten der Lebensgestaltung
- Unterholz: Verlauf des Weges/Lebens ist nur bis zu einem bestimmten Punkt sichtbar; evtl. Weg, der zu einem gebückten Leben führt
- Weg, der „höher galt“: Wahl des schwierigeren Weges
- unbetretenes Laub: Wagnis, da man keinen Spuren folgen kann
- weniger begangener Weg: Abgrenzung von der Masse
- „wie Weg zu Weg führt“: eine Entscheidung zieht andere nach sich, eine Rückkehr ist nicht möglich
- „nach Jahr und Jahr und Jahr“: am Ende macht der Weg keinen Unterschied, da man nur ein Leben leben kann

Unterwegs und daheim – Gedichte des Realismus erschließen

▸ GK 68 LK 74
Heinrich Heine: **Jetzt wohin?** (1830)
Theodor Fontane: **Unterwegs und wieder daheim** (1898) – Vierte Strophe

1 a Etwa: Heines Gedicht zeigt die Heimatlosigkeit eines Exilanten, dem das Heimatland verschlossen bleibt und der auch keinen anderen Platz zum Leben finden kann.

b Deutschland: Gefahr durch Kriegsgerichte, die dem lyrischen Ich wegen seiner früheren Schriften gefährlich werden können (Wortspiel: „Erschießliches“, V. 8, statt „Ersprießliches“)
England: „Kohlendämpfe“ (V. 14) stehen zum einen für ein industrielles Land mit viel Bergbau, aber wenig Musischem, zum anderen auch wieder Wortspiel (Kohldampf = Hunger), das auf ein armes Land hinweist
Amerika: ist zwar ein Land großer Freiheit, allerdings hält das lyrische Ich die Menschen dort für unhöflich, wenig kultiviert („Gleichheitsflegel“, V. 20) und ohne Geschichtsbewusstsein
Russland: anziehend, aber sowohl klimatisch schwierig als auch gefährlich („Knute“, V. 28)

2 a **Gemeinsamkeiten:** Suche in der Ferne ohne Erfolg; Einsamkeit
Unterschiede: Bei Heine handelt es sich um einen erzwungenen Auszug aus der (kritisch gesehenen) Heimat, eine Rückkehr ist ausgeschlossen (Lebensgefahr). Bei Fontane ist das Unterwegssein verbunden mit der Suche nach Glück; als sich diese Hoffnung nicht erfüllt, kann das lyrische Ich zurück in die Heimat und der Beschränktheit der Welt etwas Positives abgewinnen.

b Heine ist dem Frührealismus und dem politischen Vormärz zuzuordnen. Er übt deutliche Kritik an den Herrschaftsverhältnissen in Deutschland, in denen kritische Autoren mit dem Tod bedroht werden. Fontanes Gedicht stammt aus dem bürgerlichen Realismus, hier wird keine politische Kritik geäußert, sondern eine „wahre“ Erfahrung und Einsicht des lyrischen Ichs präsentiert.

3 Individuelle Lösungen. Erwartet werden folgende zentrale Aspekte:
Heine: Reisen als unfreiwillige Suche nach einem Ort, an dem man bleiben kann – ohne Erfolg; am Ende Gefühl, sich verirrt zu haben
Fontane: Reisen ist zwecklos, man findet nur Einsamkeit; die Fremde wärmt nicht (vgl. V. 6 f.); Erkenntnis: das Glück liegt im bürgerlichen Heim
Eichendorff: Reisen als Selbstzweck und Grundlage für ein positives Lebensgefühl, das sich von der Alltäglichkeit und Banalität des Lebens in der Heimat abgrenzt

▸ GK 69
(Nur im Arbeitsheft Grundkurs:)

Zwischen Romantik und Realismus – Ein Sonett analysieren

August von Platen: **[Es sehnt sich ewig dieser Geist]** (1826)

1 Am ehesten: Das Gedicht thematisiert die prinzipielle Heimatlosigkeit eines unruhigen Geistes, der in jedem Land Hass zu fürchten hat.
Begründung: Der unruhige Geist ist in einer steten Dynamik, unabhängig vom konkreten Ort (V. 1 f.), auch wenn der noch so paradiesisch ist (vgl. V. 4). Das lyrische Ich verlässt lieber seine Heimat, als dort die Unterdrückung (seines Geistes) zu ertragen. Hinzu kommt, dass das „Schlechte“ nicht nur im eigenen Land anzutreffen ist und dass es überall Menschen gibt, die das Schlechte verehren und den freien Geist hassen („Pöbelhass“, V. 14).

2 a/b

	Lyrisches Ich	Heimat	Sprachliche Mittel
Strophe 1 (1. Quartett)	Geist mit Sehnsucht nach Weite, kein Bleiben selbst im Paradies	Scholle, Eden	Wiederholung (V. 2): Aufwertung des Strebens „kleben" (V. 3): Abwertung des Bleibens
Strophe 2 (2. Quartett)	Geist im Zwiespalt, hat schon Erfahrungen gemacht, dass es leicht ist, die Heimat aufzugeben, aber schwer, eine neue zu finden	wird leicht aufgegeben, ist schwer wiederzufinden	„bewegt" (V. 5): Lob des Geistes
Strophe 3 (1. Terzett)	wird vom Schlechten verjagt	das „Schlechte" wird auch in der Heimat von einem „Volk der Knechte" verehrt	„hasst" (V. 9): ausdrucksstarkes Verb, extremes Gefühlt, betont Ablehnung „Volk der Knechte" (V. 11): Übertreibung (Hyperbel), die die ganze Heimatbevölkerung abwertet; das Schlechte wird „verehrt" (V. 11): paradoxes Wertesystem in der Heimat
Strophe 4 (2. Terzett)	hält es für klug, lieber der Heimat zu entsagen, als unter der Unterdrückung zu leiden	Vaterland wird von unreifen Menschen regiert	„kindisch" (V. 13): Abwertung „Joch des blinden Pöbelhasses" (V. 14): Ziellosigkeit der Ablehnung

3 a Allgemeiner Kontrast:
Quartette: vorrangig Darstellung des Ichs – Terzette: vorrangig Darstellung der Heimat
1. Quartett: Sehnsucht nach Weite – 2. Quartett: Charakterisierung des Geistes (Präzisierung des 1. Quartetts)
1. Terzett: Charakterisierung des Heimatvolkes – 2. Terzett: Charakterisierung der Ablehnung durch das Volk (Präzisierung des 1. Terzetts)

b In der Sonettform ist die Kontrastierung des beweglichen Geistes des lyrischen Ichs (offenbar eines Dichters) und der Ablehnung durch ein dumpfes Volk besonders gut darstellbar.

4

Typische Elemente der Romantik	Typische Elemente des Realismus
Sehnsucht (V. 1), lyrischer Sprecher als Außenseiter, Betonung des inneren Gefühls (V. 5 ff.), Ablehnung des gewöhnlichen Volkes	Gesellschaftskritik (V. 9–11), Betonung des kritischen Geistes, Darstellung der Ablehnung von Andersdenkenden durch das Volk

Eher untypisch für die Romantik ist die aktive Ausgrenzung des lyrischen Ichs durch die Gemeinschaft und die eher ambivalente Haltung zum Reisen. Eher untypisch für den Realismus ist die vage Beschreibung der kritischen Inhalte, worin z. B. genau das „Schlechte" besteht.

5.3 bzw. 5.5 Eine Welt im Umbruch – Lyrik der Moderne und des Expressionismus

Unterwegssein als Symbol – Ein Dinggedicht deuten

Rainer Maria Rilke: **Das Karussell** (1907) ▸ GK 70 LK 75

1 Individuelle Lösungen. Etwa: Karussell als Erlebnis auf einer Reise, als Symbol einer nie endenden Reise, als Möglichkeit eines 360-Grad-Blickes, als Bild der Sinnlosigkeit von Unterwegssein, weil man sich immer nur im Kreis dreht

2 a Wiederholungen: refrainartige Wiederholung „und dann und wann ein weißer Elefant“ (V. 8, 15, 20): Spiegelung des Kreisens des Karussells; „weiß“ (Refrain, V. 12), Mädchen (V. 11, 17)
Anapher: sehr häufige Verwendung der Konjunktion „und“ am Vers- bzw. Strophenanfang (Refrain, V. 12, 16, 21, 22, 25)
Wortfelder: Tiere, Farben, Spiel, Kreisen
Enjambements: nahezu durchgängig als Bild des sich endlos drehenden Karussells
Alliterationen: V. 6, 14
Akkumulationen: „Ein Rot, ein Grün, ein Grau“ (V. 23)
Binnenreime: „und dann und wann“ (V. 8, 15, 20), „blendet und verschwendet“ (V. 26)

b Der sich wiederholende Vers „und dann und wann ein weißer Elefant“ (V. 8, 15, 20) ist Ausdruck der Wiederkehr der Karussellfiguren. Als Refrain erzeugt er Ruhe und spiegelt den gleichmäßigen Rhythmus des Karussellfahrens. Zugleich verdeutlicht er aber auch die Beschleunigung, denn der Vers kommt in immer kürzeren Abständen wieder vor. Das korrespondiert mit der Atemlosigkeit, die den Kindern auf dem Karussell zugeschrieben wird („Pferdesprunge“, V. 17; „Schwunge“, V. 18). Enjambements unterstützen das unaufhaltsame Kreisen formal, denn es gibt bei vielen Versen wie beim Kreis keinen Anfang und kein Ende.

3 Das Karussell kann als Symbol für die Unaufhaltsamkeit des Lebens verstanden werden. Die Kindheit wird durch die Mädchen und Jungen verkörpert, die das Leben wie ein „blindes Spiel“ in einer von fantastischen Situationen (hier Tiere) geprägten Atmosphäre betrachten. Der Betrachter (V. 19) im Pariser Jardin du Luxembourg wäre dann der Erwachsene, der auf diese unbeschwert erscheinende Kindheit und ihr Vergehen mit einer gewissen Schwermut zurückblickt, denn er sieht, wie einige Mädchen dem Karussellfahren schon fast entwachsen sind. Auch weiß er, dass das Leben irgendwann in immer schnelleren Bahnen verläuft und man es nicht anhalten kann („atemlos“, V. 27).

4 Hier liegt ein Dinggedicht vor, das sich dem Symbolismus zuordnen lässt. In dem Symbol des sich drehenden Karussells wird vor allem die Lebensphase der Kindheit gespiegelt. Zur symbolistischen Darstellung passen auch die subjektiven Betrachtungen des Beobachters, seine optischen Eindrücke.

5 Individuelle Lösungen. Etwa: Wird das Karussell als Symbol für ein Unterwegssein gedeutet, bei dem man z. B. zufrieden mit der ziellosen Bewegung ist, dann passt das Gedicht. Auch bei einer Deutung des Karussells als Metapher für das Unterwegssein im Leben würde es passen.

► GK 71 **Wahrnehmung einer Zugfahrt – Ein expressionistisches Gedicht über Inhalt und Form erschließen**
► LK 76 **Das Ich auf Reisen – Expressionistische Gedichte in ihrer Bildhaftigkeit erschließen**

Gottfried Benn: **D-Zug** (1912)

1 a-c Individuelle Lösungen

2 **Grundsituation:**
- Beobachtungen aus einem offenbar voll besetzten Zug, der Ende September (V. 7) von der Ostsee nach Berlin unterwegs ist
- es werden zum einen Eindrücke von der vorbeiziehenden herbstlichen Landschaft geschildert: „Braun wie Laub. Rotbraun.“ (V. 1) verweist auf Herbstlaub, „Stoppel“ (V. 8) auf abgeerntete Felder
- zum anderen werden Mitreisende (Paare, V. 11, V. 20) in ihrer sexuellen Anziehungskraft beschrieben, was den lyrischen Sprecher zu Kommentaren über die Frau veranlasst
- es gibt mindestens einen lyrischer Sprecher, es ist aber auch von „uns“ die Rede (V. 8, 10); die Schlussstrophe mit der direkten Ansprache („Halte mich! Du, ich falle!“, V. 212) lässt vermuten, dass das lyrische Ich in Begleitung ist
- alternative Deutung: ab V. 12 spricht ein männliches lyrisches Ich („Männerbraun“), ab V. 21 ein weibliches („Frauenhellbraun“), jeweils nach dem Doppelpunkt

Atmosphäre:
- sexuell aufgeladene Stimmung (V. 3, 11, 20), wobei die Menschen teils nur als Objekt wahrgenommen werden („Fleisch, das nackt ging.“, V. 3)
- Gefühl der Verlorenheit: „Dies Getriebenwerden!“ (V. 15)
- Exotik wird vor allem über Farben und Gerüche vermittelt

Bildlichkeit:
- Farbvergleiche stellen Bezüge zu Urlaub (gebräunte Menschen), zu Alkohol (Kognak), Herbst (rotbraunes Laub), aber auch zur Exotik her („Malaiengelb", V. 1)
- Wahrnehmung menschlicher Körper, ausgedrückt durch Metaphern und Personifizierungen („Fleisch, das nackt ging.", V. 3)
- Beschreibung von verlockenden Gerüchen und Düften – sowohl von Pflanzen als auch von Frauen (V. 10, 16 f., 23 f.)
- Stürzen und Taumeln (V. 11, 20) stehen für die unsichere Fortbewegung im fahrenden Zug

Wirklichkeitspräsentation:
- montagehaft: konkrete Beobachtungen werden mit Assoziationen und Kommentaren verknüpft
- impressionistisch: viele Sinneswahrnehmungen

3

	Kitsch/ Klischee	Ich-Auflösung	Frivolität	Parodie	Frauen-verachtung	Glücks-sehnsucht
Textbeleg	V. 5 f., V. 12 f., V. 18 f.	V. 3 f.	V. 11, V. 16–19, V. 21	V. 14 f.	V. 12 f., V. 19	V. 23 f.

4 **Neologismen:** „Malaiengelb" (V. 1): vergleichende Sinneswahrnehmung, vermittelt Exotik; „Männerbraun", „Frauenbraun", „Frauenhellbraun", „Männerdunkelbraun" (V.11, 20): Mensch wird auf Farbe/Bräunungsgrad reduziert ▶ GK 72 LK 77

Personifikation/Verdinglichung: „Fleisch, das nackt ging." (V. 3): Menschen erscheinen nicht als individuelle Personen, gleichzeitig wird der Körper zu bloßem Fleisch abgewertet; „An jedem Abhang lehnt ein Glück" (V. 19): Glück kann gleichzeitig als Metapher für eine Frau aufgefasst werden

Synekdoche: „Fleisch", „Männerbraun" etc. (V. 3, 11, 20): Körper, Haut steht für Menschen; diese werden auf ihre Körperlichkeit und sexuelle Anziehungskraft reduziert

Chiffren: „Bis in den Mund gebräunt vom Meer" (V. 4): paradoxe Umschreibung für nahtlose Bräune (FKK); „Malaiengelb" (V. 1): hat keinerlei Bezug zur Wirklichkeit, es geht allein um atmosphärische Spiegelung

Bildfelder: Farben und Gerüche, durch die ein Sinnespanoptikum entsteht

Aufbrechen grammatischer Strukturen: V. 5: wirkt assoziativ

Ellipsen: z. B. V. 6 f: wirkt wie Gesprächsfetzen

Reihungsstil: z. B. V. 1: die Welt wird nicht als geordnet präsentiert, sondern als Sammelsurium von Eindrücken

Akkumulationen: V. 9, V 18: verstärken den Eindruck von schnellen Beobachtungen und Kommentaren

5

These	Beleg	Deutung
Das Gedicht zeigt atmosphärisch eine exotische Szenerie, in der Gerüche und Farben als Sinnesreize, vor allem sexueller Art, gesetzt sind.	Ohne konkrete Zuordnung zu einem Menschen oder einer Sache wird der Neologismus „Malaiengelb" (V. 1) verwendet.	Durch die Verbindung von Farbadjektiv und fernem Ort entsteht in der Fantasie eine Exotik, die nicht so recht zu einem D-Zug zu passen scheint.
Das Bild von Männern und Frauen ist geprägt durch eine Reduzierung auf reine Körperlichkeit.	Menschen werden als „Männerbraun" und „Frauenbraun" bezeichnet (V. 11). Jeder Kontakt zwischen den Geschlechtern ist mit körperlicher Annäherung verbunden (V. 11, 20, 21).	Beide Geschlechter werden auf Fleisch und Hautfarbe reduziert und damit gleichermaßen verdinglicht und entindividualisiert. Der Mensch erscheint als ein geistloser Körper, der nur über Sinneswahrnehmungen und sexualisierte Reize gekennzeichnet ist, geistiger Austausch findet nicht statt.

These	Beleg	Deutung
Unterwegssein hat hier weder einen bereichernden Sinn noch einen Selbstzweck, es ist nur Hintergrund für ein Leben, das sich auf frivole Weise auf sinnliches Begehren beschränkt.	Der Zug spielt als Ort eine untergeordnete Rolle, obwohl er den Titel des Gedichts stellt und eine konkrete Strecke genannt wird. Indirekt verweisen auf den Zug: Stürzen und Taumeln (V. 11, 20), vorüberziehende Landschaft, Verweis auf reisende Urlauber.	Trotz der Bezüge überwiegt der Eindruck, dass die Menschen nicht als Reisende gesehen werden. Vielmehr werden die gebräunten Urlauber wie Dinge von einem schnellen Fortbewegungsmittel transportiert.

6 Inhaltlich: Darstellung eines Massenfortbewegungsmittels (D-Zug), Entindividualisierung des Menschen, Reduktion des Menschen, Verdinglichung der Menschen
Formal: verzerrte Wahrnehmung der Reisenden, Spiegelung der Eindrücke zuweilen ohne grammatische Struktur, mit Neologismen, fetzenhaft im Reihungsstil, in radikaler Metaphorik

An die Bearbeitung des Gedichts lässt sich eine Diskussion zur Frage, inwieweit das folgende Zitat auf Benns Gedicht zutrifft, anschließen:
„Wir wollen die Bürger nicht unterhalten. Wir wollen ihnen ihr bequemes, ernst-erhabenes Weltbild tückisch demolieren.“ *(Rudolf Kurtz in der ersten Ausgabe der expressionistischen Zeitschrift „Der Sturm“, 1910)*

Das Ich auf Reisen – Motive und Bildlichkeit in expressionistischen Gedichten erschließen

▸ GK 73
LK 78

Paul Boldt: **In der Welt** (1913)

1 a 1. Strophe:
- Blick des lyrischen Sprechers auf den Sternenhimmel
- Wahrnehmung einer Sternenbewegung, die dem Blick zugeschrieben wird
- Eindruck, dass Umgebung (Wälder) in einer Wanderbewegung zum Himmel ist

2. Strophe:
- Ich-Verlust
- Differenzierung zwischen Ich und Körper-Ich
- Vergänglichkeit der Lebenszeit
- Reduktion des Körpers auf Nerven, die nur Leid produzieren

b Die Welt und das Leben in ihr wird als brüchig und verletztlich dargestellt. Daraus resultiert eine Ich-Spaltung: Das körperlose Ich kann dem Weltlichen entfliehen, der Körper ist vergänglich und an das Irdische gebunden. Der Titel erscheint als ironische Brechung.

GK 2

LK 2 a Das Ich wird auf verschiedene Weise dargestellt: Ein wahrnehmendes Ich wirft sich in die Welt (V. 1) und verändert sie dadurch (V. 2). Es wird zwischen dem Körper-Ich und dem körperlosen Ich unterschieden, Letzteres wird als Reisender dargestellt (V. 6), der sich vom eigentlichen Ich abspaltet. Dadurch erleidet das Ich einen Verlust, es fühlt sich auf den vergänglichen und nur aus leidenden Nerven bestehenden Körper reduziert, was ihm Angst macht (V. 8).
Das körperlose oder auch innere Ich befindet sich auf einer Sternenreise. Dabei könnten die Sterne als Bild für das Reich der Poesie verstanden werden. Das Ich wäre danach bei sich selbst, wenn es dichtet. Leidend wäre es im Alltag.

GK 3

LK 2 b

Untersuchungs-aspekt	Beschreibung	Funktion/Wirkung
Verben:	Verben der Bewegung: hinken, wandern (V. 2, 3) Zustandsverben: sein (V. 5, 6), weinen (V. 8) negativ konnotierte Verben: hinken (V. 2), sterben (V. 7), weinen (V. 8), positiv konnotierte Verben: winken (V. 4)	▪ spiegeln die Umwelt als aktiv ▪ durch Verben der Statik Charakterisierung des Ichs als leidend ohne Aussicht auf Veränderung ▪ das Ich erlebt sich zwar als wirksam, Wirkung betrifft aber nicht das Ich, lediglich Dynamik der Umwelt ▪ Verletzung betrifft auch Umwelt („hinken“, V. 2), die personifiziert wird ▪ lyrisches Ich bewegt die Sterne (vermutlich durch seinen Blick), wodurch sich die Umgebung verändert, dies führt zu einer positiven Reaktion ▪ insgesamt spiegeln Verben die Auflösung der üblichen Raumvorstellungen
Klangfiguren:	Alliterationen: „Wälder wandern“ (V. 3), „Blaumeer“, „Blicke“ (V. 4) Assonanzen: *a*- und *ä*-Laute (V. 3), „Blicke winken“ (V. 4)	▪ verbinden Eindrücke miteinander ▪ Verbindung von Eindrücken, teils dunkel (bei der Umwelt), als Kontrast helle Vokale bei der Darstellung der Sterne ▪ mögliche Deutung: positive Abgrenzung des Sternenreiches (als fiktive, erstrebenswerte Welt, Reich der Poesie) von der bedrohlichen Umwelt
Farbsymbolik:	„schwarze Quallen“ (V. 3) „Blaumeer“ (V. 4) „weißen Greise“ (V. 7)	▪ symbolisieren Tod, nicht fassbare Unendlichkeit (des Himmels, des Alls) sowie Sterben und Vergänglichkeit
Sprachliche Bilder:	Metaphern: „Kleider“ (V. 6) „Sternenreise“ (V. 5) „Blaumeer“ (V. 4) Personifikationen: V. 3, 4, 7, 8 Verdinglichung: „Ich lasse mein Gesicht [...] fallen“ (V. 1) Pleonasmus: „weißen Greise“ Vergleich: Sterne hinken auseinander „wie getroffen“ (V. 2)	▪ bedecken vergänglichen Körper, verweisen auf Scheindasein in der Welt ▪ Ausbruch/Flucht in unerreichte Welt, ggf. übertragen als Welt der Kunst/Poesie ▪ Himmel, All, unendliche Weite ▪ zeigen Umwelt als aktiv, bedrohlich; die Zeit wird als aktiv Sterbende dargestellt, das Körper-Ich als angstbesetztes Opfer ▪ Verschmelzung von Subjekt und Objekt, das Ich wird nicht als abgegrenzte Seinsform verstanden ▪ Greise werden meist mit weißen Haaren assoziiert, Dopplung verstärkt die Aussage ▪ gewaltsame Aktion, Assoziation mit einem Schuss

GK 4

LK 3 Beide Deutungen sind möglich. Zum einen lässt sich das Gedicht als transzendente Sinnsuche lesen bzw. als Flucht in die Welt der Poesie. Zum anderen gibt es auch Belege für eine Ich-Spaltung als Folge einer Erkenntnis, dass der Mensch mit der Welt nicht mehr verbunden ist oder in ihr nur Schaden anrichtet. Eigene Deutungen der Schülerinnen und Schüler könnten auch eine psychische Krankheit des lyrischen Ichs vermuten, das sich selbst als Gefangenen seines vergänglichen Körpers und seiner leidenden Nerven sieht – nicht untypisch für den Expressionismus.

► GK 74 **(Nur im Arbeitsheft Grundkurs:)**

Else Lasker-Schüler: **Weltflucht** (1902)

5 Individuelle Lösungen. Die Darstellung sollte das Gefühl der Verlorenheit und Sehnsucht, aber auch der Wirrheit und Angst vermitteln.

6 Flucht vor: dem Alter („Herbstzeitlose", V. 3), dem (geistigem) Tod (V. 6), Ersticken (geistige Enge, V. 7), Chaos (V. 9)
Flucht hin zu: dem eigenen Ich (V. 2, 13), der Grenzenlosigkeit (individueller Möglichkeiten oder inneren Erlebens, V. 1)

7 Sprachliche Mittel und mögliche Deutungen:
- „Herbstzeitlose" (V. 3): giftige Pflanze, die erst im Herbst blüht, Metapher für das Jahresende; hier ggf. Angst, dass die Schönheit der Seele in Gefahr ist
- „ich sterbe unter euch" (V. 6): Hyperbel (Übertreibung), mit der das lyrische Ich verdeutlicht, dass es als Individuum unter der Masse leidet
- „da ihr mich erstickt mit euch" (V. 7): *ersticken* als Metapher für Enge der Gesellschaft und für die engen Grenzen, die einer Frau im Bürgertum Anfang des 20. Jahrhunderts gesetzt wurden
- „Fäden": Metapher für einen Kokon, den das lyrische Ich um sich spinnen will, Abgrenzungsversuch
- „Wirrwarr", „Beirrend", „verwirrend" (V. 9–11): Wortspiel; um dem Chaos um sich herum zu entfliehen, schafft das lyrische Ich eigene Verwirrungen, z. B. Irritationen, Provokationen als Dichterin
- „meinwärts" (V. 13): Neologismus; Wortspiel zu „heimwärts"
- Ausrufe (V. 5, 6, 9, 13): verdeutlichen in ihrer Häufigkeit die Vehemenz und Emotionalität der Aussagen
- Enjambements (V. 1 f., 3 f., 12 f.): es vermittelt sich ein Gefühl der Zerrissenheit

8

Boldt: „In der Welt"	Lasker-Schüler: „Weltflucht"
▪ fiktive, symbolische Reise zu den Sternen ▪ Reiseziel vage, Sternenreich als Reich der Poesie deutbar oder als Reise in die Unendlichkeit des Weltalls und damit Aufgehen des Individuums in etwas Unermesslichem ▪ Ich-Spaltung, nur das körperlose, also geistige, Ich reist (ggf. als transzendente Sinnsuche deutbar)	▪ fiktive Reise (als Flucht) zu sich selbst („meinwärts", V. 13) ▪ Ziel: sich der Masse/Gesellschaft mit ihren beschränkenden Anforderungen zu entziehen ▪ klare Perspektive eines lyrischen Ichs, das bei sich sein möchte und aktiv wird

5.4 bzw. 5.6 Brüchigkeit der Heimat – Lyrik des 20. und 21. Jahrhunderts

Heimat und Fremde – Exilliteratur zum Thema „Migration" vergleichen

► GK 75
LK 79 Ergänzend kann hier als Exiltext des 19. Jahrhunderts Heines Gedicht „Jetzt wohin?" einbezogen werden (→ S. 118)

Max Hermann-Neiße: **Heimatlos** (1936)

1 a Individuelle Lösungen. Etwa: herrenlose Katzen, Labyrinth, Schatten
b/c

	„Eingeborene"	„Heimatlose"
Mögliche Markierungen	plaudern vor den Toren; Ruh, sicherer Frieden; Stube, träumen vor den Toren	irren verloren, Fremde, Labyrinth, ausgestoßen, verlassen, Heimatglück ohne Schuld verloren, Schatten
Sprachliche Bilder	„abendliche(r) Sommerwind" (V. 4): Leichtigkeit, Idylle „Stube" (V 7): Symbol für ein gemütliches, sicheres Heim vor den Toren träumen und plaudern (V. 3, 15): Sorglosigkeit des Lebens, Tore haben für sie nichts Ausschließendes	„herrenlose Katzen": Symbol für Ausgestoßensein, keine Zugehörigkeit, keine Versorgung, keine Heimat, streunend, ohne Sicherheit Fenstervorhänge, die sich grausam verschließen (V. 5, 8): sprachliches Bild für den Ausschluss der Fremden

	„Eingeborene“	„Heimatlose“
		negativer Vergleich: Bettler sind nicht so ausgestoßen wie Heimatlose „Labyrinth“ (V. 2, 14): Metapher für das Unbekannte, Verwirrende einer fremden Umgebung, in der man sich nur schwer zurechtfindet „Schatten“ (V. 16): Metapher dafür, dass die Fremden zu den Einheimischen dazugehören, auch wenn sie es nicht wahrhaben wollen; gleichzeitig Symbol dafür, auf der Schattenseite des Lebens zu stehen

Issam Al-Najm: **Die Grenze der Angst** (2017)

▸ GK 76
LK 80

2 Es lassen sich für alle Charakterisierungen Belege finden:
- Anklageschrift: V. 5, 9–14 (Beschränkungen durch den Heimatstaat)
- Verteidigungsschrift: V. 6–12 (Erläuterung der Fluchtgründe)
- Sehnsuchtslied: V. 1 f., 15–22, 27 (verbunden mit Stolz, aber auch bitteren Erinnerungen)

3 „Die Grenze der Angst“ stellt eine Auseinandersetzung mit dem Heimatland dar:
- Bruch zwischen dem lyrischen Ich und der Heimat (V. 1 f.); Unverständnis (V. 14)
- Heimatverlust = Vergangenheitsverlust (die „schmerzhaften Erinnerungen“, V. 19–21)
- Angst vor Situation in der Heimat: Beschränkung (V. 3, 5), Angst um das Leben (V. 28)
- freie Meinungsäußerung in der Heimat problematisch (V. 9 f.)
- Beschränkung der Sicht(-weise) (V. 11 f.)
- Perspektivlosigkeit (V. 4, 23 f.)
- Zerrissenheit des Migranten (V. 20 f., 25–29)

4 Der lyrische Sprecher ist offenbar aus seiner Heimat ausgewandert und sieht keine Rückkehrmöglichkeit. Das angesprochene Du zielt auf die angesprochene Heimat, und dort vorrangig auf die Machthaber. Die Kommunikationssituation macht die Zerrissenheit des lyrischen Ichs deutlich, die angstvolle Zuneigung zur Heimat.

5

Hermann-Neiße: „Heimatlos“	Al-Najm: „Die Grenze der Angst“
Orientierungspunkt (V. 1 f.) Vertrautheit (V. 4) Ruhe, Sicherheit (V. 6 f.) Glück (V. 12) Möglichkeit des Träumens (V. 15)	für lyrischen Sprecher verschlossen (V. 1 f.) Angst (V. 3) Ausgrenzung (V. 4 ff.) ungerechtfertigte Beschuldigung (V. 6 ff.) Gedankenbeschränkung (V. 9 f.) Perspektivbeschränkung (V. 11 f.) Stolz und Freude in der Vergangenheit (V. 15, 18), dann Verlust der Fröhlichkeit (V. 18)

Hinweis: In einer Verbindung zu Kapitel 6 (LK) des Arbeitsheftes könnte hier thematisiert werden, inwieweit der Begriff „Flüchtling“ (Wort des Jahres 2015) abwertend zu verstehen ist.

„Und jedem Anfang wohnt ein Zauber inne“ – Ein Gedicht im biografischen Kontext sehen

Hermann Hesse: **Stufen** (1942)

▸ GK 77
LK 81

1 a Individuelle Lösungen. Assoziationen zu Inhalt und Titel könnten sein: Lebensabschnitte, Entwicklungen nach oben und unten, mühsam (Stufen steigen)

b Etwa: Es ist eine natürliche Lebensbedingung, dass Dinge zu Ende gehen und Neuem weichen. Dies ist zu begrüßen, denn das Neue enthält einen Zauber, während das Alte welkt.

2 a

Abschied (V. 6)	**Aufbruch/Reise** (V. 17)	**Neubeginn** (V. 6)
welkende Blüte (V. 1)	Weichen der Stufe für die nächste (V. 2)	neue Bindungen (V. 8)
Erschlaffen (V. 16)	Lebensrufe (V. 5), Tapferkeit, ohne Trauer (V. 7)	Zauber des Anfangs (V. 9)
lähmende Gewöhnung (V. 18)	heiteres Durchschreiten der Räume (V. 11)	
Erhebung (V. 14)		

b Er wird gelähmt und erschlafft vergehen (V. 16, 18), sein Herz wird krank werden (V. 22). Außerdem bleibt derjenige immer auf der gleichen Stufe stehen (V. 14) und bleibt so der Enge seines Daseins verhaftet (V. 13).

3 a Individuelle Lösungen

b Vor dem biografischen Hintergrund ist die Bedrohung durch Angst und Tod eine mögliche Deutung. Hesse schrieb das Gedicht im Alter von 65 Jahren nach langer, schwerer Krankheit. Eine Exilerfahrung im engeren Sinne machte Hesse nicht, da er bereits seit 1919 in der Schweiz lebte. Allerdings war sein Werk in Deutschland „unerwünscht“, Autoren wie Thomas Mann und Bertolt Brecht machten auf ihrem Weg ins Exil bei Hesse Station.
Abgelöst vom biografischen Kontext kann das Gedicht als philosophische Betrachtung des Lebens gesehen werden, bei dem jede Lebensphase eine Stufe darstellt, die der Mensch nach einer bestimmten Zeit auch wieder verlassen muss, um sich weiterzuentwickeln.
Allgemein sollte thematisiert werden, dass die Biografie eines Autors auch Sinnbeschneidungen vorgeben kann und daher nicht als einzige Deutungsmöglichkeit gesehen werden sollte. Ein Text weist immer auch über sich und den Autor hinaus.

c Individuelle Lösungen

Halt auf freier Strecke – Zwei themenverwandte Gedichte vergleichen

▸ GK 78 LK 82
Bertolt Brecht: **Der Radwechsel** (1954)
Jan Wagner: **Hamburg–Berlin** (2001)

1 Individuelle Lösungen

2 a

	Brecht: „Der Radwechsel“	Wagner: „Hamburg–Berlin“
Assoziation zum Titel	Veränderung, Unterwegssein mit Panne	Zugfahrt
Grundsituation	Reifenpanne	Stopp eines Zuges
Thema	Umgang mit Lebensveränderungen	Halt als Selbstbesinnung im Leben
Lyrischer Sprecher	lyrisches Ich, reist mit eigenem Fahrer im Auto	unbestimmtes *man*, Bahnreisender
Bedeutung des Unterwegsseins	nicht näher begründete Fahrt zwischen ungeliebten Orten Untätigkeit am Haltepunkt Situation des „Dazwischenseins“ Bewusstwerden einer Unzufriedenheit mit dem bisherigen und kommenden Leben deutbar als Anstoß zu Veränderung	absichtslose Ankunft an einer unbekannten Zwischenstation Unsicherheit der neuen Unterwegs-Situation alltägliche Reise, die erst durch die Unterbrechung eine Bedeutung erhält Stopp ermöglicht Betrachten der Umgebung, die sonst nur schnell vorbeiziehen würde
Sicht des lyrischen Sprechers auf den Halt	Ungeduld und Hadern mit der Situation, obwohl Reiseziel nicht als Wunschort erscheint	zunächst neutral, Ausgangspunkt für Beobachtung und symbolische Deutung der Umgebung (vermutlich in Mecklenburg-Vorpommern)
Äußere Form	reimloses Gedicht ohne strophische Untergliederung, ohne festes Metrum	drei Strophen mit je drei Versen, reimlos, kein wiederkehrendes Metrum

	Brecht: „Der Radwechsel“	Wagner: „Hamburg–Berlin“
Sprache / Zentrale Bilder	„Radwechsel“ (Titel, V. 5), „wechselt das Rad“ (V. 2): Häufung, die anzeigt, dass der Radwechsel eine Bedeutung für das lyrische Ich hat/haben könnte „Straßenhang“ (V. 1): lyrisches Ich im Abseits, untätig Aktivität liegt bei anderen (Fahrer) Anapher/Parallelismus (V. 3 und 4): Situation des lyrischen Ichs ist überall gleich, sowohl am Herkunftsort als auch am Zielort rhetorische Frage/Enjambement (V. 5 f.): lyrisches Ich hinterfragt seine Haltung zum Stopp und damit auch zu seiner Lebenssituation	Vergleiche, mit denen Vermutungen über die Umgebung angestellt werden: Land wirkt, als sollte es versteigert werden (V. 3); rechteckige Felder (V. 5) = Solitairekarten; könnte darauf verweisen, dass landwirtschaftliche Flächen ehemaliger DDR-Betriebe Spielball des Zufalls sind Metapher: „Bäume mit dunklen Kapuzen“ (V. 4 f.) = Baumkronen, die wie Kleidung radikaler Jugendlicher (sowohl Linke als auch Rechtsradikale) wirken Personifizierung des Dorfes („mit dem Rücken zum Tag“ (V. 4): kann als Abgeschiedenheit gesehen werden Metapher der Probebohrung (V. 8): vgl. Lösung zu Aufg. 4 „gott hielt den atem an“ (V. 9): Stillstand, keine schöpferische Kraft oder Anspannung/ Hoffnung, was die Menschen entwickeln

b Das Gedicht „Der Radwechsel“ enthält die zentrale Überlegung, dass ein Wunsch nach Veränderung zu begrüßen ist, auch wenn das Ziel keine Verbesserung verspricht.
Das Gedicht „Hamburg–Berlin“ zeigt mit dem Blick auf eine konkrete Landschaft, dass sowohl Zukunftsunsicherheit als auch Potenzial in ihr steckt.

3 **Brecht:** schafft mit wenigen und einfachen Sätzen ein plastisches Bild; dargestellte Situation lässt sich als Bestandsaufnahme seines Lebens lesen; ihm gefällt nicht die Vergangenheit (Faschismus, Exil, Kapitalismus), aber er sieht auch schon die Missstände der jetzigen Gesellschaftsordnung, in der er lebt. ► GK 80 LK 83
Der Aufbruch in die Utopie scheint misslungen, ggf. ist das lyrische Ich auch müde vom Leben
Wagner: zeigt alltägliche Situation einer Bahnfahrt, kritischer Blick auf Umwelt (wirtschaftlich und ökologisch), Metaphorik anhand von Alltagsgegenständen (Kapuzen, Bohrung durch Windräder), moderne Form durchgängiger Kleinschreibung

4

Metapher	Bildspender (Herkunftsbereich)	Bildempfänger (Übertragungsbereich)	Mögliche Vorstellung bei Leserin/Leser
Radwechsel (Brecht: Titel, V. 2, 5)	Auto erhält neues Rad	im Leben steht Wechsel für neuen Antrieb, neue Stütze	Radwechsel als grundlegende Veränderung von Lebenssituationen
probebohrung im himmel (Wagner, V. 8)	Gewinnung von Strom durch Windräder; Bohrung zur Gewinnung von Strom (eigentlich aber Erdöl)	(wirtschaftliche) Zwischensituation wird als Test (Probebohrung) wahrgenommen, der Himmel als Ort neuer Möglichkeiten	Bild erscheint paradox, da Bohrungen in die Erde vorgenommen werden; Bild einer modernen Zukunft entsteht

5 Individuelle Lösungen. Aspekte (vgl. auch Lösungen zu Aufgaben 2 und 3, S. 126 f.):
Gemeinsamkeiten: Situation des unfreiwilligen Halts auf einer Reise; Stopp liegt zwischen zwei Orten, auf freier Strecke; symbolische Überhöhung der Situation
Unterschiede: Haltegrund (Panne bei Brecht, unklar bei Wagner); Herkunft und Ziel werden bei Brecht zwar erwähnt, aber nicht als konkrete Orte benannt; bei Wagner kommen die Orte nur in der Überschrift vor („Hamburg–Berlin“); während bei Brecht der Fokus auf dem Radwechsel liegt und nur der Straßenhang als Ortsbeschreibung dient, wird die Umgebung/Landschaft bei Wagner genau beobachtet; Verbleib des lyrischen Ichs in der Situation (Brecht), Auseinandersetzung des lyrischen Ichs mit der Umwelt, die metaphorisch überhöht wird (Wagner)

Unterwegs in ein neues Deutschland – Lyrische Texte zur deutschen Wende untersuchen

▸ GK 80 LK 84

Annerose Kirchner: Zwischen den Ufern (1989/1990)
Hans Magnus Enzensberger: Aufbruchsstimmung (1991)

1 a/b Individuelle Lösungen. Etwa: Wendesituation als „Unterwegssein" einer Gesellschaft / eines Landes in ein neues Gesellschaftssystem, in eine Verbindung zu einem neuen Staat

2 Mögliche Deutungen:
- Winterschlaf = Verschlafen eines langen, kalten Zeitabschnitts: Passivität der Menschen in der DDR
- Trampelpfad = schmaler Weg, der im Verborgenen liegt: Unsicherheit, neue Wege zu gehen
- Nesthocker = Vögel, die noch nicht flügge sind: unmündige Bürger, die die Sicherheit nicht aufgeben wollen
- Jahreswechsel: Öffnung der Grenzen erfolgte am Jahresende im November, neues Jahr versprach neue Situation
- mündig gesprochen = Übernahme von Eigenverantwortung
- betrogene Zunge: Zunge spricht etwas aus, woran man selbst nicht glaubt; sie musste lügen
- Hymnus der Freiheit = Loblied: muss erst erprobt werden, da neu und ungewohnt
- zwischen den Ufern = im Fluss: das eigene Leben geht im Strom der Zeit auf, Identitätsfrage in Umbruchszeiten
- steigende Flut = Bedrohung durch Hochwasser: das Leben wird schwieriger, weil so viel Neues, Ungewohntes auf einen einströmt
- nur einmal trägt dich das Wasser: Chance muss genutzt werden

3 a/b Mögliche Markierungen und ihre Deutung:
- „rosig bestrahlte Gase" (V. 2): typische Luftverschmutzung in der DDR erscheint nun „rosiger"
- „bröselt, champagnergebadet, Beton" (V. 5 f.): Feierstimmung beim Fall der Mauer
- „Pilgerscharen in der Fußgängerzone" (V. 11 f.): DDR-Bürger fahren zum Einkaufen in West-Städte, Vergleich mit christlichen Wanderern, die zu Orten göttlicher Erleuchtung unterwegs waren
- „Suche nach Identität und Südfrüchten" (V. 13 f.): Zeugma, das Geistiges und Materielles verbindet; Neuorientierung der DDR-Bürger, aber auch Wunsch nach lang Entbehrtem
- „valiumfarbene Scheine" (V. 15): Westgeld als Betäubungsmittel, aber auch Verweis auf profitablen Absatz durch Zuzügler (z. B. Gebrauchtwagenverkäufer)
- „Beletage" (V. 17): in den obersten Kreisen (vermutlich aus Wirtschaft und Politik) werden die Bedingungen der Wiedervereinigung (Ehe) ausgehandelt; Hinrichtung lässt darauf schließen, dass der Osten nicht gut dabei wegkommt
- „Blindgänger" (V. 22): mögliche Anspielung auf den Freudentaumel nach dem Fall der Mauer, als sich fremde Menschen umarmten
- „Politbüro: ausgestorben" (V. 24): die alten Funktionäre der SED (Sozialistische Einheitspartei Deutschlands) haben ihre Macht verloren
- Dichter (V. 25–Ende): ironische Sicht auf die unveränderte Utopiebereitschaft der Dichter

4 Individuelle Lösungen. Erwartete Aspekte:
Ost-Perspektive: Selbstkritik (V. 1, 3), Unsicherheit (V. 9 f.), Selbstansprache (V. 14)
West-Perspektive: Kritik an positiver Stimmung (V. 2, 5), Abwertung/Belächeln von DDR-Bürgern (V. 13 f.), Unterstellung materieller Motive bei DDR-Bürgern (V. 14), ironische Darstellung eines Dichters, der glaubt, im neuen Land gehört zu werden (zeigt Desillusionierung des Autors)

▸ GK 81 LK 85

5.5 bzw. 5.7 Selbstreflexion als Reise – Lyrik des 21. Jahrhunderts

Matthias Politycki: Rote Berge, weiße Wüste, egal (2013)

1 a Individuelle Lösungen
b/c Thema: Orientierungslosigkeit aufgrund eines mangelnden Gefühls für das eigene Ich; Beliebigkeit des Reisens
Inhalt: eine abenteuerliche und rasante Fahrt auf der Pritsche eines Pickups, die Landschaft ist dabei eher nebensächlich, Fahreindrücke, Klima und Straßenverhältnisse des Reiselandes, Beschreibung eines möglichen Unfalls, Ziellosigkeit und Gleichgültigkeit
Lyrischer Sprecher: lyrisches Ich, das sich selbst in den Mittelpunkt stellt (V. 2), ist als Rucksacktourist unterwegs, vermutlich ohne zu wissen, wohin es geht

2 a/b
- „zwischen Sack und Pack verkeilt“ (V. 1): feststehende Redewendung, bedeutet, mit allem, was man hat; Hinweis auf Reise in einem Dritte-Welt-Land, wo Menschen mit viel Gepäck unterwegs sind; gleichzeitig wirkt das lyrische Ich selbst wie ein Gepäckstück
- „Pritsche“ (V. 2): Leben als Aufspringen auf Wege anderer Menschen ohne Ziel
- „Wüstenflirr’n mit roten Bergen“ (V. 4): Exotik eines fernen Landes mit roter Erde, heißes Klima
- Straße als Fata Morgana (V. 5): Orientierung als Illusion
- „Rückwärtslauf“ (V. 7): Reise, bei der man nicht sieht, was als Nächstes kommt, weil man sich gleichsam blind vorwärts bewegt
- heißer, harter Fahrtwind (V. 9): Hinweis auf Klima und hohe Geschwindigkeit, Abenteuerlichkeit der Reise auf offenem Pickup; Gegenwind nimmt einem gleichzeitig die Luft = Atemlosigkeit des Reisens
- „gen Himmel aufgefahr’n“ (V. 13): Reise ins Jenseits bei möglichem Unfall, Risiko des Reisens
- geschmolzener Asphalt (V. 14): Wege zerfließen unter den Bedingungen, die die Realität schafft
- „Gummi, Glimmer“ (V. 14): Sinneseindrücke: Duft nach Gummi der Reifen, hochstehende Sonne flimmert
- „Woher?“, „Wohin?“ (V. 18): Beliebigkeit des Reisens, Plan- und Ziellosigkeit, alles ist egal
- kein „Horizont“ (V. 19): keine Orientierung, kein Ziel vor den Augen, mangelnde Lebensperspektive
- das Ich stellt sich zwar (mit Ausrufezeichen) in den Mittelpunkt (V. 2), jedoch spürt es nichts mehr, nicht mal sich selbst (V. 15, 17); die Umgebung ist so um sich greifend, dass kein Platz für das Ich bleibt, es herrscht völlige Orientierungslosigkeit

c **formaler Aufbau:** drei Strophen mit zweimal acht und einmal vier Versen, reimlos, kein regelmäßiges Metrum; eingerückte Strophenanfänge

Syntax:
- viele Ellipsen ohne Verben (1. Strophe, V. 9 f.): Beschreibungen wirken dadurch aufgezählt, stichpunktartig
- nachgestelltes „ich!“ (V. 2): zusätzlich betont durch Versendstellung, Doppelpunktankündigung und Ausrufezeichen; zeigt, dass nicht die umgebende Umwelt im Zentrum steht, sondern das Ich, das Subjekt
- Vers, der nur aus einem Wort besteht („egal“ V. 8); Sätze, die nur aus einem Fragewort und einem Wort als Antwort bestehen (V. 18): wirkt gehetzt, zeigt Gleichgültigkeit des lyrischen Sprechers, der nur in Bewegung sein will

Sprachliche Mittel:
- Enjambements (V. 1 f., 6 f., 9–14): spiegeln das Fahren ohne Stopp
- „Linksrechts“ (V. 3): Neologismus steht für Orientierungslosigkeit und Überforderung, das lyrische Ich ist vom „Rest der Welt“ (Übertreibung, V. 3) wie umstellt
- Vergleiche: „als Wüstenflirr’n“ (V. 4), „fatamorganahaft“ (V. 5): Umwelt wird als schemenhaft, unwirklich, eingebildet wahrgenommen
- Akkumulation: „Asphalt, Gummi, Glimmer“ (V. 14): Bild für das Einerlei einer zusammengeschmolzenen Umwelt, die nicht mehr im Detail bedeutsam ist
- ausdrucksstarke und bildhafte Partizipien: „verkeilt“ (V. 1), „flimmernd“ (V. 5), „zahnbleckend grinsend“ (V. 12)
- „Sack und Pack“ (V. 1): Redewendung, Binnenreim, Assonanz
- „von Jetzt auf Gleich“ (V. 12): Redewendung
- „ein Duft von geschmolzenem Asphalt, Gummi, Glimmer“ (V. 13 f.): Paradoxon, da man mit Duft eher angenehme Gerüche verbindet

3 a Erwartbare Antworten: Das lyrische Ich hat offenbar eine große Distanz zu sich selbst (V. 1) und keinen Kontakt zu den eigenen Gefühlen (V. 15–17). Daraus entsteht eine Orientierungslosigkeit, die dem lyrischen Ich zum Lebensgefühl wird. In der Wüste ist vage die Selbstfindung ein Ziel, aber das entpuppt sich als Illusion (V. 17). Gleichzeitig hat das lyrische Ich das Gefühl, völlig in der rasanten Fahrt und der Umgebung aufzugehen (V. 15 f.). Das Abenteuer der Wüstenreise erscheint als inhaltsloses Unterwegssein.

b Mögliche Antworten: keinen Blick mehr für ferne Welten haben, Reisen mit Ansprüchen überfrachten, in Reisen nicht zu sich selbst finden; Reise als Versuch, Einsamkeit zu kompensieren; Angst vor dem Innehalten und davor, sich auf etwas wirklich einzulassen.

Weiterführend kann die Aufgabe gestellt werden, im Gedicht Anknüpfungspunkte an andere Epochen zu finden, in denen Reisen als Selbstreflexion angesehen wurde, z. B. in der Romantik (ziellose Reise, Reiz der Gefahr und des Abenteuers) oder im Expressionismus (Expressivität der Eindrücke, Verlorenheit des Ichs, Bedrohungspotenzial der umgebenden Welt, sprachliche Formen wie Neologismen und besondere grammatische Formen).

4 Individuelle Lösungen

Die Liebe als Reise – Ein Gedicht und einen Songtext vergleichen

▸ GK 82
LK 86
Durs Grünbein: **Unbekümmert, anderntags, Verse** (2008)
Cro: **Einmal um die Welt** (2011)

1 Individuelle Lösungen

2 a/b

Grünbein: „Unbekümmert, anderntags, Verse“	Cro: „Einmal um die Welt“
gemeinsame Reise zweier Körper (V. 1) Reise mit Fingern und Lippen über den Körper (V. 5–8) „Haut-Atlas Länder / Schrieb die Hand“ (V. 11 f.): zärtliches Spiel „durch Zeitzonen gleitend“ (V. 13): zwischen Nacht und Morgen, vor und nach Mitternacht „Navigator“ (V. 14): gibt Richtung an verschlungen zum „Und“ (V. 25)	Einladung der Liebsten zu einer Weltreise (V. 3); Reise als Geschenk eines wohlhabenden Mannes, der einer Frau die Welt „kauft“ (V. 2) Reiseorte: London, New York, Paris, Hawaii, L. A. Himmelsrichtungen: „Ost, West oder Nord“ (V. 5) Reiseunternehmungen: joggen, shoppen, frühstücken ganze Welt als Heimat (V. 18) Reise durch Modewelt: Manolo Blahnik, Prada, Gucci, Lacoste

c Bei Grünbein wird keine Beziehung beschrieben, die über einen längeren Zeitraum geht, die Reise steht auch nicht für die Liebe als Gefühl, sondern ist weitgehend eine Metapher für das körperliche Beisammensein einer Nacht (vor dem Schlaf bis zum Morgen). Der Titel und der letzte Vers lassen vermuten, dass es um eine zwanglose, nicht dauerhafte Begegnung geht.
Bei Cro ist die Reise ein Vorschlag/Angebot an die Freundin. Die Weltreise wird imaginiert und mit Reiseorten und Versprechungen dargestellt. Reise und Liebe werden gleichermaßen mit materiellen Wunscherfüllungen gleichgesetzt.

▸ GK 83
LK 87
3 a Die Frau bei Grünbein: „wachen Blicks“ (V. 14), „durch Zeitzonen gleitend“ (V. 13), „Nackt im Fensterglasfunkeln“ (V. 15), die Seiten tauschend (vgl. V. 16), „lächelnd“ (V. 16), „Sommersprossig dein Rücken“ (V. 18)
Die Frau bei Cro: „Baby“ (V.1), indirekte Beschreibung durch ihre Wünsche: „Frühstück in Paris“ „joggen auf Hawaii“ (V. 15) „shoppen in L. A.“ (V. 16); „Babe in der Hand“ (V. 19), „Sie will Kreditkarten / Und meine Mietwagen“ (V. 26 f.); will „Designerschuhe“ (V. 31), „in Geld baden“ (V. 31), „Pelz tragen“ (V. 32), „schnell fahren“ (V. 34); konnte sich früher nichts leisten (vgl. V. 35)

b/c Bei Grünbein erscheinen die Partner gleichberechtigt, als „Paar“ (V. 2), die auch zusammen lachen. Die Frau wird zwar erotisch reizvoll (z. B. V. 18), aber nie mit abwertendem Vokabular beschrieben. Außerdem übernimmt auch sie mal die Führung bzw. gibt die Richtung vor („Navigator“, V. 14) und ein „Rollentausch“ ist möglich (vgl. V. 16). Ein Beleg für die Verbundenheit beider ist die Umschreibung „Wir verschlungen zum *Und*“ (V. 25).
Bei Cro wird die Frau als konsumsüchtiges Geschöpf dargestellt (V. 16, V. 24 ff.), was den lyrischen Sprecher aber nicht stört, denn er will ihr alle Wünsche erfüllen. Obwohl sie alles von ihm fordern kann, ist sie nicht gleichberechtigt, denn sie kann das alles nur an seiner Hand haben (vgl. V. 2) und damit hat er sie auch „in der Hand“ (V. 19).

4 Mögliche Umschreibungen:
Grundstimmung bei Grünbein: erotisch, zukunftsvergessen, der Vergänglichkeit von Körper und Liebe bewusst
Grundstimmung bei Cro: erfolgsberauscht, konsumorientiert, oberflächlich, selbstverliebt, optimistisch

5 Beide Gedichte zeigen fiktive bzw. metaphorische Reisen, aber ein Ausloten von Grenzen gibt es nur bei Grünbein (Äquator überqueren, Seiten tauschen, Zeitzonen durchgleiten). Bei Cro werden alle Grenzen als finanziell überwindbar dargestellt. Seine Weltreise führt auch nur zu bekannten Orten und dient lediglich dem Konsum.

5.6 bzw. LK 5.8: Klausurtraining: Zwei Gedichte analysieren und vergleichen

Clemens Brentano: **In der Fremde** (1810) ▸ GK 84
Hilde Domin: **Mit leichtem Gepäck** (1962) LK 88

Erster Schritt: Die Aufgabenstellung verstehen

1 **Analysieren:** Das Gedicht im Hinblick auf das Motiv des Unterwegsseins untersuchen, dabei den Inhalt und die formale Textstruktur aufeinander beziehen. Rhetorische Gestaltungsmittel sind herauszuarbeiten und in ihrer Funktion zu deuten. Die Analyse mündet in einer reflektierten Zusammenschau, in der Inhalt, Form und Wirkung abstrahierend mit Blick auf das Gesamtgedicht aufeinander bezogen werden.
Prüfen: Das romantische Gedicht auf der Basis eigener Kenntnisse auf epochentypische Merkmale hin prüfen. Das Gedicht von Domin hinsichtlich seiner Merkmale der Exilliteratur untersuchen.
Vergleichen: Die Texte, ihre Aussagen und ihre sprachlich-rhetorische Gestaltung hinsichtlich des Motivs des Unterwegsseins auf Gemeinsamkeiten und Unterschiede hin untersuchen.

Zweiter Schritt: Erstes Textverständnis und Ideen formulieren

▸ GK 85 LK 89

2

	Brentano: In der Fremde	Domin: Mit leichtem Gepäck
Titel	Das Unterwegssein wird mit „Fremdheit" verbunden, also mit Unsicherheit, Unkenntnis des Neuen, Abgrenzung des Ankömmlings.	„Mit leichtem Gepäck" hingegen deutet darauf hin, dass es sich um eine unbeschwerte Reise handelt.
Epoche	Das Bild des Unterwegsseins in der Fremde, das Brentano zeichnet, wird positiv mit dem Aufgehen in der Natur verknüpft; die Fremde ist eine Chance, das lyrische Ich fühlt sich anscheinend überall zu Hause; nicht alles an dieser Textaussage ist typisch für die Romantik, so wird der Unterschied zur Heimat gerade als unwichtig gesehen (V. 20).	Gleich beim ersten Lesen wirkt das Gedicht gar nicht mehr leicht. Epoche: Offenbar thematisiert das in der Nachkriegszeit entstandene Gedicht Erfahrungen aus dem Exil. Typisch erscheint die Unsicherheit der Lebenssituation sowie die Formlosigkeit und das Arbeiten mit einfachen Bildern.
Erster Eindruck	Insgesamt vermittelt das Gedicht ein positives Gefühl. Der lyrische Grundton ist fast volksliedhaft; eher Brechung der Erwartung des Titels: Vertrautheit, Wohlfühlen, Ankommen wie in der Heimat.	Dagegen wirkt dieses Gedicht wie eine Predigt/Ansprache, was man darf und was nicht; die Titelerwartungen werden nicht erfüllt: Das leichte Gepäck deutet eher auf Gefahren hin, denen man ohne Ballast schneller entkommen kann.

3 a Mögliche Markierungen:
Bei Brentano: „Weit … einhergezogen" (V. 1), „Über Berg und über Tal (V. 2), „Herberg suchen" (V. 7), „Hier wie dort" (V. 16)
Bei Domin: „ein Heim / ist kein Heim" (V. 4f.), „nicht … Bleiben" (V. 10); „Grab" (V. 23)

b In Brentanos Gedicht ist das Unterwegssein verbunden mit einem positiven Heimatgefühl.
Bei Domin hingegen ist Unterwegssein eine Situation, die keine Bindung erlaubt, da die/der Reisende immer auf Gefahr und baldige Abreise/Flucht gefasst sein muss.

Dritter Schritt: Den Text analysieren und interpretieren

4

Aspekte der Analyse	Brentano: „In der Fremde"	Domin: „Mit leichtem Gepäck"
Inhalt: Darstellung des Unterwegsseins Strophe für Strophe	1. Strophe: Hinweis auf weite Reise, Geborgenheit durch den Himmel 2. Strophe: Zwang zur Übernachtung in der Natur, Nachtigall als Herbergsmutter 3. Strophe: ruhiger, friedlicher Schlaf 4. Strophe: Vergleich Heimat – Fremde Gleichheit der Gefühle 5. Strophe: Sternenbilder im Fluss als Verbindung zwischen Heimat und Fremde, Fremde als Zuhause	1. Strophe: Aufforderung, nirgends heimisch zu werden, weil ein Heim verloren gehen kann 2. Strophe: Warnung, Materielles anzuhäufen 3. Strophe: Löffel als Beispiel für notwendiges, aber leichtes Gepäck 4. Strophe: Vergleich Zucker mit Trost und Wunscherfüllung 5. Strophe: Auflistung der materiellen und immateriellen Besitztümer, die „erlaubt sind"
Äußere Form: Gedicht- und Strophenform; Reim und Metrum	Strophenbau: fünf Strophen mit je vier Versen Reim: Kreuzreim Metrum: fast durchgängig vierhebige Trochäen Wirkung: wie Volkslied, Zufriedenheit des lyrischen Ichs spiegelt sich in der gleichmäßigen Form	freie Rhythmen, reimlos, ohne durchgehendes Metrum Wirkung: Form spiegelt die Haltlosigkeit zu Hause und in der Fremde, in der kein Bleiben ist
Sprache: Satzbau, Wortwahl, rhetorische Figuren, besonders Bildlichkeit	Personifikation: „Frau Nachtigall" als Beschützerin (V. 8 ff.); „mit freudigem Gebraus" (V. 18) und grüßende Sterne (V. 19) zeigen Freundlichkeit der Natur Akkumulation: „Schlaf und Traum und Friede" (V. 11): zählen auf, was der Seele guttut. Alliterationen: spiegeln die einheitliche Rauheit der Natur, die sich dann auflöst (V. 6); verbinden Natur mit Freude (V. 17 f.) Parallelismen: „Über Berg und über Tal (V. 2), „Unter Eichen, unter Buchen" (V 5) Anaphern (V. 13 ff.): betonen die Gleichheit von Fremde und Heimat Metapher: „Himmelsbogen" (V. 4): Rundheit vermittelt Geborgenheit	Antithese (V. 3–5): kontrastiert mitnehmbare Güter und die Illusion des Bewahrens einer immobilen Heimat Metapher: „Schoßhund" (V. 6): Abwertung des Materiellen, das gleichzeitig personifiziert ist Alliteration (V. 12–15): betont die Bedeutung des Löffels Akkumulation (Schlussstrophe): zeigt das Wenige, was erlaubt ist, dabei aber Kontrast materiell-symbolisch; Grab als Brechung Enjambements (V. 4 f., 7 f., 9 f., 14 f., 20–23)
Epochenmerkmale:	typische Motive: Nacht, Nachtigall, Reise, Fluss, Sternengruß, Fremde als Heimat typisches Verständnis von Reisen: Reise als Selbstzweck, Unterwegssein als Heimat, männliches Ich, Ziellosigkeit	einfache Bildlichkeit, symbolische Überhöhung (Rose, Löffel, Grab), implizite politische Botschaft (weiter bestehende Unsicherheit jener, die auch vor NS-Regime geflohen sind), Formlosigkeit; Reisehinweise als Warnhinweise

▸ GK 86
LK 90

5 a/b Erwartbare Markierungen:

Brentano: Kreuzreim und meist vierhebiger Trochäus, Personifikation, Alliteration, Akkumulation, volksliedhaft; Natur als Beschützerin, Vertrauen in Natur, romantisches Motiv der Reise als Selbstzweck

Domin: freier Rhythmus, Alliteration, Akkumulation, reimlos, Bilder des Alltags; Haltlosigkeit in der Fremde, Unmöglichkeit des Ankommens, Warnung vor Bindung, Exilerfahrung des unfreiwilligen Reisens

c Beide Gedichte thematisieren das Grundgefühl des In-der-Ferne-Seins. Während bei Brentano betont wird, dass die Ferne sich als freundlich zugewandt erweist und dem Zuhause ähnelt, wird bei Domin gerade die Unsicherheit der Ferne betont, in der man nirgends bleiben darf. Somit wird in Domins Gedicht ein Appell an ein Du formuliert, nämlich mit leichtem Gepäck zu reisen, um stets abreisebereit zu sein. Brentanos Gedicht fordert dagegen dazu auf, das Heimatliche im Fremden zu sehen, denn hier wie dort gibt es Dinge, die beklagenswert sind oder mit Lust erlebt werden.

Vierter Schritt: Den Schreibplan erstellen und schreiben

6 a/b Individuelle Lösungen

7

1. Einleitungssatz
2. Kurze Wiedergabe des Inhalts von Brentanos Gedicht „In der Fremde"
3. Deutung von Brentanos Gedicht hinsichtlich der Darstellung von „Unterwegssein" (Inhalt, Sprache, Form und deren Zusammenhang)
4. Darstellung von Bezügen zur Epoche der Romantik
5. reflektiertes Fazit der Ergebnisse zu Brentano
6. Überleitungssatz
7. Kurze Wiedergabe des Inhalts von Domins Gedicht „Mit leichtem Gepäck"
8. Deutung von Domins Gedicht im Hinblick auf die Darstellung von „Unterwegssein" (Inhalt, Sprache, Form und deren Zusammenhang; kurz: Epochenbezüge)
9. Unterschiede und Gemeinsamkeiten in der Darstellung des „Unterwegsseins" in beiden Texten
10. Zusammenfassung der Ergebnisse des Gedichtvergleichs

8 Individuelle Lösung

Fünfter Schritt: Den eigenen Text überarbeiten

► GK 87
LK 91

9/10 Individuelle Lösungen

Analyse und Vergleich von Gedichten (Aufgabenart I B)

Aufgabenstellung

1 Analysieren Sie das Gedicht „Die Seefahrer“ von Georg Heym (1887–1912) hinsichtlich der Darstellung des Unterwegsseins. Berücksichtigen Sie dabei die Epochenzugehörigkeit. *(34 Punkte)*

2 Analysieren Sie das Gedicht „Der junge Schiffer“ von Friedrich Hebbel (1813–1863) und vergleichen Sie es anschließend mit Heyms Gedicht hinsichtlich der Darstellung des Unterwegsseins. Prüfen Sie abschließend, inwieweit „Der junge Schiffer“ typische Merkmale eines Gedichts des Realismus aufweist. *(38 Punkte)*

Georg Heym: **Die Seefahrer** (1912)

Die Stirnen der Länder, rot und edel wie Kronen
Sahen wir schwinden dahin im versinkenden Tag
Und die rauschenden Kränze der Wälder thronen
Unter des Feuers dröhnendem Flügelschlag.

Die zerflackenden Bäume mit Trauer zu schwärzen,
Brauste ein Sturm. Sie verbrannten, wie Blut,
Untergehend, schon fern. Wie über sterbenden Herzen
Einmal noch hebt sich der Liebe verlodernde Glut.

Aber wir trieben dahin, hinaus in den Abend der Meere
Unsere Hände brannten wie Kerzen an.
Und wir sahen die Adern darin, und das schwere
Blut vor der Sonne, das dumpf in den Fingern zerrann.

Nacht begann. Einer weinte im Dunkel. Wir schwammen
Trostlos mit schrägem Segel ins Weite hinaus.
Aber wir standen am Borde im Schweigen beisammen
In das Finstre zu starren. Und das Licht ging uns aus.

Eine Wolke nur stand in den Weiten noch lange,
Ehe die Nacht begann, in dem ewigen Raum
Purpurn schwebend im All, wie mit schönem Gesange
Über den klingenden Gründen der Seele ein Traum.

(Aus: Georg Heym: Dichtungen. Philipp Reclam Jun., Stuttgart 1964, S. 22 f.)

Friedrich Hebbel: **Der junge Schiffer** (1857)

Dort bläht ein Schiff die Segel,
Frisch saust hinein der Wind;
Der Anker wird gelichtet,
Das Steuer flugs gerichtet,
Nun fliegt’s hinaus geschwind.

Ein kühner Wasservogel
Kreist grüßend um den Mast,
Die Sonne brennt herunter,
Manch Fischlein, blank und munter,
Umgaukelt keck den Gast.

Wär’ gern hineingesprungen,
Da draußen ist mein Reich!
Ich bin ja jung von Jahren,
Da ist’s mir nur ums Fahren,
Wohin? Das gilt mir gleich!

(Aus: Friedrich Hebbel: Werke. Bd. III. München 1965, S. 40)

Inhaltliche Leistung

Aufgabe 1

	Anforderungen Die Schülerin / Der Schüler	maximale Punktzahl (AFB)	erreichte Punktzahl
1	**verfasst eine aufgabenbezogene Einleitung.**	3 (I)	
2	**skizziert den Inhalt und den Aufbau des Gedichts,** etwa: ▪ fünf Strophen mit je vier Versen, Kreuzreim, Metrum: meist Daktylus, zum Teil Jamben ▪ Blick der Seefahrer auf die Länder, die sie immer wieder verlassen (1. und 2. Strophe) ▪ Blick der Seefahrer auf sich selbst (3. Strophe) ▪ Blick der Seefahrer auf die nächtliche finstere See (4. Strophe) ▪ Blick der Seefahrer in den Himmel (5. Strophe)	6 (I)	
3	**erschließt Strophe für Strophe die Darstellung des Unterwegsseins:** ▪ **1. Strophe:** Auslaufen aus dem Hafen, Blick zurück zum Ufer im Abendrot; Feuer spielt auch auf Untergang der Welt (Länder) an (Assoziation z. B. zum Krieg) ▪ **2. Strophe:** Bäume verbrennen im Feuersturm; sie symbolisieren die Trauer und vergangene Liebe, all das sehen die Seefahrer nur von fern ▪ **3. Strophe:** Seefahrer treten erstmals als lyrisches Wir auf; sie haben das Land mit all seinem Chaos hinter sich gelassen, schauen auf sich; Fahrt ist ziellos, sie treiben nur dahin (V. 9), sind passiv, gezeichnet von dem, was sie verlassen haben ▪ **4. Strophe:** es ist Zeit vergangen, Nacht, Trauer und Schweigen als Reaktion auf Erlebtes, zwar erscheint das Zusammensein der Seefahrer an Bord zunächst als Hoffnung (V. 15), aber das ausgehende Licht symbolisiert die Ausweglosigkeit (V. 16); am Ende ist jeder allein für sich ▪ **5. Strophe:** Rückblende, Erinnerung an Wolke, die bei der Ausfahrt am Himmel stand; mögliche Deutung: Seefahrer träumen sich mit ihr ins All hinaus, um im ewigen Raum unterwegs zu sein; gleichzeitig kann das All als Ausweitung der Hoffnungslosigkeit gesehen werden, als Flucht	7 (II)	
4	**erklärt Strophe für Strophe, mit welchen Mitteln die Aussage und Wirkung des Gedichts erreicht werden,** z. B.: ▪ **1. Strophe:** Metapher („Stirnen der Länder"); bildhafte Umschreibung für Baumwipfel („rauschenden Kränze der Wälder"), die gleichzeitig personifiziert werden; Kränze gleichzeitig Bild für Beerdigung; alliterative Verknüpfungen *(Stirnen, sahen, schwinden*; *Feuers Flügelschlag)* betonen die Einheitlichkeit des Bildes; Farbsymbolik: Rot vom versinkenden Abend und gleichzeitig Feuer; dessen Triumpf wird durch Überlegenheitsattribute gespiegelt: „Kronen" ▪ **2. Strophe:** Farbsymbolik: Schwarz für Vernichtung und Trauer (V. 5), indirekt Rot im Blut und in der Glut; paradoxe Umschreibungen wie „zerflackernde Bäume" (auch Neologismus), „brennendes Blut"; Vergleich: „Wie über sterbenden Herzen" ▪ **3. Strophe:** Metapher „Abend der Meere"; Vergleich (V. 14), der gleichzeitig eine Verdinglichung beschreibt; Chiffren: Blut zerrinnt dumpf ▪ **4. Strophe:** expressive Bilder für Gefühle, z. B. „schwammen trostlos"; verstärkende Synonyme *(Nacht, im Dunkel, ins Finstre)* ▪ **5. Strophe:** durchgehendes Enjambement als Spiegelung des „Klingens" der Hoffnung; Wolke wird als positives Bild gezeichnet *(purpurn schwebend)*; Vergleich: „wie mit schönem Gesange"	9 (III)	

	Anforderungen Die Schülerin / Der Schüler	maximale Punktzahl (AFB)	erreichte Punktzahl
5	**erläutert, inwiefern das Gedicht typische Merkmale des Expressionismus zeigt** (z. B. Anklänge an Weltuntergang; Reise als hoffnungsloser Ausbruchsversuch aus der Welt, Entgrenzung und Flucht in die Weite des Raums; Personifizierung der Natur und Verdinglichung/ Entindividualisierung des Menschen; expressive sprachliche Mittel wie Farbadjektive, Neologismen und Chiffren, Telegrammstil).	6 (II)	
6	**fasst die Ergebnisse der Analyse in einer Schlussfolgerung zusammen** (z. B. Seefahrt als Spiegelung eines Untergangsszenarios; Schiff treibt ziellos auf der See, der Blick ins All erzeugt nur vage Illusionen; hoffnungslose Reise ins Nichts).	3 (III)	
7	**erfüllt ein weiteres aufgabenbezogenes Kriterium.**	(6)	
	Summe Aufgabenteil 1	**34**	

Aufgabe 2

	Anforderungen Die Schülerin / Der Schüler	maximale Punktzahl (AFB)	erreichte Punktzahl
1	**verfasst eine aufgabenbezogene Überleitung.**	3 (I)	
2	**skizziert kurz den Inhalt und den Aufbau des Gedichts,** etwa: ▪ drei Strophen à fünf Verse, die letzten vier Verse jeweils als umarmender Reim, gleichmäßiges Metrum (Jamben) ▪ Blick auf ein abfahrendes Segelschiff (1. Strophe) ▪ Blick auf Himmel und Meer rund um das Schiff (2. Strophe) ▪ lyrisches Ich tritt in Erscheinung, offenbar ein an Land stehender Schiffer, der gern mitfahren würde (3. Strophe)	6 (I)	
3	**erschließt Strophe für Strophe die Darstellung des Unterwegsseins:** ▪ **1. Strophe:** Auslaufen aus dem Hafen, Schiff ist startklar (Segel gesetzt, Anker gelichtet, Steuer gerichtet), Aufbruchsstimmung, Vorfreude ▪ **2. Strophe:** auf dem Meer, Reisebegleiter/Begegnungen auf der Reise: Tiere (Wasservogel und Fische); Schiff und damit auch der mitreisende Mensch werden als Gast auf dem Meer dargestellt ▪ **3. Strophe:** lyrisches Ich schaut dem abfahrenden Schiff hinterher, äußert Reisewunsch, die Ferne („da draußen") ist die eigentliche Heimat („mein Reich"), Ziel ist egal, Reise nur Selbstzweck, Jugend steht als Symbol für den Aufbruch ins Weite	7 (II)	
4	**erklärt Strophe für Strophe, mit welchen Mitteln die Aussage und Wirkung des Gedichts erreicht werden,** z. B. ▪ **1. Strophe:** ausnahmslos positive Attribute für das Reisen; helle Vokale, teils Assonanzen; Personifikationen des Schiffes und des Windes stehen für Eigendynamik der Reise ohne Zutun des Menschen; Metapher („fliegt's" = hohes Tempo) ▪ **2. Strophe:** Personifikation des Schiffes als Gast, Vermenschlichung der Tiere *(kühn, grüßen, keck umgaukeln)* ▪ **3. Strophe:** Konjunktivform, um Wunsch auszudrücken; Alliteration (V. 13), Ausrufesätze erzeugen Nachdruck; Metapher (*hineinspringen* = Assoziation mit Redewendung „ins kalte Wasser springen", Bereitschaft, sich auf die Welt einzulassen, sich in ein Abenteuer zu stürzen)	7 (III)	

	Anforderungen Die Schülerin / Der Schüler	maximale Punktzahl (AFB)	erreichte Punktzahl
5	**erläutert, welche Merkmale des Realismus das Gedicht aufweist** (bürgerlicher Realismus, kein simples Abbild der Wirklichkeit, subjektive Haltung des lyrischen Ichs zum Dargestellten, Spiegelung des Wahren, das sich hinter dem bloßen Abbild verbirgt; in Abgrenzung zum Frührealismus keine politische Aussage).	6 (II)	
6	**erklärt die wichtigsten Gemeinsamkeiten** (Schiffsmotiv, Ziellosigkeit, Perspektive des Seefahrers/Schiffers, Personifizierungen, Passivität der Menschen, lyrisches Ich bzw. Wir als Repräsentanten ihrer Zeit) **und Unterschiede** (fundamentaler Kontrast der Grundatmosphäre: bei Heym: Hoffnungslosigkeit der Reise, Umgebung ist zerstört, eine Rückkehr an Land unmöglich, Schiff ist passiv, ungewollte Ziellosigkeit bzw. Ziel nur im überhöhten Raum, Mensch ist ausgeliefert, dem Untergang geweiht; bei Hebbel: Reise als Aufbruch der Jugend, verbunden mit Hoffnung, Schiff ist aktiv, Umgebung gastlich, Ziellosigkeit ist gewollt und hat einen Eigenwert).	6 (III)	
7	**fasst die Ergebnisse der Analyse in einer Schlussfolgerung zusammen** (z. B. beide Gedichte nutzen Seefahrt als Symbol typisch menschlicher Grundsituationen; epochentypische Unterschiede – bei Hebbel realistisch / fast noch spätromantisch: Reise als Selbstzweck, Unterwegssein als eigentlicher Grundmodus eines jungen Menschen; bei Heym typisch expressionistisch: Reise als Spiegelung der Hoffnungslosigkeit).	3 (III)	
8	**erfüllt ein weiteres aufgabenbezogenes Kriterium.**	(6)	
	Summe Aufgabenteil 2	**38**	

Darstellungsleistung

	Anforderungen Die Schülerin / Der Schüler	maximale Punktzahl (AFB)	erreichte Punktzahl
1	strukturiert den Klausurtext kohärent, schlüssig, stringent und gedanklich klar.	6	
2	formuliert unter Beachtung der fachsprachlichen und fachmethodischen Anforderungen.	6	
3	belegt Aussagen durch angemessenes und korrektes Zitieren.	3	
4	drückt sich allgemeinsprachlich präzise, stilistisch sicher und begrifflich differenziert aus.	5	
5	formuliert lexikalisch und syntaktisch sicher, variabel und komplex (und zugleich klar).	5	
6	schreibt sprachlich richtig.	3	
	Summe Darstellungsleistung	**28**	
	Gesamtpunktzahl **Note:** **Datum:**	**100**	

Analyse und Vergleich von Gedichten (Aufgabenart I B)

Aufgabenstellung

1 Analysieren Sie das Gedicht „Die zwei Gesellen“ von Josef von Eichendorff (1788–1857) hinsichtlich der Darstellung des Unterwegsseins. Berücksichtigen Sie dabei die Epochenzugehörigkeit. *(34 Punkte)*

2 Analysieren Sie das Gedicht „Wohin zieht ihr?“ von Bertolt Brecht (1898–1956) und vergleichen Sie es anschließend mit Eichendorffs Gedicht hinsichtlich der Darstellung des Unterwegsseins. Prüfen Sie abschließend, inwieweit Brechts Gedicht auf seine Entstehungszeit verweist. *(38 Punkte)*

Josef von Eichendorff: **Die zwei Gesellen** (1818)

Es zogen zwei rüst'ge Gesellen
Zum ersten Mal von Haus,
So jubelnd recht in die hellen,
Klingenden, singenden Wellen
Des vollen Frühlings hinaus.

Die strebten nach hohen Dingen,
Die wollten, trotz Lust und Schmerz,
Was Recht's in der Welt vollbringen,
Und wem sie vorübergingen,
Dem lachten Sinnen und Herz. –

Der Erste, der fand ein Liebchen,
Die Schwieger[1] kauft' Hof und Haus;
Der wiegte gar bald ein Bübchen
Und sah aus heimlichem Stübchen
Behaglich ins Feld hinaus.

Dem Zweiten sangen und logen
Die tausend Stimmen im Grund,
Verlockend' Sirenen, und zogen
Ihn in der buhlenden Wogen
Farbig klingenden Schlund.

Und wie er auftaucht' vom Schlunde,
Da war er müde und alt,
Sein Schifflein, das lag im Grunde,
So still war's rings in die Runde,
Und über die Wasser weht's kalt.

Es singen und klingen die Wellen
Des Frühlings wohl über mir;
Und seh ich so kecke Gesellen,
Die Tränen im Auge mir schwellen –
Ach Gott, führ uns liebreich zu dir!

(Aus: Joseph von Eichendorff: Werke und Schriften. Bd. 1.: Gedichte. Epen. Dramen. Hg. v. G. Baumann. Cotta, Stuttgart 1953)

1 Schwieger: Schwiegereltern

Bertolt Brecht: **Wohin zieht ihr?** (1931)

1
Wohin zieht ihr? Freilich
Wo ihr immer hinzieht, dort
Wird es schlechter sein und
Wo immer ihr wegzieht, dort
War es besser.

2
Wovor flieht ihr? Eurem Elend
Werdet ihr nicht entfliehen.
Niemand hält euch, hier
Werdet ihr nicht vermißt.
Wo ihr hinkommt
Seid ihr nicht willkommen.

3
Ihr fürchtet das Unten
Ihr seid noch nicht unten.
Ihr werdet erkennen: es gibt
Mehr als ein Unten
Wenn ihr meint, ihr seid unten.

4
Könnt ihr nicht haltmachen
Könnt ihr nicht umkehren?
Ihr flieht, aber
Wohin flieht ihr?
Euerm Elend
Werdet ihr nicht entgehn.
Macht also halt. Schaut euch um.

5
Wenn ihr erkennen würdet, wohin ihr geht
Würdet ihr haltmachen.
Wenn ihr wissen würdet
Was mit euch geplant ist
Würdet ihr euch umschauen.

6
Wißt, daß ihr eure Lage verbessern könnt! [R]

(Aus: Bertolt Brecht: Gesammelte Gedichte. Bd. I. Suhrkamp, Frankfurt/M. 1967, S. 365 f.)

Inhaltliche Leistung

Aufgabe 1

	Anforderungen Die Schülerin / Der Schüler	maximale Punktzahl (AFB)	erreichte Punktzahl
1	**verfasst eine aufgabenbezogene Einleitung.**	3 (I)	
2	**skizziert den Inhalt und den Aufbau des Gedichts:** ▪ sechs Strophen mit Reimschema abaab, Metrum: Jambus und Daktylus ▪ gemeinsamer Aufbruch von zwei jungen Gesellen (1. und 2. Strophe) ▪ Ankunft und Lebensweg des ersten Gesellen (3. Strophe) ▪ Lebensweg und Schicksal des zweiten Gesellen (4. und 5. Strophe) ▪ Reflexion/Erkenntnis des lyrischen Ichs als Spiegelung der 1. Strophe	6 (I)	
3	**erschließt Strophe für Strophe die Darstellung des Unterwegsseins:** ▪ **1. Strophe:** froher Auszug von zwei jungen, zuversichtlichen Männern im Frühling, es ist das erste Unterwegssein, Wellen verweisen auf Schiffsreise = Auf und Ab des Lebens ▪ **2. Strophe:** keine Reise zur Unterhaltung, Anlass sind idealistische und bürgerliche Ziele („von hohen Dingen", „was Recht's") ▪ **3. Strophe:** Ankunft des ersten Gesellen in bürgerlicher Idylle („Hof und Heim"), nicht selbst erarbeitet, sondern Erbschaft; behaglicher Stillstand ▪ **4. Strophe:** zweiter Geselle bleibt immer unterwegs (Anspielung auf Odysseus), folgt den bunten und gefährlichen Verlockungen der Welt ▪ **5. Strophe:** diese Art zu reisen macht alt, man erleidet Schiffbruch ▪ **6. Strophe:** veränderte Sicht des lyrischen Ichs aufs Unterwegssein; Wissen, dass sich Ziel und Ankunft der (Lebens-)Reise unterscheiden; am Ende weist nur Gott uns den richtigen Weg	7 (II)	
4	**erklärt Strophe für Strophe, mit welchen Mitteln die Aussage und Wirkung des Gedichts erreicht werden,** z. B.: ▪ **1. Strophe:** Frühling = Symbol für Lebensphase der Jugend, auch für Neubeginn (Jahresanfang); lautmalerische Assonanzen mit hellen Vokalen (V. 4); Akkumulation, teils als Binnenreim (V. 3 f.), teils synästhetische Personifizierung der Wellen; Enjambements spiegeln Dynamik des Aufbruchs, ebenso der Wechsel von Jambus und Daktylus ▪ **2. Strophe:** Parallelismen (V. 7, 10), Anapher (V. 6 f.), metaphorische Umschreibungen für Bürgerlichkeit (*hohe Dinge, was Rechtes*) ▪ **3. Strophe:** Ironisierung der bürgerlichen Idylle durch abwertende Verkleinerungsformen *(Liebchen, Bübchen, Stübchen)* und unreinen Reim (V. 11, 13, 14), der das perfekte Bild „stört"; Alliteration (V. 12) ▪ **4. Strophe:** Sirenengesang als Symbol für Untergang, Synästhesie (V. 20) zeigt Überfülle und Überforderung, Scheinwiderspruch („sangen und logen"), Enjambements spiegeln anhaltende Dynamik ▪ **5. Strophe:** Scheitern spiegelt sich in der Statik der Zeilen, Akkumulation („müde und alt"), Verkleinerungsform hier nicht Ironie, sondern Ausdruck von Mitleid; Alliteration (V. 25) ▪ **6. Strophe:** Spiegelung der ersten Strophe, ähnliches Vokabular; allerdings werden Gesellen nun „keck" genannt, ihr Anspruch erscheint als Hybris; Ausruf des letzten Verses wirkt wie Lebenseinsicht	9 (III)	
5	**erläutert, welche Merkmale der Romantik das Gedicht aufweist** (z. B. Aufbruchsmotiv, teils schwärmerischer, teils melancholischer Grundton, Ironisierung des Philister-Glücks, Entgrenzung aus der Enge der Welt, Religiosität, Reise als Allegorie auf das Leben, volksliedhafte Form).	6 (II)	

	Anforderungen Die Schülerin / Der Schüler	maximale Punktzahl (AFB)	erreichte Punktzahl
6	**fasst die Ergebnisse der Analyse in einer Schlussfolgerung zusammen** (z. B. zwei Varianten des Unterwegsseins, keiner der Lebenswege scheint erstrebenswert – weder das enge bürgerliche Heim noch die rastlose Hingabe an alle Verlockungen des Lebens; Warnung vor Selbstüberschätzung, Gott als Ausweg).	3 (III)	
7	**erfüllt ein weiteres aufgabenbezogenes Kriterium.**	(6)	
	Summe Aufgabenteil 1	**34**	

Aufgabe 2

	Anforderungen Die Schülerin / Der Schüler	maximale Punktzahl (AFB)	erreichte Punktzahl
1	**verfasst eine aufgabenbezogene Überleitung.**	3 (I)	
2	**skizziert den Inhalt und den Aufbau des Gedichts:** ▪ sechs Strophen ohne festes Metrum und Reim; unterschiedliche Strophenlänge, besonders auffallend einversige Schlussstrophe ▪ 1. und 2. Strophe: rhetorische Fragen und desillusionierende Antworten ▪ 3. und 4. Strophe: Beschreibung der Lage der Fliehenden und Überlegungen zum Innehalten, Umkehren ▪ 5. Strophe: Aufforderung zur Reflexion des Unterwegsseins ▪ 6. Strophe: Alternative zum Weggehen	6 (I)	
3	**erschließt Strophe für Strophe die Darstellung des Unterwegsseins:** ▪ **1. Strophe:** Unterwegssein meint zunächst nur woanders *hinziehen*, den Wegziehenden wird Verklärung der Heimat unterstellt (V. 2–5) ▪ **2. und 3. Strophe:** hier ist von *fliehen* die Rede, der lyrische Sprecher zeigt die Folgen der Flucht: weiter Elend, Weggehen wird niemandem auffallen, in der Fremde wird man nicht willkommen sein (V. 8–11), die soziale Lage wird sich nicht bessern, im Gegenteil (V. 12–16) ▪ **4. Strophe:** Phasen des Unterwegsseins: haltmachen, umkehren, zunächst als Frage, dann als explizite Aufforderung ▪ **5. Strophe:** Alternativen zur Ziel- und Planlosigkeit des Weggehens, Kritik an fehlender Reflexion des Unterwegsseins ▪ **6. Strophe**: Aufforderung zur Verbesserung der Lage am Heimatort	7 (II)	
4	**erklärt Strophe für Strophe, mit welchen Mitteln die Aussage und Wirkung des Gedichts erreicht werden,** z. B.: ▪ der lyrische Sprecher hält sich im Hintergrund, die Anrede *ihr* wirkt, als würde die Leserin / der Leser direkt angesprochen ▪ rhetorische Fragen verdeutlichen Illusion, dass ein Ortswechsel die Lage verbessert, Konjunktivkonstruktionen veranschaulichen Irrealität ▪ Alliterationen der Fragewörter und Konjunktionen vieler Versanfänge *(wohin, wo, wovor, wenn, was)* wirken wie Litanei ▪ Enjambements: der Hoffnung wird im Folgevers die Desillusionierung entgegengesetzt (V. 2 f., V. 4 f.) ▪ Anaphern (z. B. V. 17 f.), Parallelismen (V. 2, 4; 24–28), Wiederholungen (*das Unten, unten*, V. 12–16), Vers mit zwei Imperativsätzen (V. 23); Ausrufezeichen als Antwort auf alle vorigen Fragen (V. 29)	9 (III)	

	Anforderungen Die Schülerin / Der Schüler	maximale Punktzahl (AFB)	erreichte Punktzahl
5	**erläutert, inwieweit im Gedicht Anklänge an die Entstehungszeit nachweisbar sind** (z. B. Flucht, Aufbruch angesichts der politisch und wirtschaftlich instabilen Lage in Deutschland, realitätsnahe Darstellung der Wirklichkeit, agitatorischer Charakter).	4 (II)	
6	**erklärt die wichtigsten Gemeinsamkeiten** (Hoffnung bei Aufbruch, baldige Desillusionierung, einfache Form, Präsentation einer Alternative zum gescheiterten Unterwegssein) **und Unterschiede** (bei Eichendorff: Anlass des Aufbruchs ist Ziel, etwas im Leben zu erreichen; Aufzeigen zweier möglicher Lebenswege, die einander entgegengesetzt sind; Reisende sind junge Männer, Handwerksgesellen voller Tatendrang; Alternative liegt im Religiösen; bei Brecht: kein freudiger Aufbruch, sondern Entschluss, die Heimat zu verlassen; es wird nur ein Weg aufgezeigt, der noch weiter nach unten führt; „Reisende“ sind Menschen auf der Flucht; Alternative liegt im Klassenkampf).	6 (III)	
7	**fasst die Ergebnisse der Analyse in einer Schlussfolgerung zusammen** (z. B. Unterwegssein als Lebensweg bzw. Lebensphase, Darstellung allgemeinmenschlicher Aspekte; bei Eichendorff: Warnung vor übersteigerten Hoffnungen, bei Brecht: Aufforderung, die eigene Lage zu erkennen und aktiv und bewusst selbst zu gestalten).	3 (III)	
8	**erfüllt ein weiteres aufgabenbezogenes Kriterium.**	(6)	
	Summe Aufgabenteil 2	**38**	

Darstellungsleistung

	Anforderungen Die Schülerin / Der Schüler	maximale Punktzahl (AFB)	erreichte Punktzahl
1	strukturiert den Klausurtext kohärent, schlüssig, stringent und gedanklich klar.	6	
2	formuliert unter Beachtung der fachsprachlichen und fachmethodischen Anforderungen.	6	
3	belegt Aussagen durch angemessenes und korrektes Zitieren.	3	
4	drückt sich allgemeinsprachlich präzise, stilistisch sicher und begrifflich differenziert aus.	5	
5	formuliert lexikalisch und syntaktisch sicher, variabel und komplex (und zugleich klar).	5	
6	schreibt sprachlich richtig.	3	
	Summe Darstellungsleistung	**28**	
	Gesamtpunktzahl **Note:** **Datum:**	**100**	

GK 6 Sprachvarietäten und ihre gesellschaftliche Bedeutung – Dialekte und Soziolekte

Konzeption des Kapitels

GK: Arbeitsheft für den Grundkurs; **LK:** Arbeitsheft für den Leistungskurs;
Texte, Themen und Strukturen: Ausgabe Nordrhein-Westfalen, 978-3-464-68112-1 / 978-3-464-68111-4

Seite	Sequenz/ Materialien	Didaktisch-methodische Hinweise	Anknüpfung an „Texte, Themen und Strukturen"
GK 88	**6.1 Einführung in das Thema**	Aufgabe 1 aktiviert das Vorwissen der Schüler/-innen und ermöglicht so einen intuitiven Einstieg. Aufgabe 2 bietet ihnen eine persönliche Auseinandersetzung mit dem Thema an und Aufgabe 3 bereitet mit der Unterscheidung von Dialekt und Soziolekt auf die weiteren Teilkapitel vor.	Als Einstieg in das Thema kann auch das Kreuzworträtsel auf Seite 316 genutzt werden, das ebenfalls an das Vorwissen der Schüler/-innen anknüpft.
GK 89	**6.2 Merkmale und Verbreitung von Dialekten** *Sabine Kaufmann:* „Dialekte" Information: Merkmale von Dialekten	Die Schüler/-innen erhalten einen ersten Überblick zur Entwicklung der Dialekte. Die historische Einschätzung des Dialekts ist bis heute für die Bewertung und das soziale Ansehen von Dialekt und Dialektsprechenden relevant.	Die Verbreitung von Dialekten in Abgrenzung zur überregionalen Standardsprache, zu Mundarten und zur regionalen Umgangssprache wird bei *Antje Stedje:* „Die Sprache in der Sprache" (S. 318 ff.) thematisiert.
GK 90 f.	„Asterix op kölsch" „Asterix küert westfäölsk" Information: Sprachwandel (Lautverschiebung) und Dialekte Nordrhein-Westfalens	Die Schüler/-innen lernen anhand mundartlicher Asterix-Comics das Kölsche und Westfälische als zwei Dialekte kennen, die in Nordrhein-Westfalen sehr verbreitet bzw. markant sind. Neben sprachlichen Aspekten (Lautverschiebung) kann auch die unterschiedliche Wirkung der Dialekte thematisiert werden.	Weitere Informationen zum Westfälischen lassen sich bei *Nicole Scherschun:* „Westfälisch – Das A und O" finden (S. 320). Als Ergänzung kann anhand von *Elena Ern:* „Dem Ruhrpott seine Sprache" (S. 320) das Ruhrdeutsche untersucht werden.
GK 92 f.	**6.3 Vorteil Dialekt? – Dialekte und ihre Wirkung** *Stefan Mayr:* „Nie wieder schwäbeln. Sprachtherapeutin treibt Managern den Dialekt aus" *Hans Kratzer:* „Bayern treibt Kindern den Dialekt aus"	Die Texte stellen das Schwinden der Dialekte und die Situation von Dialektsprecherinnen und -sprechern dar, die sich aufgrund ihres Dialektes so diskriminiert fühlen, dass sie sich diesen bewusst abtrainieren (lassen).	Mit der Wirkung von Dialekten setzt sich auch *Christof Hamann:* „Dialekt" (S. 317) auseinander.

Seite	Sequenz/ Materialien	Didaktisch-methodische Hinweise	Anknüpfung an „Texte, Themen und Strukturen"
GK 94	„Die Entwicklung von Dialekten in der spanischen Sprache"	Der Text informiert die Schüler/-innen über die Verbreitung und Besonderheiten spanischer Dialekte und ermöglicht ihnen, einen Vergleich zu den zuvor erlernten Merkmalen deutscher Dialekte zu ziehen.	
GK 95 f.	**6.4 Jugendsprache** *Diana Marossek:* „Kommst du Bahnhof oder hast du Auto?" *Eva Neuland:* „Prozesse von Stilbildung und Stilverbreitung"	Dieses Teilkapitel setzt sich in unterschiedlicher Art und Weise mit Jugendsprache auseinander. Während der erste Textauszug sich auf populärwissenschaftlicher Ebene mit dem Soziolekt auseinandersetzt und die Schüler/-innen mit dessen stilistischen Mitteln vertraut macht, steht bei Eva Neuland ein propädeutischer Ansatz im Vordergrund.	Mit den Merkmalen von Jugendsprache befassen sich auch *Nikolaus Nützel:* „Wenn Digger endkrass diggen – Oder: Sprechen Jugendliche eine eigene Sprache?" (S. 322 f.) und *Heike Wiese:* „Kiezdeutsch rockt, ischwör!" (S. 323 f.).
GK 97 f.	*Harald Martenstein:* „Über die Bedeutung eines Füllwortes"	Die Glosse gibt einen launig-humorvollen Einblick in das Sprechverhalten junger Menschen und regt zur selbstkritischen Einschätzung des Umgangs mit sprachlichen Moden an.	Als Hilfe bei der Textsortenerschließung lässt sich die Information „Eine Auswahl journalistischer Texte" (S. 253) heranziehen.
GK 99 ff.	**6.5 Fußballsprache und weitere Soziolekte** *Armin Burkhardt:* „Wenn das Leder im Kasten klingelt ... Der deutsche Fußball und seine Sprache" „Populäre Zocker-Abkürzungen – We talk gaming"	Die Schüler/-innen erweitern ihr Verständnis von Soziolekten, indem sie weitere Soziolekte und ihre stilistischen Besonderheiten kennen lernen. Sie erfahren, dass die Fußballsprache insbesondere aus Metonymien und innovativen Metaphern besteht, und erschließen die Bedeutung des Akronyms für die Gamer-Sprache sowie deren Einfluss auf die jugendliche Alltagssprache.	Zur Ergänzung der Soziolekte können die Bürosprache und die Seminarsprache herangezogen werden; *Jochen Leffers:* „Bürosprech" und *Kathrin Langhans:* „Juhu, niemand versteht mich" (S. 325 f.).
GK 103 f.	*Ursula Kals:* „Triumpf der Schönfärber und Wortklauber" Information: Sprachvarietäten	Die kritische Auseinandersetzung mit der Verwendung von Euphemismen in bestimmten Sprachvarietäten soll die Schüler/-innen zur Reflexion eigenen Sprachverhaltens anregen.	

Seite	Sequenz/ Materialien	Didaktisch-methodische Hinweise	Anknüpfung an „Texte, Themen und Strukturen“
GK 105 ff.	**6.6 Klausur-training: Materialgestütztes Schreiben** „Häufigkeitsein-schätzung der Verwendung von Jugendsprache“ (Diagramm) „Bildungssprache“ (Lexikonartikel) *Helmuth Feilke:* „Bildungssprach-liche Kompe-tenzen – fördern und entwickeln“ *Eva Neuland:* „Sprachleistungen von Jugendlichen innerhalb und außerhalb der Schule“ *Wolfgang Krischke:* „Rettet das Deutsche vor seiner Selbst-demontage“ Methode: Diagramme auswerten Information: Die gedankliche Struktur eines informierenden Textes entwickeln	Das Klausurtraining kann eigenständig im Unterricht oder zu Hause bearbeitet werden. Diese Handreichung bietet einen weiteren Klausurvorschlag zu diesem Aufgabentyp (mit Erwartungshorizont) sowie einen Klausurvorschlag zur Sachtextanalyse (Aufgabentyp II A).	Übungen zu weiteren Auf-gabenarten/-typen an Texten zum Thema: S. 327 ff. (Aufgabenart IV), S.350 ff. (Aufgabenart II B) Die fünf Schritte entsprechen dem Vorgehen des Klausur-trainings in „Texte, Themen und Strukturen“. Unterstützen kann auch das Kapitel „Texte planen, schreiben und überarbeiten – Die Schreibkompetenz verbessern“ (S. 580 ff.).

Literaturhinweise:

Bußmann, Hadumod (Hg): Lexikon der Sprachwissenschaft, Alfred Kröner Verlag, Stuttgart 2008
Cornelissen, Georg: Kleine Sprachgeschichte von Nordrhein-Westfalen, Greven Verlag, Köln 2015
Göttert, Karl-Heinz: Alles außer Hochdeutsch. Ein Streifzug durch unsere Dialekte, Ullstein Verlag, Berlin 2011
Kessel, Katja; Reimann, Sandra: Basiswissen deutsche Gegenwartssprache. Francke, Tübingen u. a. 2012
König, Werner; Elspass, Stephan; Möller, Robert: dtv-Atlas Deutsche Sprache, Deutscher Taschenbuch Verlag, München 2015
Maitz, Peter; Elspass, Stephan: Fallbeispiele: Sprachliche Diskriminierung von deutschen Muttersprachlern in Deutschland. In: Der Deutschunterricht, 6/2011, Friedrich Verlag, Seelze 2004
Marossek, Diana: Kommst du Bahnhof oder hast du Auto? Hanser Berlin im Carl Hanser Verlag, München 2016
Neuland, Eva: Jugendsprache. Francke, Tübingen u. a. 2008
Stedje, Astrid: Deutsche Sprache gestern und heute. Einführung in die Sprachgeschichte und Sprachkunde. Wilhelm Fink, Paderborn 2007

6.1 Dialekte und Soziolekte

► GK 88

Mit der Karte lässt sich an das Vorwissen und die Vorstellungen der Schülerinnen und Schüler anknüpfen.

1 a

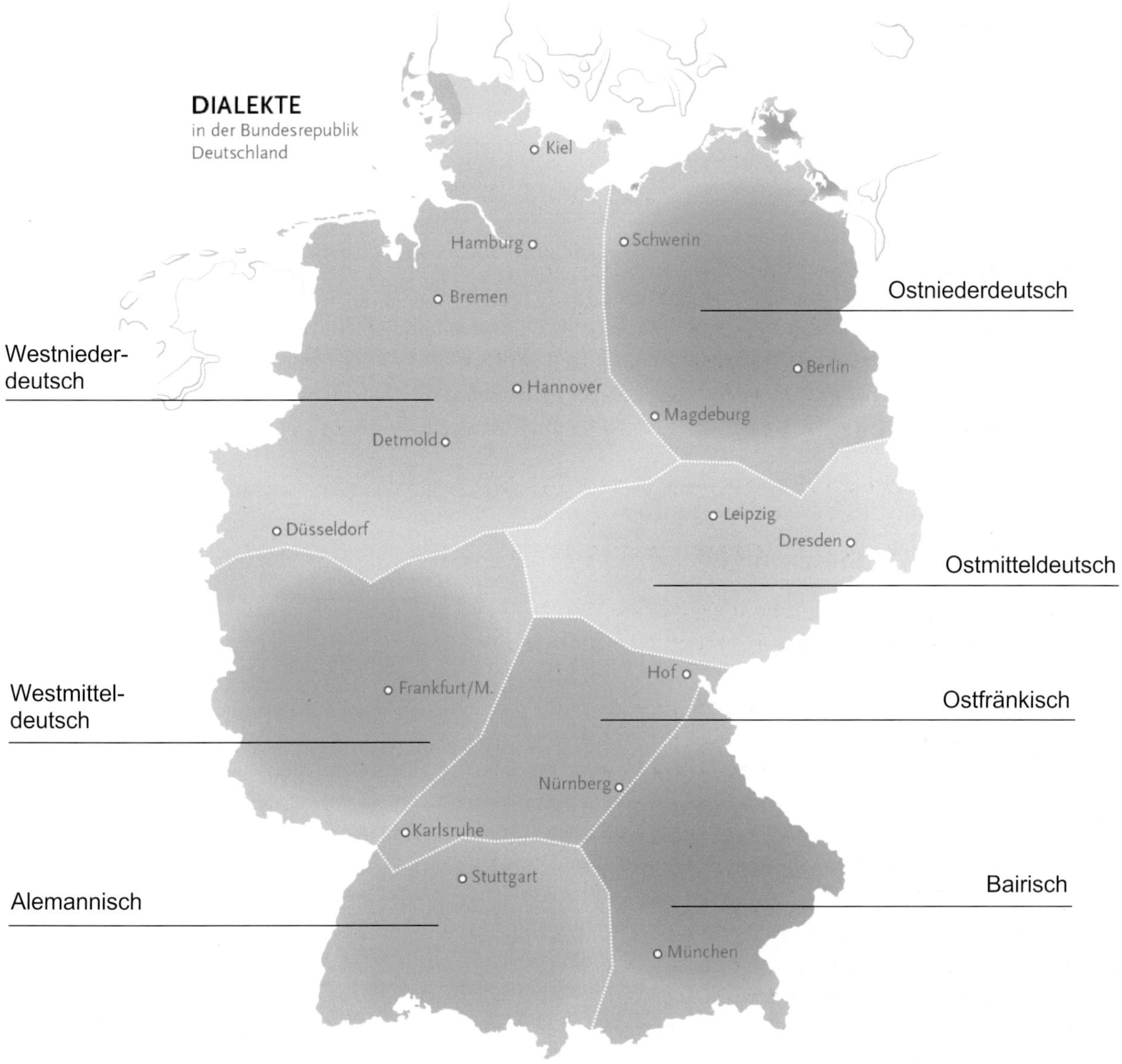

© werkstatt für gebrauchsgrafik, Berlin

b Die folgenden Zuordnungen richten sich nach dem typischen Gebrauch. Das schließt nicht aus, dass einige Bezeichnungen (v. a. Frikadelle) überregional gebraucht werden.
Bulette: Ostniederdeutsch, Ostmitteldeutsch
Frikadelle: Westmitteldeutsch, Westniederdeutsch
Fleischpflanzerl: Bairisch
Klops: Ostniederdeutsch, Westniederdeutsch, Ostmitteldeutsch
Fleischküchle: Alemannisch, Ostfränkisch
Bratklops: Ostmitteldeutsch
Fleischklößchen: Ostfränkisch, Ostmitteldeutsch
Gehacktesbällchen: Ostmitteldeutsch

c Weitere Beispiele könnten *Semmeln, Schrippen, Wecken, Brötchen oder Mädchen, Mädle, Deern* oder *Bonbon, Bollchen, Klömpkes, Schnongse, Kamellen, Bröckskes* etc. sein.

2 Individuelle Lösungen

3 a Während es sich beim Dialekt um eine regionale bzw. lokal begrenzte Sprachvarietät handelt, die von Menschen aus einem bestimmten Gebiet gesprochen wird, kennzeichnet der Soziolekt Sprachvarietäten, die jeweils von bestimmten sozialen Gruppen gesprochen werden.

b/c Die Beispiele bieten die Möglichkeit, den Unterschied zwischen Dialekten und Soziolekten bewusst zu machen.

Beispiel	Dialekt	Soziolekt	Bestimmung
Mia san mia.	X		Bairisch, wörtlich „wir sind wir“, gilt als Ausdruck des bayerischen Selbstbewusstseins, Dinge so zu bewerten und zu handhaben, wie man es selbst für richtig hält, ohne sich nach der Einschätzung anderer zu richten.
Yolo!		X	Jugendsprache, Jugendwort 2012, Abk. für „You only live once“, steht für das jugendliche Selbstverständnis, mit Abenteuerlust und Tollkühnheit durchs Leben zu gehen, etwas zu riskieren und auch einmal Irrwege zu gehen.
Das war ein Elfer!		X	Sportlersprache aus dem Fußball für Situationen, in denen ein Elfmeter als angemessene Konsequenz für ein Foul im Strafraum angesehen wird.
Moin, moin.	X		Grußformel in Norddeutschland zu jeder Tages- (und Nacht-)zeit

6.2 Merkmale und Verbreitung von Dialekten

▸ GK 89 Sabine Kaufmann: **Dialekte** (2016)

1

Antike	Bis Ende des Mittelalters	16. Jh.	Frühe Neuzeit	Heute
Griechen und Römer sprechen von Dialekt als „Gespräch und Redeweise von Gruppen“.	Das Volk spricht Dialekt, Professoren, Kleriker und Humanisten Lateinisch.	Im Zuge der Bibelübersetzung Martin Luthers ins Deutsche wird eine einheitliche deutsche Standardsprache erforderlich, damit die Bibel landesweit zu verstehen ist.	Die Standardsprache entwickelt sich als Schriftsprache, die v. a. durch den sächsischen und den pfälzischen Dialekt beeinflusst wird. Dialektformen werden aus der Schriftsprache verbannt, nur einzelne Wörter bleiben erhalten.	Heute gilt als Standardsprache die hochdeutsche Schriftsprache mit einer einheitlichen Grammatik und Aussprache. In Deutschland gibt es sechzehn größere Dialektverbände.

2 Mögliche Antwort: Im Rundfunk wurde Standardsprache gesprochen. Da Radio und Fernsehen schnell zu Massenmedien wurden und immer mehr Menschen erreichten, führte dies zu einer schnelleren Verbreitung des Hochdeutschen und zu einem stärkeren Bewusstsein für den eigenen Sprachgebrauch im Dialekt.

Sprachwandel und Dialekte aus Nordrhein-Westfalen

▸ GK 90 **Asterix küert westfäölsk**
Asterix op Kölsch

Asterix-Comics gibt es in nahezu allen Dialekten. Die Texte sind der Auftaktseite entnommen, die in allen Asterix-Heften gleich ist. Lineare Übersetzungen der vorliegenden Dialektvarianten, die von der hochdeutschen Heft-Fassung abweichen, sind ebenfalls möglich.

1 „Wir befinden uns im Jahre 50 v. Chr. Ganz Gallien ist von den Römern besetzt … Ganz Gallien? Nein! Ein von unbeugsamen Galliern bevölkertes Dorf hört nicht auf, dem Eindringling Widerstand zu leisten. Und das Leben ist nicht leicht für die römischen Legionäre, die als Besatzung in den befestigten Lagern Babaorum, Aquarium, Laudanum und Kleinbonum liegen …“

(aus: Asterix bei den Schweizern. Egmont Ehapa Verlag, Berlin, ASTERIX®- OBELIX®- IDEFIX® / © 2018 LES ÉDITIONS ALBERT RENÉ / GOSCINNY-UDERZO, 1973, S. 5)

2 a/b Individuelle Lösungen ► GK 91

3 a/b/c

	Kölsch	Westfälisch	Standarddeutsch	Merkmale
Dörp	X		Dorf	keine Verschiebung *p* zu *f*
schriewen	X		schreiben	keine Diphtonierung; keine Verschiebung von *w* zu *b*
Duorp		X	Dorf	Diphtongierung der Kurzvokale, keine Verschiebung *p* zu *f*
Gallierdickköppe		X	Gallierdickköpfe	keine Verschiebung *p* zu *pf*

4 **Kölsch:**
Jallier (Gallier): anlautendes *g* als *j* gesprochen
Lejionäre (Legionäre): anlautendes *g* als *j* gesprochen (Beginn der Silbe)
Fründ (Freund): nicht vollzogene Diphtongierung
Westfälisch:
Wildswiene (Wildschweine): nicht vollzogene Diphtongierung
Wunnersapp (Wundersaft): keine Verschiebung von *p* zu *pf*
Mestersinger (Meistersinger): nicht vollzogene Diphtongierung

6.3 Vorteil Dialekt? – Dialekte und ihre Wirkung

Stefan Mayr: **Nie wieder schwäbeln. Sprachtherapeutin treibt Managern den Dialekt aus** (2017) ► GK 92

Der Text zeigt auf, dass das Sprechen von Dialekt im beruflichen Bereich häufig als negativ angesehen ist, was dazu führt, dass Dialektsprecher sich den Dialekt mit professioneller Hilfe abtrainieren.

1 Dialektsprecher werden oft nicht verstanden (vgl. Z. 8 ff.), nicht akzeptiert (vgl. Z. 23), sie werden belächelt (vgl. Z. 20) und wirken unsympathisch (vgl. Z. 9 f.), distanziert und desinteressiert (vgl. Z. 37). Der Dialekt kann die Karriere verhindern bzw. Aufstiegschancen einschränken (vgl. Z. 13 ff.).

2 Mögliche Gründe könnten in der historischen Entwicklung liegen, da die hochdeutsche Standardsprache zunächst nur als Schriftsprache existierte, die vorrangig von den Gebildeten und Gelehrten beherrscht wurde, während das einfache Volk im Dialekt sprach. Möglicherweise wird deshalb bis heute mit Dialektsprechen fehlende Bildung oder gar Dummheit assoziiert.

3 Dies wird nicht für jeden Dialekt gleichermaßen zutreffen. Dialekte, die allgemein eher unbeliebt sind oder von einer Mehrheit der Bevölkerung sogar als lächerlich eingestuft werden, könnten dazu führen, dass deren Sprecher als weniger attraktiv eingeschätzt werden.

Hans Kratzer: **Bayern treibt Kindern den Dialekt aus** (2016) ► GK 93

Der Text referiert die Kritik des Germanisten Peter Maitz, dass Schulkindern in Bayern das Dialektsprechen insbesondere durch im Standarddeutsch verfasste Schulbücher verwehrt werde. Darüber hinaus werden die beruflichen und sozialen Nachteile und Diskriminierungen, denen Dialektsprecher ausgesetzt seien, beklagt.

4 a Nach Maitz werden Dialektsprecher vor allem in sozialen und beruflichen Zusammenhängen diskriminiert. Dies beginne schon in der Schule, wo das Dialektsprechen nicht gefördert, sondern im Gegenteil durch ausschließlich hochdeutsch verfasste Schulbücher verhindert werde. Im Gegensatz zu anderen Gruppen, die wegen ihres Geschlechts oder ihrer Herkunft diskriminiert werden, fehle es in der Gesellschaft allerdings an einem Bewusstsein für die Problematik von Dialektsprechern.

b

Argumente	Beispiele
Ergebnisse einer systematischen wissenschaftlichen Analyse bayerischer Schulbücher der Universität Augsburg (vgl. Z. 5 ff., 25 ff.)	
Widerspruch zu bayerischer Verfassung, zum Grundgesetz (vgl. Z. 13 f., 48 f.) und zu Forderungen des Kultusministeriums (vgl. Z. 32 f.)	Antwort des bayerischen Kultusministeriums auf eine Anfrage der Partei „Freie Wähler“, die Bedeutung des Dialektes Schülerinnen und Schülern bewusst zu machen (vgl. Z. 16 ff.), und Aussage des Kultusministers, der den Wert der sprachlichen Vielfalt betont (vgl. Z. 22 ff.)
enger Zusammenhang zwischen Sprache und Diskriminierung (vgl. Z. 37 f.)	Studentin, die in einer Prüfung an einer Universität schwäbischen Dialekt gesprochen hat, habe deswegen eine schlechtere Note bekommen (vgl. Z. 44 ff.)
negative Bewertung des Dialektes in den Schulen verfestigt eine Ideologie des 19. Jh. und tradiert das bildungsbürgerliche Sprachideal, das Hochdeutsch „zum Sozialsymbol des gehobenen Bürgertums“ ernennt (vgl. Z. 57 ff.)	

c Peter Maitz stützt seine Position vor allem auf Autoritätsargumente (wissenschaftliche Studie, Instanzen wie das Grundgesetz oder Ministerien) und veranschaulicht bzw. belegt diese Argumente mit konkreten Beispielen.

5 Siehe Lösung zu S. 92, Aufgabe 2.

6 a Sowohl Mayr als auch Maitz stellen die Behauptung auf, dass Dialektsprecher Nachteile vor allem im beruflichen Leben erfahren. Mayr stützt sich allerdings nicht auf wissenschaftliche Studien, sondern auf individuelle Erfahrungsberichte, die zumeist aber auch aus dem akademischen Bereich stammen. Im Gegensatz zu Maitz beklagt Mayr die Situation der Dialektsprecher nicht, sondern stellt sie lediglich fest. Auch beschreibt er eine unterschiedliche Bewertung von Dialekten, anstatt nur auf die Diskriminierung von Dialektsprechern abzuzielen. Damit zeichnet er ein deutlich differenzierteres Bild zur Thematik.

b Individuelle Lösungen

▸ GK 94 Die Entwicklung von Dialekten in der spanischen Sprache

1 a von oben nach unten: Spanien, Chile, Äquatorial-Guinea, Nicaragua, Kuba

b z. B.:

Europa: Spanien

Amerika: Mexiko, Guatemala, El Salvador, Costa Rica, Panama, Puerto Rico, Dominikanische Republik, Venezuela, Kolumbien, Ecuador, Peru, Bolivien, Argentinien, Uruguay, Paraguay

Afrika: Ceuta und Melilla (Städte/spanische Exklaven)

Eine vollständige Auflistung findet sich unter https://de.wikipedia.org/wiki/Spanische_Sprache (Zugriff: 02.04.2018)

2 a Dialektale Unterschiede lassen sich auf lautlicher Ebene bei der unterschiedlichen Aussprache der *s*-Laute finden, diese können gelispelt oder scharf ausgesprochen werden. Auf semantischer Ebene fällt vor allem der unterschiedliche Wortschatz zwischen Lateinamerika und Spanien auf. Dies betrifft sowohl einzelne Begriffe wie die jeweiligen Übersetzungen, z. B. für *Handy* oder *Wohnung*, aber auch die direkte Anrede in der zweiten Person Plural. Bei Letzterer wird u. a. in Lateinamerika kein Unterschied zwischen der vertraulichen und der höflichen Anrede gemacht, während sich die beiden Formen in Spanien unterscheiden.

b Auf lautlicher Ebene: Ein Nordspanier könnte denken, dass ein Südspanier von *der Jagd* spricht, wenn er eigentlich ein *Haus* meint und dass ein Lateinamerikaner von seinem *Haus* spricht, wenn er eigentlich die *Jagd* meint.
Auf semantischer Ebene: Hier könnte zum einen die Anrede in der zweiten Person Plural zu Missverständnissen führen. So könnte ein Spanier, der diese Form der Anrede nicht gewöhnt ist, von einer besonderen Höflichkeit oder Distanziertheit seines Gesprächspartners ausgehen, während dem Süd- oder Lateinamerikaner die gesonderte vertraute Anrede nicht vertraut ist. Zum anderen kann es auch zu Missverständnissen kommen, wenn beispielsweise ein Mexikaner nicht versteht, was ein Spanier mit dem Substantiv *móvil (Handy)* meint, da er den Begriff nur als das Adjektiv *beweglich* versteht.

3 In Berlin und Mitteldeutschland heißt das meist mit Marmelade oder Pflaumenmus gefüllte Gebäck *Pfannkuchen*, während es in den restlichen Regionen Deutschlands *Berliner* (oder *Krapfen*) heißt. Dafür heißt die in der Pfanne zubereitete Eierspeise in Berlin und weiten Teilen Ostdeutschlands *Eierkuchen* (in Sachsen: *Plinse*), ist jedoch im westlichen Teil Deutschlands eher unter dem Begriff *Pfannkuchen* bekannt. Missverständnisse sind hier vor allem beim Einkauf in der Bäckerei oder bei Einladungen zum Essen denkbar.

6.4 Jugendsprache

Diana Marossek: **„Kommst du Bahnhof oder hast du Auto?“** (2016) ► GK 95

1 a Zu den semantischen Merkmalen von Jugendsprache gehören Verbildlichungen, Anglizismen, Entfremdungen (meist in Form von Bedeutungserweiterungen oder -reduzierungen), Neologismen und Zitate. Auf syntaktischer Ebene findet häufig eine Vertauschung oder Auslassung von Satzgliedern statt.

b Hier sind nicht immer genaue Zuordnungen möglich, da z. B. Entfremdungen oft eine Form der Verbildlichung sind.

Merkmale von Jugendsprache	Beispiel aus dem Text
Anglizismen:	*stylen, twerken, nice, fresh, Player*
Verbildlichungen:	*Kaspar machen, hartzt, bocken, Kellerbräune, Bus klären*
Entfremdungen:	*Alte, fett, cremig* (alles Bedeutungserweiterungen); *hartzt* (Bedeutungsreduzierung)
Zitate:	Kein Beispiel im Text, mögliche eigene Beispiel wären: *„Ich habe heute leider kein Foto für dich.“* Dieses Zitat stammt aus der Casting Show „Germany's next Topmodel“ und bedeutet, dass die Teilnehmerin ausscheidet; *„leider geil“* ist ein Zitat aus einem Lied der Band Deichkind.
Vertauschung von Satzgliedern:	*Stefan, der hat ja end die nice Alte.*
Auslassung von Satzgliedern:	*Ich muss Bus klären. / Sonst fliege ich Mannschaft. , 'fjeden (auf jeden Fall) / Kann nicht zu spät sein.*

2 Soziolekte sind Varietäten der Sprache, die von bestimmten gesellschaftlichen Gruppen und je nach Situation verwendet werden. Auch wenn es keine universelle und eindeutige Jugendsprache gibt, zeichnet sich die Sprache der Jugendlichen durch bestimmte sprachliche Muster aus, die vorwiegend in der Kommunikation zwischen den Jugendlichen selbst zur Anwendung kommen.

3 a/b Individuelle Lösungen

▶ GK 96 Eva Neuland: **Prozesse von Stilbildung und Stilverbreitung** (2008)

Der Text setzt sich mit der Entstehung und Verbreitung von Jugendsprache auseinander.

4 **Destandardisierung:** beschreibt die Entstehung der Jugendsprache; standardsprachliche Ausdrücke werden ihres Kontextes enthoben und erfahren eine Bedeutungsveränderung.
Restandardisierung: beschreibt die Verbreitung der Jugendsprache in der Standardsprache; die durch Destandardisierung entstandenen Begriffe der Jugendsprache werden Teil der Standardsprache und verlieren damit oft ihre jugendsprachliche Prägung.

5

6 Ausdrücke, die die Prozesse der Destandardisierung und Restandardisierung durchlaufen haben:

Ursprüngliche Standardsprache	Jugendsprachliche Destandardisierung	Verallgemeinernde Restandardisierung
Proletarier: Menschen, die der Arbeiterklasse angehören	Verknappung zu *Proll:* Angeber	*Proll:* ungehobelter, ungebildeter, ordinärer Mensch
Thusnelda: wahrscheinlich seit Kleists Drama „Hermannschlacht" abwertender Begriff für die Gattin	*Tussi:* abwertend für eingebildetes und oft stark zurechtgemachtes Mädchen	*Tussi:* weibliche Person, Freundin eines Mannes

Jugendsprachliche Ausdrücke wie z. B. *behindert* oder *schwul* unterliegen lediglich dem Prozess der Destandardisierung. Hier könnte sich eine Diskussion anschließen, was diese beiden Ausdrücke von den anderen genannten Beispielen unterscheidet und ob langfristig auch hier eine verallgemeinernde Restandardisierung denkbar ist.

7 Individuelle Lösungen

▶ GK 97 Harald Martenstein: **Über die Bedeutung eines Füllwortes** (2016)

Der Text beschreibt in unterhaltender und lapidarer Form subjektiv wahrgenommene Veränderungen in der Verwendung jugendsprachlich genutzter Füllwörter.

8 a Martensteins Text verfolgt hauptsächlich die Intention zu unterhalten. Darüber hinaus finden sich aber auch informierende Passagen.
b Mögliche Markierungen:
argumentativ, persuasiv: Z. 1, 4–9, 28–32, 38–41, 43–50, 52–56, 68 f.
deskriptiv: Z. 2–4, 16–19, 32–38, 51
narrativ: Z. 10–12, 19–28, 41–43, 56–67

c Die Lösungen können im Detail unterschiedlich sein. Zwar handelt es sich insgesamt um einen argumentativen Text, der sich aber vieler narrativer und damit unterhaltender Elemente bedient.

d Die argumentativen Passagen sind größtenteils subjektive Behauptungen, mit denen der Autor seine Leserinnen und Leser auf humorvolle Art von seinen Thesen zu überzeugen versucht. Es findet sich lediglich eine Expertenmeinung (vgl. Z. 28 ff.), die dem Argumentationsgang eine gewisse Objektivität und Sachlichkeit verleiht. Die vorwiegend narrativen Passagen dienen der Unterhaltung und Anschaulichkeit. Die wenigen deskriptiven Passagen dienen dazu, die Leserinnen und Leser zu informieren. Da die Übergänge zwischen den einzelnen Darstellungsweisen fließend sind, lässt sich aber auch in den beschreibenden Passagen kein nüchtern-sachlicher Stil finden. Dies hängt auch damit zusammen, dass der Text (eine Glosse) einen ironischen Grundton hat.

9 Mögliche Vervollständigung des Lückentextes: ▶ GK 98
Harald Martenstein vertritt in seinem Text mehrere Thesen. Zunächst nennt er als Grund für die Verwendung von Jugendsprache die gewünschte Provokation der Erwachsenen. Laut Martenstein ist das neue Modewort unter jungen Leuten „genau" in einer Verwendung als Füllwort. Dies erklärt er damit, dass Jugendliche von ihren Eltern stets Zuspruch und Bekräftigung erfahren und sich durch die häufige Verwendung regelmäßig selbst in ihren Aussagen bestätigen. Abschließend weist er daraufhin, dass „genau" in den 50er Jahren des zwanzigsten Jahrhunderts schon einmal Modewort war und schließt daraus, dass die Wiederentdeckung des Füllwortes auch in Zusammenhang mit der Wiederentdeckung der Mode dieser Zeit in Verbindung gebracht werden kann. Hier schließt er indirekt an seine Ausgangsthese an, dass die Jugend provozieren will und dies wohl nur noch durch Konservatismus möglich sei.

10

Sprachlich-rhetorische Gestaltung	Zeile(n)	Wirkungsabsicht
Personifikation: „Begriffe [...] Karriere machen [...]".	Z. 2 ff.	Veranschaulichung der Beliebtheit provozierender Beleidigungen in der Jugendsprache
fiktive Zitate	Z. 7 ff., 43 f., 58	erwecken auf überspitzte und ironisch-humorvolle Weise den Anschein einer realitätsnahen Darstellung
Umgangssprache, z.B. „checkt", „Netz"	z. B. Z. 23, 27	durch konzeptionelle Mündlichkeit wird Nähe zu den Leserinnen und Lesern suggeriert
Wiederholung „genau"	Z. 17, 18, 25, 38 usw.	Verdeutlichung des sprachlichen Phänomens durch häufige Verwendung im eigenen Text
Häufung der Pronomen der 1. Person Singular: „ich", „meiner", „mich"	z. B. Z. 5 f., 10, 19, 23 usw.	Hervorhebung der eigenen Position/ Subjektivität
Metapher: „Wiedergeburt"	Z. 67	ironische Überhöhung des sprachlichen Phänomens
Ironie: „Oder auch eine Genausagerin, geschlechtsspezifische Unterschiede in der Genausaghäufigkeit scheint es nicht zu geben."	Z. 33 ff.	nicht ganz ernst gemeinte politische Korrektheit
sprachliche Bilder: „Zentralrat der Kulturpessimisten"; „Comeback der Pünktchenbluse"	Z. 49 f., 68 f.	ironisch, zugespitzt
Übertreibung: Verhalten von Jugendlichen und Reaktion der Eltern	Z. 56 ff.	ironisch, lustig

11 Beim vorliegenden Text handelt es sich um eine Glosse. Sowohl bei einem Kommentar als auch bei einer Glosse handelt es sich um eine namentlich gekennzeichnete, subjektiv wertende Textsorte, die für den eigenen Standpunkt wirbt. Die Glosse ist dabei jedoch ironisch-witzig formuliert und arbeitet mit Übertreibungen. Sie unterscheidet sich somit vor allem auf stilistischer Ebene vom Kommentar. Auch in einer Reportage lassen sich zwar wie in Martensteins Text viele wörtliche Zitate finden. Diese entstammen allerdings der unmittelbaren Anschauung des Reporters, um der Veranschaulichung allgemeiner Hintergründe zu dienen und sind nicht wie in Martensteins Text größtenteils fiktiv.

12 Individuelle Lösungen, siehe auch Lösungen zu S. 97, Aufgabe 8 sowie zu S. 98, Aufgaben 9 bis 11.

6.5 Fußballsprache und weitere Soziolekte

► GK 99 Armin Burkhardt: **Wenn das Leder im Kasten klingelt … Der deutsche Fußball und seine Sprache** (2008)

Der Text setzt sich auf sprachwissenschaftlicher Ebene mit dem Soziolekt Fußballsprache auseinander.

► GK 100

1 Individuelle Lösungen, z. B.: Tor, es klingelt im Kasten, der Ball zappelt im Netz, Treffer, Volltreffer, der Ball ist drin, sie/er hat dem Torwart einen eingeschenkt, Lupfer.

2 Die Fußballsprache wird von der sozialen Gruppe der Fußballfans und -reporter sowie Fußballer selbst im Gespräch über die Sportart verwendet.

3 1B, 2D, 3A, 4C

4 a

A Die verteidigende Mannschaft hat in ihrem Strafraum einen Regelverstoß begangen.
B Der Spieler Lukas Podolski hat nach Verhängung eines Strafstoßes den Ball vom Elfmeter-Punkt sicher ins Tor geschossen.
C Der Schiedsrichter ahndete einen Regelverstoß im Strafraum der verteidigenden Mannschaft mit einem Strafstoß zugunsten der angreifenden Mannschaft.
D Der Torwart Manuel Neuer hielt einen Strafstoß, sodass der Ball nicht ins Tor gelangte.

b Bedeutung des Satzes: Wenn der erfolgreiche Torschütze den eigens für ihn abgestellten Gegenspieler ausdribbelt und seinen gefürchteten Torschuss abgibt, dann fällt vielleicht ein Tor.
Bedeutung und Wirkung der Metaphern:
- Knipser: Torschütze, der so schnell schießt, wie man ein Foto knipsen kann; drückt Bewunderung aus
- Sonderbewacher: Spieler, der einen Gegenspieler permanent aufmerksam verfolgt, damit er nicht oder schlecht agieren kann; Metapher nutzt negative Konnotation des Bewachers
- austanzt: einen Gegenspieler mit eleganten, wenigen Bewegungen stehenlassen; Vergleich mit Tanz lässt Fußball zu einer eleganten Sportart werden
- Hammer: besonders schlagkräftiger und starker Schuss; Vergleich mit Werkzeug verleiht dem Schuss zusätzlich etwas Kräftiges
- klingelt: starker Schuss, der das Tor zum Vibrieren bringt; positiv freudige Wirkung
- Gehäuse: Tor; wirkt wie eine vom Torwart zu beschützende Unterkunft

c Das „Ding“ ist ein abstrakter verallgemeinernder Begriff für den an sich naheliegenden „Fußball“ und „reinmachen“ ersetzt das spezifische und eindeutige Treffen des Tores.

5 Individuelle Lösungen. Zur Sprache kommen kann z. B. das teils martialische Auftreten von Fans oder die Härte der Spieler auf dem Spielfeld, die oft tatsächlich schwer verletzt werden. Außerdem kann thematisiert werden, dass Fußball nach wie vor eine männliche Domäne ist, ähnlich wie Krieg und Armee.

Populäre Zocker-Abkürzungen – We talk Gaming (2016)

► GK 101 Der Text erläutert gängige Abkürzungen und Verhaltensregeln aus dem Bereich der Computerspiele.

► GK 102

6
- Ein Akronym ist eine Abkürzung, die aus den Anfangsbuchstaben mehrerer Wörter oder Wortsilben zusammengesetzt ist.
- Vor allem die Abkürzung „LOL“ (Laugh out loud) wird auch außerhalb der Computerspielsprache in der digitalen Kommunikation häufig verwendet, um zu zeigen, dass man über einen Witz o. Ä. des anderen lachen muss. Eine weitere Abkürzung mit gleicher Bedeutung ist „ROFL“ (Rolling on floor laughing). Ebenfalls oft verwendet wird „Yolo“ (You only live once).
- AFK (Away from Keyboard): Ein Teilnehmer muss den PC kurz verlassen.
  GLHF (Good luck and have fun): Begrüßung zwischen Spielpartnern zu Spielbeginn
  GG (Good game): Höfliche Form, mit der der Verlierer ein Spiel beendet und dem Gewinner Respekt zollt, aber auch ausdrückt, dass er sich Mühe beim Spiel gegeben hat.

7 Ursprünglich wurde „biblethumb" (dt.: „auf die Bibel pochen") verwendet, um einer Aussage Nachdruck zu verleihen. Der Bedeutungswandel durch die Computerspielsprache geht auf ein Computerspiel zurück, in dem einer der Charaktere von seiner sich stark auf die Bibel berufenen Mutter unterdrückt wird und deshalb oft traurig ist. Da das entsprechende Emoticon (ein Gesicht mit herunterlaufenden Tränenbächen) diesen Charakter abbildet, bezeichnet „biblethumb" in der Computerspielsprache einen Ausdruck von Traurigkeit oder Ärger.

8 Computerspielsprache wird in der sozialen Gruppe der Computerspieler verwendet. Sie stellt jedoch keine technischen Sachverhalte aus diesem Bereich dar.

9 Individuelle Lösungen

Ursula Kals: **Triumph der Schönfärber und Wortklauber** (2017) ▸ GK 103

Der Text thematisiert das in vielen Soziolekten vorherrschende Phänomen des Euphemismus.

10a Ein Euphemismus ist ein beschönigender Ausdruck für eine eigentlich unangenehme oder negative Sache. ▸ GK 104

b Im Alltag gebräuchliche Euphemismen sind z. B.: *einschlafen/das Zeitliche* segnen für *sterben, in den besten Jahren* für *alt/älter, Problemzone* für *Speck an Bauch, Hüfte oder Oberschenkel* etc.

c Die Autorin kritisiert, dass unangenehme Wahrheiten durch Euphemismen verschleiert und ehemals eindeutige Bezeichnungen im Zuge der Globalisierung unverständlich werden. Die Verwendung von Euphemismen komme so teilweise einer „Verspottung" gleich.

d Beispiellösung:

Varietät	Beispiel	Wirkung/Ziel
Politikersprache	„Beitragsanpassung" für „Beitragserhöhung"	Verschleierung
Militärsprache	„stockender Friedensprozess" für „Krieg"	Verharmlosung
Werbung	„Frühstückchen" für „zuckriger Keks"	Verschleierung/Absatzerhöhung
Immobilienbranche	„lebhaftes Viertel" für „laute Gegend"	Verschleierung/Verkaufsargument
Tourismusbranche	„Idylle" für „keinerlei Infrastruktur"	Verschleierung/pos. Außenwirkung
Finanzbranche	„Negativzinsen" für „Belastung des Guthabens"	Verschleierung
Personalwirtschaft	„Mitarbeiter freisetzen" für „kündigen"	Verschleierung/Versachlichung
Berufsbezeichnungen	„Facility Manager" für „Hausmeister"	Beschönigung / globale Außenwirkung
Bildung	„bildungsfern" für „ungebildet"	Beschönigung

11 Individuelle Lösungen

6.6 Klausurtraining: Materialgestütztes Schreiben

Häufigkeitseinschätzung der Verwendung von Jugendsprache ▸ GK 105
Bildungssprache (Lexikonartikel)
Helmuth Feilke: **Bildungssprachliche Kompetenzen – fördern und entwickeln** (2012) ▸ GK 106
Eva Neuland: **Sprachleistungen von Jugendlichen innerhalb und außerhalb der Schule** (2008)
Wolfgang Krischke: **Rettet das Deutsche vor seiner Selbstdemontage** (2015) ▸ GK 107
Cover des Magazins „DER SPIEGEL" (28/1984)

Erster Schritt: Die Aufgabenstellung verstehen ▸ GK 108

1 Thema des Textes: Verbesserung der sprachlichen Kompetenz unter Jugendlichen durch die Einführung des Schulfachs „Bildungssprache" als Gegenpol zur Jugendsprache
Anlass/Ziel: Stellungnahme in einer Tageszeitung zum Schulfach „Bildungssprache"
Adressaten: bildungsinteressierte Leser/-innen der regionalen Tageszeitungen
Textsorte: Zeitungsartikel

inhaltliche Aspekte:
- Definition Jugendsprache und Bildungssprache
- Verwendung von Jugendsprache
- Einfluss der Jugendsprache auf Sprachkompetenz
- Notwendigkeit, bildungssprachliche Kompetenz unter Jugendlichen zu fördern

Zweiter Schritt: Erstes Textverständnis und Ideen formulieren

2 a Individuelle Lösungen
b Dringlichkeit der Förderung von Bildungssprache: M 2, M 3, M 5, M 6
Einfluss der Jugendsprache auf die allgemeine Sprachkompetenz: M 1, M 4
c

Pro Förderung Bildungssprache	Kontra Förderung Bildungssprache
▪ Jugendsprache schleicht sich in den sonstigen Sprachgebrauch ein (z. B. Füllwörter wie „genau“). ▪ Jugendsprache hält durch Restandardisierung Einzug in den alltäglichen Sprachgebrauch. ▪ verkürzte Syntax in der Jugendsprache	▪ Jugendliche können zwischen verschiedenen Varietäten unterscheiden. ▪ Jugendsprache ist eher eine Erfindung der Medien, sogenannte Jugendwörter werden von Jugendlichen kaum verwendet. ▪ Sprachentwicklung unterliegt ohnehin einem ständigen Wandel.

Dritter Schritt: Die Materialien gezielt lesen / Argumente zusammentragen

3 a Bildungssprache bezeichnet ein differenziertes sprachliches Register, das unter anderem aus komplexen Satzstrukturen und Fremdwörtern besteht und vor allem im akademischen Bereich angewendet wird.
b <u>Weitere Argumente, die für eine gezielte Förderung der Bildungssprache sprechen (pro):</u>
- Ohne die Beherrschung von Bildungssprache ist eine erfolgreiche Schullaufbahn kaum möglich (M 3).
- Deutsche Wissenschaftssprachen verschwinden (M 5).
- Umgangssprachlicher Tonfall und Anglizismen im allgemeinen Sprachgebrauch und den audiovisuellen Medien verdrängen die Bildungssprache (M 5).
- Rechtschreibkenntnisse und die Fähigkeit, sich nuanciert auszudrücken, schwinden unter Schülerinnen und Schülern (M 5).
- In Schulen und Universitäten treten immer größere Niveauunterschiede auf (M 5).
- Einflüsse von Migrantensprachen führen zur „Kreolisierung“ des Deutschen (M 5).
- Sprachunterricht muss einen Beitrag zur Entwicklung metasprachlichen Bewusstseins und stilistischer Kompetenz liefern (M 4).

<u>Weitere Argumente, die gegen eine gezielte Förderung der Bildungssprache sprechen (kontra):</u>
- Es gibt keine aussagekräftigen Studien zur schwindenden sprachlichen Kompetenz unter Jugendlichen (Ausnahme: Orthografie) (M 5).
- Auch zur vermeintlichen „Kreolisierung“ der deutschen Standardsprache gibt es keine systematisch erhobenen Daten (M 5).
- Hohe Sprachkompetenz der Jugendlichen zeigt sich in ihrem kreativen und innovativen Umgang mit Sprache und in der Fähigkeit, zwischen verschiedenen Registern zu wechseln (M 4).
- Orthografische und grammatische Fehler sind weniger schwerwiegend als erwartet und werden auch von Jugendlichen selbst berichtigt (M 4).

▸ GK 109 4 a Das Diagramm informiert über die geschätzte Häufigkeit der Verwendung von Jugendsprache in Freizeit, Schule und Familie. Dabei fällt auf, dass 74,6 % der Jugendlichen angeben, in ihrer Freizeit und 61,3 % in der Schule oft oder immer Jugendsprache zu sprechen, während sich in der Familie nur 24,3 % oft oder immer in Jugendsprache unterhalten.
b Das Diagramm weist erneut auf eine hohe Flexibilität des jugendlichen Sprachgebrauchs und auf die Fähigkeit, Jugendsprache gezielt einzusetzen, hin. Dies erkennt man vor allem daran, dass ein Großteil der Jugendlichen sich in der Familie nur selten der Jugendsprache bedient. Aussagen über die bildungssprachliche Kompetenz werden dadurch jedoch nicht getroffen.

5 a Das Wochenmagazin „Der Spiegel" titelt im Jahr 1984 „Deutsch: Ächz, Würg – Eine Industrienation verlernt ihre Sprache". Die Illustration zeigt einen Mann im jetzt altmodisch wirkenden Strickpullover, der sich über das Schreibheft eines Kindes mit Irokesenschnitt beugt, während eine Frau ihnen gegenübersitzt und strickt. Der Mann – vermutlich der Vater – berichtigt den Jungen in der Verwendung von Akkusativ und Nominativ, während die vermutliche Mutter das Kind verteidigt. Sowohl Vater, Mutter als auch Kind wenden dabei ein umgangssprachliches Register an, z. B.: „Schnall' das doch mal!" oder „Ich blick den Scheiß nicht." Auch der Anglizismus „too much" wird von der Mutter verwendet. Die Eltern werden als Alternative bzw. Hippies gezeigt, die vermutlich eine antiautoritäre Erziehung praktizieren.

b Die Debatte um Jugendsprache wird schon seit mehreren Jahrzehnten, wenn nicht sogar länger, geführt. Dies spricht dafür, dass ältere Generationen schon immer um die sprachliche Kompetenz der Jugend besorgt waren und sprachlicher Wandel zunächst häufig mit Argwohn betrachtet wird, ohne dass die Bildungssprache jemals verschwunden ist.

Vierter Schritt: Den Schreibplan erstellen und schreiben

▸ GK 110

6 a Individuelle Lösungen

b Individuelle Lösungen

7 Individuelle Lösungen

Fünfter Schritt: Den eigenen Text überarbeiten

8/9 Individuelle Lösungen

Materialgestützt einen Text verfassen (Aufgabenart IV)

Aufgabenstellung

Die Schulleitung an Ihrer Schule möchte erreichen, dass die Kommunikation zwischen Schule und Eltern bzw. Schülerinnen und Schülern den formalen Kriterien des öffentlichen Dienstes entspricht, um beispielsweise bei gerichtlichen Auseinandersetzungen Formfehler im Vorfeld auszuschließen. Aus diesem Grund weist sie das Kollegium an, die schriftliche Kommunikation nur noch in der sogenannten „Verwaltungssprache" zu verfassen. Die Schülervertretung fürchtet, dass für viele Eltern sowie Schülerinnen und Schüler Mitteilungen der Schule nicht mehr verständlich sein werden und dass das vertrauensvolle Verhältnis zueinander darunter leiden könnte. Sie schreibt deshalb einen offenen Brief an die Schulgemeinschaft, in dem sie ihre Bedenken mitteilt.

Verfassen Sie diesen Brief auf der Grundlage der Materialien M 1 bis M 6 und Ihrer Kenntnisse aus dem Unterricht, indem Sie

- das Thema und seine Bedeutung sowie eine Definition der Verwaltungssprache darlegen,
- anhand von Beispielen Faktoren erläutern, die die empfundene Unverständlichkeit der Verwaltungssprache verursachen,
- die Einsicht und das Bemühen staatlicher Einrichtungen erläutern, ihre Kommunikation bürgernäher zu gestalten,
- Argumente darstellen und erläutern, die für und gegen eine stärkere Berücksichtigung der Verwaltungssprache in der Schule sprechen,
- zur Frage begründet Stellung nehmen
- und zugleich in Ihren Ausführungen relevante Aspekte fachlichen Kontextwissens einbeziehen.

Ihr Text sollte mindestens drei gedruckte DIN-A4-Seiten umfassen (= 7–8 Heftspalten). *(72 Punkte)*

M 1

Verwaltungssprache

Unter **Verwaltungssprache** versteht man zweierlei: Zum einen ist dies die Amtssprache, die gesetzlich oder üblicherweise in Ämtern und Verwaltungen eines Landes oder Gebietes verwendet wird. Mitunter kann auch wahlweise eine von mehreren Sprachen verwendet werden, etwa in einem Vielvölkerstaat. Zum anderen bezeichnet *Verwaltungssprache* eine sehr förmliche Ausdrucksweise, wie sie häufig im Schriftverkehr von Behörden und Verwaltungen, aber auch in vielen Privatfirmen verwendet wird. Der kompakte und auf vermeintliche Genauigkeit bedachte Stil dient dazu, einen Text als objektiv und unangreifbar erscheinen zu lassen. Begriffe aus Gesetzen und Verordnungen werden zu diesem Zweck oft unverändert übernommen, obwohl sie in der Alltagssprache nicht vorkommen. Der Duden verwendet zur Kennzeichnung von Verwaltungssprache den Ausdruck *Papierdeutsch*. Die Allgemeinheit betrachtet Verwaltungssprache als eine umständliche und für Behörden typische Form, die deutsche Sprache zu verwenden. Es handelt sich um einen Soziolekt und in Teilen um eine Fachsprache.

https://educalingo.com/de/dic-de/beamtendeutsch (Zugriff: 06.04.2018)

M 2

Helmut Ebert: Verwaltungssprache: Bürokratenspeak oder Bürgerdeutsch (2010) – Auszug

Kommunikation erfolgt auf der Inhaltsebene (Was wird gesagt?) und auf der Beziehungsebene (Wie wird es gesagt?). Nicht nur Schwerverständlichkeit ist beziehungsgefährdend, sondern auch der Verstoß gegen *Akzeptanzregeln, Glaubwürdigkeits-/Wahrheitsregeln, Respekt- und Vertrauensregeln.* Unpersönliche Ausdrücke lassen nicht nur offen, wer handeln soll, sondern sie schränken auch die Kooperationsbereitschaft ein: *Es wird daran erinnert ...* (besser: *wir erinnern Sie ...*), *die Steuerpflichtige* (besser: *Frau Elke Müller*). […]
Viele amtliche Schreiben sind nach wie vor wenig serviceorientiert, geizen mit Tipps, informieren nicht voraussetzungslos oder sagen nicht explizit, wer zuständig ist oder mit einer Auskunft weiterhelfen kann. Nicht immer ist für den Adressaten auf den ersten Blick ersichtlich, was ein Schreiben bezweckt und was zu tun ist: *Der Bescheid wird Ihnen nach Eingang der Gebühren auf eines der Konten der Stadtkasse zugesandt.* Besser ist es, Handlungsappell und Handlungsfolge auf zwei Sätze zu verteilen: *Bitte überweisen Sie die Gebühren an die Stadtkasse. Den Bescheid sende ich Ihnen zu, wenn die Zahlung eingegangen ist.*

http://www.bpb.de/politik/grundfragen/sprache-und-politik/42703/verwaltungssprache?p=all (Zugriff: 06.04.2018)

M 3

Bundesverwaltungsamt: Bürgernahe Verwaltungssprache. Ein Arbeitshandbuch (2002) – Auszug

Die Vielfalt der öffentlichen Aufgaben erfordert immer häufiger einen Schriftwechsel zwischen Privatpersonen und Behörden. Die Sprache ist dabei die wichtigste Brücke: Sie vermittelt den Bürgerinnen und Bürgern die notwendigen Informationen und muss ihnen auch die Gründe für das Verwaltungshandeln verständlich machen. Beides wird am besten gelingen, wenn die Schreiben der Behörde so verständlich wie möglich formuliert sind, wenn sie Verständnis ausdrücken und dadurch die Bereitschaft zur Zusammenarbeit mit der Behörde fördern.

Sprachwissenschaft und Kommunikationswissenschaften haben Erkenntnisse darüber gewonnen, wie man schriftliche Informationen wirksam mitteilen kann. Diese Erkenntnisse sollte die öffentliche Verwaltung nutzen, denn so findet sie Wege zu einer bürgernahen Sprache. Eine bürgernahe Verwaltung begünstigt das Verhältnis der Menschen zum Staat. Dadurch werden zahlreiche Widersprüche, Klagen, Dienstaufsichtsbeschwerden und Petitionen (Bittschriften, Eingaben) vermieden. Vielen Menschen bleiben Ärger, Aufregungen, schlaflose Nächte und gesundheitliche Beeinträchtigungen erspart.

Mit verständlichen Behördenschreiben wird die Grundlage für eine störungsfreie Zusammenarbeit von Behörden und Privatpersonen geschaffen. Die Gemeinsame Geschäftsordnung I der Bundesministerien fordert: „Schreiben müssen präzise, inhaltlich vollständig, verständlich und höflich sein." (§ 16 (2) GGO).

Daraus lassen sich folgende Grundforderungen an die Verwaltung ableiten:

- Weil die Schreiben der Verwaltung genau und vollständig sein müssen, kann die Verwaltungssprache nicht auf fachsprachliche Elemente verzichten.
- Weil Schreiben der Behörde verständlich sein sollen, müssen sie einfach formuliert sein.

Richtige und überzeugende Aussagen in Behördenschreiben sind demnach nicht die einzigen Forderungen an die Verwaltung. Hinzu kommt die Forderung nach allgemeiner Verständlichkeit. Die Verwaltungssprache befindet sich damit in einem Spannungsverhältnis zwischen Fachsprachlichkeit und allgemeiner Verständlichkeit. [...]

Mit Verwaltungssprache ist im Folgenden die Sprache gemeint, die Behörden im Schriftwechsel mit Privatpersonen verwenden.

Eine Verständigung zwischen Menschen ist vor allem durch eine gemeinsame Sprache möglich. Für die Verwaltung ergibt sich daraus eine Vermittlungsaufgabe: Je stärker ein Schreiben von der Fachsprache geprägt ist, umso mehr muss der Verfasser oder die Verfasserin mit alltagssprachlichen Mitteln auf die Verständnismöglichkeiten der angeschriebenen Person Rücksicht nehmen.

Die Alltagssprache ist diejenige Sprachform, die wir in unserer Sprachgemeinschaft benutzen und verstehen können. Die Verwaltungssprache muss sowohl der Sache als auch dem Empfänger oder der Empfängerin angemessen sein. Sie darf deshalb nicht zur Geheimsprache werden, sondern sie soll den Betroffenen den Willen und die Absichten der Behörde in verständlicher Form mitteilen.

Mit alltagssprachlichen Erläuterungen und Verständnishilfen werden Bürger und Bürgerinnen bis zu einem gewissen Grad in die Sache eingeführt. Dies setzt einerseits ihre Mitwirkungs- und Lernbereitschaft voraus. Andererseits werden sie dadurch in die Lage versetzt, richtige Anträge zu stellen, Fragen richtig zu beantworten und so ihrer Mitwirkungspflicht nachzukommen.

Die Verwaltungssprache dient ebenso wie das Verwaltungshandeln dazu, die Aufgaben der Verwaltung zu erfüllen. Erforderlich sind deshalb Schreiben, die alle Personen so zur Zusammenarbeit mit der Behörde veranlassen, dass der Verwaltungszweck möglichst ohne Umwege (z. B. Missverständnisse, Beschwerden, Widersprüche) erreicht werden kann. Nur eine nachvollziehbare Anwendung der Gesetze überzeugt die Menschen. Zudem ist die Art und Weise wichtig, wie ihnen die Gesetzesanwendung nahegebracht wird.

http://www.bva.bund.de/SharedDocs/Downloads/DE/BVA/Verwaltungsmodernisierung/Buergernahe_Verwaltungssprache_BBB.pdf?__blob=publicationFile&v=2 (Zugriff: 06.04.2018)

M 4 und M 5

Wie denken die Deutschen über die Rechts- und Verwaltungssprache? – Eine repräsentative Umfrage der Gesellschaft für deutsche Sprache

M 4

Nur jeder Achte findet die Rechtssprache gut verständlich

Frage: „Wenn man ein Schreiben von einem Amt, einer Behörde, vom Gericht oder einer Anwaltskanzlei erhält, ist dieses Schreiben ja in der Regel in der juristischen Fachsprache, der sogenannten Rechtssprache, verfasst. Wie ist Ihr Eindruck: Wie gut ist diese Rechtssprache im Allgemeinen verständlich? Würden Sie sagen …“

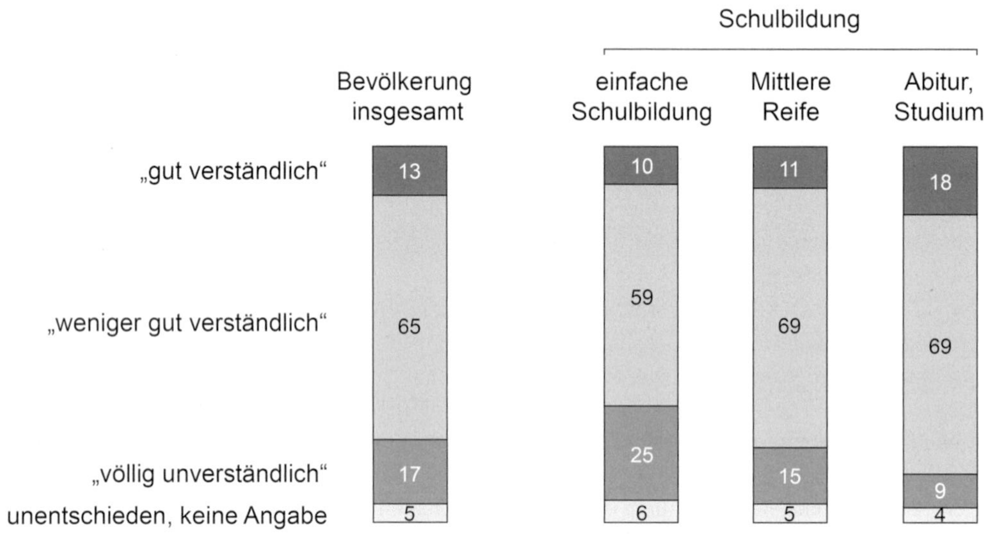

Basis: Bevölkerung der Bundesrepublik Deutschland ab 16 Jahre N = 1814

Quelle: Allensbacher Archiv, IfD-Umfrage 10.031, Dezember 2008

Angaben in Prozent

M 5

Bessere Verständlichkeit ist eine wichtige Forderung in der Bevölkerung

Frage: „Einmal ganz allgemein gefragt: Für wie wichtig halten Sie es, dass Ämter und Behörden in ihren Schreiben weniger juristische Fachsprache verwenden und sich einfacher und klarer ausdrücken?“

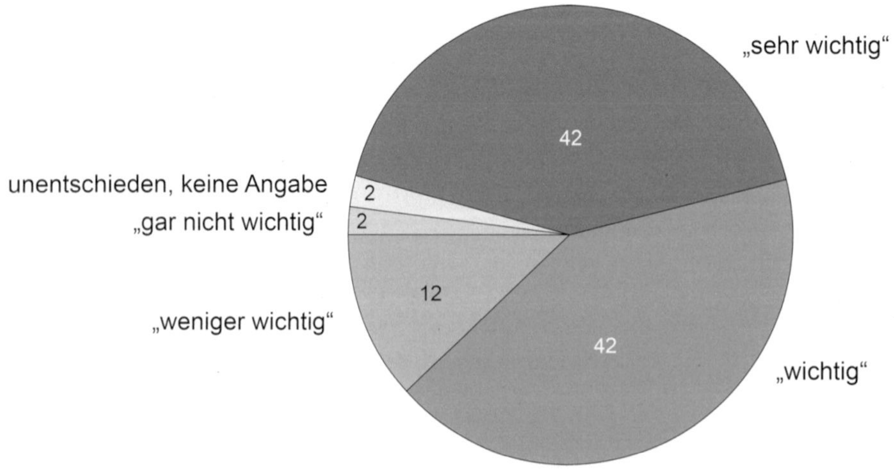

Basis: Bevölkerung der Bundesrepublik Deutschland ab 16 Jahre N = 1814

Quelle: Allensbacher Archiv, IfD-Umfrage 10.031, Dezember 2008

Angaben in Prozent

M 6

Günther Birkenstock: **Verwaltungssprache. Radiobeitrag auf „Deutsche Welle"** – Auszug

Sprecherin: Betrachtet man die deutsche Verwaltungssprache genauer, stellt man eine Reihe von Besonderheiten fest, die im Alltagsdeutsch seltener zu finden sind. So stößt man in Verwaltungstexten sehr häufig auf Substantivierungen, die man in der Alltagssprache in wesentlich geringerem Umfang antrifft.

Sprecher: Substantivierung bedeutet, dass eine Tätigkeit nicht durch ein Verb, sondern mit einem Substantiv, also Hauptwort, bezeichnet wird. Diese Substantive erkennt man häufig an der Endung *-ung*. Sätze, in denen Substantivierungen überflüssigerweise vorkommen, sind beispielsweise ...

Sprecherin: „Die Überweisung wird vorgenommen."

Sprecher: In der Alltagssprache würde man sagen: „Ich überweise."

Sprecherin: „Ich habe in Erfahrung gebracht."

Sprecher: Hier würde man sagen: „Ich habe erfahren."

Sprecherin: Außerdem stößt man im Amtsdeutsch häufig auf Passivkonstruktionen, wie zum Beispiel: „Es wurde angeordnet." – oder – „Es wird darum gebeten."

Sprecher: Ein Grund für den hohen Anteil an Passivkonstruktion im Amtsdeutsch liegt an den verschleiernden Aussagen solcher Sätze. Der Handelnde, der etwas tut, beispielsweise eine Geldstrafe festsetzt, wird nicht genannt. Für den schreibenden Beamten ist das Verfassen unangenehmer Behördentexte durch die Verwendung von Passivsätzen einfacher. Wer teilt einem anderen Menschen schon gerne etwas Unangenehmes mit, zumal der Beamte oft selbst gar nichts mit der entsprechenden Entscheidung zu tun hat. Um zu den Beispielen von vorhin zurückzukehren: statt „Es wird angeordnet." kann man einfach sagen „Ich habe angeordnet." und statt „Es wird darum gebeten." lieber „Ich bitte darum.".

Sprecherin: Die Bürger sind als Empfänger behördlicher Schreiben oft überfordert. Substantivierungen und Passivkonstruktionen, die in endlos langen Sätzen verpackt sind, lassen den Grund für den Brief im Dunkeln. Obendrein empfinden die Empfänger den Briefstil als unfreundlich. Erinnerungen an den Obrigkeitsstaat des Kaiserreiches werden beim Lesen so manchen Formulars wach. Vor allem kommunale Behörden, das heißt die Verwaltung der Städte und Gemeinden, bemühen sich seit einigen Jahren, ihre Mitarbeiter auf diese Probleme aufmerksam zu machen. Sicherlich ist es eine gute Sache, wenn sich die Beamten Gedanken darüber machen, ob ihre Schreiben auch vom Empfänger verstanden werden. Schließlich soll die Verwaltung ja zum Wohle des Bürgers und nicht zu seinem Nachteil arbeiten. Doch auch das Bemühen um Verständlichkeit hat so seine Grenzen. Das hat auch Sprachwissenschaftler Lambertz erkennen müssen, nachdem er von der Universität zur Stadtverwaltung Duisburg wechselte.

Thomas Lambertz: Wenn ich also jetzt bemüht bin, verständlich zu schreiben, steh' ich also jetzt vor dem Dilemma, dass ich also womöglich mit meinen verständlichen Sätzen an einen Bürger gerate, der mir genau diese verständlichen Sätze vor dem nächsten Verwaltungsgericht um die Ohren schlägt und sagt, „damit ist ja wohl Ihre Entscheidung nicht mehr haltbar". Und spätestens dann sieht sich dann die Stadt womöglich irgendwann mal vor dem Oberverwaltungsgericht wieder und zieht bei 'nem Prozess den Kürzeren. Also, das ist ein sehr, sehr schwieriges Dilemma, vor dem unsere Kollegen und Kolleginnen vor Ort stehen.

Sprecher: In Deutschland kann jeder Bürger gegen eine behördliche Anordnung Widerspruch einlegen. Diese Streitigkeit wird dann vor einem speziellen Gericht verhandelt, dem sogenannten Verwaltungsgericht. Auch dem dort gefällten Urteil muss man sich nicht unbedingt fügen, sodass anschließend eine höher stehende Instanz, nämlich das Oberverwaltungsgericht, darüber entscheiden muss. Will die Stadtverwaltung nun vor diesem Gericht Recht bekommen, so müssen ihre Schreiben an den Bürger juristisch eindeutig sein. Würden hier Zweifel entstehen, so könnte der Bürger die verständlich formulierten, aber nicht eindeutigen Sätze der Behörde vor Gericht um die Ohren schlagen. Das heißt in diesem Fall gerade die Schwächen der amtlichen Argumente zu seiner Verteidigung nutzen.
[...]

Sprecherin: Und so wird wohl der Wunsch nach einer immer einfachen und verständlichen Verwaltungssprache ein Traum bleiben. Auch wenn sich das Amtsdeutsch schon ein wenig verändert hat.

http://www.dw.com/de/verwaltungssprache/a-6011508 (Zugriff: 06.04.2018)

Inhaltliche Leistung

	Anforderungen Die Schülerin / Der Schüler	maximale Punktzahl (AFB)	erreichte Punktzahl
1	**verfasst eine themen- und anlassbezogene Einleitung,** etwa unter Bezugnahme auf ▪ die vorgegebene Schreibsituation (kommunikative Situierung), ▪ den Gegenstand des Schreibauftrags (thematische Situierung).	4 (II)	
2	**legt das Thema und seine Bedeutung dar,** etwa: ▪ Diskussion über eine Verwendung der Verwaltungssprache in der Kommunikation der Schule ▪ Frage nach der grundsätzlichen Bewertung von Verwaltungssprache in der Bevölkerung	6 (I)	
3	**stellt das zunehmende Bemühen und die Einsicht in die Notwendigkeit öffentlicher Institutionen dar, ihre Kommunikation bürgernäher und verständlicher zu gestalten,** etwa: ▪ Verständnis ausdrückende Schreiben fördern die Bereitschaft zur Zusammenarbeit mit der Behörde (M 3), eine bürgernahe Verwaltung begünstigt das Verhältnis der Menschen zum Staat, vermeidet Klagen u. Ä. (M 3) ▪ Sprache als Brücke im Schriftwechsel zwischen Privatpersonen und Behörden (M 3) ▪ den Menschen bleiben Ärger, Aufregungen und gesundheitliche Beeinträchtigungen erspart (M 3) ▪ Schreiben, die Fachsprache enthalten, müssen mit alltagssprachlichen Mitteln die Verständnismöglichkeiten der Adressaten berücksichtigen (M 3) ▪ Alltagssprache wird in Sprachgemeinschaft genutzt ▪ Verwaltungssprache darf nicht als Geheimsprache erlebt werden, sondern muss die Absicht des Absenders in verständlicher Form mitteilen (M 3) ▪ durch alltagssprachliche Erläuterungen und Verständnishilfen können Bürgerinnen und Bürger ihrer Mitwirkungspflicht nachkommen und sie zur Zusammenarbeit veranlassen (M 3)	12 (II)	
4	**erläutert Faktoren, die die empfundene Unverständlichkeit der Verwaltungssprache verursachen,** etwa sprachliche Besonderheiten, die sich von der deutschen Alltagssprache unterscheiden: ▪ Substantivierungen, die den Grund eines Schreibens verschleiern (M 6) ▪ Passivkonstruktionen, die den Absender verschleiern (M 6) ▪ lange Sätze, die den Grund eines Schreibens verschleiern (M 6)	6 (II)	
5	**stellt Argumente dar, die für und gegen eine Verwendung von Verwaltungssprache in der Schule sprechen, und erläutert sie,** etwa: <u>Für Verwaltungssprache in der Schule spricht</u>: ▪ Schreiben einer Verwaltung müssen genau und vollständig sein und können auf fachsprachliche Elemente nicht verzichten (M 3) ▪ behördliche Entscheidungen dürfen bei gerichtlichen Auseinandersetzungen nicht wegen sprachlicher Formfehler angezweifelt werden und müssen juristisch eindeutig sein (M 6)	12 (II)	

	Gegen Verwaltungssprache in der Schule spricht: ▪ laut Umfragen wird Verwaltungssprache von den meisten Menschen als unverständlich empfunden (selbst Befragte mit höherer Schulbildung halten Rechts- und Verwaltungstexte nur zu 18 Prozent für „gut verständlich", Personen mit einfacher Schulbildung bewerten sie zu 25 Prozent als „völlig unverständlich", M 4) ▪ bessere Verständlichkeit ist eine wichtige Forderung in der Bevölkerung (M 5) ▪ Schwerverständlichkeit in der Kommunikation ist beziehungsgefährdend (M 2) ▪ unpersönliche Ausdrücke schränken die Kooperationsbereitschaft ein (M 2)		
6	**nimmt zur Frage begründet Stellung,** etwa anhand: ▪ einer angemessenen und selbstständigen Gewichtung von Pro- und Kontra-Argumenten ▪ der Entwicklung einer begründeten Schlussfolgerung ▪ einer differenzierten Beurteilung der strittigen Frage, ggf. durch das Formulieren von Kompromissvorschlägen	10 (III)	
7	**entfaltet das Thema schlüssig unter Einbezug fachlichen Kontextwissens,** etwa zu folgenden Aspekten: ▪ Definition des Soziolekts Verwaltungssprache ▪ Erläuterung der Bedeutung der Verwaltungssprache für Behörden und staatliche Institutionen ▪ Einsatzmöglichkeiten von Verwaltungssprache in der schulischen Kommunikation	8 (III)	
8	**nutzt die Materialien funktional zur Erfüllung des Schreibauftrags durch:** ▪ angemessene Ausschöpfung des gesamten Informationsangebots, ▪ funktionale Integration von Referenzen auf die Materialien in den eigenen Text ▪ Konzentration auf Wesentliches und Vermeidung unnötiger Redundanzen ▪ sachliche und auftragsbezogene Verarbeitung der aus unterschiedlichen Perspektiven gestalteten Beiträge ▪ eigenständiges Verknüpfen von relevanten Informationen mit eigenen Kenntnissen	9 (III)	
9	**gestaltet seinen Text unter Berücksichtigung der Anforderungen des aufgabenbezogenen Zieltextformats im Hinblick auf:** ▪ die Adressaten ▪ die für die Textsorte charakteristischen Merkmale ▪ die Intention des Textes und das Erreichen des Kommunikationsziels	5 (III)	
10	**erfüllt ein weiteres aufgabenbezogenes Kriterium.**	(3)	
	Summe inhaltliche Leistung	**72**	

Darstellungsleistung

	Anforderungen Die Schülerin / Der Schüler	maximale Punktzahl (AFB)	erreichte Punktzahl
1	strukturiert den Klausurtext kohärent, schlüssig, stringent und gedanklich klar.	6	
2	formuliert unter Beachtung der fachsprachlichen und fachmethodischen Anforderungen.	6	
3	belegt Aussagen durch angemessenes und korrektes Zitieren.	3	
4	drückt sich allgemeinsprachlich präzise, stilistisch sicher und begrifflich differenziert aus.	5	
5	formuliert lexikalisch und syntaktisch sicher, variabel und komplex (und zugleich klar).	5	
6	schreibt sprachlich richtig.	3	
	Summe Darstellungsleistung	**28**	
	Gesamtpunktzahl **Note:** **Datum:**	**100**	

Analyse eines Sachtextes mit weiterführendem Schreibauftrag (Aufgabenart II A)

Aufgabenstellung

1 Analysieren Sie den Artikel „Hochdeutsch oder Mundart. Manchmal hilft die Spätzle-Connection" von Chris Löwer. Untersuchen Sie dabei die argumentative Herleitung der Thesen und stilistische Besonderheiten sowie die damit verbundene Intention hinsichtlich der inhaltlichen Aussage und der Leserlenkung. *(40 Punkte)*

2 Erörtern Sie auf Grundlage von Löwers Artikel und Ihrer Kenntnisse aus dem Unterricht kritisch-abwägend die Frage, ob das Sprechen eines Dialekts gefördert oder abtrainiert werden sollte. Beurteilen Sie abschließend die Überzeugungskraft der Darstellungsweise von Löwer. *(32 Punkte)*

Chris Löwer: **Hochdeutsch oder Mundart. Manchmal hilft die Spätzle-Connection** (2010)

„Wann mer net genunk noi pulvern dunn, dann kimmt aach hinne nix naus." So klingt es, wenn ein Hesse erklärt, dass ohne kräftige Investitionen kaum gute Ergebnisse zu erzielen sind.

Hätte man diesen Satz bei einem Assessment-Center für den Führungsnachwuchs der Deutschen Bank aufgeschnappt, müsste man sich um die Erfolgsaussichten des Kandidaten ernsthaft sorgen. Für einen angehenden Polier des Baukonzerns Hochtief wäre das völlig in Ordnung.

Dialekt kann eine Karrierebremse sein. Aber auch ein taktisches Instrument, das einen nach vorne bringt. „Ich mache oft die Erfahrung, dass stark ausgeprägter Dialekt von Personalentscheidern teilweise mit mangelnder Kompetenz und Intellektualität in Zusammenhang gebracht wird", sagt die Karriereberaterin Kirstin Schönfeld.

Werner Kallmeyer, Soziolinguist aus Mannheim, sieht die Sache ähnlich: „Gerade, wenn es um Spitzenpositionen geht, kann die Sprache zum Selektionskriterium werden." Wer tiefstes Sächsisch oder Pfälzisch spreche, könne sich keine großen Chancen ausrechnen, wenn es um überregionale Stellen mit Publikumsverkehr oder Prestige gehe.

Manchmal hilft die Spätzle-Connection

Es sei denn, es treffen zwei vom selben Schlag aufeinander: Als sich ein Controller aus dem Raum Stuttgart bei einer großen Wirtschaftsprüfer-Gesellschaft in Berlin bewarb, plagte ihn die Sorge, wie er sein unüberhörbares Schwäbisch ablegen könne.

Beraterin Schönfeld riet dem Mann, bloß nicht den Fehler zu begehen, den Dialekt wegtrainieren zu wollen. Zum einen funktioniere das nicht, zum anderen gehe die Authentizität verloren. Da der Personalchef selbst Schwabe war und neben der fachlichen Qualifikation von der „sympathischen Art" des Bewerbers angetan war, gab es dann ohnehin kein Problem. Manchmal hilft die sprachliche Spätzle-Connection ungemein.

„Bei einem Auswahlverfahren kann der Dialekt von Vorteil sein, wenn er Vertrautheit schafft, die sich sonst nicht so schnell eingestellt hätte", sagt Constanze Wachsmann, Senior Consultant bei der Managementberatung Kienbaum in Dresden. Sie selbst werde oft darauf angesprochen, dass sie offenbar „nicht von hier" sei. „Das ist ein guter Aufhänger für ein Gespräch", sagt Wachsmann.

Wenn es um Stellen im Außendienst oder die Position des Vertriebsleiters geht, wird zuweilen eine regionale Sprachtönung ausdrücklich gewünscht. Grundsätzlich entscheide aber die Qualifikation, sagt Wachsmann. Etwaige Abneigungen gegen einen Dialekt haben nichts mit der Sprache an sich zu tun, sagt Werner Kallmeyer vom IDS: „Auslöser dafür sind alte Städte-Rivalitäten oder die politische Geschichte der Regionen." Er konstatiert ein Nord-Süd-Gefälle: „Im Süden ist der einheimische Dialekt akzeptiert und auf allen beruflichen Ebenen präsent. Im Norden ist das nicht unbedingt der Fall." Das heißt: Ein Hamburger Aspirant auf eine Stelle in Passau wird es schwer haben. Kallmeyer: „Standardsprache wirkt in diesem Kontext arrogant und distanzierend."

Sein Rat: Sich nicht verstellen, stattdessen saloppe sprachliche Elemente und Redensarten einstreuen. Denn Versuche, anpassungshalber einen Dialekt zu lernen, sind selten von Erfolg gekrönt.

Derartige Verrenkungen sind auch nicht nötig – vor allem für Menschen in gehobener Position und in menschelnden Berufen wie der Bürgerberatung oder in Behörden. Kallmeyer: „Gut ist, wenn diese Kräfte die Standardsprache beherrschen, bei Bedarf aber auch in ihrer dialektalen Tönung sprechen können. Das gibt Pluspunkte, das schafft Volksnähe."

Das wissen auch Politiker und Anwälte. „Der Dialekt dient in einer Verhandlung der Camouflage, um die gegnerische Seite im Irrglauben zu lassen, dass es mit der Cleverness nicht weit her ist", sagt Beraterin Kirstin Schönfeld.

Auch Chefs von inhabergeführten Unternehmen sprechen gern, wie ihnen der Schnabel gewachsen ist, um der Belegschaft die Botschaft zu vermitteln: „Er ist einer von uns." Das motiviert.

„Bei uns haben Mitarbeiter weder Vor- noch Nachteile durch einen Dialekt. Die Frage relativiert sich ohnehin durch den Gebrauch von Fremdsprachen", sagt BMW-Sprecherin Martina Hatzel.

In der Praxis läuft das oft auf einen heiteren Sprachmix hinaus, der mittlerweile auch kritisch gesehen wird: Denglisches Geschwurbel, eine neudeutsch-dialektale Abart, ist nicht nur peinlich, sondern auch wenig nützlich. „Vor Jahren mag das noch ungemein schick gewesen sein, heute sind Anglizismen alles andere als das. Sie gelten nicht mehr als Zeichen globaler Potenz, sondern markieren eher das Gegenteil, werden negativ aufgefasst und sind in jedem Fall weit entfernt von der Sprache der normalen Belegschaft", sagt Kirstin Schönfeld. Ganz doll werde es, wenn der angelsächsische Wichtigtuersprech mit Sächsisch oder ähnlich starken Dialekten unterlegt sei. Das ginge gar nicht. Gut hingegen sei es immer, sich und seiner Herkunft treu zu bleiben. Wenn es wegen der Sprachfärbung einmal eng werden sollte, hilft nur noch Selbstbewusstsein mit einem Schuss Ironie und Koketterie. Wie in der Eigenwerbung für den Hightech-Standort Baden-Württemberg, in der es heißt: „Wir können alles – außer Hochdeutsch."

Chris Löwer: Hochdeutsch oder Mundart. Manchmal hilft die Spätzle-Connection. SZ v. 11.05.2010

Inhaltliche Leistung

Aufgabe 1

	Anforderungen Die Schülerin / Der Schüler	maximale Punktzahl (AFB)	erreichte Punktzahl
1	**verfasst eine aufgabenbezogene Einleitung:** Autor, Titel, Textsorte, Entstehungsjahr, Medium (Zeitung).	3 (I)	
2	**skizziert kurz den Kontext,** z. B.: Löwer beleuchtet die Vor- und Nachteile des Dialektsprechens im beruflichen Kontext.	3 (I)	
3	**arbeitet zentrale Thesen und ihre argumentative Herleitung heraus,** etwa: ▪ Erste These: Das Sprechen eines Dialekts kann Karrieren gleichermaßen behindern oder fördern. Begründung: Dialekt wird mit mangelnder Kompetenz assoziiert (Z. 14 f.), kann aber auch Vertrautheit schaffen (Z. 41) und ist in manchen Positionen sogar erwünscht (Z. 50). Beleg: Expertenmeinung und konkretes Beispiel einer Bewerbungssituation. ▪ Das Sprechen eines Dialekts sollte weder abtrainiert (Z. 32) noch antrainiert (Z. 65 f.) werden. Begründung: Dies gelingt meist nicht und wirkt in beiden Fällen nicht authentisch. Beleg: Expertenmeinungen. ▪ Ratschlag für Personen, die in Führungspositionen oder in Bürgernähe arbeiten: sich standardsprachlich ausdrücken und im Bedarfsfall auf dialektale Redeweisen zurückgreifen (Z. 64, 72). Begründung: Motivation, Herstellen von Nähe. Unterstützung durch Beispiele aus der Arbeitspraxis von Politikern, Anwälten und Unternehmern. ▪ Zweite These: Das Für und Wider für die Verwendung eines Dialekts wird im Arbeitsalltag oft durch den Gebrauch von Fremdsprachen verdrängt (Z. 85). Beleg durch Fachmeinung (Z. 85 f.) und kritische Beobachtung von Kirstin Schönfeld (Z. 91 ff.), dass Anglizismen eher Distanz zur Belegschaft schaffen und in Verbindung mit regionaler Prägung lächerlich wirken. ▪ Schlussfolgerung: Man sollte in seiner Sprachverwendung möglichst authentisch bleiben und mit eventuellen regionalen Prägungen in der Sprache humorvoll und selbstbewusst umgehen.	12 (II)	
4	**analysiert Aufbau und Charakteristik der Argumentation,** etwa: ▪ Einstieg über ein Zitat in dialektaler Prägung (Z. 1 f.) ▪ Aufbau: 1. Darstellung der Nachteile von Dialekten in der Arbeitswelt 2. Darstellung von Vorteilen des Gebrauchs einer regionalen Prägung in der Arbeitswelt 3. Schlussfolgerung ▪ Argumente von Experten (Karriereberaterin, Soziolinguist) und Fachleuten bestimmter Berufsgruppen (Senior Consultant einer Managementberatung, BMW-Sprecherin) ▪ konkrete Beispiele und Ratschläge aus der Praxis	7 (II)	

	Anforderungen Die Schülerin / Der Schüler	maximale Punktzahl (AFB)	erreichte Punktzahl
5	**analysiert die stilistischen Mittel,** z. B.: ▪ Darstellungsmodi: argumentative Beschreibung der Vor- und Nachteile des Dialektgebrauchs im beruflichen Kontext unter Zuhilfenahme humorvoller narrativer Elemente in Form von konkreten Beispielen aus dem Berufsalltag ▪ rhetorische Mittel, z. B.: Konjunktiv II („Hätte man […], müsste man […]", Z. 5 ff.), Metapher („Karrierebremse", Z. 11) ▪ humorvoller und umgangssprachlicher Stil: umgangssprachliche Idiome und Begriffe („zwei vom selben Schlag", Z. 26, „wie ihnen der Schnabel gewachsen ist", Z. 80, „denglisches Geschwurbel", Z. 89, „menschelnde Berufe", Z. 69, humoristische Komposition „Spätzle-Connection", Z. 25)	7 (II)	
6	**erschließt aus den Analyseergebnissen Intention und Leserlenkung,** z. B.: ▪ Elemente der Leserlenkung: zahlreiche Expertenmeinungen und authentisch wirkende Beispiele aus dem Berufsalltag, populärwissenschaftliche Argumentationsweise in leicht verständlichem Stil, praxisnahe Tipps ▪ Ermutigung zu reflektiertem und selbstbewusstem Umgang mit eigener dialektaler Prägung ▪ Adressaten: bildungsbürgerliche Öffentlichkeit („SZ"-Leserschaft)	5 (III)	
7	**bündelt die Ergebnisse in einer evtl. kritischen Zusammenschau (Fazit),** etwa: ▪ mögliche Kritik: das Fehlen objektiv verifizierbarer Fakten zum Nutzen oder Schaden einer regionalen Prägung in bestimmten beruflichen Positionen ▪ Stil des Artikels gleicht der empfohlenen Umgangsweise mit Sprache: standardsprachlich mit passenden umgangssprachlichen Redewendungen	3 (III)	
8	**erfüllt ein weiteres aufgabenbezogenes Kriterium.**	(5)	
	Summe Aufgabenteil 1	**40**	

Aufgabe 2

	Anforderungen Die Schülerin / Der Schüler	maximale Punktzahl (AFB)	erreichte Punktzahl
1	**verfasst eine aufgabenbezogene Überleitung,** die die Frage des zweiten Aufgabenteils mit dem vorliegenden Text verbindet.	3 (I)	
2	**erörtert,** ob das Sprechen eines Dialekts gefördert oder abtrainiert werden sollte, und **nennt Argumente** – sowohl aus dem Text als auch aus eigener Überlegung –, die die Einschätzung stützen bzw. relativieren, z. B.: <u>Förderung von Dialekten, weil</u>: ▪ Authentizität – auch im beruflichen Umfeld – vermittelt wird ▪ Vertrautheit geschaffen wird (sowohl unter Angestellten als auch bei Chefs) ▪ sie erste Kontaktaufnahmen erleichtern ▪ sie Ausdruck sprachlicher Vielfalt sind ▪ das Grundgesetz Diskriminierung aufgrund von Sprache untersagt	12 (II, III)	

	Vermeidung von Dialekten, weil: ▪ sie unprofessionell wirken und beruflicher Karriere im Wege stehen können ▪ die Verständlichkeit erschwert wird ▪ mit bestimmten Dialekten negative Assoziationen verbunden sind (auch wenn sie irrational oder unbegründet sind) ▪ das Gegenüber Dialektgebrauch als anbiedernd empfinden kann ▪ sie „Flirtkiller" sein können		
3	**kommt zu einer begründeten eigenen Position in dieser Frage.**	7 (III)	
4	**beurteilt die Überzeugungskraft der Argumentationsweise des Autors.**	6 (II)	
5	**zieht ein Fazit,** z. B.: führt in einer abschließenden Bewertung des Artikels die eigenen Argumente mit denen von Löwer zusammen.	4 (III)	
6	**erfüllt ein weiteres aufgabenbezogenes Kriterium.**	(5)	
	Summe Aufgabenteil 2	**32**	

Darstellungsleistung

	Anforderungen **Die Schülerin / Der Schüler**	**maximale Punktzahl (AFB)**	**erreichte Punktzahl**
1	strukturiert den Klausurtext kohärent, schlüssig, stringent und gedanklich klar.	6	
2	formuliert unter Beachtung der fachsprachlichen und fachmethodischen Anforderungen.	6	
3	belegt Aussagen durch angemessenes und korrektes Zitieren.	3	
4	drückt sich allgemeinsprachlich präzise, stilistisch sicher und begrifflich differenziert aus.	5	
5	formuliert lexikalisch und syntaktisch sicher, variabel und komplex (und zugleich klar).	5	
6	schreibt sprachlich richtig.	3	
	Summe Darstellungsleistung	**28**	
	Gesamtpunktzahl **Note:** **Datum:**	**100**	

LK 6 Zur Aktualität der Sapir-Whorf-Hypothese

Konzeption des Kapitels

GK: Arbeitsheft für den Grundkurs; **LK:** Arbeitsheft für den Leistungskurs;
Texte, Themen und Strukturen: Ausgabe Nordrhein-Westfalen, 978-3-464-68112-1 / 978-3-464-68111-4

Seite	Sequenz/ Materialien	Didaktisch-methodische Hinweise	Anknüpfung an „Texte, Themen und Strukturen“
LK 92	**6.1 Sprache, Denken, Wirklichkeit – Eine Annäherung**	Die Auftaktseite bietet neben einem spielerisch-motivierenden Einstieg diverse Zitate zum Zusammenhang zwischen Sprache und Denken. Auf diese Weise sollen die Schüler/-innen ein Bewusstsein für die Problemfrage des Kapitels entwickeln, ihr vorhandenes Wissen soll abgerufen und als Horizont für die weitere Arbeit genutzt werden.	
LK 93	*Stefanie Schramm, Claudia Wüstenhagen:* „Südlich des Salzstreuers“	Anhand eines verblüffenden kulturanthropologischen Befunds kann die grundlegende Fragestellung des Kapitels abgeleitet und erörtert werden.	
LK 94	*Stefanie Schramm, Claudia Wüstenhagen:* „Der Streit der Linguisten“	Der Artikel gibt eine Übersicht über die historischen Ansätze zur Frage nach dem Zusammenhang von Sprache und Denken, aus denen die linguistischen Strömungen (Relativisten/Universalisten) abgeleitet werden sollen.	Vertiefend lassen sich die unterschiedlichen Positionen anhand von *David Crystals* „Sprache und Denken“ (S. 358 f.) herausarbeiten.
LK 95 f.	**6.2 Die Sapir-Whorf-Hypothese** *Benjamin Lee Whorf:* „Das ‚linguistische Relativitätsprinzip‘“ Information: Sprachliche Relativität: Sapir, Whorf und die Sapir-Whorf-Hypothese Interpretationen der Sapir-Whorf-Hypothese	Anhand des Textes soll Whorfs Hypothese vom sprachlichen Relativismus und seine Begründung herausgearbeitet werden. Außerdem wird ein Zusammenhang mit dem physikalischen Prinzip der Relativität hergestellt und davon abgeleitet eine „Relativität“ von „Weltbildern“ aufgrund sprachlich unterschiedlicher Voraussetzungen diskutiert. Informationstexte zur Entwicklung der Sapir-Whorf-Hypothese und zu ihren unterschiedlichen Interpretationen dienen als Grundlage für weitere Diskussionen.	Ergänzend kann ein weiterer Textauszug aus *Benjamin Lee Whorfs* „Das ‚linguistische Relativitätsprinzip‘“ (S. 356 f.) herangezogen werden.
LK 97	*Wilhelm von Humboldt:* „Natur und Beschaffenheit der Sprache überhaupt“	Humboldts Ansicht „Sprache ist das bildende Organ des Gedankens“ wird hier als ein wesentlicher Vorläufer von Whorf erarbeitet. Darüber hinaus wird anhand von Beispielen die Bedeutung eines Zeichensystems für das Denken diskutiert.	Ergänzend kann *Wilhelm von Humboldts* „Die Sprache als Weltansicht“ (S. 344) umfassend und im Hinblick auf Fremdsprachen besprochen werden.

Seite	Sequenz/ Materialien	Didaktisch-methodische Hinweise	Anknüpfung an „Texte, Themen und Strukturen“
LK 98 f.	*Steven Pinker:* „Mentalesisch“ *Aristoteles:* „Lehre vom Satz“ Information: Sprache – Denken – Wirklichkeit	Als Gegenposition zu Whorf und Humboldt wird Pinkers universalistische These der Mentalese untersucht und in Beziehung gesetzt zu Aristoteles' „Lehre vom Satz“.	Eine Einbettung des Universalismus in die Spracherwerbsdiskussion kann über die Informationen „Die Stufen des Spracherwerbs“ (S. 334) und „Theorien zum Spracherwerb“ (S. 337) erfolgen. Außerdem bieten sich das Interview mit *Steven Pinker* „Zum Reden geboren“ (S. 335) und *Jerome Bruners* „Wie das Kind sprechen lernt“ (S. 336) für eine Vertiefung an.
LK 100 f.	*Benjamin Lee Whorf:* „Die Fragwürdigkeit der Unterscheidung von Haupt- und Zeitwörtern“ *Steven Pinker:* „Der Stoff, aus dem das Denken ist“ Methode: Argumente entkräften	Die beiden Texte stellen zwei unterschiedliche Positionen zum vielfach kolportierten Beispiel von der angeblich hohen Anzahl differenzierter Bezeichnungen für „Schnee“ in der Sprache der Inuit dar. Indem die Schüler/-innen die wesentlichen Textaussagen und Argumente herausarbeiten, erkennen sie, wie untauglich dieses sprachliche Phänomen für einen Beweis der Sapir-Whorf-Hypothese ist. Der Text von Pinker dient zugleich als Übung zur Sachtextanalyse. Hierzu wird auch ein Klausurbeispiel angeboten (Aufgabentyp II A) (→ S. 187).	Sachtextanalysen können anhand folgender Texte geübt werden: *Dick Swaab:* „Das verliebte Gehirn“ (S. 94 f.); *Rolf Dobelli:* „Denkfehler: The Swimmer's Body Illusion“ (S. 96 f.); *Daniel Rettig:* „Intelligenz: Kluge Menschen irren sich häufiger“ (S. 98 ff.). Hilfreich sind dabei die Information „Sachtexte und ihre Wirkungsabsicht“ (S. 97), der Methodenkasten „Sprachliche Besonderheiten untersuchen“ (S. 97) und die „Checkliste zur Sachtextanalyse“ (S. 101).
LK 102	*Guy Deutscher:* „Von Sapir-Whorf zu Boas-Jakobson“	Die Boas-Jakobson-These stellt eine aktuell häufig vertretene Variante der Sapir-Whorf-Hypothese dar, die die Schüler/-innen kennen lernen und an Beispielen überprüfen sollen. Sie vermittelt überdies eine plausible Vorstellung davon, wie Sprache Denken beeinflusst, nämlich nur als Nahelegen von Denkwegen.	
LK 103 f.	**6.3 Sapir-Whorf heute – Aktuelle Experimente kennen lernen und bewerten** *Klaus Wilhelm:* „Gedacht wie gesprochen“	In diesem Teilkapitel erarbeiten die Schüler/-innen den heutigen Forschungsstand zum Einfluss der Sprache auf das Denken. Wilhelm referiert Sprachexperimente und kulturanthropologische Beobachtungen der Neo-Whorfianerin Lea Boroditsky, anhand derer die Abhängigkeit des Denkens vom erlernten Sprachsystem herausgearbeitet und die daran ablesbare Interpretationsform der Sapir-Whorf-Hypothese bestimmt werden soll. Dazu erproben die Schüler/-innen selbst einen Versuch und erschließen dabei die Bedeutung grammatischer Strukturen für Denkprozesse.	Ein weiteres Experiment bietet der Kapitelauftakt zur Thematik „Sprache – Denken – Wirklichkeit“ (S. 355). Zur Vertiefung kann *Lea Boroditskys* „Wie die Sprache das Denken formt“ (S. 360 f.) untersucht werden, hier sind ihre Thesen ausführlicher beschrieben.

Seite	Sequenz/ Materialien	Didaktisch-methodische Hinweise	Anknüpfung an „Texte, Themen und Strukturen“
LK 105	*Eva Hoffman:* „Lost in Translation“	Die Schüler/-innen lernen hier einen autobiografischen Text kennen, in dem die Autorin ihre Erfahrung mit Mehrsprachigkeit literarisch verarbeitet hat. Sie arbeiten heraus, dass die geschilderten Phänomene mit Humboldts Weltansicht von einer Sprachgebundenheit des Denkens korrespondieren.	Unter dem Aspekt „Sprache und Denken“ lassen sich verschiedene Texte zur Mehrsprachigkeit einbeziehen, insbesondere *Catharine Caldwell-Harris:* „Parlez-vous ‚logique‘?“ (S. 341) und *Bas Kast:* „Wanderer zwischen den Wortwelten“ (S. 342). Das Gedicht von *Yüksel Pazarkaya* „deutsche sprache“ (S. 343) kann dahingehend geprüft werden, ob es Aussagen zum Zusammenhang von Sprache und Denken zulässt.
LK 106 ff.	**6.4 Klausurtraining – Materialgestütztes Schreiben** *Elisabeth Wehling:* „Politisches Framing“ *Toralf Staud:* „Framing: Klimaschutz den ‚richtigen‘ Rahmen geben“ *Charlotte Wiedemann:* „Die gerahmte Welt“ Checkliste: Materialgestützt einen Text verfassen	Im Klausurtraining wird Aufgabentyp IV trainiert, und zwar an einem für die Lernenden neuen Thema (Framing), das sie selbstständig mit der Fragestellung nach dem Zusammenhang von Sprache und Denken verbinden müssen. Das Klausurtraining kann eigenständig im Unterricht oder zu Hause bearbeitet werden. Diese Handreichung bietet einen weiteren Klausurvorschlag zu diesem Aufgabentyp (mit Erwartungshorizont) sowie einen Klausurvorschlag zur Sachtextanalyse (Aufgabentyp II A).	Die fünf Schritte entsprechen dem Vorgehen des Klausurtrainings in „Texte, Themen und Strukturen“. Auf den Seiten 156 ff. und 327 ff. wird das Vorgehen des materialgestützten Schreibens geübt. Unterstützen kann auch das Kapitel „Texte planen, schreiben und überarbeiten – Die Schreibkompetenz verbessern“ (S. 580 ff.).

Literaturhinweise:

Beyer, Reinhard und Rebekka Gerlach: Sprache und Denken. Verlag für Sozialwissenschaften, Wiesbaden 2011

Deutscher, Guy: Im Spiegel der Sprache. Warum die Welt in anderen Sprachen anders aussieht. Beck, München 2010

Everett, Daniel: Das glücklichste Volk. Sieben Jahre bei den Piraha-Indianern am Amazonas. DAV, München 2010

Lakoff, George und Elisabeth Wehling: Auf leisen Sohlen ins Gehirn. Politische Sprache und ihre Macht. Auer, Heidelberg 2016

Schneider, Frank und Klaus Tetling: Von Nashörnern bis Neurobiologie. Zur Funktion fachüberschreitender Sachtexte im Deutschunterricht. In: Der Deutschunterricht. Heft 6/2013, S. 62–74

Schramm, Stefanie und Claudia Wüstenhagen: Das Alphabet des Denkens. Wie Sprache unsere Gedanken und Gefühle prägt. Rowohlt, Reinbek 2015

Schulte, Susanne (Hg.): Ohne Wort keine Vernunft – keine Welt. Bestimmt Sprache Denken? Waxmann, Münster u. a. 2011

Wehling, Elisabeth: Politisches Framing. Wie eine Nation sich ihr Denken einredet – und daraus Politik macht. Halem, Köln 2016

Werden, Iwar: Sprachliche Relativität. Francke (UTB), Tübingen, Basel 2002

Whorf, Benjamin Lee: Sprache. Denken. Wirklichkeit. Beiträge zur Metalinguistik und Sprachphilosophie. Rowohlt, Reinbek 1963

6.1 Sprache, Denken, Wirklichkeit – Eine Annäherung

Mit dem spielerischen Einstieg über einen Cartoon sowie Zitaten zum Zusammenhang zwischen Sprache und Denken werden die Schülerinnen und Schüler aufgefordert, eine erste Position zur Kapitelfrage einzunehmen und zu formulieren. ▶ LK 92

1 a Die Pointe besteht darin, dass die beiden Menschen am Tisch auf unterschiedliche Weise eine Ortsbestimmung vornehmen und sich daher nicht verstehen.

b Die Person rechts wählt als Bezugssystem für eine Ortsbestimmung Himmelsrichtungen. Die Person links kann dies aber nicht zuordnen, denn dafür müsste sie wissen, wo Süden bzw. Südwesten ist. Sie ist es gewohnt, dass Orte oder Richtungen in Bezug auf sie selbst angegeben werden, also links, rechts, vor, neben etc. Die Person rechts wählt unveränderliche geografische Koordinaten, was jedoch voraussetzt, dass man in der Lage ist, sich jederzeit (und ohne Kompass) bezüglich der Himmelsrichtungen zu orientieren. Die Person links hingegen wählt jederzeit veränderbare Bezüge, je nach Betrachter: So ist z. B. links von mir rechts von meinem Gegenüber.

c Diese Aufgabe lässt sich auch als Rechercheauftrag vergeben. Alternativ ist hier ein direkter Anschluss an den Text „Südlich des Salzstreuers" (S. 93) möglich.

d Individuelle Lösungen, etwa: In einigen Ländern, z. B. Bulgarien, schüttelt man mit dem Kopf, wenn man Ja sagt, und nickt, wenn man Nein sagt. Im Englischen gibt es die sogenannten „falschen Freunde", wenn ein Wort ähnlich wie im Deutschen klingt, aber etwas völlig anderes bedeutet (z. B. **I become a sandwich.* → *Ich werde ein Sandwich.*).

2 Mögliche Antworten:

Brauchen wir Worte nur, um Gedanken auszudrücken, oder schon, um Gedanken zu denken?	**Zwingen verschiedene Sprachen ihre Sprecher zu verschiedenen Gedanken und Wahrnehmungen?**
▪ Man kann auch ohne Worte Gedanken ausdrücken, z. B. kann ich jemandem zeigen, was ich will. ▪ Babys entwickeln am Anfang auch ohne Sprache Strategien, wie sie an etwas herankommen, das denken sie vorher bestimmt nicht. ▪ Als Philosoph oder Wissenschaftler überhaupt brauche ich aber Sprache, um mir komplizierte Gedankengänge klarzumachen. ▪ …	▪ Im Urwald muss ich vielleicht mehr auf Gefahren aufpassen und dann habe ich mehr oder andere Wörter für *Regen*, *Sturm* oder *essbar*, als jemand, der aus einer Stadt kommt. ▪ Der Cartoon zeigt, dass mich die Sprache der Menschen, die mit Himmelsrichtungen Ortsangaben machen, dazu zwingt, diese auch jederzeit zu erkennen. ▪ …

3 a Mögliche Einschätzungen:
- Ostwald sieht Sprache nur als Zweck an, was auf den ersten Blick nachvollziehbar erscheint, die Sprache aber auf ein reines Kommunikationsmittel reduziert.
- Wittgenstein formuliert eine radikale These von der Beschränkung des Denkens durch Sprachgrenzen, die man allerdings anzweifeln könnte, denn z. B. entdeckt der Mensch immer wieder Neues, wofür er erst ein sprachliches Äquivalent finden muss. (Anm.: Diese These gilt heute vor dem Hintergrund experimenteller Befunde auch als fraglich.)
- Humboldt vertritt eine allgemeine Abhängigkeit des Denkens von Sprache, aus der Sprache heraus entstehen erst die Gedanken (s. auch Lösungen zu S. 97).
- Müller sieht Sprache in einer das Denken unterstützenden Funktion. (Anm.: Dies kann später beim „Boas-Jakobson-Prinzip" noch einmal aufgegriffen werden, vgl. Lösungen zu S. 102.)

b/c Individuelle Lösungen

Räumliches Denken und Sprache – Kausalitäten hinterfragen

Stefanie Schramm, Claudia Wüstenhagen: **Südlich des Salzstreuers** (2015) ▶ LK 93

Der Text präsentiert ein Beispiel für einen kulturanthropologischen Befund, also kein Experiment, sondern eine Beobachtung an Sprecherinnen und Sprechern spezieller Sprachen, die eine Sprachabhängigkeit des Denkens nahelegt.

1 These Levinsons: Da die Sprache eine Kenntnis der Himmelsrichtungen in jedem Sprechmoment verlangt, wird der Orientierungssinn der Sprecherinnen und Sprecher immerfort trainiert und dadurch verbessert. Die Sprache verbessert also die Orientierung.
These McWhorters: Der Orientierungssinn wird durch die Lebensbedingungen ihrer Sprecherinnen und Sprecher trainiert, die Sprache spiegelt nur diese Lebensgewohnheit wider. Die Sprache ist somit Ergebnis eines anderen Denkens, aber nicht deren Ursache.

2 a Man könnte z. B. bei Sprecherinnen und Sprechern des Guugu Yimithirr, die an ganz anderen Orten oder in anderen Lebensumständen leben, prüfen, ob auch bei ihnen die Orientierung besser ist. Dies wäre ein Beleg für den Einfluss der Sprache auf das Denken.
b Es kann eine gegenseitige Beeinflussung von Sprache und Denken angenommen werden statt einer radikalen Einseitigkeit der Kausalität.

Der Zusammenhang von Denken und Sprache – Fragestellungen und Grundpositionen

► LK 94 Stefanie Schramm, Claudia Wüstenhagen: **Der Streit der Linguisten** (2015)

1 Mögliche Markierungen: „Worte sind bloß die Zeichen der Gedanken" (Z. 6); „Sprache [...] notwendiges Erfordernis zur [...] Erzeugung des Gedanken" (Z. 10 ff.); „Sprache [...] um Gedanken auszudrücken [...] gegen [...] Sprache [...], um Gedanken überhaupt erst zu denken" (Z. 26 ff.); „Universalgrammatik" (Z. 54); „Mentalese [...] Sprache der Gedanken" (Z. 59 f.).

2

	Relativismus	**Universalismus**
Grundposition	Sprache beeinflusst das Denken der Menschen. Das Denken verläuft sprachlich, somit benötigt das Denken ein sprachliches System. Menschen denken in verschiedenen Sprachen verschieden. Unterschiedliche Sprachen beeinflussen das Denken in unterschiedlicher Weise. Denken ist also „relativ" zur Sprache des Sprechers, hängt also zum Teil von dieser ab.	Allen Menschen ist dasselbe Sprachvermögen angeboren, es ist Teil der Gene. Allen Menschen ist auch dasselbe Denkprogramm angeboren (Mentalese). Die Sprache der Gedanken ist universell (Meta-Sprache) und unabhängig von den Einzelsprachen der Sprecher.
Vertreter und Vorläufer	Wilhelm von Humboldt, Ludwig Wittgenstein, Benjamin Lee Whorf (jeweils mit unterschiedlichen Akzenten)	Noam Chomsky, Jerry Fodor

6.2 Die Sapir-Whorf-Hypothese

► LK 95 Benjamin Lee Whorf: **Das „linguistische Relativitätsprinzip"** (1940)

1 a Benjamin Lee Whorfs These, die als „linguistisches Relativitätsprinzip" bezeichnet wird, besagt, dass die sprachlichen Hintergründe der Menschen zu unterschiedlichen Weltansichten führen.
b Whorf zufolge haben Sprachen historische Prägungen (Z. 38 ff.), die als „Bahnen" (Z. 44) dienen, in denen Denken und Sprechen verläuft, ohne dass sich der Denker/Sprecher dessen bewusst ist. Diese Bahnen prägen die Sicht auf die Welt auf verschiedene Weise.

2 Wie der Beobachter am Bahnsteig die Geschwindigkeit des Reisenden im Zug relativ zur eigenen Bewegung wahrnimmt, so nimmt der Beobachter bei Whorf die Welt als solche relativ zur eigenen Sprache wahr.

► LK 96 Die Sapir-Whorf-Hypothese wurde und wird von Sprachwissenschaftlern sehr unterschiedlich interpretiert, was auch an der Unschärfe der Formulierungen Whorfs liegt. Es existieren verschiedene Abstufungen einer starken und schwachen Interpretation; den Schülerinnen und Schülern wird mit der Information ein Handwerkszeug gegeben, um bei den folgenden Texten des Arbeitsheftes sowohl Verteidiger als auch Kritiker der Hypothese auszumachen.

3 Das erste Zitat legt eine starke Form der Interpretation nahe, das zweite Zitat eine schwache Form.

4

Diese Aussage ... wäre zutreffend für folgende Interpretationen:	Schwach	Stark
Die wirkliche Übersetzung einer sprachlichen Aussage in eine andere Sprache ist unmöglich.		X
Deutsche schreiben dem Wort „die Brücke" eher weibliche Eigenschaften zu, Spanier eher männliche, da es „el puente" heißt *(el = männlicher Artikel).*	X	
Unterschiede zwischen Farbnuancen nehmen wir nicht wahr, wenn es dafür nicht unterschiedliche Farbbegriffe gibt.		X
Die Bezeichnung von Raumbezügen beeinflusst die Raumwahrnehmung der Sprecher.	X	

Vorläufer von Whorf – Wissenschaftspositionen historisch verorten

Wilhelm von Humboldt: **Natur und Beschaffenheit der Sprache überhaupt** (1835) ► LK 97

Während Whorf die Abhängigkeit der „Weltansichten" von den Einzelsprachen betont, zeigt Humboldt zunächst auf, inwiefern Denken prinzipiell Sprache (genauer: ein Zeichensystem) benötigt. Im zweiten Teil des Textes weist er dann – wie Whorf – den Einzelsprachen die Bedeutung zu, unterschiedliche „Weltansichten" zu repräsentieren. Allerdings wird hier nur gesagt, dass die Unterschiede der Subjektivitäten der Nationen zu verschiedenen Weltsichten in den Sprachen führen. Die umgekehrte Kausalität, dass die Sprachen in ihrer Verschiedenheit das Denken beeinflussen, formuliert Humboldt an anderen Stellen seines Gesamtwerkes.

1

Gängige Theorie über Sprache	Humboldts Gegenposition	Textstelle
Sprache ist lediglich ein Mittel, um Gedankeninhalte zu einem anderen Menschen zu transportieren.	Die Sprache wird bereits benötigt, um Gedankeninhalte zu konstruieren.	Z. 8 ff.
Ohne menschliche Gesellschaft bräuchte man keine Sprache.	Sprache ist Denknotwendigkeit auch in der Einsamkeit.	Z. 21 ff.
Die verschiedenen Sprachen sind nur verschiedene Zeichensysteme für identische Begriffe.	Die Sprachen spiegeln unterschiedliche Begriffssysteme (Weltansichten).	Z. 38 ff.

2 Nimmt man Humboldt wörtlich, dann ist Sprache offensichtlich als Lautsprache zu verstehen, die zumindest Taubstumme und Babys nicht besitzen, Tiere nur in bestimmtem Sinne. Humboldts Text macht aber deutlich, dass er eigentlich die Abhängigkeit des Denkens von einem Zeichensystem begründet, in dem der Mensch Gedanken über ein Zeichen fassbar werden lässt. Taubstumme haben selbstverständlich solche Zeichensysteme, wenn sie auch nicht an Laute gebunden sind, z. B. Gebärden, aber auch die Schriftsprache. Inwieweit Babys und Tiere kognitiv solche Zeichensysteme nutzen, ist umstritten. Gesteht man ihnen klare Denkprozesse zu, aber kein Zeichensystem, würde das Humboldt widerlegen.

3 a Der Begriff „Glühbirne" ist eine Metapher. Als dem neu erfundenen Leuchtkörper eine Bezeichnung gegeben werde musste, wurde aufgrund der optischen Ähnlichkeit zu einer Frucht eine Bedeutungsübertragung vorgenommen: Man sah den technischen Gegenstand als glühende Birne. Diese sprachlich erzeugte Analogie ist ein Beispiel dessen, was Humboldt die „durchgehende Analogie" in einer Sprache nennt, die die Weltansicht veranschauliche (vgl. zu weiteren Beispielen: TTS S. 344). Im Englischen z. B. erfolgte die Bedeutungsübertragung von einer Blumenzwiebel, Knolle *(bulb)*, im Russischen wurde lediglich eine Verkleinerungsform von Lampe gewählt *(ла́мпочка – lampotschka).*

b Humboldts Thesen über den Zusammenhang zwischen Denken, Sprache und Weltansicht kommen der schwachen Form der Interpretation der Sapir-Whorf-Hypothese nahe. Humboldt geht nicht von einer Determination/Abhängigkeit aus.

4 Wörter wie „Glühbirne" zeigen lediglich die Spiegelung eines Denkens in der Sprache und sprechen nicht für eine Abhängigkeit des Denkens von der Sprache.

Universalismus – Gegenpositionen zum Relativismus

▸ LK 98 Steven Pinker: **Mentalesisch** (1996)

1 Pinker versteht unter „Mentalesisch" eine Gedankensprache, die unabhängig von Einzelsprachen existiert und vermutlich aus Symbolen für Konzepte sowie aus Symbolanordnungen besteht.

2 a **Thesen:**
- Menschen denken nicht in Einzelsprachen, sondern in einer Gedankensprache (Z. 28 f.).
- Eine Sprache zu beherrschen, bedeutet, die Gedankensprache (Mentalesisch) in eine Einzelsprache zu übersetzen (Z. 31 f.).
- Babys und nichtmenschliche Lesewesen beherrschen einfache Form des Mentalesisch (Z. 32–34).

Argumente:
- Auch „sprachlose" Menschen sind zu abstrakten Denkleistungen fähig (Z. 24 f.). Beispiel: Ildefonso, der ohne Kontakt zur „verbalen Welt" lebte und dennoch innerhalb kürzester Zeit mathematische Leistungen vollbringen und ganze Geschichten „erzählen" konnte (Z. 8–27).
- Wenn Babys kein Mentalesisch beherrschten, so könnten sie auch keine Sprache erlernen, weil sie gar nicht wüssten, was Sprache ist (Z. 34–36).

b/c Individuelle Lösungen

▸ LK 99 3 Pinker geht von einer Gedankensprache aus, die unabhängig von Einzelsprachen und damit bei allen Menschen gleich ist. Whorf geht davon aus, dass die Einzelsprachen das Denken prägen, weil sie Bahnen nahelegen (oder determinieren), denen der Sprecher dieser Sprache folgt.

4 a Pinker und Aristoteles gehen von (einzel-)sprachunabhängigen Gedanken aus: Pinker nennt dies die Gedankensprache Mentalesisch, Aristoteles spricht von „Vorstellungen". Aristoteles sagt explizit, die Vorstellungen seien bei allen Menschen gleich, Pinker erwähnt dies nicht, dürfte es aber auch meinen.

b Anders als Aristoteles, der Wörter nur als Symbole von Vorstellungen begreift, geht Pinker mit Mentalesisch zunächst von einem universellen gedanklichen Zeichensystem aus. Wörter sind für ihn dann Übersetzungen des Mentalesischen in jeweilige Einzelsprachen.

5 Pinker vertritt einen universalistischen Ansatz, da er von einer Gedankensprache ausgeht, die unabhängig von den Einzelsprachen ist, also bei allen Menschen gleich (universell) sein dürfte. Explizit grenzt er sich von relativistischen Positionen ab (Z. 1–7).

200 Wörter für Schnee – Einen Sachtext analysieren

▸ LK 100 Benjamin Lee Whorf: **Die Fragwürdigkeit der Unterscheidung von Haupt- und Zeitwörtern** (1942)
Steven Pinker: **Der Stoff, aus dem das Denken ist. Was die Sprache über unsere Natur verrät** (2014)

1 a Zum Wortfeld „Schnee" gehören etwa: Neuschnee, Altschnee, Pappschnee, Pulverschnee, Harsch (gefrorener Pulverschnee), Schneematsch, Griesel, Firn (alter Schnee).

b Im Englischen wird meist das Wort „snow" verwendet. Es gibt aber auch „sleet" (Schneeregen, Graupel) oder – ähnlich wie im Deutschen – Komposita wie „powdersnow" (Pulverschnee), „crusted" oder „frozen snow" (Harsch), „damp" oder „sticky snow" (Pappschnee), „slush" bzw. „snow slush" (Schneematsch).

c Die Bezeichnung kann durch Umschreibungen und Attribute deutlich werden: Schnee, der fällt / der alt ist / der wie Pulver erscheint; neuer Schnee ...

▸ LK 101 2 a Zentrale Argumente, die für einen sprachlichen Determinismus angeführt werden, erweisen sich Pinker zufolge als eine Umkehrung der Ursache: Selbst wenn beispielsweise Eskimosprachen mehr Wörter für „Schnee" enthielten, wäre das kein Beleg dafür, dass Sprache das Denken präge. Naheliegender sei vielmehr die Annahme, dass sich in der Sprache nur eine differenzierte Wahrnehmung spiegele (Z. 47 ff.).

b Pinker nutzt folgende Entkräftungsstrategien:
- logische Schwächen aufzeigen: Z. 30 f., Z. 29 ff.
- Begrenztheit des Arguments aufzeigen: Z. 20 ff., Z. 27 f.
- Gegenbeispiele anführen: Z. 44 ff., Z. 58 ff.

c Stilistische Mittel und ihre Wirkung:
- „diffuser Brei“ (Z. 3) = Metapher: gegnerische Position wird als gedanklich unscharf beschrieben, wirkt abwertend
- „Das Ärgerliche“ (Z. 1) = emotionale Bewertung einer wissenschaftlichen Position, damit erscheint diese nicht als gleichberechtigt, sondern als gedankliches Ärgernis
- „wie ein zweiter Descartes“ (Z. 16) = ironischer Vergleich: unterstellt jenen, die das Schnee-Beispiel als Beleg für die These einer Sprachabhängigkeit des Denkens anführen, naiven Größenwahn
- „Wie es das Schicksal will“ (Z. 26) = Ironie: selbst die Tatsache, auf die sich die Gegner berufen, wird ironisch als falsch dargestellt
- „stellt die Dinge dermaßen auf den Kopf“ (Z. 31 f.) = Metapher: unterstellt der Gegenposition eine Umkehrung der Tatsachen
- „weil man sich außerordentlich schlau vorkommt“ (Z. 36) = Ironie: Gegner werden lächerlich gemacht
- „stellt vor allem die kognitive Kluft zwischen den Völkern übertrieben dar“ (Z. 40 f.) = Metapher zur Darstellung der Konsequenz aus der Gegenannahme; indem die Gegenseite von kognitiven Unterschieden spricht, trägt sie zur Spaltung der Völker bei
- „klassisches Beispiel für die Verwechslung von Korrelation und Verursachung“ (Z. 52 f.) = Selbstaufwertung durch Abwertung der Gegenvermutung, die explizit als klassischer Denkfehler gekennzeichnet wird
- „Szenario“ (Z. 73) = Übertreibung: hypothetische Situation / Denkmöglichkeit / andere Interpretation wird mit einem Begriff benannt, der Assoziationen mit Unglück, Horror weckt

d Pinker bezieht sich auf jene Interpretation der Sapir-Whorf-Hypothese, wonach die Sprache das Denken prägt, entweder als Denkschranke (starke Form der Interpretation) oder als Aufmerksamkeitslenkung (schwache Form der Interpretation). Er versucht nachzuweisen, dass das Schnee-Beispiel kein Beleg für eine wie auch immer verstandene Whorf-Hypothese sei. Pinker selbst vertritt offenbar die Annahme eines sprachunabhängigen Denkens (Mentalese), seine Argumentation ist aber zugleich vereinbar mit der schwachen Form einer Interpretation der Sapir-Whorf-Hypothese, wonach Sprachen nur Denk- und Wahrnehmungsunterschiede spiegeln, also die „Weltsicht“ der Sprachgemeinschaft zeigen (vgl. auch Humboldts Weltansichtsthese).

3 Individuelle Lösungen unter Zuhilfenahme der Analyseergebnisse aus Aufgabe 2.

Eine Präzisierung der Sapir-Whorf-Hypothese? – Das Boas-Jakobson-Prinzip erfassen

Guy Deutscher: **Von Sapir-Whorf zu Boas-Jakobson** (2010) ► LK 102

1 a Das rechte Bild passt zum Boas-Jakobson-Prinzip: Sprache verpflichtet zu sprachlichen Gewohnheiten (Z. 19–24, Z. 64–69), die sich zu Denkgewohnheiten verfestigen (Z. 73 f.) und so Auswirkungen auf das Denken oder gar Handeln haben (Z. 74–77).

b Das mittlere Bild passt zur starken Form der Interpretation der Sapir-Whorf-Hypothese (Determinismus). Das linke Bild geht im Sinne Pinkers vom sprachunabhängigen Denken aus. Da das Boas-Jakobson-Prinzip weitgehend der schwachen Form der Interpretation der Whorf-These entspricht, ist diese somit auch im rechten Bild erfasst.

c Individuelle Lösungen. Als Beispiele für das Boas-Jakobson-Prinzip könnten bildliche Ausdrücke wie *Lampenschirm* oder *Sonnenaufgang* dienen oder Wörter, die Wirklichkeitsinterpretationen darstellen wie *Arbeitnehmer/Arbeitgeber*, *Verdienst* (für *Gehalt*). Man kann das Prinzip aber auch kritisch sehen, wenn man sich die Frage stellt, wie groß der Anteil jener Wörter und Prinzipien an der Sprache ist, die solche Gewohnheiten/Zwänge erzeugen. Denn Wörter wie *Baum, Tisch, Auto, gehen* etc. dürften kaum Denkgewohnheiten erzeugen.

6.3 Sapir-Whorf heute: Aktuelle Experimente kennen lernen und bewerten

▸ LK 103 **Klaus Wilhelm: Gedacht wie gesprochen** (2011)

Die wohl prominenteste Neo-Whorfianerin Lera Boroditskys hat zahlreiche Experimente durchgeführt, um eine Sprachabhängigkeit des Denkens nachzuweisen. In TTS kann ihre Position nachgelesen werden (S. 360 f.). Im Text von Klaus Wilhelm wird ein experimentelles Beispiel vorgestellt, das ihre These belegen soll.

1 a Der Versuch stützt vor allem das Boas-Jakobson-Prinzip, da er zeigt, dass ein sprachliches Phänomen (grammatisches Geschlecht) offenbar die Wahrnehmung von Dingen verändert. Das grammatische Geschlecht eines Wortes wird durch die jeweilige Sprache vorgegeben. Wenn davon abhängig die Sicht auf Dinge (durch Assoziationen etc.) unterschiedlich ist, so wird durch die Sprache eine Denkdimension beeinflusst. Somit ist ein Einfluss der Sprache auf das Denken belegt oder zumindest naheliegend.

b Durch den Versuch wird die schwache Form der Deutung der Whorf-Hypothese gestützt, das Genus legt uns offenbar eine bestimmte Sicht auf Dinge nahe, aber es zwingt uns nicht – das wäre die starke, deterministische Deutung – die Dinge so zu sehen. Auch Spanier können einer Brücke weibliche Eigenschaften zuschreiben, Deutsche auch männliche. Eine Einengung durch Sprache liegt also nicht vor, lediglich eine Bevorzugung bestimmter Denkweise.

c Individuelle Lösungen. Mögliche Beispiele:
- dt. *die Sonne* (f.), frz. *le soleil* (m.), russ. *солнце* (n.)
- dt. *das Auto* (n.), frz. *la voiture* (f.), russ. *автомобиль* (m.) oder *автомашина* (f.)
- dt. *der Mond* (m.), frz. *la lune* (f.), russ. *луна* (f.) oder *месяц* (m.)

2 Experiment: Der Test, in dem die Probanden Attribute zu Nomen zuordnen sollen, ist eine experimentelle Anordnung.
Kulturanthropologischer Befund: Die Beobachtungen im Museum stellen keine experimentelle Untersuchung dar, sondern prüfen kulturanthropologisch vorhandene Erscheinungen.

3 Mehrsprachige Menschen könnten einen komplexeren Blick auf Dinge erlangen, indem sie Eigenschaftszuschreibungen relativieren.

▸ LK 104 4 a/b Individuelle Lösungen

5 a Die Interpretationen der Studienergebnisse stützen das Boas-Jakobson-Prinzip: Die Existenz oder Nicht-Existenz einer Verlaufsform in der Muttersprache führt dazu, dass Beobachter einen Vorgang auf unterschiedliche Weise wahrnehmen, in Erinnerung behalten und wiedergeben. Grammatische Sprachstrukturen legen somit bestimmte Denkwege nahe, denen die Sprecher unbewusst folgen. Es wird nicht in Abrede gestellt, dass alle Beobachter das Geschehen auch auf andere Weise beobachten könnten, aber ihre Sprachen legen ihnen eine bestimmte Art nahe, der sie meist folgen.

b Individuelle Lösungen

6 Der Linguist McWhorter könnte wieder einwenden, dass nicht die Sprachstruktur das Denken beeinflusst, sondern das Denken etwa zwischen Englischsprechern und Deutschsprechern aufgrund von Lebensumständen unterschiedlich ist und sich diese nur in der Sprache spiegelt. Sehr plausibel wäre diese Annahme aber bei so ähnlichen Nationen nicht.
Die Kausalität des Experiments kann schwerlich in entgegengesetzter Richtung verlaufen. Das würde – vereinfacht gesehen – bedeuten, dass Englisch sprechende Menschen hauptsächlich Wert auf eine Bewegung legen und nicht auf das Ziel und sich daher in ihrer Sprache diese grammatische Form ausgebildet hat.

Zwischen Sprachen reisen – Migrationserfahrung im Hinblick auf Sprache und Denken deuten

▸ LK 105 **Eva Hoffman: Lost in Translation** (1989, deutsch 1993)

1 a Das Nachdenken vor dem Einschlafen dient dazu, die Erfahrungen des Tages sprachlich zu eigenen Gedanken zu machen. Das Polnische passt nicht zu den Erfahrungen, das Englische reicht dazu noch nicht aus.

b Das Polnische kann offenbar Zwiespältigkeit besser erfassen: Die Ironie in einer Freundlichkeit, die Herzlichkeit in unbarmherzigen Wörtern.

2 Individuelle Lösungen, etwa: Die Sprache ermöglicht eine gedankliche Reflektion von Erfahrungen oder macht diese schwierig oder unmöglich. Die „inneren Bilder" werden dadurch „unscharf". Fehlt also das Sprachpendant, so verändern sich die Gedanken. Dies erinnert an Humboldts Vorstellung der Zeichenabhängigkeit des Denkens oder an die schwache Form der Interpretation der Sapir-Whorf-Hypothese. Zum Zusammenhang zur Identität: Sprache als Gespräch mit sich selbst; Sprache als Mittel, Erfahrungen zu Gedanken zu machen; Sprache als Bindung an Personen, gekoppelt an Gefühle etc.

6.4 Klausurtraining – Materialgestütztes Schreiben

Elisabeth Wehling: **Politisches Framing** (2016) ▸ LK 106
Beispiele für unterschiedliche Bezeichnungen in politischen Debatten ▸ LK 107
Toralf Staud: **Framing: Klimaschutz den „richtigen" Rahmen geben** (2016)
Kleiner Ausschnitt, große Wirkung?
Charlotte Wiedemann: **Die gerahmte Welt** (2004) ▸ LK 108

Erster Schritt: Die Aufgabenstellung verstehen

1
- Thema meines Textes: Framing und die damit verbundene Aktualität der Sapir-Whorf-Hypothese
- Adressaten meines Textes: Schülerinnen und Schüler (die sich für aktuelle Wissenschaft interessieren)
- Textsorte: populärwissenschaflicher Artikel online
- Anlass und Ziel des Textes: Anlass: Information der Leser über aktuelle Zentralabiturthemen, Ziel: am Beispiel „Framing" die Bedeutung des aktuellen Zentralabiturthemas „Aktualität der Sapir-Whorf-Hypothese" für unsere heutige Zeit verdeutlichen

Zweiter Schritt: Erstes Textverständnis und Ideen formulieren ▸ LK 109

2 a/b

	Material
Definition „Framing"	1, 3, 4, 5
Beispiele zum Framing	1–5
Chancen und Gefahren von Framing	1, 2, 3, 5
Kausalität Sprache – Denken – Wirklichkeit	eigene Kenntnisse

3 a Als Sapir-Whorf-Hypothese bezeichnet man die von Benjamin Lee Whorf formulierte Behauptung, wonach unterschiedliche Grammatiken der Einzelsprachen ihre Sprecher auch zu unterschiedlichen Wahrnehmungen und Bewertungen von äußerlich identischen Dingen veranlassen. Die Sicht auf die Welt sei demnach je nach Sprache des Menschen unterschiedlich. Wie Whorf genau zu verstehen ist, ist umstritten: Manche interpretieren ihn stark deterministisch, demnach sind Sprecher in den Denkwegen, die ihre Sprache vorgibt, gefangen. Andere gehen von einer schwachen Interpretation aus, wonach die Sprache nur Denkweisen nahelegt, der Sprecher aber auch andere Denkwege gehen kann.

b Mögliche These: „Framing" bezeichnet eine Beeinflussung des Denkens durch die Wahl bestimmter Formulierungen. Das entspricht einer schwachen Form der Interpretation der Sapir-Whorf-Hypothese, denn Whorf geht davon aus, dass die Sprache unsere Sicht auf die Welt wenn nicht determiniert, so doch beeinflusst. „Framing" beschreibt eine Art solcher Beeinflussung, wobei eher die Sprachverwendung als die Sprache selbst der beeinflussende Faktor ist.

Dritter Schritt: Die Materialien gezielt lesen

4 a

	Mögliche Markierungen
Definition „Framing“	Erzeugung eines gedanklichen Deutungsrahmens durch verwendete Sprache: M 1: Z. 16–23; M 3: Z. 5–11; M 5: 18–24)
Beispiele zum Framing	M 1: Z. 46 ff., M 2; M 3: Z. 35–40; M 4; M 5: Z. 28–31, 70–74
Chancen von Framing	positive Beeinflussung (z. B. Bewusstmachen von Gefahren des Klimawandels, M 3: Z. 20–25, 28–32)
Gefahren von Framing	selektiv, Vorbereitung unliebsamer politischer Entscheidungen, verfälschende Sicht, weder Journalisten noch Rezipienten bemerken Framing überhaupt noch (M 1: Z. 20–27, 61–63; M 5: Z. 25, 27 f., 42 f., 67)

b M 1 zeigt vor allem die Gefahren des politischen Framings auf, M 2 liefert dazu Beispiele, wie unterschiedlich das Framing gestaltet werden kann. M 3 ergänzt M 1 um den Aspekt, dass Framing auch Chancen bietet, wenn es für bestimmte Dinge sensibilisiert und eine solche Sensibilisierung wünschenswert ist. M 5 weitet den Begriff aus, da es hier nicht nur um sprachliches Framing in politischen Zusammenhängen geht, sondern die journalistische Berichterstattung gerade aus fremden, dem eigenen Alltag fernen, Ländern als Framing beschrieben wird. M 4 ist eine Illustration, die zum einen die Grundidee von Framing verdeutlicht, zum anderen auf das Problem Framing beim Umgang mit Bildmaterial hinweist.

5 Der Ausschnitt (frame) fokussiert aus einem großen Bild einen kleinen Ausschnitt und lässt so den Eindruck entstehen, dass es eine Steinlawine gab. Das gesamte Bild macht jedoch deutlich, dass lediglich ein paar kleinere Steine herabrollen und die weitere Umgebung nicht davon beeinträchtigt ist und z. B. keine Gefahr für das Segelboot ausgeht.

6 a

	Mögliche Markierungen
M 1	Frames legen uns eine Denkweise nahe (Boas-Jakobson-Prinzip = schwache Interpretation der Sapir-Whorf-Hypothese)
M 2	Bezeichnungen suggerieren Bewertungen und legen Denkbahnen nahe (Boas-Jakobson-Prinzip = schwache Interpretation der Sapir-Whorf-Hypothese)
M 3	wie M 2
M 4	Frames lenken Aufmerksamkeiten, die das Bild der Wirklichkeit verzerren (eher starke Interpretation der Sapir-Whorf-Hypothese)
M 5	Übertragung des Framing-Konzepts auf Journalismus insgesamt: eher Bezug zur Meinungsbildung als zur Wirklichkeitserfassung

b Framing korrespondiert eher mit der schwachen Interpretation: Durch einen Begriff wie „Klimawandel“ werden wir nicht im Denken determiniert und könnten nicht mehr begreifen, dass es sich nicht um einen neutralen Wandel, sondern um eine Erhitzung handelt. Vielmehr legt uns der Begriff nur eine Deutung nahe.

► LK 110

Vierter Schritt: Den Schreibplan erstellen und schreiben

7 a Möglicher Aufhänger: Beispiel eines Framings (z. B. *Turbo-Abitur*)

b Mögliche Struktur: Definition des Framing-Konzepts, Erläuterung mit Beispielen / Chancen und Gefahren von Framing / Zusammenhang zur Sapir-Whorf-Hypothese / Beurteilung der Kausalität zwischen Sprache – Denken – Wirklichkeit / Stellungnahme bzw. Bewertung

c Mögliche Ideen für ein Fazit: Framing als Beispiel für die Aktualität der Whorf-Hypothese (in der schwachen Form der Interpretation); Einfluss der Sprache auf das Denken wird heute gezielt genutzt; Unterschied: Die Sprache beeinflusst nicht „automatisch", sondern das Beeinflussungspotenzial wird genutzt, um etwa politische Ziele zu verfolgen; Hinweis auf Gefahr der unbewussten Beeinflussung bzw. Aufruf, sich Chancen und Gefahren bewusst zu machen.

8 Individuelle Lösungen mit folgenden möglichen Aspekten:

Einleitung:
- politische Meinungsbildung nicht immer nur auf der Grundlage von objektiven Informationen
- neben Fakten spielen auch die Art der sprachlichen Darstellung, in der politische Zusammenhänge präsentiert werden, und die Informationsauswahl eine Rolle

Hauptteil:
- Begriff: „Framing" bedeutet das Rahmen des Denkens durch Vorabinformationen. Gemeint ist damit, dass unsere Position zu politischen Fragen wesentlich auch davon abhängt, mit welchen Begriffen operiert wird.
- Haltungen und Beispiele: Forschungen der Kognitionspsychologin Elisabeth Wehling, die das Konzept des Framing für den Bereich des politischen Denkens anhand von konkreten Beispielen beschrieben hat; z. B. Zusammenführung von gesetzlicher und privater Krankenversicherung, die als „Bürgerversicherung" oder als „Einheitsversicherung" bezeichnet wird, wodurch das Denken in bestimmte Richtungen gelenkt werden soll; alle Bürger in einer Versicherung zu erfassen, erscheint als positiver Wert, „Einheitsversicherung" klingt dagegen nach Uniformität, Abschied von Individualität; die Kritik ist dem Begriff gleich eingeschrieben
- Bewertung: Wehling führt zwar keinen Beweis an, dass durch Begrifflichkeiten Denkrahmen geschaffen werden, etwa durch Ergebnisse aus der psychologischen Forschung, sie argumentiert mit Plausibilität: Wer von „Klimawandel" spricht, lässt vermuten, es gehe um einen neutralen Prozess des Wandels. Wer dagegen „Erderhitzung" sagt, warnt vor einer katastrophalen Entwicklung.
- Chancen des Framing: Framing ist nicht immer mit Manipulation gleichzusetzen; der Denkrahmen, der gesetzt wird, kann auch dazu dienen, ein Phänomen wie die Klimaveränderung mit einem angemessenen Begriff zu versehen oder Zusammenhänge, die nicht allein „Katastrophe" assoziieren, herzustellen, um Wahrnehmungen zu schärfen, die gewollte Konsequenzen hervorrufen.
- weitere Aspekte des Framing: Selektion von Informationen – ein Phänomen, das nicht unbedingt sprachliche Denkrahmen setzt, ohne das die politische Berichterstattung jedoch gar nicht mehr auskommt; dadurch aber Gefahr, dass Framing nicht mehr bewusst als solches wahrgenommen wird
- Zusammenhang von Sprache – Denken – Wirklichkeit: Benjamin Lee Whorf formulierte 1940 die These, wonach unsere Sicht auf die Welt auch von den sprachlichen Hintergründen abhängt, die unsere Muttersprache uns liefert. Die Sapir-Whorf-Hypothese ist unterschiedlich interpretiert worden …
(ggf. Gegenüberstellung: Relativismus – Universalismus)
- Zusammenhang der Sapir-Whorf-Hypothese und des Framingkonzepts: Framing legt aktuell eine spezifische Antwort nahe: Nicht die Muttersprache beeinflusst das Denken, sondern die Sprachnutzung der einzelnen Sprecherinnen und Sprecher. Eine bestimmte Wortwahl kann bewirken, dass Menschen einen bestimmten Blick auf die Wirklichkeit gewinnen, der sich möglicherweise sogar in Wahlentscheidungen niederschlägt.

Schluss:
- Die Frage nach dem Zusammenhang von Sprache und Denken im Rahmen von Framing erscheint vor allem in politischen Auseinandersetzungen hochaktuell. Gerade die Medien, die den öffentlichen Diskurs prägen, schaffen auf vielfältige Weise die Möglichkeit der Beeinflussung …
- Framing stützt zwar nicht die starke Interpretation der Sapir-Whorf-Hypothese, da es nicht um die Abhängigkeit/Beeinflussung der Weltsicht durch Einzelsprachen geht, dennoch lässt sich nicht leugnen, dass Sprache manipulieren oder enttarnen kann.

Fünfter Schritt: den eigenen Text überarbeiten

9 Individuelle Lösungen

Materialgestützt einen Text verfassen (Aufgabenart IV)

Aufgabenstellung

An Ihrer Schule wird in jedem Jahr ein „Tag der Sprachen" veranstaltet. Dort können Schülerinnen und Schüler in Workshops die Besonderheiten von bestimmten Fremdsprachen kennen lernen. An diesem Tag sollen Sie einen Vortrag zur Sprache der Pirahã halten, zu dem Oberstufenschülerinnen und -schüler ebenso eingeladen sind wie Lehrerinnen und Lehrer sowie Eltern.

Verfassen Sie auf der Basis der Materialien M 1 bis M 5 ein Manuskript für diesen Vortrag, in dem Sie
- das Volk der Pirahã, ihre Sprache und deren Besonderheiten kurz vorstellen,
- darauf eingehen, welche verschiedenen Interpretationen diese Besonderheiten der Pirahã-Sprache erfahren haben,
- erläutern, wie sich diese Interpretationen in Bezug auf die verschiedenen Deutungen der Sapir-Whorf-Hypothese einordnen lassen,
- und abschließend die Bedeutung der Forschung zur Sprache der Pirahã beurteilen.

Ihr Text sollte mindestens drei gedruckte DIN-A4-Seiten umfassen (= 7–8 Heftspalten). *(72 Punkte)*

M 1

Annette Less-Möllmann: **Wer Salat isst, spricht nicht Pirahã** (2005) – Auszug

Ein kleines Volk im Amazonasgebiet gibt Linguisten Rätsel auf: Die Pirahã kennen keine Zahlwörter. Können sie womöglich gar nicht zählen? Irrtum: Sie zählen nicht, weil sie es nicht wollen, meint Sprachwissenschaftler Daniel L. Everett.

Schwerpunkt von Everetts Forschungsinteresse sind die Sprachen im Amazonasgebiet, von denen viele vom Aussterben bedroht sind. Sieben Jahre verbrachte er als junger Forscher bei den Pirahã […] die sich selbst hiaiti'ihi' nennen: die Aufrechten. Seitdem untersucht er Kultur und Sprache des Stamms – und stieß schnell auf ein Kuriosum, das mittlerweile auch seine Kollegen in Atem hält: Die Pirahã kennen keine Zahlwörter oder eindeutige Bezeichnungen für Mengen, haben keine differenzierten Begriffe für Verwandtschaftsbeziehungen und nur wenige für Zeitangaben. Sie lesen und schreiben nicht, sprechen nicht über Abstraktes, können keine Nebensätze bilden und lernen die Landessprache[1] nicht, obwohl sie in regem Kontakt mit der Außenwelt stehen.

Wie kommt es zu diesen Lücken? Sind die Pirahã überhaupt nicht in der Lage, mit Abstrakta, Vergangenheit, Zukunft und Verwandtschaft umzugehen? Oder zumindest nicht so wie der Rest der Welt? Unterscheidet sich ihr Denken grundsätzlich von dem unseren? Auch Everetts Kollege Peter Gordon machte Sprachtests in der Pirahã-Siedlung. Er fand bei den Indianern ein Zählsystem, in dem es nur Begriffe für „eins", „zwei" und „viele" gibt. In einem kürzlich veröffentlichten Artikel im Fachjournal „Science" erklärt er das so: Die Pirahã haben nur wenige Zahlwörter, weil sie eben nicht weiter zählen können. Everett ist da ganz anderer Auffassung. […]

Herr Professor Everett, wie zählt eine Pirahã-Mutter ihre Kinder?

Sie würde nie sagen: „Ich habe fünf Kinder." Aber eigentlich braucht sie das auch nicht: Sie kennt ja die Namen und Gesichter ihres Nachwuchses. Wenn sie mit ihnen auf eine Reise geht, dann behält sie immer den Überblick. Dafür braucht sie nicht zu zählen. Hat eine Mutter acht Kinder, eine andere nur eines, dann sagen sie so etwas wie: „Ich habe eine große Menge Kinder" beziehungsweise „Ich habe eine kleine Menge."

Aber sind Zahlen nicht doch hin und wieder praktisch?

Die Pirahã benötigen sie nicht. Wenn alle in die Kanus steigen, sagen sie nicht: „Hier haben nur noch drei Leute Platz." Sondern sie erklären, wann das Kanu zu sinken beginnen würde. […]

Das heißt, Pirahã haben nicht einmal die Wörter „eins" und „zwei", wie Peter Gordon in seinem Artikel annimmt?

So ist es. Ich fand heraus, dass das angebliche Wort für „eins" eigentlich „klein" bedeutet. Sie bezeichnen damit zum Beispiel ein Baby, aber nicht weil es ein einzelnes Baby ist, sondern weil es klein ist. […] Präzise Ausdrücke wie „zehn" haben die Pirahã tatsächlich nicht.

Wie kommt es zu den Diskrepanzen zwischen Gordons und Ihren Ergebnissen?

Eigentlich sind wir uns einig: Die Pirahã haben keine Zahlwörter und zählen nicht. […] Der große Unterschied zwischen Gordon und mir ist aber die Argumentation, warum die Pirahã keine Zahlwörter haben und nicht zählen können. Er sagt, sie seien dazu kognitiv nicht in der Lage.

1 Landessprache in Brasilien ist Portugiesisch.

Diesen Schluss würden viele Forscher ziehen. Es ist ja ein klassischer Ansatz in der Linguistik, dass allgemeine kognitive Leistungen – zum Beispiel Wahrnehmen und Kategorisieren – eng mit der Sprache zusammenhängen.

Natürlich. Leute wie der Linguist Noam Chomsky oder der Psychologe Steven Pinker, beide vom Massachusetts Institute of Technology (MIT), gehen von einer angeborenen Sprachfähigkeit aus, die aus allgemeinen Denkfähigkeiten erwächst.

Wobei Gordons Ergebnisse eher in die umgekehrte Richtung weisen, nämlich in die der Hypothese des Anthropologen Benjamin Lee Whorf, dass die Muttersprache das Denken beeinflusse. In diesem Fall hieße das: Die Pirahã kennen keine Zahlwörter, also denken sie auch nicht in Zahlen. Allen diesen Ansätzen ist gemein, dass sie von einer sehr engen Verknüpfung zwischen Sprache und Kognition ausgehen. Diese Annahme lässt jedoch völlig außer Acht, welche Rolle äußere Einflüsse wie die Kultur dabei spielen. [...]

Was folgt daraus für Ihre Überlegungen?

Zusammengefasst lautet meine These, dass das Portugiesische mit seinen Abstrakta, Zahlwörtern, Zeitwörtern und auch mit seinen Geschichten die Kultur der Pirahã gefährden würde. Wer eine andere Sprache lernt, der verändert sich und muss sein Denken anpassen. Das kommt bei derartig unterschiedlichen Sprachen wie Pirahã und Portugiesisch viel deutlicher zum Tragen als bei Sprachen, die seit vielen Jahrhunderten Kontakt miteinander haben.

Der Philosoph Donald Davidson sagte, eine menschliche Sprache könne nur als solche gelten, wenn sie Ausdrücke wie „alle“ und „jeder“ besitze.

Dann wäre Pirahã keine Sprache; „alle“ bedeutet bei ihnen: „die überwiegende Menge“, aber eben nicht „alle“. Die Pirahã könnten sich diese Begriffe aneignen, wenn ihre Kultur sich entsprechend veränderte. Im Fall dieses Stamms wäre das vermutlich eine traumatische Veränderung.

Aber eigentlich gehen wir in unserer Kultur genau so vor: Wir entdecken einen naturwissenschaftlichen Sachverhalt und geben ihm einen Namen. Es kann also einen Gedanken schon geben, bevor ein Wort dafür vorhanden ist. Dass die Pirahã diesen Schritt nicht tun, muss mit ihrer Kultur zu tun haben.

Annette Less-Möllmann: Wer Salat isst, spricht nicht Pirahã. In: Gehirn & Geist, 9/2005, S. 36–39

M 2

Wolfgang Krischke: **Ist Grammatik eine Sache der Kultur?** (2013)

Daniel Everett verficht seine These, dass die Verschiedenheit der Sprachen in unterschiedlichen Lebensformen wurzle – und übergeht dabei die Argumente seiner Kritiker.

Bekannt geworden durch seine linguistischen Forschungen im Amazonas-Becken, präsentiert Daniel Everett in seinem neuen Buch die menschlichen Sprachen als Werkzeuge, die nur zu erklären sind, wenn man sie als kulturelle Produkte begreift. Auf den ersten Blick ist das keine Neuigkeit: Dass sich die Kultur, von der Religion bis zur Technik, im Wortschatz und in den Metaphern einer Sprache niederschlägt, liegt auf der Hand. Aber Everett geht weiter: Für ihn ist auch die Grammatik bis in die Details der Flexion und des Satzbaus hinein ein Produkt der Lebensumstände, der Werte und der Weltwahrnehmung einer Gesellschaft. Die großen strukturellen Unterschiede zwischen den Sprachsystemen spiegeln also die Verschiedenheit kultureller Welten.

Damit stellt sich Everett gegen eine naturalistisch geprägte Auffassung von Sprache, wie sie von prominenten Linguisten wie Noam Chomsky und Stephen Pinker vertreten wird: Für sie ist Sprache im Kern kein gesellschaftlich geformtes Werkzeug, sondern ein neurobiologisch verankerter „Instinkt“, der bewirkt, dass Kindern in einer normalen sprachlichen Umgebung ihre Muttersprache von selbst zuwächst. Alle Sprachen beruhen danach auf derselben Universalgrammatik, quasi ein Lego-Kasten, der für jede Sprache denselben Bausatz bereithält. Nur welche Steine ausgewählt und wie sie zusammengesteckt werden, variiert in gewissen Grenzen. Die scheinbar enormen Unterschiede zwischen den Sprachen entpuppen sich in dieser Perspektive als oberflächliche Erscheinungen, Arabisch, Latein oder Deutsch schrumpfen zu Dialekten ein und derselben Welt-Sprache. [...]

Die entscheidende Erkenntnisquelle, aus der sich Everetts antiuniversalistische Stoßrichtung speist, sind seine jahrzehntelangen Feldforschungen zur Sprache der Pirahã, eines wenige Hundert Mitglieder zählenden Volkes an einem Nebenfluss des Amazonas. [...] Was sich ihm im Laufe der Jahre enthüllte, war eine Sprache, die zwar außerordentlich komplexe Wortstrukturen und Intonationsverläufe aufweist, die aber in anderer Hinsicht erstaunlich einfach ist und – aus dem Blickwinkel europäischer Sprachen – elementare Lücken aufweist. So gibt es Everett zufolge im Pirahã keine eigenständigen Farbbezeichnungen, sondern nur behelfsmäßige Augenblicksbildungen wie „undurchsichtiges

Auge“ oder „durchsichtiges Auge“ für Schwarz und Weiß oder „es ist wie Blut“ für Rot. [...]

Doch es gibt ernst zu nehmende empirische Einwände gegen Everetts Pirahã-Darstellung. [...] Vorgetragen wird die Kritik vor allem von den Sprachwissenschaftlern Andrew Nevins, David Pesetsky und Cilene Rodrigues, die selbst eher der universalistischen Schule zuneigen. Sie werfen Everett vor, dass er das Pirahã durch seine Analysen und Übersetzungen viel exotischer erscheinen lasse, als es eigentlich ist. Indem er Wörter und Sätze in einer bewusst verfremdenden Weise zerlege und ihnen etymologische Bedeutungen zuordne, die längst verblasst seien, entstehe erst das Bild einer „ganz anderen“ Sprache. In Wirklichkeit, so Everetts Kritiker, fehlen dem Pirahã weder Farbwörter noch rekursive Einbettungen, auch ein rudimentärer Zahlwortschatz sei vorhanden, und viele der vermeintlich außergewöhnlichen Grammatikmerkmale ließen sich in etlichen anderen Sprachen nachweisen.

Was mit dem Vorwurf der „Exotisierung“ und „Etymologisierung“ gemeint ist, lässt sich am deutschen Wort „grün“ illustrieren: Nimmt man seine Wortwurzel, nämlich „wachsen/sprießen“, als heutige Bedeutung an, müsste man folgern, dass das Deutsche über keine echte Bezeichnung dieser Farbe verfügt. In ähnlicher Weise ließe sich belegen, dass Deutschen und Österreichern das Reden über abstrakte Denkprozesse eigentlich fremd ist, denn warum müssten sie sonst zu handfesten Umschreibungen wie *be-greifen* und *er-fassen* Zuflucht nehmen. [...]

Nun sind Nevins, Pesetsky und Rodrigues wie fast alle Linguisten gegenüber Everett im Hintertreffen, weil sie kein Pirahã sprechen. Stattdessen nutzen sie jedoch Argumente, die Everett selbst ihnen an die Hand gegeben hat: In seinen ersten Forschungsarbeiten zum Pirahã aus den achtziger Jahren analysierte Everett nämlich dieselben sprachlichen Daten noch ganz anders als zwei Jahrzehnte später: Von den Zahlwörtern bis zur Rekursivität[1] – in seinen Beschreibungen aus dieser Zeit ist all das noch vorhanden. Everetts Kritiker halten diese frühen Untersuchungen für empirisch korrekter und logisch konsistenter. Everett selbst hält dagegen, die universalistischen Dogmen hätten ihm damals den Blick auf die Andersartigkeit des Pirahã so verstellt.

Einige Rätsel, die das Pirahã aufgibt, dürften sich jedoch lösen lassen, wenn man einen Blick in die Geschichte europäischer Sprachen wirft: Viele syntaktische Komplexitäten haben sich erst mit dem Entstehen der Schriftlichkeit herausgebildet, über die die Pirahã – wie Tausende anderer Sprachgemeinschaften – nicht verfügen. Gut möglich, dass die Amazonas-Sprache am Ende nicht viel exotischer ist als die Vorläufer des heutigen Deutsch.

1 Rekursivität: bezeichnet in der Sprachwissenschaft die Eigenschaft einer Grammatik, mit der nach bestimmten Regeln, z. B. durch Einbettung von Nebensätzen, unendlich viele Sätze gebildet werden können.

Wolfgang Krischke: Ist Grammatik eine Sache der Kultur?
FAZ vom 28.06.2013, © Alle Rechte vorbehalten.
Frankfurter Allgemeine Zeitung GmbH, Frankfurt.
Zur Verfügung gestellt vom Frankfurter Allgemeine Archiv.

M 3

Farben in der Sprache der Pirahã

Wort	Bedeutung	Entsprechung
bii'-sai (auch bii-si oder nur bii)	Blut	rot (aber auch gelb und orange)
xahoasai	unreif	grün, blau
kobiai	durch etwas durchsehen, durchsichtig	weiß
kopai'ai	undurchsichtig	schwarz
tixoho'i'	Bezeichnung für einen kleinen lila Käfer	lila
tioai	schattig, außerhalb der Sonne	dunkel

M 4

Kristin Raabe: **Wie einflussreich ist Sprache?** (2004)

Sprache ist ein konstitutives Element des Menschen, möglicherweise auch von anderen hoch entwickelten Tieren. Doch welchen Einfluss hat dieses Kommunikationsmittel auf unsere Denkfähigkeit, wie strukturiert es unsere Gedanken? Dieses Thema beschäftigt nicht erst Philosophen in der jüngsten Vergangenheit. Ein Team aus Ethnologen und Sprachforschern hat es im Dschungel von Amazonien ganz konkret verfolgt.

Dreimal klopft die Ethnologin Keren Everett auf den Fußboden. Der dunkelhäutige Mann im Lendenschurz klopft dreimal gegen die Wand. Es folgen vier Klopfer der Wissenschaftlerin. Wieder reagiert der Mann – allerdings nur mit zwei Klopfern. Diese kurze Videosequenz gibt Rätsel auf: Eigentlich hätte der Mann vom Volk der Pirahã viermal gegen die Wand klopfen müssen. Viermal – genau wie die Ethnologin. Der Sprachforscher Peter Gordon erklärt diese Reaktion mit der eigentümlichen Sprache der Pirahã:

Diese Sprache ist in vieler Hinsicht völlig anders. Sie verfügt über kein Zahlensystem, wie wir es kennen. Die Pirahã haben nur zwei Zahlwörter: hói mit einem fallenden Ton bedeutet ungefähr eins, hoí mit einem ansteigenden Ton heißt so viel wie ungefähr zwei oder auch einfach nur mehr als eins. Das hängt ganz vom jeweiligen Kontext ab.

Die Pirahã haben also keine richtigen Wörter für Zahlen. Ob sie deswegen auch keine Zahlen denken können, wollte Peter Gordon überprüfen. Dazu hatte er sich bereits in seinem Büro an der Columbia Universität in New York eine Reihe von Tests überlegt, die die Pirahã dann später mit viel Spaß absolvierten:

Sie begannen damit, zu einer Reihe verschiedener Batterien jeweils eine passende dazuzulegen. Danach mussten sie die jeweils passenden Batterien aus einem Haufen heraussuchen. Dann habe ich Gegenstände in eine Dose getan und sie wieder herausgenommen. Die Pirahã mussten dann sagen, ob noch Gegenstände in der Dose waren. Auf diese Weise haben wir ihr Gedächtnis für Zahlen getestet.

Bei allen Tests schnitten die Pirahã relativ gut ab, solange es nicht um eine Anzahl größer als drei ging. Waren mehr als drei Gegenstände in der Dose, dann wurden die Angaben der Pirahã immer ungenauer. Ihr Zahlenverständnis reicht anscheinend tatsächlich nur bis drei. Und das liegt möglicherweise daran, dass sie keine Wörter für Zahlen haben. Gordon:

Die Ergebnisse passen ganz gut zu dem, was wir heute über Zahlenverständnis wissen. Die ersten drei Zahlen eins, zwei und drei nehmen wir ziemlich direkt war. So als gäbe es dafür drei verschiedene Gedächtnisfächer. Bei allem, was über drei hinausgeht, müssen wir zählen. Wenn wir nicht zählen können, dann schätzen wir. Und genau das tun die Pirahã.

Die Pirahã schätzen, weil sie nicht zählen können. Für manche Experten sind diese Forschungsergebnisse ein Beleg dafür, wie sehr Sprache unser Denken beeinflusst. Peter Gordon sieht das allerdings anders:

Ich glaube nicht, dass wir in Sprache denken. Wir können auf vielerlei Weise ohne Sprache über Dinge nachdenken. Beispielsweise kann man ein Konzept von diesem Ding haben, dass eine Straßenbahn mit dem Leitkabel verbindet. Aber kaum jemand weiß, wie dieses Ding heißt. Trotzdem können wir darüber nachdenken. Wir brauchen keine Wörter für unsere Gedanken. Bei den Zahlen beinhaltet Sprache allerdings eine Art höheres Wissen. Und dadurch führt sie uns über das hinaus, was in uns von Geburt an angelegt ist.

Zumindest wenn es um Zahlen geht, ist Sprache also ein Gewinn. Für die Pirahã im Dschungel von Amazonien ist all das ohne Bedeutung. In ihrem ursprünglichen Leben ist Zählen einfach nicht wichtig. Aber die Zeiten ändern sich, und auch die Pirahã haben begonnen, mit anderen Brasilianern zu handeln. Dabei werden sie regelmäßig übervorteilt – weil sie nicht zählen können.

Kristin Raabe: Wie einflussreich ist Sprache? Online unter http://www.deutschlandfunk.de/wie-einflussreich-ist-sprache.676.de.html?dram:article_id=21768 (Zugriff: 26.04.2018)

Inhaltliche Leistung

	Anforderungen Die Schülerin / Der Schüler	maximale Punktzahl (AFB)	erreichte Punktzahl
1	**verfasst eine themen- und anlassbezogene Einleitung,** etwa unter Bezugnahme auf: ▪ die Adressaten des Vortrags (kommunikative Situierung) ▪ den Gegenstand des Schreibauftrags (thematische Situierung)	4 (II)	
2	**stellt das Volk der Pirahã, ihre Sprache und deren Besonderheiten vor,** etwa: ▪ kleines Volk in Brasilien, lebt am Amazonas, haben eigene Sprache, lernen die Landessprache nicht (M 1, Z. 8–15) ▪ Nennung und Erläuterung der Besonderheiten ihrer Sprache (z. B. keine Zahlwörter, Farbbezeichnungen nur in indirekter Form, keine Abstrakta, keine Nebensätze)	7 (I)	
3	**geht auf die Interpretationen zur Sprache der Pirahã ein,** etwa: ▪ Interpretation durch Everett: Kulturabhängigkeit der Sprache (M 1), Sprache beeinflusst demnach nicht direkt das Denken, sondern Sprache und Denken sind Produkte der Lebensumstände ▪ Interpretation durch Gordon: Sprache nicht als Denkmittel, sondern als „höheres Wissen" (M 4) ▪ evtl. Hinweis auf Everetts Interpretation von Gordon (M 1), die seinen eigenen Worten z. T. widerspricht ▪ Interpretation durch Nevins/Pesetsky/Rodrigues (M 2): weitgehend verblasste etymologische Bedeutungen lassen keine weitergehenden Schlüsse zu	15 (II)	
4	**erläutert, wie sich diese Interpretationen in Bezug auf die verschiedenen Deutungen der Sapir-Whorf-Hypothese einordnen lassen,** etwa: ▪ Einordnung der Position Everetts: jenseits der Relativismus-Universalismus-Dualität, als weitere These: Kulturabhängigkeit der Sprache ▪ Einordnung der Position Gordons: geht wie die Universalisten von sprachlosem Denken aus, zugleich aber von einem Einfluss der Muttersprache als „höherem Wissen" (M 4, Z. 56 ff.) auf das Denken (relativistisch) ▪ Einordnung der Position von Nevins/Pesetsky/Rodrigues als universalistisch: Das Volk der Pirahã hat sehr wohl Vorstellungen von Farben, Zahlen etc., die aber nicht unbedingt an sprachliche Formen geknüpft sind.	12 (II)	

	Anforderungen Die Schülerin / Der Schüler	maximale Punktzahl (AFB)	erreichte Punktzahl
5	**kommt hinsichtlich der Bedeutung der Forschung zur Sprache der Pirahã zu einem begründeten Urteil,** etwa: Die Forschung zur Sprache der Pirahã zeigt auf, wie schwer es ist, valide Befunde zur Gültigkeit der Sapir-Whorf-Hypothese zu erhalten. Begründung: ▪ Korrelationen zwischen menschlicher Sprache und kognitiver Leistung lassen nicht unbedingt auf eine Kausalität zwischen Sprache und Denken schließen, denkbar ist auch eine Abhängigkeit von Sprache und Denken von einer dritten Größe, etwa den Lebensumständen. ▪ Es ist z. T. nicht einmal eindeutig entscheidbar, welche Sprachelemente eine Sprache überhaupt enthält. So ist die Frage, ob die Pirahã Farbbezeichnungen haben, nicht eindeutig zu klären, weil diese gewissermaßen als Umschreibungen existieren.	9 (III)	
6	**verfasst einen themen- und anlassbezogenen Schluss, etwa unter Bezugnahme auf die Aktualität des Themas** (z. B. werfen die aktuellen anthropologischen Erkenntnisse – wie die zu den Pirahã – die Frage nach dem Zusammenhang von Sprache und Denken neu auf).	5 (III)	
7	**entfaltet das Thema schlüssig unter Einbezug fachlichen Kontextwissens,** etwa zu folgenden Aspekten: ▪ Definition der Sapir-Whorf-Hypothese ▪ Beschreibung der gängigen Wissenschaftspositionen zum Thema (Relativismus und Universalismus) ▪ Erläuterung des Zusammenhangs zwischen Sprache – Denken – Wirklichkeit	6 (II/III)	
8	**nutzt die Materialien funktional zur Erfüllung des Schreibauftrags durch:** ▪ angemessene Ausschöpfung des gesamten Informationsangebots ▪ funktionale Integration von Referenzen auf die Materialien in den eigenen Text ▪ Konzentration auf Wesentliches und Vermeidung unnötiger Redundanzen ▪ sachliche und auftragsbezogene Verarbeitung der aus unterschiedlichen Perspektiven gestalteten Beiträge ▪ eigenständiges Verknüpfen von relevanten Informationen mit eigenen Kenntnissen	9 (III)	
9	**gestaltet seinen Text unter Berücksichtigung der Anforderungen des aufgabenbezogenen Zieltextformats im Hinblick auf:** ▪ die Adressaten ▪ die für die Textsorte charakteristischen Merkmale ▪ die Intention des Textes und das Erreichen des Kommunikationsziels	5 (III)	
10	**erfüllt ein weiteres aufgabenbezogenes Kriterium.**	(4)	
	Summe inhaltliche Leistung	**72**	

Darstellungsleistung

	Anforderungen **Die Schülerin / Der Schüler**	**maximale Punktzahl (AFB)**	**erreichte Punktzahl**
1	strukturiert den Klausurtext kohärent, schlüssig, stringent und gedanklich klar.	6	
2	formuliert unter Beachtung der fachsprachlichen und fachmethodischen Anforderungen.	6	
3	belegt Aussagen durch Bezugnahme auf den Text.	3	
4	drückt sich allgemeinsprachlich präzise, stilistisch sicher und begrifflich differenziert aus.	5	
5	formuliert lexikalisch und syntaktisch sicher, variabel und komplex (und zugleich klar).	5	
6	schreibt sprachlich richtig.	3	
	Summe Darstellungsleistung	**28**	
	Gesamtpunktzahl **Note:** **Datum:**	**100**	

Analyse eines Sachtextes mit weiterführendem Schreibauftrag (Aufgabenart II A)

Aufgabenstellung

1 Analysieren Sie den Text von Steven Pinker hinsichtlich der vorgetragenen These, der Argumentation und der sprachlich-stilistischen Gestaltung. *(40 Punkte)*

2 Referieren Sie im zweiten Teil zunächst, welche zwei Interpretationsvarianten bezüglich der Sapir-Whorf-Hypothese vorherrschen. Diskutieren Sie dann, von welcher dieser Varianten sich Pinker abgrenzt und mit welcher seine Position durchaus verträglich ist. *(32 Punkte)*

Steven Pinker: **Sprachlicher Determinismus** (2014) – Auszug

Ich habe mich mit den markanten neuen Behauptungen des Whorfianismus nicht deshalb auseinandergesetzt, um zu demonstrieren, wie sie zu widerlegen sind. Zum einen wollte ich damit zeigen, wie sich unsere unstillbare Neugier in Bezug auf Sprache und Denken mit Hilfe der Wissenschaft befriedigen lässt; zum anderen ließ sich auf diese Weise ein Blick auf die Fähigkeit des menschlichen Geistes erhaschen, über Objekte, Zahlen und die drei räumlichen Dimensionen logische Überlegungen anzustellen. Darüber hinaus aber wollte ich auch ein zentrales Thema dieses Buches hervorheben: Sprache ist ein Fenster zur menschlichen Natur, das tiefgreifende und universale Merkmale unseres Denkens und Fühlens offenbart, wobei die Gedanken und Gefühle nicht mit den Wörtern selbst gleichzusetzen sind. Darum möchte ich mit einigen positiven Argumenten für eine Sprache des Geistes schließen – als Teil einer größeren Skizze von den Funktionsweisen des menschlichen Geistes und um einen Überblick darüber zu geben, wo wir in Relation zu den drei radikalen Theorien stehen.

Erstens kann die Sprache, die wir sprechen, in unseren geistigen Funktionen keine *allzu* zentrale Rolle spielen, weil wir sie ja zunächst erst einmal lernen mussten. Man kann sich ganz gut vorstellen, wie der Spracherwerb wohl vonstattengeht, wenn sich Kinder auf einige Ereignisse und Intentionen in ihrer Umgebung einen Reim machen könnten und dann versuchten, sie mit den Lauten, die aus dem Mund ihrer Eltern dringen, in Einklang zu bringen. Aber wie ein bloßer Schwall von Geräuschen im Kopf eines Kindes aus dem Nichts Konzepte erstehen lassen könnte, ist ein Rätsel. Es überrascht nicht, dass Studien über das Denkvermögen von Säuglingen vor dem Erwerb der Sprache gezeigt haben, dass sie Antennen für Ursache und Wirkung besitzen, für menschliche Handlungsfähigkeit, für räumliche Beziehungen und für andere Vorstellungen, die den Kern der konzeptuellen Struktur bilden.

Wir wissen außerdem, dass Menschengedanken in einer viel abstrakteren Form als Sätze im Gedächtnis gespeichert sind. Eine wichtige Entdeckung der Gedächtnisforschung ist gewesen, dass wir ein schlechtes Erinnerungsvermögen für den genauen Wortlaut der Sätze haben, aus denen wir unser Wissen beziehen. Diese Amnesie in Bezug auf die *Form* hindert uns jedoch nicht daran, uns den *Inhalt* des Gehörten oder Gelesenen zu merken. In einem klassischen Experiment präsentierte man Personen Gruppen von verknüpften Sätzen, von der Art wie *Der Baum stand im Vorgarten, Die Ameisen fraßen die Marmelade, Der Baum spendete dem Mann Schatten, Die Marmelade war süß* oder *Die Marmelade stand auf dem Tisch.* Kurz darauf erhielten sie eine Liste von Sätzen, auf der sie die Sätze ankreuzen sollten, die sie gesehen hatten. Bei Sätzen, die sich gewissermaßen aus den Bedeutungen der ursprünglichen Sätze zusammensetzten, wie *Die Ameisen fraßen die süße Marmelade* oder *Der Baum im Vorgarten spendete dem Mann Schatten*, schworen sie Stein und Bein, dass sie sie zuvor gesehen hatten – und das sogar noch nachdrücklicher als bei den Sätzen, die sie *tatsächlich* gesehen hatten. Das legt nahe, dass Sprachsequenzen normalerweise gelöscht werden, bevor sie den Gedächtnisspeicher erreichen, und man nur ihre Bedeutungen abspeichert, die in eine riesige Datenbank konzeptueller Strukturen eingehen.

Zweitens kann die Sprache das Denken auch deswegen nicht steuern, weil Sprecher einer Sprache, die ihren konzeptuellen Anforderungen nicht genügt, sich nicht ratlos am Kopf kratzen (zumindest nicht lange). Sie verändern die Sprache einfach – erweitern sie mit Metaphern und Metonymen, entlehnen Wörter und Phrasen aus anderen Sprachen oder prägen einen neuen Slang oder Jargon. (Wenn man einmal darüber nachdenkt – wie sollte es auch sonst funktionieren? Wenn es uns Menschen schwerfallen würde, ohne Sprache zu denken, wo hätte unsere Sprache dann herkommen sollen? Von einem Marsmenschen-Komitee?) Eine zentrale unverrückbare Tatsache der Sprachwissenschaft ist die unaufhaltsame Veränderung, und die wäre mit den „Grenzen der Welt“ und einem „sprachlichen Zwange“ kaum zu vereinbaren. Aus diesem Grunde verdrehen Linguisten die Augen angesichts verbreiteter Behauptungen wie „Deutsch ist die ideale Wissenschaftssprache“, „Nur Französisch erlaubt eine wahrhaft logische Ausdrucksweise“ oder „Eingeborenensprachen eignen sich nicht für das Leben in der

modernen Welt". Das ist laut Ray Harlow[1] so, als würde man sagen: „In Altenglisch sprach man nicht über Computer; darum kann man auch im modernen Englisch nicht über Computer sprechen."
Drittens – und das ist der wohl tiefgreifendste Grund – muss der Einfluss der Sprache auf das Denken beschränkt sein, weil sich die Sprache als solche so schlecht als Medium für logische Überlegungen eignet. Sprache ist nur dann nutzbar, wenn sie sich auf eine riesige Infrastruktur abstrakter geistiger Berechnungen stützen kann. Sätze sind einerseits übersät mit Informationen, die auf akustische Kommunikation zugeschnitten sind – Sprachlaute, die zeitlich gegliederte Abfolge von Wörtern sowie zahlreiche Hilfsmittel, um die Aufmerksamkeit der Hörer zu fesseln. Andererseits fehlen Informationen, die für eindeutige Schlussfolgerungen unerlässlich sind. Das offensichtlichste Manko ist die Polysemie[2]. Kein Sprecher, der im Vollbesitz seiner geistigen Kräfte ist, würde eine Öffnung in einer Wand nicht von einer Glasscheibe unterscheiden können, Blätter aus Zellstoff von einem informationsverbreitenden Unternehmen, einen zehnmonatigen Fertigungsprozess von einem Gebäude mit zehn Stockwerken oder eine Tierspezies von einem leibhaftigen Viech. (Experimentelle Psychologen, die alles testen, was ihnen unter die Finger kommt, haben in der Tat aufgezeigt, dass Menschen die verschiedenen Bedeutungen eines polysemen Verbs nicht durcheinanderwerfen.) Doch genau das würden die gebräuchlichen Wörter des Deutschen, des Englischen und anderer Sprachen ihre Sprecher zwingen zu tun, wenn sie das innere Medium des Denkens wären. Ein Appell an die Fähigkeit des Geistes, Polysemie im Kontext aufzulösen, würde nicht helfen, denn wir reden hier ja über genau diejenige geistige Komponente, die das Auflösen übernehmen würde, und diese Komponente muss zwischen den Kategorien, die in einem Wort zusammengepfercht sind, differenzieren können.
In dieser Hinsicht widerlegen sich die radikalen Theorien über Sprache und Denken gegenseitig wie bei einem Schere-Stein-Papier-Spiel. Unterschiede zwischen den Sprachen, auf denen der *Sprachliche Determinismus* so stolz herumreitet, bereiten dem *Extremen Nativismus*[3], nach dem Konzepte angeboren und somit universal sind, böse Kopfschmerzen. Die Präzision von Wortbedeutungen, die der *Extreme Nativismus* gerne anführt, um Definitionen zu diskreditieren, wirft den Schatten des Zweifels auf die *Radikale Pragmatik*, die behauptet, dass das Wissen über ein Wort extrem formbar ist. Und die Polysemie, die die *Radikale Pragmatik* befeuert, bedeutet nichts Gutes für den *Sprachlichen Determinismus*, weil sie illustriert, dass Gedanken viel feinkörniger als Wörter sein müssen.
Die Theorie der konzeptuellen Semantik, laut der Wortbedeutungen als mentale Ausdrücke in einer reichhaltigeren und abstrakteren Sprache des Geistes repräsentiert sind, steht in der Mitte dieses Kreises und hat auf alle genannten Komplikationen eine Antwort. Wortbedeutungen können sprachenübergreifend variieren, weil Kinder sie aus grundlegenderen Konzepten zusammensetzen und justieren. Sie können präzise sein, weil sie einige Aspekte der Realität ins Visier nehmen und den Rest links liegen lassen. Und sie können unsere logischen Überlegungen unterstützen, weil sie gesetzmäßige Aspekte der Wirklichkeit repräsentieren – Raum, Zeit, Kausalität, Objekte, Absichten und Logik – und nicht das System aus Geräuschen, das sich unter den Mitgliedern einer Gemeinschaft entwickelt hat, um diesen die Kommunikation zu ermöglichen. Zudem entspricht die konzeptuelle Semantik unserer aus dem gesunden Menschenverstand geborenen Auffassung, dass Wörter und Gedanken nicht dasselbe sind und dass menschliche Weisheit in der Tat oft darin besteht, die beiden nicht miteinander zu verwechseln. „Kluge gebrauchen die Worte wie Rechenpfennige, wobei sie lernen wollen", schrieb Hobbes[4]. „Toren aber sehen sie als wirkliche Münze an."

Steven Pinker: Sprachlicher Determinismus.
In: S. Pinker: Der Stoff, aus dem das Denken ist. Was die Sprache über unsere Natur verrät. Aus dem Amerikan. von Martina Wiese. S. Fischer, Frankfurt/M. 2014, S. 251–254

1 Ray Harlow: ehem. Linguistikprofessor an der University of Waikato und Gründungsmitglied der Māori Language Commission
2 Polysemie: Mehrfachbedeutung eines Wortes
3 Extremer Nativismus: Der Nativismus geht von der Angeborenheit sprachlicher Strukturen aus, insbesondere nimmt er an, eine universelle Grammatik sei jedem Kind angeboren. Extreme Vertreter des Nativismus gehen darüber hinaus davon aus, dass auch gedankliche Konzepte (Begriffe) zur angeborenen Grundausstattung jedes Menschen gehören.
4 Thomas Hobbes (1588–1679): englischer Philosoph

Inhaltliche Leistung

Aufgabe 1

	Anforderungen Die Schülerin / Der Schüler	maximale Punktzahl (AFB)	erreichte Punktzahl
1	**verfasst eine aufgabenbezogene Einleitung** unter Angabe von Titel, Autor, Textsorte und Entstehungsjahr.	3 (I)	
2	**skizziert kurz den Inhalt und den Aufbau des Textes,** etwa: ▪ Einleitung: Zielsetzung einer offenbar vorausgegangenen Argumentation (bis Z. 21) ▪ Vorstellung von drei Argumenten dafür, dass der Einfluss der Sprache auf das Denken gering sein muss (Z. 22–Z. 124) ▪ Abgrenzung vom extremen Nativismus (Z. 125–139) ▪ Präsentation der kognitiven Semantik als Lösung (Z. 140–163)	4 (I)	
3	**arbeitet die Thesen des Textes heraus,** etwa: ▪ Gewinnung von Einsichten in die Natur des menschlichen Geistes (der weitgehend von Sprache unabhängig ist) über die Sprache (Z. 12 ff.) ▪ Ablehnung sowohl des sprachlichen Determinismus als auch des extremen Nativismus, die sich selbst widerlegten (Z. 127 ff.) ▪ konzeptuelle Semantik als Lösung der Frage: Sprache des Geistes ist sprachunabhängig und vor jeder Einzelsprache vorhanden (Z. 140 ff.)	9 (II)	
4	**untersucht die Argumentation,** etwa: ▪ Hinweis auf drei Argumente, die zeigen sollen, dass Sprache keinen großen Einfluss auf den Geist habe: 1. kindliches Denken vor dem Spracherwerb, abstrakte Gedächtnisleistungen 2. Möglichkeit, über Dinge nachzudenken, deren Bezeichnung die Sprache nicht enthält 3. Sprache spiegele nicht die Möglichkeiten des logischen Denkens, das über sie hinausgehe ▪ Nutzung von empirischen Studien als Beleg (Z. 41 ff.) ▪ Plausibilitätsargumentationen (Z. 22 ff., 91 ff.) ▪ Autoritäten-Zitate (Z. 87 ff.; Z. 160 ff.) ▪ Stützung der Argumente durch konkrete Beispiele (z. B. Z. 103 ff.) ▪ insgesamt: Ablehnung des „Whorfianismus" in der Variante des sprachlichen Determinismus ▪ anschließend: Ablehnung des extremen Nativismus ohne explizite Argumentation ▪ Präsentation der konzeptuellen Semantik als Lösung mit kurzen Hinweisen auf Plausibilität	13 (II)	

	Anforderungen Die Schülerin / Der Schüler	maximale Punktzahl (AFB)	erreichte Punktzahl
5	**untersucht die sprachlich-stilistische Gestaltung,** etwa: ▪ Aufwertung der Geistesfähigkeiten und der Möglichkeiten, sie durch Sprache zu erkennen, durch Metaphern („Fenster zur menschlichen Natur", Z. 12 f., „Sprache des Geistes", Z. 17) und anderes aufwertendes Vokabular (z. B. Z. 5 ff.) ▪ abwertendes Vokabular bzw. Metaphern bei der Beschreibung relativistischer Annahmen: „Schwall von Geräuschen" (Z. 30 f.), „so stolz herumreitet" (Z. 129) ▪ abwertendes Vokabular für den extremen Nativismus („böse Kopfschmerzen", Z. 131) ▪ aufwertendes Vokabular für die Idee der konzeptuellen Semantik: „hat auf alle genannten Komplikationen eine Antwort" (Z. 144) ▪ Ironie (z. B. Z. 73 ff.) zur Abwertung anderer Auffassungen in unterhaltsamem Stil ▪ salopper Plauderton, um Leser zu fesseln (z. B. Z. 104 ff.), aber auch Verwendung von Fachsprache, um argumentativ zu überzeugen (Z. 136 f.)	8 (II)	
6	**formuliert eine reflektierte Schlussfolgerung auf der Grundlage der Untersuchungsergebnisse,** etwa: ▪ Kritik: selbstgerechte Darstellung einer vermeintlich unangreifbaren Position in einer komplexen, kontrovers diskutierten Frage ▪ Zustimmung: plausible Darstellung eines sprachunabhängigen Denkens	3 (III)	
7	**erfüllt ein weiteres aufgabenbezogenes Kriterium.**	(5)	
	Summe Aufgabenteil 1	**40**	

Aufgabe 2

	Anforderungen Die Schülerin / Der Schüler	maximale Punktzahl (AFB)	erreichte Punktzahl
1	**formuliert eine sinnvolle Überleitung,** z. B. unter Bezugnahme auf Pinker als Vertreter eines weitgehend sprachunabhängigen Denkens in der Diskussion über die Sapir-Whorf-Hypothese.	3 (I)	
2	**stellt die Sapir-Whorf-Hypothese und ihre Interpretationsformen dar:** ▪ umreißt kurz den Inhalt der Sapir-Whorf-Hypothese ▪ nennt und erläutert präzise die zwei Formen der Interpretation: deterministische (starke) Auslegung = Muttersprache legt Denkbahnen fest, die nicht verlassen werden können; schwache Auslegung: Muttersprache legt Denkbahnen nahe, die uns meist nicht bewusst sind, denen wir aber unbewusst folgen	12 (I)	
3	**stellt begründet dar, von welcher der Formen sich Pinker abgrenzt,** etwa: ▪ Pinkers Argumente richten sich explizit gegen den sprachlichen Determinismus (Z. 127 f.), also gegen die Vermutung eines sprachlichen Zwangs (Z. 80 f.), der das Denken festlegt.	6 (III)	

	Anforderungen Die Schülerin / Der Schüler	maximale Punktzahl (AFB)	erreichte Punktzahl
4	**diskutiert, mit welcher Form der Interpretation Pinkers Position verträglich ist,** etwa: ▪ vereinbar mit den Formen der schwachen Interpretation ▪ Erläuterung: Zwar beschreibt Pinker nicht – wie die schwache Interpretation der Sapir-Whorf-Hypothese – ein Nahelegen von Denkwegen durch die Sprache, aber keine seiner Erläuterungen würde dieser These direkt widersprechen.	8 (III)	
5	**kommt zu einer reflektierten Schlussfolgerung,** etwa: Sprachlicher Relativismus wird in der starken Form der Interpretation dargestellt, um die Abgrenzung besonders plausibel zu machen.	3 (III)	
6	**erfüllt ein weiteres aufgabenbezogenes Kriterium.**	(5)	
	Summe Aufgabenteil 2	**32**	

Darstellungsleistung

	Anforderungen Die Schülerin / Der Schüler	maximale Punktzahl (AFB)	erreichte Punktzahl
1	strukturiert den Klausurtext kohärent, schlüssig, stringent und gedanklich klar.	6	
2	formuliert unter Beachtung der fachsprachlichen und fachmethodischen Anforderungen.	6	
3	belegt Aussagen durch Bezugnahme auf den Text.	3	
4	drückt sich allgemeinsprachlich präzise, stilistisch sicher und begrifflich differenziert aus.	5	
5	formuliert lexikalisch und syntaktisch sicher, variabel und komplex (und zugleich klar).	5	
6	schreibt sprachlich richtig.	3	
	Summe Darstellungsleistung	**28**	
	Gesamtpunktzahl **Note:** **Datum:**	**100**	

Redaktion: Christian Köpcke, Birgit Patzelt, Verena Walter
Umschlaggestaltung: Studio SYBERG, Berlin (Foto: Fotolia/Gina Sanders)
Technische Umsetzung: zweiband.media, Berlin

www.cornelsen.de

Dieses Werk berücksichtigt die Regeln der reformierten Rechtschreibung und Zeichensetzung. Bei den mit [R] gekennzeichneten Texten haben die Rechteinhaber einer Anpassung widersprochen.

1. Auflage, 1. Druck 2019

Alle Drucke dieser Auflage sind inhaltlich unverändert und können im Unterricht nebeneinander verwendet werden.

Druck: H. Heenemann, Berlin

ISBN 978-3-06-200285-4

PEFC/04-31-1156

PEFC zertifiziert
Dieses Produkt stammt aus nachhaltig bewirtschafteten Wäldern und kontrollierten Quellen.

www.pefc.de